W0229476

Heinz Ritter-Schaumburg

Hermann der Cherusker

Heinz Ritter-Schaumburg

Hermann der Cherusker

Die Schlacht im Teutoburger Wald und ihre Folgen für die Weltgeschichte

VMA-VERLAG WIESBADEN

Titelbild:
Wilhelm Lindenschmit d. Ä. (1806–1848)
Die Hermannschlacht im Teutoburger Wald (Ausschnitt)

VMA-Verlag Wiesbaden 2008

Lizenzausgabe mit freundlicher Genehmigung der
© F.A. Herbig Verlagsbuchhandlung GmbH, München
Originaltitel: Der Cherusker

Druck und Bindung: GGP Media GmbH, Pößneck

ISBN 978-3-928127-99-8

Tacitus über Arminius (genannt Hermann der Cherusker)

Er war ohne Zweifel der Befreier Germaniens, der nicht wie andere Könige und Heerführer die Macht Roms in ihren Anfängen, sondern in dessen höchster Blüte anzugreifen wagte; in Schlachten nicht immer glücklich, in einem ganzen Krieg aber niemals besiegt. Er brachte es im Leben auf siebenunddreißig Jahre, in der Herrschaft auf zwölf. Noch heutigentags lebt sein Andenken fort in Liedern der Germanen.

Hermen
sla lärmen
sla piepen
sla trummen
de kaiser
is kummen
mit spießen
un stangen
will Hermen
uphangen

Mittelalterliches Lied

Inhalt

Vorwort

Zu den entscheidenden Ereignissen der Weltgeschichte gehört der Kampf Hermanns des Cheruskers gegen das damals fast allmächtige Rom. Hier fassen wir einen der Nervenpunkte im Völkergeschehen, wo sich der Gang der Geschichte binnen weniger Jahre verwandelt hat durch die Tatkraft *eines* Mannes, der unter seinen Zeitgenossen bedeutend hervortritt. Durch diese Tat ist entschieden worden, daß das germanische Element in Europa neben dem romanischen erhalten geblieben ist, daß germanische Sprachen neben den romanischen und anderen sich die halbe Welt erobert haben, daß Europa während seiner ganzen Geschichte in der Spannung zwischen diesen beiden Hauptkräften gelebt hat, zu denen dann noch der slawische Anteil hinzutrat.
Die andere Möglichkeit wäre gewesen, daß Rom seine Herrschaft auch über Germanien ausgebreitet hätte, und darin wären wohl die skandinavischen Völker miteingeschlossen worden. Es wäre ein großer einheitlicher Staat entstanden, mit römischer Sprache, mit römischem Recht, mit römischer Organisation. Aber dies wäre kein gewachsenes, aus gemeinsamem Willen und gemeinsamer Sehnsucht gewordenes Reich gewesen, sondern ein durch Gewalt zusammengezwungenes, und der germanische Teil hätte sein Eigenleben und seinen Freiheitswillen, sein ererbtes Recht und seine Sprache ebenso opfern müssen, wie es die Völker Italiens, Spaniens, Galliens und des Balkans hatten tun müssen.

An der Herkunft der Deutschen von den Germanen werden wir nicht im Ernst zweifeln. Trotz allen Umwälzungen und allen Verschiebungen wohnen wir in der Heimat der Germanen, sprechen wir die aus dem Germanischen fortentwickelte deutsche Sprache, stammen unsre Hessen, Engern, Schwaben von den Chatten, Angrivaren und Sueben, sind viele Eigenschaften und Eigenheiten unserer Stämme denen der Germanen ähnlich oder gleich.

Der germanische Anteil Europas ist sehr wechselnd beurteilt worden. Vor 1945 konnte man sich nicht genug tun, die Taten der Germanen als unserer Vorfahren herauszuheben und zu loben. Seit 1945 kann man sich nicht genug tun, die Germanen überall herabzusetzen und zu beargwöhnen; da aber, wo sie zweifellos ruhmreich und nachahmungswürdig erschienen, den Zusammenhang zwischen diesen Leistungen und der germanischen Eigenart zu bezweifeln und abzuleugnen. Lassen wir uns auf solche Übersteigerungen und Herabspielungen nicht ein!
Das muß nicht heißen, daß wir das Rühmenswerte nicht rühmen, das Tadelnswerte nicht tadeln dürften, wenn sich das Rühmenswerte auf Seiten der Germanen, das Tadelnswerte auf Seiten ihrer Feinde findet. Wir würden auch Leben und Taten des Keltenfürsten Vercingetorix oder Leben und Taten Hannibals mit gleicher Anteilnahme schildern. Die Zeit, deren Geschehnissen wir hier nachgehen, war eine hohe und heldenmäßige bei den Germanen, eine schon von vielerlei Verderbnis durchsetzte bei den Römern, deren Heldenzeit länger zurücklag. Dies zu sehen und auszusprechen ist keine Parteilichkeit. So empfanden es die Römer selbst.
Darüber hinaus können wir nicht außer acht lassen, daß die Quellen über diese große Auseinandersetzung römische sind, daß ihre Berichte sich bemühen, die römischen Taten hoch zu werten, die germanischen gering. Nicht aus Parteinahme, sondern um der Gerechtigkeit willen müssen wir versuchen, die Überbewertung der Römertaten auf ihr richtiges Maß zurückzuführen, die Unterbewertung germanischer Taten auszugleichen.
Wir werden versuchen, ein gerechtes Bild jener Zeit und ihrer Geschehnisse zu zeichnen. Daß es derer, die wir als unsere Vorfahren ansehen müssen, nicht unwert sein möge, wollen wir hoffen, auch wenn wir ungute Taten nicht beschönigen werden.

Um zu rechten Einsichten zu kommen, bin ich in dieser Weise vorgegangen: Zuerst habe ich mich mit den schriftlichen Quellen vertraut gemacht. Es wurde mir bald klar, daß ein Bearbeiter, um in das Geschehen wirklich einzudringen, die römischen Texte neu für sich übersetzen muß. Er muß jedes Wort der Berichte kennen, jedes mehrmals gewogen und nach seinem besonderen Sinn befragt haben. Viele Worte haben schwankende Bedeutungen, jede fertige Übersetzung hat sich auf *eine* festgelegt und damit den Sinn des Textes eingeengt. Der Bearbeiter muß diese Einengung wieder aufheben und die ganze Breite der Übersetzungsmög-

lichkeiten im Bewußtsein haben. Dann erst sind die Berichte für ihn Quellen, aus denen er schöpfen kann.
Denn es ist nicht dasselbe, ob ich ein und dasselbe Zeitwort mit »töten, umbringen, niederhauen, morden, abschlachten« oder »opfern« übersetze, ich muß prüfen, welcher Sinn gemeint ist.
Zweitens habe ich die Texte, soweit ich das vermochte, auf ihre Zuverlässigkeit geprüft und dabei bestimmte Ausscheidungen vornehmen können, die ich genau darlegen werde.
Drittens habe ich mich mit den Ergebnissen der archäologischen Forschung bekannt gemacht. Diese sind zwar nicht immer, aber doch in manchen Fällen eindeutig, und es ist z. B. nötig zu wissen, daß das Lager in Oberaden nur zur Drususzeit belegt war und 8 v. Chr. aufgegeben wurde; und es ist nötig zu wissen, was im Lager bei Anreppen ausgegraben wurde.
Viertens bin ich, wo immer das möglich war, an Ort und Stelle gegangen und gefahren und habe mir unmittelbare Eindrücke zu verschaffen gesucht, einmal auch vom Hubschrauber aus, über die Lage und Gegebenheiten der Örtlichkeiten, Gebirge, Flüsse und Flußverbindungen, Lager und Wege.
Vor allem habe ich die alten Texte immer wieder und wieder gelesen und auch anscheinende Nebensachen nicht ausgelassen; und ich glaube, dadurch manches gefunden und geklärt zu haben, was bis dahin nicht wahrgenommen worden war.
Endlich habe ich aus der Sekundärliteratur mir das Wichtigste herausgesucht; und ich hatte dabei nach der Analyse der römischen Berichter den Vorteil, daß ich vieles ausscheiden konnte, was auf den Voraussetzungen des Dio Cassius über einen mehrtägigen Marsch der Römer durch den germanischen Urwald beruhte. Wenn diese Darstellung sich als falsch erwies, zerfielen alle darauf gebauten Vermutungen in nichts.

Fragen wir uns nüchtern, was wir über die Ereignisse der Zeit des Cheruskers wirklich erfahren können, so sind es vor allem die römischen Berichte. Wir mögen bedauern, daß wir keine Quellen von der anderen Seite haben, daß wir nicht wenigstens von dem, meist um gerechte Würdigung bemühten Tacitus einen zusammenhängenden Bericht über den Varus-Untergang haben. Aber wir müssen mit den vorhandenen Überlieferungen arbeiten, und wir haben eine ganze Reihe von Angaben der anderen römischen Schriftsteller, und dann wieder die teils sehr genauen Berichte des Tacitus über die nachfolgenden Feldzüge des

Germanicus, in ihnen den besonders wichtigen über den Besuch auf dem Varus-Schlachtfeld.

Haben wir die römischen Berichte auf ihre Glaubwürdigkeit geprüft und das Unglaubwürdige ausgeschaltet, so werden wir dann aber mit den verbleibenden zuverlässigen Berichten sauber arbeiten und nicht der Versuchung erliegen, diese Texte aufgrund anderer Eingebungen zu verändern, etwas in sie hineinzulegen oder herauszulesen, was wir uns wünschen, was der Text aber nicht hergibt. Wir werden mehreren solchen Versuchen begegnen.

Die archäologische Forschung hat eine Fülle von Einzelerkenntnissen gewonnen, die für das Gesamtbild von Wichtigkeit sind. Aber man darf ihre Möglichkeiten nicht überschätzen. Nicht entdeckt hat sie bisher das Sommerlager des Varus und den Ort der Varus-Niederlage. Hoffen wir, daß ihr weitere Entdeckungen gelingen! Vielleicht kann auch dies Buch dazu beitragen, einiges zu klären.

Denn im folgenden wird manches zu den Schauplätzen und Schlachten jener Zeit zu sagen sein. Blickt man auf die Gesamtheit der Historikerliteratur und archäologischen Befunde, so ist fast alles unbestimmt; denn merkwürdigerweise hat man sich bisher fast in *keinem* Fall auf bestimmte geografische Punkte einigen können. Zu all diesen Fragen wird hier Stellung genommen. Oft werden, anhand der Quellen, neue Gesichtspunkte beigebracht.

Aber das ist nicht die eigentliche Bestimmung dieses Buches.

Entscheidend ist vielmehr, die Spannungen sichtbar zu machen, die damals herrschten, die Kräfte spürbar zu machen, die damals wirkten. Und es stellt sich die besondere Frage, ob die Ereignisse zwanghaft so hätten ablaufen müssen, oder ob sie der Tatkraft, der Umsicht, der Planung eines einzelnen, einer herausgehobenen Sippe oder eines ganzen Volkes zu verdanken sind.

So sind es viele Fragen, denen dieses Buch sich stellt, zugleich Versuche, Antworten auf diese Fragen zu finden. Ich hoffe, daß manche dieser Antworten richtig sind. Aber selbst, wenn sie das nicht wären, würde das Buch doch dazu dienen, solche Fragen lebendig zu halten, vor vorschnellen Antworten zu warnen, zu neuen Versuchen anzuregen, und hätte auch so seine Aufgabe erfüllt. Mit dieser Hoffnung geht es hinaus.

Ich widme mein Buch Hermann dem Cherusker, weil er einen gerechten Kampf kämpfte, weil er die ihm heiligen Güter verteidigte:

die Freiheit eigener Lebensgestaltung;
das heimische Recht;
die Reinheit der Sitten;
das altüberlieferte Brauchtum;
die besondere Art der Gottesverehrung.

Hermann hat – und es war vor allem die Kraft *seines* Wesens, *seiner* Umsicht und *seiner* Planung – dem unbegrenzten Eroberungsdrang und Wachstumswahn der damals allmächtigen Weltmacht Rom Einhalt geboten, ihm die Grenze gesetzt. Er hat dem rechtsrheinischen Germanien die freie Entfaltung eigenen Lebens bewahrt und ihm das Schicksal des gallischen Brudervolkes erspart, untertan sein zu müssen fremdem Recht, fremder Sprache, fremder Kultur.

I Die Varusschlacht

Das Hermannsdenkmal[1]

Wer wandernd oder fahrend in die Gegend des Teutoburger Waldes kommt, der sieht schon von weitem auf dem höchsten Punkt dieser Bergkette ein mächtiges Denkmal aus dem Walde aufragen: eine Riesengestalt, auf den Schild gestützt, das Schwert hochaufgeschwungen, als wollte sie zu einem entscheidenden Kampfe aufrufen. Die Figur ist so groß, daß man in den Kopf dieses bronzenen Kolosses hinaufsteigen und aus seinen Augen über die Landschaft blicken kann, wenn das auch aus Versicherungsgründen nicht mehr erlaubt ist. Die Gestalt ist nach Westen hin gewendet, als wollte sie dem von dorther drohenden Feind begegnen.
Aber damit ist nicht Frankreich gemeint. Der Aufruf dieses einsamen Mannes galt dem Kampf gegen eine Weltmacht, die das in den Wäldern Germaniens in vielen Stämmen wohnende Volk zu verschlingen sich anschickte, ja es halb und halb schon im Griff seiner Fänge hatte: die römische Weltmacht. Das römische Reich war damals so groß und stark, daß es fast die ganze derzeit bekannte Welt umfaßte und nur an seinen äußersten Grenzen noch Widerstand fand, fern in Persien bei den Parthern und rechts des Rheins bei den germanischen »Barbaren«, wie die Römer die bärtigen Einwohner dieses Landes geringschätzig nannten.

Da war es *ein* Mann, der die Kräfte Germaniens zusammenraffte, erst heimlich sie schulte und stärkte, dann aber mit *einem* Schlage gewaltig hervorbrach und den Römern unter Varus den ersten schweren Stoß versetzte: *Hermann der Cherusker,* von den Römern Arminius genannt, des verstorbenen Fürsten Sohn, Jungfürst, mit seinen Getreuen und der ihm ergebenen Jungmannschaft. Doch das war nur ein erster Sieg. Die Römer kamen wieder, mit gewaltigen Heeren, mit mächtigen Flotten, mit ihren Kampfmaschinen mitten in das germanische Herzland hinein.

Wir werden diese Kämpfe um Knechtschaft oder Freiheit in allen Einzelheiten begleiten.

Hermanns Tat hatte eine lange Vorgeschichte, Kämpfe, die schon mehr als zwanzig Jahre früher begannen, Erfolge und Schlappen der Vätergeneration, und es ist nötig, eins mit dem anderen in Verbindung zu sehen. Es war ingesamt ein langer, mehr als dreißigjähriger Krieg, mit Kampfzeiten, mit Ruhepausen, mit Übermacht mal der einen, mal der anderen Seite, mit furchtbaren Verwüstungen ganzer Landstriche; ein Krieg, der von beiden Seiten mit offenem Kampf, mit List, mit Vertragsbindungen, mit heimlichen Gegenabsichten geführt wurde – und oft stand die Entscheidung auf des Messers Schneide. Es war ein Befreiungskampf, der am Anfang unserer Geschichte stand und die Entwicklung der Völker entscheidend veränderte.

In der Überlieferung unseres Landes und Volkes ist von Erinnerungen an diese Taten (und Leiden) nichts mehr geblieben, wenn nicht das Lied, das dem Buch als Motto vorangestellt ist: »Hermen, sla lärmen, sla piepen, sla trummen ...«

Aber ausführlich darüber berichtet wurde von römischen Schriftstellern zu verschiedener Zeit, so daß wir vieles über jene Zeit wissen. Und doch nicht genug!

Denn die römischen Nachrichten haben bisher nicht einmal ausgereicht, aus ihnen herauszusieben, wo denn nun wirklich jene Hermannsschlacht geschlagen wurde; und auch die Ausgrabungswissenschaft hat keinen gültigen Schluß finden können.

Vielleicht erlauben neue Folgerungen doch, eine wahrscheinliche Antwort auf diese und zahlreiche andere Fragen zu finden, die bislang noch strittig sind.

Der Schreck in Rom

Im Jahre 9 n. Chr., als eben der riesige, brandgefährliche, jahrelange Aufstand in Pannonien[2], den heute österreichischen, ungarischen und jugoslawischen Ländern, erloschen war – glücklich für die Römer, schrecklich für die Unterworfenen –, wollte man in Rom die Siegesfeiern halten, den Triumph des Feldherrn, seiner Legionen und Kohorten, mit gefangenen Fürsten, mit Darstellungen der besiegten Länder und Völker, mit den Bildern von Schlachten und Belagerungen, und ganz Rom stand im Fieber dieser Vorbereitungen.

Da kam aus dem nördlichen Germanien eine furchtbare Nachricht: Im Cheruskerland, an der Grenze des schon fast von den Römern beherrschten und gesicherten Germanenlandes, waren drei römische Legionen, die besten und kriegsbewährtesten des Reiches, unter ihrem Feldherrn Quintilius Varus, samt Reiterei, Hilfstruppen und Zubehör auf einen Schlag vernichtet worden.

Ein eisiger Schrecken fegte durch Rom. Gerade von der langjährigen Bedrohung des Pannonischen Aufstands befreit, sah man dort im Norden eine gewaltige Macht sich erheben, eine Völkerwelle, welche drohte, den Rhein zu überbranden, Gallien mit seinen aufrührerischen Völkern mitzureißen, vielleicht die Alpen zu überfluten und das innerste Italien, Rom selbst, zu bedrohen, gar zu vernichten.

Ein junger, cheruskischer Fürst, in lateinischer Sprache *Arminius*, den Römern nicht unbekannt, in ihrem Heerdienst erzogen und mit Künsten und Listen ihres Krieges vertraut, Führer seines Volkes und der verbündeten Germanen, hatte den Feldherrn Quintilius Varus in Arglosigkeit eingewiegt und dann in einem plötzlichen Sturm das römische Heer angefallen und in zwei Tagen vernichtet. Was plante er jetzt? Würde er die ungebändigte Kraft dieser großgewachsenen Menschen zusammenfassen und gegen das römische Weltreich werfen?

Panische Angst durchzitterte tagelang Rom. Der Imperator und Alleinherrscher Augustus entwaffnete seine germanische Leibwache und verteilte sie auf sichere römische Städte. Die Feiern wurden abgesagt, der Triumph verschoben, die militärischen Mittel zur Abwehr der drohenden Gefahr zusammengerafft.

Zitternd stand die Nadel des Schicksals, ehe man wußte, nach welcher Seite sie ausschlagen würde. Rom hatte den Blitzstrahl jener Kraft verspürt, der es erliegen mußte, wenn seine Stunde gekommen war. Rom ahnte in diesem Augenblick, daß es an die Grenzen seiner Geschichte gestoßen war, daß die Götter ihm sein unwiderrufliches Ende verkündeten.

»Vare, Vare, redde legiones!«[3] (Varus, Varus, gib mir meine Legionen wieder) soll der Kaiser Augustus ausgerufen haben und, noch Monate später, sein Haupt gegen den Pfosten geschlagen und Bart und Haare haben wachsen lassen wie ein »Barbar«.

Aber was Rom befürchtete, plante der junge Cheruskerfürst nicht. Er ließ sich auf nichts Ungewisses ein. Er hatte sich auch nicht mit den

Pannoniern verbündet, als sie ihren großen Aufstand begannen. Das hätte sein eigenes Werk gefährdet. Er plante lange und sorgsam, und dann schlug er zu.
Von *seinen* Taten wollen wir reden. Wie er aufwuchs, welche Eindrücke ihn prägten, wie er im römischen Lager lebte, ein Führer seiner Jungmannschaft, Fürstensohn und Jungfürst, kühn, voller Temperament, mit flammendem Geist aber kühler Erwägung, beredt, begeisternd, zu Zeiten verschlossen. Was er von den Römern dachte, was von Varus und seinen Handlungen, ein Kämpfer für das heimische Recht, für die heimischen Götter, für den heimischen Brauch, und ob ihm, vielleicht viel zu früh, das Bild eines germanischen »Vaterlandes« vorschwebte – das alles wollen wir erfragen und erfahren.

Der Name

Mit welchem Namen werden wir den Cherusker nennen? Die Römer hießen ihn *Arminius*, ein anderer Name ist nicht überliefert. Wir wissen nicht einmal, auf welche Weise er zu diesem Namen kam. Wurde er in die römische gens Arminia aufgenommen? Kämpfte er in Armenien? War es nur die römische Form seines heimischen Namens? Hieß er *Hermen*, aus dem wir dann Hermann machten? Wenn uns Fachgelehrte sagen, zwischen den Namen Hermann und Arminius gäbe es keine sprachliche Verbindung, so dürfte das eine Hypothese sein, eine Vermutung. Die Römer liebten kein Anfangs-H, und der Name *Hermino* wird uns von Tacitus überliefert als der Name eines der drei Söhne des Urvaters Mannus. Der Cherusker hätte also einen germanischen Urnamen getragen, der auch in vielen anderen germanischen und deutschen Namen vorkommt.[4]
Mit welchem Namen wollen wir ihn benennen? Wir brauchen diese Frage nicht mehr zu entscheiden. Seit Klopstock, Grabbe, vor allem Heinrich von Kleist ihre »Hermannsschlachten« schrieben, seit Ernst von Bandel (1800–1876) mit dem Einsatz seines halben Lebens das *Hermannsdenkmal* schuf, hat sich der Name *Hermann* eingeprägt, mag er nun sprachlich richtig sein oder nicht. Trotzdem bleiben wir im Zwiespalt; denn sowie wir die Quellen anführen, können wir den Namen »Arminius« nicht umgehen.

Der alte Warngesang ist auf ihn bezogen worden:

Hermen
sla lärmen
sla piepen
sla trummen
de kaiser
is kummen
mit spießen
un stangen
will Hermen
uphangen

Vielleicht gilt der Bezug dieses Liedes zum Cherusker mit Recht.[5] Es paßt nicht auf einen der frühen deutschen Kaiser, so möchte es auf einen römischen passen. Und hier erscheint eben der sehr ursprüngliche Name »Hermen«, den man nur nicht aus »heri-man« (= Heer-Mann) ableiten darf.

Es ist aber seit mehr als 100 Jahren versucht worden, dem Cherusker noch einen ganz anderen Namen zuzulegen. Man glaubte, daß sein Vater »Segimer« geheißen habe und daß in seiner Verwandtschaft viele Segi- und Sigi-Namen aufträten – wir werden uns damit noch eingehend beschäftigen. So folgerte man, der Cherusker müsse »Sigfrid« geheißen haben. Das um so mehr, als Tacitus (Annalen II 88) von ihm meldet, daß er noch lange in Liedern gefeiert worden sei. Und welche Lieder – so meinte man – könnten besser auf ihn und seine Tat passen als die Lieder von Sigfrid. Man glaubte, viele Ähnlichkeiten im Leben der beiden jungen Fürsten zu entdecken. Beide hatten in ihrer Jugend einen »Drachen« erschlagen, der eine den römischen, der andre einen räuberischen; beiden glückte es nicht mit ihren Frauen, beide wurden von Verwandten umgebracht.

Und so wird der Cherusker in vielen Schriften »Sigfrid-Arminius« genannt. Und nicht nur das. Thusnelda, Hermanns Gattin, wird auch schon Kriemhild genannt, und Flavus, der römisch gesinnte Bruder mit dem einen Auge, wird mit dem einäugigen Hagen verglichen.

Doch die Vergleiche stimmen hin und her nicht. Man bemerkte die Ähnlichkeiten, man schloß die Augen vor den Verschiedenheiten.[6]

Die Antwort auf die Frage, ob der Cherusker »Sigfrid« geheißen haben kann, hängt aber auch stark davon ab, ob der Name seines Vaters

wirklich »Segimer« war. Und das ist zumindest sehr fraglich. Wir werden darüber noch im Zusammenhang sprechen.
Ich nehme die These: Arminius = Sigfrid, nicht auf, da sie nicht zu gültigen Erkenntnissen führt. Zwar scheint es, daß in der Thidrekssaga-Erzählung: »Wie Sigfrid den Drachen erschlägt«[7], Vorgänge geschildert werden, die der Geschichte nahe stehen; aber man kann sich in solchen Vorstellungen sehr irren.

Die Überlieferung zur Varusschlacht

Das aufsehenerregendste Ereignis jener Zeit ist die *Varusschlacht*. Sie hat den Krieg gegen Rom zwar nicht entschieden, den Endkampf aber eingeleitet und ein unübersehbares Fanal gesetzt. Sie vor allem ist im Bewußtsein der Menschen geblieben, und sie verdient es zuerst, beachtet und verstanden zu werden.
Die Kunde über den römisch-germanischen Krieg stammt von lateinisch und griechisch schreibenden Römern. Es gibt eine ganze Reihe von Berichten und Erzählungen über die Varusschlacht, ganze und stückweise, kurze und lange, nüchterne und ausgeschmückte; aber sie sind nicht einheitlich, zum Teil so widersprüchlich, daß man sie nicht zusammenbringen kann. Glaubt man dem einen, so kann der andere nicht stimmen. Vielleicht haben wir gerade an der Varusschlacht einen Prüfstein für die Güte dieser Berichte.
Es sind vor allem zwei gegensätzliche Gruppen unter den Berichtern. Zur einen Gruppe gehört *Velleius Paterculus*, ein Reiteroberst unter Tiberius, Zeitgenosse des Cheruskers und in der gleichen Armee dienend. Er verfaßte eine römische Geschichte (»Historiae Romanae ad M. Vinicium«) bis auf seine Zeit. Er hat den jungen cheruskischen Fürstensohn jedenfalls gesehen, vielleicht sogar gesprochen, wenn die Begegnung auch wohl nur kurz war. Was er schreibt, ist knapp und klar, aber nicht sehr eingehend. Er beabsichtigte, eine geschlossene Darstellung der Varusschlacht zu geben; aber sie ist entweder nicht entstanden oder nicht auf uns gekommen. Velleius war ein begeisterter Anhänger seines Feldherrn Tiberius und tut mit seinem Lobe oft etwas zu viel. Er war gleich alt mit dem jungen Cherusker, war geboren um 20 v. Chr., sein Todesjahr ist unbekannt.

Älter als er war *Strabo* (der Schieler) »von Amasia«, ca. 64 v. bis etwa 23 n. Chr., ebenfalls Zeitgenosse der Ereignisse. Er bringt einige nicht unwichtige Einzelheiten hinzu, vor allem über den Triumphzug des Germanicus im Jahre 17 n. Chr., in dem des Cheruskers Gattin Thusnelda und sein junger Sohn mitgeführt wurden.
Sextus Julius *Frontinus* (um 40–103 n. Chr.), mehrfach Konsul und in anderen öffentlichen Ämtern tätig, trägt zu den Ereignissen der Römerkämpfe einiges Ergänzende bei in seinem Werk »Strategemata« (Kriegslisten). Seine Mitteilungen sind nur kurz, aber nicht unwichtig, weil sie das Bild der Varusschlacht und ihrer Folge abrunden.
Gajus S. Tranquillus *Suiton(ius)*, um 75–140 n. Chr., ein Geschichtsschreiber und Gelehrter, zeitweilig auch Geheimsekretär Kaiser Hadrians, verfaßte um 120 n. Chr. Biografien der Kaiser (»de vita Caesarum«) in 8 Büchern, gibt eine Ergänzung zu unseren Geschehnissen hinzu. Er hat den Ausruf des Kaiser Augustus überliefert: »Vare, redde legiones!« (Varus, gib [mir meine] Legionen wieder).
Gleichfalls spät schreibt Publius Annaeus *Florus* um 120 n. Chr. in Anlehnung an Livius. Er bringt einen Abriß der römischen Geschichte bis zum Tode des Augustus, kurz, mit interessanten Einzelheiten. Er schreibt zum Ruhme Roms, und was er trotzdem an Nichtrühmlichem berichtet, darf man ihm glauben.
Der wichtigste Schriftsteller für uns aber ist Cornelius *Tacitus*, ca. 55 bis nach 116 n. Chr., ein Mann in hohen Ämtern, Prätor, Consul, Proconsul. Er berichtet im Zusammenhang, macht genaue Ortsangaben, schildert ausführlich, wenn auch in knappem Stil, bringt nachprüfbare Einzelheiten. Er wäre auch für die Varusschlacht die unübertreffliche Quelle, wenn er sie geschildert hätte. Aber seine Jahrbücher (»Annalen«) beginnen erst mit dem Tode des Augustus im Jahre 14 n. Chr., 6 Jahre nach den Ereignissen. Dafür gibt Tacitus eine eingehende Darstellung von dem sechs Jahre nach der Varusniederlage (15 n. Chr.) erfolgten Besuch des Feldherrn Germanicus auf dem Varus-Schlachtfeld, der wir Entscheidendes entnehmen können. Cornelius Tacitus verdanken wir auch die um 100 n. Chr. geschriebene »Germania«, eine ausführliche Schilderung Germaniens, seiner Völker und Sitten, unersetzbar für unsere Kenntnis dieses Raumes in jener Frühzeit.
Keiner dieser Schriftsteller hat ein geschlossenes Bild der Varusschlacht überliefert und dieses für die Römer so einschneidende Ereignis im Zusammenhang beschrieben. Es muß also Hindernisse für sie gegeben haben, und diese mochten darin liegen, daß man nur ungern solche, für

römische Ohren und Gemüter so unangenehmen Vorgänge darstellte, sie am liebsten verdrängte. Daher sind die Mitteilungen auch mit Ausrufen des Unwillens und des Tadels durchsetzt:

Velleius: »ein schimpfliches Beispiel gab Ceionius«;
»Hier kann ich nur die Hauptsache mit Wehmut berichten«;
Florus: »Daher greifen sie den Unvorsichtigen und nichts derart Fürchtenden unversehens an, als er sie – o Sicherheit! – vor sein Tribunal zitierte.«
Tacitus: (Segestes) »Zeuge ist mir jene Nacht – o wäre es meine letzte gewesen! – Was folgte, kann mehr beweint als verteidigt werden.« [8]

Nicht zu dieser Gruppe von Schriftstellern gehört *Dio(n) Cassius* Cocceianus (um 150 – nach 223 n. Chr.) aus Nicäa in Bithynien, auch er in hohen Staatsämtern der späteren Zeit. Er schreibt rund 200 Jahre nach den Ereignissen eine »Römische Geschichte« von den Uranfängen Roms bis zu seiner Zeit in 80 Bänden und gibt darin auch, als der Späteste, eine Darstellung der Varusschlacht. *Er* hat jetzt *keine* Hemmungen mehr, die Geschehnisse um die Varusschlacht als geschlossene Erzählung zu bringen, aber seine Darstellung ist nun auch ganz anders als die aller anderen, und weist oft märchenhafte Züge auf.
Die Tatsache, daß Dio die Ereignisse im Zusammenhang und spannend erzählt, hat viele spätere Beurteiler dazu veranlaßt, *seiner* Darstellung zu folgen und den schwierigeren Weg der Durcharbeitung der früheren Nachrichten zu umgehen. Sie brauchten nur ihm zu folgen, um ein anschauliches und gruseliges Bild der angeblichen Vorgänge zu erhalten. Aber damit haben sie sich auf eine falsche Fährte locken lassen. Während die Ereignisse bei den früheren Schriftstellern im Sommerlager des Varus ablaufen oder um dieses herum, gibt Dio Cassius eine völlig andere Darstellung. Er schildert die Vorgänge so:
Es hätten die Germanen den Varus veranlaßt, sich vom Rhein nach der Weser hin zu begeben; sie hätten ihm dort vorgegaukelt, ein entfernter Volksstamm habe sich erhoben und müsse bekämpft werden. Varus sei daraufhin aus seinem festen Lager aufgebrochen, sei mit seinen drei Legionen und einem Riesentroß samt Weibern und Kindern losmarschiert, nicht auf gebahnten Wegen, sei in weglosen Wald geraten, hier von den Germanen, die alle Pfade kannten, aus dem Hinterhalt immer

wieder angegriffen worden und habe so in mehrtägigen Märschen und Kämpfen unter ungünstigen Bedingungen, bei Sturm und Regengüssen bis auf den letzten Mann den Untergang gefunden.
Eine Ergänzung zu Dio Cassius bringt Johannes *Zonaras*, ein byzantinischer Schriftsteller vom Ende des 11. und Anfang des 12. Jahrhunderts, auch er Inhaber hoher Ämter am Hof, später Mönch. Ihm verdanken wir Auszüge aus verlorenen Teilen der Bücher des Dio Cassius, welche Zonaras in seiner »Weltchronik« (1–1118) bewahrt hat.
Dies sind die Quellen, aus denen wir schöpfen: Antike Schriftsteller, in deren Darlegungen Wirklichkeit, Irrtum, Phantasie, ja auch Täuschungsabsicht enthalten sein kann. Wir müssen versuchen, ihre Berichte zu werten und das Wirkliche aus ihnen herauszufiltern.
Im folgenden werden zahlreiche Stellen aus diesen Schriftstellern, besonders aus Tacitus, zitiert werden.
Meine Übersetzung bemüht sich nicht darum, den Text der antiken Schriftsteller in glänzendes Deutsch zu übertragen, sie sucht vielmehr den lateinischen Text möglichst wörtlich wiederzugeben, damit das Gemeinte klar erkennbar wird. Den geschliffenen Stil des Tacitus herauszustellen, so daß dessen Schönheit hervortritt, wäre eine andersartige Aufgabe. Sie liegt hier nicht vor. Beibehalten wird in der Übersetzung auch der Wechsel der Gegenwarts- und Vergangenheitsformen, und auch des Tacitus Ausdrucksweise, »der Soldat« zu sagen, wenn er das römische Heer meint.

Am Ort der Schlacht

Der Bericht des Tacitus

Von allen Schilderungen der Varusschlacht ist der Bericht des Tacitus über den Germanicus-Besuch auf dem Schlachtfeld im Jahre 15 n. Chr., 6 Jahre nach dem Geschehen, der wichtigste, den wir besitzen. Sehr genau, mit Angabe der Örtlichkeiten, hat dieser sorgfältige und mit vielen Quellen bestens vertraute Schriftsteller diesen einmaligen Vorgang geschildert, der durch die vielen dabei anwesenden Zeugen gesichert ist. Es ist nun unsere Aufgabe, diesen Bericht ebenso sorgfältig aufzunehmen und zu prüfen.
Dabei ist *eine* Vorbedingung zwingend: Wir müssen zuvor aus unserem

Bewußtsein alles entfernen, was wir etwa aus anderen Quellen erfahren haben, vor allem aus Dio. Wir müssen ausschalten die Vorstellung, daß Varus sein festes Sommerlager verlassen hätte, daß er mit seinem ganzen Heer sich in Marsch gesetzt hätte und im germanischen Urwald umhergeirrt sei. Wir wissen nur sicher, daß Varus mit seinem Dreilegionenheer ins Cheruskerland gezogen war, daß er hier »in der Mitte Germaniens« sein Standlager (Sommerlager) aufgeschlagen hatte und darin seine Gerichtstage abzuhalten pflegte, in nicht allzu weiter Ferne hinter sich das feste Lager Aliso, das wir in der Nähe von Paderborn vermuten, als seine Rückendeckung.

Was wir zuerst von Tacitus erfahren, ist die ungefähre Lage des Schlachtfeldes. Hierzu macht Tacitus drei Angaben:[9]

1. »Dann wurde der Heereszug zu den äußersten Brukterern geführt«;
2. »und alles zwischen den Flüssen Ems und Lippe verwüstet«;
3. »nicht weit vom Teutoburger Wald (›Teutoburginiensis saltus‹), wo die Reste des Varus und der Legionen noch unbestattet liegen sollten!«

Die Brukterer waren nach allgemeiner Ansicht die westlichen Nachbarn der Cherusker, die Grenze zwischen den beiden Stämmen war der Teutoburger Wald (im heutigen Sinne). Die Angabe ist vom Rhein her gesehen, die »äußersten Brukterer« sind demnach die östlichsten. Bis an den (heutigen) Teutoburger Wald wurde also das römische Heer herangeführt.

Das Land »zwischen den Flüssen Ems und Lippe« kann nur den Teil der beiden Flüsse meinen, wo diese etwa parallel fließen, also von den Quellen bis in die Delbrücker Gegend. Die Quellen der Flüsse entspringen alle am (heutigen) Teutoburger Wald in der Gegend zwischen Bielefeld und Lippspringe. Das zwischenliegende Gebiet wurde damals von den Römern bis ans Gebirge heran verwüstet.

»nicht weit« ist ein Begriff, der bei Tacitus überprüft worden ist und immer nur eine Entfernung von wenigen Kilometern meint.[10] Nur wenige Kilometer entfernt von dem verwüsteten Brukterergebiet müßte also das Schlachtfeld der Varus-Niederlage liegen.

Nach diesen ziemlich klaren Angaben des Tacitus scheidet für den Ort der Varusschlacht zunächst alles aus, was weiter weg liegt: die Weser, der Schatzort bei Barenau, die Hildesheimer Gegend, wo überall man auch das Varus-Schlachtfeld gesucht hat.[11] Ebenso scheiden aus der Haarstrang und der Arnsberger Wald[12], weil sie jenseits der Lippe liegen

und also nicht zwischen Ems und Lippe. Nicht in Betracht kommen auch die Beckumer Berge[13], weil sie nicht im Cheruskerland liegen.
Es gibt nun an den Quellen der Ems und Lippe keinen Bergwald als nur den *einen*, den wir heute »Teutoburger Wald« nennen. Dieser springt als ein rechter »saltus«[14] aus der niederen Fläche der Senne zu beträchtlicher Höhe auf, liegt an der äußersten Grenze des Brukterergebiets, gehört zum Cheruskerland, ist »mitten in Germanien«.
Dieser Bergwald mag nun zu den verschiedenen Zeiten geheißen haben, wie er will (oder wie man wollte), oder mag auch gar keinen Namen getragen haben. Nach dem Bericht des Tacitus (Annalen I, 60) *kann hier nur der Teutoburger Wald gemeint sein.* Offenbar hat er zur Römerzeit so geheißen, und das Mittelalter hat ihm nur seinen alten Namen wiedergegeben, während er in der Thidrekssaga[15] um 500 n. Chr. »Osning« heißt. »Teuto-burg« ist in beiden Teilen ein germanisch-deutsches Wort[16], das die Römer sich nicht ausdenken konnten, sondern von den Germanen übernommen haben müssen.
In diesem Waldgebirge also, im heutigen Teutoburger Wald, sollten die unbestatteten Überreste der Varus-Legionen liegen, nicht etwa *vor* dem Gebirge, sondern darin: (»in quo reliquiae... dicebantur«).
Nun schickt Germanicus, der das Schlachtfeld besuchen will, seinen General Caecina voraus,

> »damit er die Schluchten der Bergwälder erkunde und Dammwege und Knüppeldämme anlege, wo sumpfiger Boden dies erforderlich mache.«

Das tut dieser und bereitet so dem Heer den Weg zu der Walstatt.

> »Dann betreten sie die trostlosen Stätten, die für den Anblick wie für die Erinnerung schauerlich waren.«

Und nun beginnt die eigentliche Schilderung, bei der es auf jedes Wort ankommt:

> »Das erste Lager des Varus zeigte durch weiten Umfang und die Ausmaße des Feldherrnplatzes (Lagerfeldes) die Hände dreier Legionen.«

Dies ist die erste wichtige Mitteilung: Die Besucher sehen ein sehr großes Lager, wie es von und für drei Legionen geschaffen wurde. Die Größe wird doppelt betont, sowohl der weite Umfang des Ganzen wie auch die besondere Größe des Feldherrnplatzes (mitten im Lager). Aus dieser Schilderung ergibt sich, daß es sich nicht um ein Marschlager handeln kann, wie es für eine Nacht in knapper Größe angelegt worden wäre, sondern daß hier *das große Sommerlager des Varus* gesehen wird, in dem er mit seinen drei noch vollständigen Legionen 4–5 Monate im Cheruskerland zugebracht hat. Das Lager war offensichtlich nicht umkämpft. Von Störungen oder Zerstörungen an den Außenwällen oder Außengräben dieses großen Lagers wird nichts berichtet.

Die Römer sehen dann ein Schlachtfeld, und zwar innerhalb des großen Lagers. Die Spuren der Kämpfe sind überall zu erkennen. Nichts ist aufgeräumt, alles ist so geblieben, wie es damals war. Das bedeutet offenbar, daß das Lager bald nach der Schlacht von den Germanen nicht mehr betreten wurde, und wir müssen annehmen, daß der Platz als gebannt galt. Man wundert sich nur darüber, daß, nach sechs Jahren, nicht längst alles mit Gras, Unkraut und Büschen überwachsen war.

Dafür könnte es allerdings eine Erklärung geben. Wenn nämlich dieser Platz wirklich das Sommerlager des Varus war, dann war der Boden fast ein halbes Jahr lang von Tausenden von Soldatenfüßen festgetreten worden, und zwar nicht wie bei Schulhöfen täglich nur ein paar Viertelstunden lang, sondern während rund 150 Tagen vom Morgen bis zum Abend. Der Boden mußte steinhart sein. Das könnte die Erklärung dafür sein, daß auch nach sechs Jahren auf diesem großen Platze noch nichts wieder wuchs. Damit wäre wiederum bestätigt, daß es sich tatsächlich um das Sommerlager des Varus handelte; denn ein Marschlager mußte in dieser Zeit längst überwuchert sein.

Die Römer sehen sich jetzt weiter und genauer um und entdecken einen »halbzerstörten Wall« und einen »niedrigen Graben«. Sie ziehen daraus ihre Schlüsse. Tacitus schreibt:

> »Ferner erkannte man am halbzerstörten Wall, am niedrigen Graben, daß die schon angeschlagenen Reste sich festgesetzt.«

Offensichtlich gab es also Kampfspuren und zwar an einem Wall und einem Graben, die nicht die Außenwälle des großen Lagers waren, sondern sich *innerhalb* des großen Lagers befanden. Denn Tacitus sagt nichts davon, daß sich die Römer aus dem großen Lager entfernt hätten. Walther John[17] schloß aus der Schilderung des Tacitus, daß die Verteidiger sich innerhalb des großen Lagers, wahrscheinlich in einer Ecke

desselben, nochmals eine Verschanzung angelegt hätten, bei der sie dann zwei Seiten sparen konnten.
Der Bericht des Tacitus fährt fort:
Dann sahen sie – und zwar »medio campi« (in der Mitte des Feldherrnplatzes) –

> »Mitten im Lagerfeld bleichende Gebeine, wie sie geflohen waren, wie sie Widerstand geleistet hatten, verstreut oder beisammen. Daneben lagen zerbrochene Speere und Pferdegerippe, zugleich an die Baumstämme angeheftete Köpfe.«

Nun erst verlassen die Betrachtenden das Lager wieder und wenden sich dem weiteren Umfeld zu:

> »In den benachbarten Hainen barbarische Altäre, bei denen sie die Tribunen und die Offiziere der hohen Ränge geopfert hatten.«

Es waren also »heilige Haine« mit »Altären« in unmittelbarer Nähe des Sommerlager-Schlachtfeldes. Das ist ein wichtiger Hinweis. Wo die Stätte der Varusschlacht bestimmt werden soll, da wird auch nahebei ein solcher heiliger Hain aufgewiesen werden müssen.
Zu »lucus« sagt das Lexikon: »ein Hain, der einer Gottheit geweiht war; it. übrh. – ein Hain, Wald; rp. Holz.« Die Übersetzung: »in den benachbarten Waldlichtungen«[18] lenkt vom Eigentlichen ab, und eine andere Übersetzung: »unter den nahen Baumgruppen« erweckt falsche Vorstellungen. Es handelt sich um heiliges, geweihtes Gebiet, und die Altäre bestätigen dies.
Nehmen wir den Teutoburger Wald als Stätte der Varusschlacht an, so liegen hier in der Nähe von Horn *die Externsteine*, ein abgelegener Platz mit riesigen Felssäulen. Man kann sich kaum denken, daß dieser Bereich in frühen Zeiten jemals ohne Andacht und einen gewissen Schauer betreten worden sei. Sind hier die heiligen Haine zu denken, hier die barbarischen Altäre? War dies Gebiet eine bedeutende Kultstätte der Germanen, zunächst der Cherusker, vielleicht aber auch der benachbarten Stämme? Dann würden sich hier zu den großen Festen Tausende von Menschen versammelt haben, und wir müssen uns fragen, ob die Externsteine und ein solches Fest auch bei den Ereignissen der Varusschlacht mitgespielt haben können. Wir werden uns mit der Frage der heiligen Haine noch in einem besonderen Abschnitt beschäftigen.

Tacitus fügt noch einige Angaben hinzu von Augenzeugen, welche der Schlacht oder der Gefangenschaft glücklich entronnen waren. Sie zeigen auf:

> »Hier seien die Legaten gefallen, dort die Adler geraubt worden; wo dem Varus die erste Wunde beigebracht worden, wo dieser durch die unselige Rechte und eigenen Zustoß den Tod gefunden, von welchem Podium aus Arminius zum Volk gesprochen, wie viele Galgen für die Gefangenen, was für (Hinrichtungs-?)Gruben, und wie er (Arminius) der Feldzeichen und Adler voller Hochmut gespottet.
> Also bestattete das römische Heer, welches anwesend war, im sechsten Jahr nach der Niederlage die Gebeine der drei Legionen, wobei keiner erkannte, ob er fremde Reste oder die der Seinen mit Erde bedeckte... Das erste Rasenstück für die Errichtung des Grabhügels legte der Caesar (Germanicus)...«

Die ganze Schilderung des Tacitus ist bis ins einzelne in keinem Punkte einseitig oder übertrieben und, wie gesagt, gesichert durch die vielen Augenzeugen dieser Vorgänge. Vor allem ist zu beachten, daß die Geschehnisse der Schlacht nach dem Bericht sich *alle an einem Orte zugetragen* haben, *innerhalb des großen Lagers,* auch die Kämpfe an der besonderen Verschanzung. Nichts deutet darauf hin, daß das Heer sich auf dem Marsch befunden hätte. *Nach der Darstellung des Tacitus fand die Schlacht im Sommerlager statt.*
Wohl muß man annehmen, daß Teile des römischen Heeres ausgebrochen waren und außerhalb des Lagers umkamen oder gefangen wurden, auf dem Winnfeld etwa und in den Wäldern und Sümpfen umher, soweit ihnen nicht die Flucht nach Aliso gelang. Aber das war kein Marsch des ganzen Heeres im germanischen Urwald.

Der Bericht des Florus

Dieser Schilderung des Tacitus entspricht nun genau das, was ein anderer römischer Berichter, Florus mitteilt. Sein Bericht ist kurz und knapp, mit einigen bemerkenswerten Einzelheiten, in denen vor allem die Wut der Germanen gegen die römischen »Advokaten« zum Ausdruck kommt. Florus schreibt (Epitom. Lib. IV 12, 29):

»29. Aber schwerer ists, Provinzen bewahren als schaffen. Durch Macht werden sie gezähmt, durch Recht in Schranken gehalten. 30. Also kurz ist diese Freude. Da die Germanen mehr besiegt als gezähmt waren, waren ihnen unsere Sitten verdächtiger als die Waffen unter dem Feldherrn Drusus. Als der aber tot war, begannen sie, des Varus Willkür und Hochmut nicht weniger als seine Grausamkeit zu hassen. Er wagte es, einen Conventus zu halten; und unvorsichtig handhabte er das Recht so, als könnte er die Wildheit der Barbaren durch die Ruten des Liktors und die Stimme des Herolds zügeln. 32. Doch jene, die schon längst drängten, daß voller Rost die Schwerter und steif die Rosse würden, sobald sie die Amtstracht und, schärfer als Waffen, das Ränkespiel des Gerichtes gesehen, greifen unter Führung des Arminius zu den Waffen.

33. Denn inzwischen war so groß des Varus Vertrauen auf die Friedfertigkeit, daß er nicht einmal durch die vorhergesagte und durch Segestes, einen der Fürsten, verratene Verschwörung beeindruckt wurde. 34. Daher greifen sie den Unvorsichtigen und nichts derart Befürchtenden unversehens an, als er sie – o Sicherheit! – vor sein Tribunal zitierte, und brechen von allen Seiten herein. Das Lager wird gerissen, drei Legionen werden vernichtet. 35. Varus zog aus der Niederlage bei gleichem Schicksal und gleicher Gesinnung die gleiche Folgerung wie Paullus am Tage von Cannae. 36. Nichts blutiger als jenes Morden durch Sümpfe und Wälder hin, nichts unerträglicher als der Hohn der Barbaren vor allem gegenüber den Advokaten!«

Auch bei Florus handelt es sich um das *Sommerlager des Varus*, auch hier ist dieses die Kampfstätte, nur daß Florus die Kämpfe der in die umliegenden Wälder und Sümpfe ausgebrochenen Römer mit einbezieht. Deutlich wird daraus, daß nur ein Teil der römischen Besatzung sich im Lager zum Kampf stellte, ein anderer Teil zu fliehen versuchte, wie es auch die Reiterei tat und wie wir es bei einem anderen Kampf noch erfahren werden.

Florus schildert nun auch, wie die Eroberung des Lagers in Zusammenhang stand mit dem »Conventus«, zu dem die Cherusker von Varus einberufen worden waren, und wie sich der Aufstand der Germanen im Lager während der Gerichtsverhandlung vollzog, wo sonst »die Ruten der Liktoren und die Stimme des Herolds« die Ordnung aufrecht erhielten. Auf diese »Gerichtsverhandlungen« der Römer werden wir später noch eingehen.

Man hat Florus als unglaubwürdig getadelt. Ich kann an dieser seiner Darstellung nichts Unglaubwürdiges finden. An *einer* Stelle läßt sich sogar zeigen, daß er offenbar richtig berichtet. Er sagt nämlich über die Germanen IV 12, 32:

> »Doch jene, die schon längst drängten, daß ihre Schwerter rostig und ihre Rosse steif würden ...«

Daß dies germanische Sinnesart war, bezeugt uns die Thidrekssaga, deren Inhalt auf das 5./6. Jahrhundert n. Chr. zurückgeht, in welcher König Samson, Didriks von Bern Großvater, sagt:[19]

> »Ich habe in diesen 20 Jahren mein Reich nicht vermehrt... und vieles ist seither geschehen: Mein Haar und Bart waren rabenschwarz und sind nun taubengrau... und damals waren unsere Schwerter oft rot von Blut, und große Scharten darin von harten Helmen – nun sind sie rot von Rost.«

Und Samson begründet seine Haltung so:

> »Welchen Wert hat mein weißer Bart, und daß ich hier sitze mein Alter über und habe gute Tage? Ich werde gleichwohl sterben. Habe ich aber tapfere Taten getan in Krieg und in Fehde, das überlebt mich bis zum Gericht.«

Hier haben wir die gleiche Gesinnung im germanischen Raum 500 Jahre später ausgesprochen und begründet. Rostige Schwerter waren offenbar für diese kampfgeübten und kampffreudigen Menschen wenig ruhmvoll und ehrenkränkend, und Florus gibt diese Gesinnung richtig wieder. Auch die Wut gegen die »Advokaten«, welche freie Germanen unter römisches Recht zwangen, ist von Florus sicher richtig wiedergegeben. Schließlich ist anerkennenswert, daß Florus offen ausspricht, was andere so klar zu benennen sich scheuten: daß den Römern die Schande widerfuhr, in ihrem eigenen Lager überrumpelt zu werden. Und das schreibt *der* Mann, der seine Bücher zum Preise Roms verfaßt hat. Der Grund kann doch nur *der* sein, daß eben dies die Wahrheit war, welche die Früheren auszusprechen nicht wagen durften.

Der Bericht des Velleius

Der römische Reiteroberst *Velleius Paterculus*, der zugleich mit dem Cherusker im Lager des Tiberius gewesen war und jenen wohl selbst kannte, schreibt nur wenig über den Ort der Schlacht. Aber einiges kann man seinen Texten doch entnehmen. Er hatte, wie gesagt, vor, eine zusammenhängende Darstellung der ganzen Ereignisse zu geben, doch ist eine solche nicht auf uns gekommen. Wir besitzen nur seine vorläufigen Bemerkungen. Velleius betont vor allem des Varus Verachtung für die Germanen und seine Leidenschaft für Gerichtsverhandlungen. Velleius »Historiae Romanae« schreibt II, 117 ff.:

> »Varus Quinctilius, ... ein Mann von mildem Wesen, von ruhiger Gemütsart, war, da an Körper und Geist wenig rege, mehr an das Nichtstun im Lager als an wirklichen Kriegsdienst gewöhnt. ... Als er das Heer, das in Germanien stand, befehligte, bildete er sich die Meinung, es seien (die Bewohner) Menschen, die außer der Stimme und den Gliedern nichts Menschliches an sich hätten, und daß sie, die durch das Schwert nicht gezähmt werden konnten, durch das Recht gefügig gemacht werden könnten. Mit diesem Vorsatz drang er mitten in Germanien ein und verbrachte, wie unter Männern, die sich der Süße des Friedens erfreuen, die Sommerzeit mit Rechtsprechungen, vom Gerichtsstuhl aus handelnd.«
>
> »Die Germanen aber ... führten zum Schein ganze Reihen erfundener Rechtshändel auf; bald luden sie einer den anderen zur Prozeßverhandlung, bald sprachen sie ihren Dank dafür aus, daß ihren Streitigkeiten durch die römische Rechtspflege ein Ende gesetzt werde und daß ihre Wildheit durch die neue und unbekannte Einrichtung gebändigt werde und Streitfälle, die man durch die Waffen zu entscheiden pflegte, auf dem Rechtswege beglichen würden. So verleiteten sie den Varus zu äußerster Sorglosigkeit bis zu einem solchen Grade, daß er wähnte, er spreche wie der Prätor in Rom auf dem Forum das Recht und nicht, er befehlige ein Heer mitten in Germanien.«

Hieraus ergibt sich deutlich, daß Varus mit seinen drei Legionen »mitten in Germanien« im Sommerlager stand, jenem großen Lager, das Tacitus schildert. Hier hielt er, wahrscheinlich wöchentlich an bestimmten Tagen, seine Gerichtsverhandlungen. Kein Wort sagt Velleius von einem Aufbruch aus diesem Lager, gar von einem Marsch zu fernem Volksstamm durch weglosen Wald. Später gibt er noch einige Anhaltspunkte für die Beschaffenheit der Gegend, in welcher das Lager stand. Velleius fährt fort:

> »Da benutzte ein junger Mann von vornehmer Abkunft, persönlicher Tapferkeit, rascher Auffassung und genialer Klugheit ... die Stumpfheit des Feldherrn zur Ausführung seines Frevels ... Treffend erkannte er, daß niemand schneller überwältigt wird als der, der sorglos ist. Daher machte er anfangs nur wenige zu Vertrauten seines Planes. Er behauptet und überzeugt sie, daß die Römer überwältigt werden können, und setzt den Zeitpunkt für den Überfall fest. Dies wurde dem Varus durch Segestes, einen angesehenen Mann ihres Stammes, verraten ... Varus aber versagte der Botschaft den Glauben ...
> Das beste Heer von allen, das an Manneszucht, Tapferkeit und Kriegserfahrung unter den römischen Truppen das erste war, geriet durch die Stumpfheit des Führers, die Tücke des Feindes und die Mißgunst des Schicksals in die Falle ...
> eingeschlossen durch Wälder, Sümpfe und Hinterhalt, wurde es bis zur Vernichtung von eben dem Feinde niedergemetzelt, den es stets selbst wie das Vieh mit so unbeschränkter Gewalt niedergemetzelt hatte, daß über dessen Leben oder Tod bald der Zorn, bald die Gnade entschied.«

Aus dieser Schilderung des Velleius ergibt sich, daß der Ort des Lagers von Sumpf, Wald und Hinterhalt eingeschlossen war; es ergibt sich aber *nicht* daraus, daß Varus mit seinem Heer in Sumpf und Wald herumgeirrt wäre. Die Darstellung des Velleius ist vielmehr der des Florus verwandt. Das ergibt sich auch aus weiteren Einzelheiten:

> »Dem Feldherrn mehr zum Sterben als zum Kämpfen stand der Sinn, da er, väterlichen und großväterlichen Beispiels Folger, selbst sich durchbohrte. Doch von den beiden Lagerkommandanten, wie ein leuchtendes Beispiel Lucius Eggius gab, so ein schimpfliches Ceionius. Dieser, als die Schlachtreihe zum weitaus größten Teil zusammengeschmolzen war, Veranlasser der Übergabe, wollte lieber durch Kniebeugen (Hinrichtung) als im Kampfe sterben.«

Dies sind die Vorgänge, die *im Lager* stattfanden, und es wird die Haltung der beiden Lagerkommandanten gelobt und gerügt. Ceionius war es also, der sich mit seinen Soldaten in dem kleineren Lager nochmals verschanzte, dann aber kapitulierte und offenbar »an den Altären« geopfert wurde. Danach wird noch von der Flucht der Reiterei berichtet:

> »Ebenso gab Vala Numonius, der Legat des Varus, ein sonst ruhiger und rechtschaffener Mann, ein abscheuliches Beispiel: er ließ das Fußvolk im Stich, so daß es ohne Beistand der Reiterei war, und trat mit den Geschwadern die Flucht nach dem Rhein hin an. Doch die Rache des Schicksals traf ihn für diese Tat, denn er sollte die von ihm im Stiche Gelassenen nicht überleben: den Verräter ereilte unterwegs der Tod.«

Die Flucht der Reiterei, von Velleius als eine abscheuliche Schande empfunden, muß aus einem panischen Schrecken heraus erfolgt sein, aus der Überzeugung, daß es keine Rettung mehr gebe und daß jeder Kampfversuch sinnlos sei. So bestätigt Velleius, trotz seinen bruchstückhaften Schilderungen, daß Varus im Sommerlager war, daß Varus im Sommerlager blieb, und daß dieses von Wald und Sumpf umgeben war, »mitten in Germanien«; und da Velleius keinen anderen Ort nennt, so muß – nach ihm – Varus auch im Sommerlager gefallen sein, ganz wie Tacitus und Florus dies schildern, während die Reiterei in rasender Flucht davonstob.[20]

Die Ergänzung durch Frontin

Eine Ergänzung zu den Vorgängen der Schlacht gibt dann noch *Frontin* in einer Schrift, welche die Überschrift hat:

> »Über die Maßregeln, welche nach der Schlacht zu ergreifen sind, wenn die Sache gut gegangen ist, um den Rest des Krieges zu Ende zu führen.« (Frontin II, cap. 9).

Er führt Beispiele an, wie nach gewonnener Schlacht die Widerstandskraft der noch übrigen Gegner gebrochen werden könne, und sagt:

> »L. Sulla zeigte denen, die zu Praeneste belagert wurden, die Häupter ihrer in der Schlacht gefallenen Anführer, auf Lanzen gesteckt, und brach so die Hartnäckigkeit der Widerstrebenden. Arminius, der Anführer der Germanen, ließ die Häupter derer, die er getötet hatte, ähnlich aufgesteckt an den Wall der Feinde bringen und brach auf diese Weise den Widerstand der Übriggebliebenen.«

Hier erhellt die Bermerkung Frontins die Vorgänge am zweiten Tag der Varus-Niederlage, als der Rest des römischen Heeres sich nochmals in einer Ecke des großen Lagers unter dem Befehl des zweiten Lagerkommandanten Ceionius verschanzt hatte. Da also ließ der Cherusker »die Häupter derer, die er getötet hatte, entsprechend (auf Lanzen) aufgesteckt an den Wall der Feinde bringen« und erzwang so die Übergabe.
So ergibt sich aus den Angaben dieser vier römischen Schriftsteller, sobald man den Dio wegläßt, ein einheitliches Bild: Überrumpelung des Sommerlagers während der Gerichtsverhandlung des Varus beim »Conventus«, Eroberung der Feldzeichen und Adler, Überwältigung des einen Teils der Besatzung, während sich der andere Teil in einer rasch hergerichteten Verschanzung innerhalb des Lagers noch einen halben zweiten Tag verteidigte, und die in die umliegenden Wälder Geflohenen ihrem Schicksal nicht entgingen bis auf wenige, die Aliso erreichten. Die Einzelheiten dieser Vorgänge werden wir später betrachten.
Aus allen diesen Berichten ergibt sich eindeutig, daß nicht von mehreren Schlachtfeldern die Rede ist, sondern nur von *einem*, nämlich dem im und am Sommerlager. Es wird auch leidlich deutlich angegeben, wo es lag: Im Teutoburger Wald, unmittelbar hinter der Bergkette, »haud procul« (gar nicht weit) von den Quellen der Lippe und Ems entfernt. Dieses Sommerlager mußte, aller Wahrscheinlichkeit nach, an einem wichtigen Durchgang durch das Gebirge liegen, dort wo der Weg von der im Umkreis von Paderborn zu vermutenden Römerfeste Aliso heraufkam: entweder bei Horn, oder bei Detmold, oder in der Gegend von Lemgo. Dabei ist Horn der wahrscheinlichste Punkt, weil er an dem alten Haupt-Westweg lag.

Die falsche Fährte

Die Erzählung des Dio Cassius

Der einheitlichen Darstellung der früheren Schriftsteller widerspricht nun vollkommen der späteste, Dio Cassius. Er erzählt die angeblichen Ereignisse in einem spannenden Zusammenhang; aber seine Angaben über die Varusschlacht sind der Erdichtung verdächtig. Es ist daher notwendig, seine Darstellung genau vorzunehmen und durchzuprüfen. Dabei wird das Augenmerk vor allem darauf zu richten sein, ob seine Schilderungen überhaupt als möglich erscheinen. Nehmen wir seine Erzählung also Punkt für Punkt vor!
Nach einer allgemeinen Einleitung beginnt Dio seine Darstellung mit dem Satz über die Germanen:[21]

> »Als aber der Varos, der Quintilios, die Herrschaft über die Germania übernahm und die Verhältnisse von Anfang an neu zu ordnen sich beeilte, um sie noch vollständiger zu verwandeln, und als er das Andersartige ihnen wie Versklavten aufzwang und Abgaben wie bei Unterworfenen eintrieb, da ließen sie sich das nicht gefallen, sondern sowohl die Fürsten, die nach der früheren Herrschergewalt strebten, wie auch das Volk, das den vertrauten Zustand der fremdländischen Despotie vorzog, fielen zwar nicht öffentlich ab, da sie sahen, daß viele Römer am Rhein waren und viele auch in ihrem eigenen Lande; sie nahmen vielmehr den Varos auf, als wollten sie alles ihnen Auferlegte tun, und veranlaßten ihn (»προήγαγον« von »προάγειν« = jemanden zu etwas bringen, veranlassen, verleiten, verlocken), fernab vom Rhein in das Cheruskische und auf die Weser zu zu ziehen. Und dort, auf das Friedlichste und Freundschaftlichste die Zeit hinbringend, machten sie ihn glauben, sie könnten auch ohne Soldaten untertänig sein.«

Schon die Behauptung, die Germanen hätten den Varus (»Varos« ist die griechische Form) zu irgend etwas veranlaßt, ist eine fragwürdige Kunde. Machen wir uns die Lage klar! Varus war römischer Feldherr und nun Provinzverwalter, ein Mann im höchsten Range, durch seine Gattin dem kaiserlichen Hause verwandt. Er war durch die Verwaltung der Provinz Afrika, später der sehr schwierigen Provinz Syrien überaus erfahren und gleichsam mit allen Wassern gewaschen. Er sollte sich durch die »Barbaren«, selbst wenn diese sich freundlich stellten, zu irgendwelchen Handlungen oder Zielen »verlocken, verleiten, antreiben« lassen? Des Varus Ziele waren die Ziele Roms, Roms Ziel war die Unterwerfung Germaniens und seine Umwandlung in eine römische Provinz. Schon Drusus hatte zwanzig Jahre früher den Umfang der »Provinz Germania« zwischen Maas und Elbe durch den Bau von Kastellen abgesteckt, wie wir sehen werden; und dieses Ziel wurde unbeirrt verfolgt.

In den Augen der Römer war das germanische Land entlang der Lippe bis an die Grenzen der Cherusker schon unterworfenes Gebiet, hier hatten sie ihre starke Feste Aliso (unweit Paderborn), und durch die Lippelinie mit ihren Kastellen und festen Straßen war die Verbindung mit dem Rhein gesichert. Für den römischen Procurator war es *selbstverständlich*, nach Aliso zu ziehen, ja ein Stück weiter noch, eben ins Cheruskische hinein, um dort, »mitten in Germanien«, die römische Macht vor Augen zu stellen und deren Ziele zu fördern. Eine »Verlokkung« oder auch nur Anregung dazu lag außerhalb des Möglichen.

Dios Angabe »pròs tên Quisoûrgon« hat manche Verwirrung gestiftet. Wörtlich heißt sie nur: »auf die Weser zu«. Vielleicht hat Dio es so gemeint, und das wäre auch nicht falsch. Es ist dabei nicht einmal sicher, ob Dio den eigentlichen Weserfluß meinte oder das ganze Wesergebiet, zu dem auch die Werre gehört, die gleich hinter dem Teutoburger Wald entspringt und im Bogen über Lage und Herford der Weser bei Bad Oeynhausen zufließt. Dio ist aber meist so verstanden worden, als meinte er einen Zug zur Weser hin, und so hat man auch im Raum der Weser nach der Stätte der Varusschlacht gesucht. Von einem Zug des Varus zur Weser ist aber nirgends die Rede.

Dio setzt seine Darstellung, anschließend an das Vorige, fort mit dem Verhalten des Varus im Cheruskerland:

> »Er hielt nun auch die Mannschaften nicht zusammen, wie es im Kriegszustand erforderlich war, sondern gab viele von ihnen an die, welche darum baten, weil sie selbst es nicht vermöchten, zur Bewachung gewisser Plätze oder zur Ergreifung von Räubern oder zur Sicherung der Zufuhren.«

Dio sieht den Varus nun im Cheruskerland, offenbar in seinem Sommerlager, in freundschaftlichem Verkehr mit den Germanen; und er meint, Varus hätte sein Heer durch die Absendung besonderer Abteilungen geschwächt. Aber daß wichtige Punkte besetzt werden, daß Räuber

aufgegriffen und Zufuhren geschützt werden, sind Selbstverständlichkeiten. Kein Feldherr konnte anders handeln, und das Hauptheer der drei Legionen und der zusätzlichen Abteilungen konnte dadurch kaum geschwächt werden.
Dio fährt fort:

> »Es waren aber die Hauptverschwörer und Anführer des Anschlags und des Krieges vor allem *Armenios* und *Segimeros*, die immer mit ihm zusammen waren und oft mit ihm zusammen aßen. Während er nun guten Mutes war und keineswegs etwas Schlimmes erwartete, auch allen denen, die das, was vorging, beargwöhnten und ihn ermahnten, auf der Hut zu sein, keinen Glauben schenkte, sondern sie sogar tadelte, daß sie sinnlos sich aufregten und jene verleumdeten...«

Die Behauptung Dios, daß damals neben Hermann-Arminius noch ein anderer mit Namen »Segimer« führend tätig gewesen sei, werden wir in einem späteren Kapitel eingehend untersuchen. Es wird sich herausstellen, daß Dio hier irrt. Die Warnungen an Varus meldet Dio nur sehr allgemein und nebelhaft, während sie von den anderen Schriftstellern sehr genau mit vielen Einzelheiten berichtet werden. Der Grund von Dios Schweigen hierüber wird später auch erkennbar werden.
Entscheidend und von großer Nachwirkung ist die nun folgende Behauptung Dios, daß Varus auf die Nachricht von einer Empörung entfernterer Stämme hin sein festes Sommerlager verlassen und einen Marsch angetreten habe, bei dem er sich bald in weglosen Wäldern befand. Dio läßt in seiner gewohnten Art auch hier alles im Ungewissen. Nicht einmal die Richtung gibt er an, in der jene angeblich aufständische Völkerschaft gewohnt haben soll, so daß Streit darüber entstehen konnte, ob Osten oder Westen gemeint gewesen sei. Dio schreibt:

> »... empörten sich als erste einige der entfernt von ihm Wohnenden, der Abrede gemäß, damit Varus, wenn er gegen sie loszöge, um so leichter für sie auf dem Marsche, gleichsam Freundesland durchziehend, zu fassen wäre, und sich nicht in acht nähme, wenn er plötzlich von allen bekriegt würde.
> Und so geschah es: Sie schickten ihn nämlich voraus, als er aufbrach, und während sie dablieben, als wollten sie das bundesgenössische Aufgebot heranholen, übernahmen sie die Streitkräfte, die irgendwo in Bereitschaft standen und, nachdem sie jeder die bei ihnen befind-

> lichen (römischen) Soldaten getötet hatten, rückten sie auf ihn los, der sich schon in Wäldern befand, aus denen schwer zu entkommen war. Und da zeigten sie sich auf einmal als Feinde statt als Untertanen und bewirkten Vieles und Schreckliches.«

Diese Darstellung des Dio Cassius steht im Widerspruch zu allen anderen Berichten. Kein römischer Schriftsteller sonst weiß etwas vom Aufstand eines entfernten Stammes oder von einem mehrtägigen Marsch des Varus durch den germanischen Urwald. Aber Dios Erzählung hat nun wieder die Phantasie neuerer Forscher[22] beflügelt, diesen angeblichen Zug des Varus nachzuvollziehen, und das ist in der ausführlichsten Weise geschehen, von jedem anders. Das Sommerlager im Cheruskerland, in welchem Varus mit den Germanen so freundschaftlich verkehrte, vergißt Dio überhaupt, so daß man nicht erkennen kann, ob er meint, Varus hätte es sang- und klanglos geräumt, oder es wäre mit einer entsprechenden Besatzung zurückgelassen worden, von deren Schicksal aber im folgenden auch nichts mehr verlautet.
Des weiteren schildert Dio die Natur, in der er sich das Geschehen vorstellt, so:

> »Denn das Gebirge war voller Schluchten und Unebenheiten, und die Bäume standen so dicht und waren so übergroß, daß die Römer, auch schon, ehe die Feinde über sie herfielen, sich abmühten, sie zu fällen, Wege zu bahnen und Knüppeldämme zu schaffen, wo es notwendig war.«

Aus diesen Sätzen ergibt sich deutlich, daß die Römer – nach Dios Vorstellung – nicht auf vorhandenen Wegen zogen, sondern sich solche im Urwald erst bahnten. Es ist also nicht möglich, nach Dio anzunehmen, Varus sei mit seinem Heer auf einem vorhandenen Fernweg gezogen oder hätte sich gar den besten Höhenweg aussuchen können.
Natürlich kann es bei einem römischen Heer unter erfahrenen Feldherrn und Generalen einen solchen Zug im Wald ohne Weg nicht gegeben haben. Es gab Fernwege genug in Germanien, und wir werden noch sehen, daß Drusus und Tiberius kreuz und quer das Land durchzogen, ohne je Schwierigkeiten mit den Wegen zu haben. Die Unwirklichkeit von Dios Darstellung wird auch darin sichtbar, daß er schreibt, die Bäume hätten dichtgedrängt (πύκνα) gestanden und wären übergroß (ὑπερμήκη) gewesen. Übergroße Bäume stehen nicht dicht, und dichtstehende Bäume werden nicht übergroß.

Nun schildert Dio den römischen Marschzug, der angeblich ausgezogen war, um einen aufständischen Stamm niederzuwerfen. Dazu hätte es einer soldatischen Truppe bedurft. Dio indes schreibt:

> »Sie führten aber auch viele Wagen mit und viele Lasttiere ganz wie im Frieden, auch Kinder[23] nicht wenige und Weiber, und die andere zahlreiche Dienstmannschaft zog mit, so daß sie auch deswegen einen aufgelösten Marschzug bildeten; und wenn dazu noch Regen und Sturm aufkam, zerstreuten sie sich noch mehr.«

Dio malt hier das Bild eines landsknechtsartigen Zuges mit Marketenderweibern und Kindern, und dieser ungeordnete Haufen soll das Heer des Varus gewesen sein, von dessen drei Legionen der zeitgenössische Reiteroberst Velleius, der es wissen mußte, sagt, es seien die besten und kampferprobtesten gewesen, die Rom damals besaß?
Im folgenden schildert Dio dann das Wetter, wie es den Römern zu schaffen machte mit Regen und Sturm:

> »Der Boden aber, schlüpfrig geworden um die Wurzeln und Baumstümpfe, machte sie ganz unsicher beim Gehen, und die Kronen der Bäume, abgebrochen und herabgestürzt, brachten sie in Verwirrung.«

Wir sind in unserer Jugend bei jedem Wetter durch die deutschen und böhmischen Wälder gewandert; wir sahen auch wohl mal einen Baum umbrechen, aber niemals Baumkronen stürzen. Oder meint Dio, die Germanen hätten die Baumkronen angesägt, wie vermutet worden ist? Da hätten sie ganze Wälder ansägen müssen, denn sie wußten ja nicht, an welchen Bäumen vorbei die Römer marschieren würden.

> »Da nun, als die Römer in solch hilfloser Lage waren, umstellten die Barbaren sie plötzlich von überallher zugleich durch das Dickicht hindurch, da sie ja die Pfade kannten; und zwar schossen sie zuerst [die Speere] von fern, dann aber, als keiner sich wehrte, doch viele verwundet wurden, gingen sie auf sie los. Weder war es [den Römern] möglich, in irgendeiner Ordnung zu marschieren, sondern durcheinander mit den Wagen und Unbewaffneten; noch auch konnten sie sich leicht irgendwie zusammenscharen, und waren Trupp für Trupp immer weniger als die, welche sie angriffen; und so litten sie vieles, konnten aber nichts dagegen tun.«

Wenn es wahr wäre, was Dio hier schreibt, dann wären in diesem »besten aller römischen Heere« nicht nur der Feldherr, sondern auch seine Offiziere und Unteroffiziere Versager gewesen. Aber es ist ein Phantasiegemälde. Dio fährt fort:

> »Dort lagerten sie sich nun, nachdem sie einen geeigneten Platz besetzt hatten, soweit das in einem Waldgebirge möglich war; und hierauf, nachdem sie die Mehrzahl der Wagen und das andere, was ihnen nicht unbedingt notwendig war, teils verbrannt und teils zurückgelassen hatten, marschierten sie am folgenden Tag etwas besser geordnet, so daß sie auch zu einem baumfreien Platze vordrangen; doch kamen sie nicht ohne blutige Verluste davon.«

Dio sagt nicht, daß die Römer, wie sonst üblich, ein regelrechtes Lager aufgeschlagen oder geschanzt hätten. Man kann sich also auf »Marschlager« in Dios Darstellung nicht berufen.[24]

> »Als sie aber von dort aufbrachen, gerieten sie wieder in Wälder hinein; sie wehrten sich zwar gegen die, welche sie anfielen, erlitten aber eben dadurch nicht geringe Verluste; denn wenn sie sich auf engem Raum zusammenzogen, damit dicht geschart zugleich Reiter und Schwerbewaffnete jene angreifen könnten, kamen viele übereinander zu Fall, viele auch über die Bäume.«

Nun hatten aber die Römer, nach dem deutlichen Zeugnis des Velleius, ihre Reiterei nicht mehr, weil diese geflohen war. Wenn man also das Zeugnis des Velleius nicht verwerfen will – und wie könnte man das? –, so kann die Darstellung des Dio auch in dieser Hinsicht nicht stimmen.

Die folgende Stelle ist vielleicht verderbt, man hat versucht, sie zum Sinnvollen zu verändern. Der ursprüngliche Text lautet:

> »Am vierten Tage aber geschah es ihnen auf dem Marsche, daß wiederum Sturzregen und Sturm sie überfiel und nun weder voranzugehen noch fest zu stehen gestattete, sondern ihnen auch den Gebrauch der Waffen unmöglich machte; denn sie konnten weder ihre Pfeile noch ihre Wurfgeschosse ordentlich gebrauchen noch gar die Schilde, weil sie ganz durchnäßt waren. Für die Feinde jedoch, die, meist leichtbewaffnet, gefahrlos die Möglichkeit des Vorstoßes wie des Rückzuges hatten, traf dies wohl weniger zu.«

Hören wir uns diese Dio-Vorstellungen nur recht genau an! Nach ihnen wurde »die an Kriegserfahrung beste Truppe der Römer« durch Regen am Kampf gehindert! Wie hatte doch Rom mit solchen Schönwetter-Soldaten die halbe Welt erobern können? Diese Stelle zeigt besonders deutlich die phantasievolle Unbekümmertheit der Dio-Erzählung.

Nach einigen Zwischenbemerkungen über die Germanen und ihre Erfolge heißt es weiter über diese:

> »Außerdem waren sie viel zahlreicher geworden ... und sie schlossen jene [die Römer], die schon zusammengeschmolzen waren (denn viele waren in den vorhergehenden Kämpfen gefallen), müheloser ein und machten sie nieder.«

Und nun folgt die Behauptung, außer Varus hätten sich auch die anderen römischen Offiziere selbst getötet,

> »so daß der Varos und die anderen Angesehensten« (die hohen Offiziere) »aus Furcht, entweder gefangen genommen oder von den ganz Verhaßten getötet zu werden (denn verwundet waren sie schon), sich zu einer furchtbaren, aber notwendigen Tat entschlossen: sie töteten sich selbst.«

Nun wissen wir vom Tod des Varus auch durch die anderen römischen Schriftsteller. Er allerdings durfte sich nicht lebend in die Hände seiner Feinde geben. Aber was wäre das für eine Kampfmoral der Römer gewesen, wenn in dem »tapfersten aller Heere« die Offiziere, statt bis zum letzten Blutstropfen zu kämpfen und so ihren Mannschaften ein Vorbild zu sein, sich durch den Selbsttod der Verantwortung entzogen hätten! Das meldet auch kein anderer Berichter. Dio aber behauptet dasselbe sogar noch von den Soldaten:

> »Als dies bekannt wurde, wehrte sich auch von den anderen keiner mehr, auch wenn jemand noch kräftig war, sondern die einen taten es ihrem Anführer nach, die anderen warfen die Waffen weg und überließen sich dem, der sie töten wollte. Denn fliehen konnte keiner, wenn er es auch noch so gerne wollte. Erschlagen wurde nun ungestraft alles, so Mann wie Roß.«

Woher weiß eigentlich Dio dies alles, wenn es doch – nach ihm – gar keine Überlebenden gab? Dio berichtet hier Vorgänge, von denen er – nach eigener Aussage – nichts wissen konnte.
Aber auch hierin irrt Dio. Denn aus den anderen römischen Schriftstellern wissen wir gewiß, daß ein Teil der Römer ausbrach, und daß manche nach Aliso sich retteten, daß außerdem eine große Anzahl von gefangenen Römern überlebte, daß sie freigekauft wurden, aber nicht nach Italien zurückkehren durften.[25] Warum wohl nicht? Fürchtete man, daß ans Licht käme, was man öffentlich nicht wahrhaben wollte: daß das römische Lager von innen her durch die Germanen erobert worden war?

Die Glaubwürdigkeit des Dio Cassius

Nun gilt Dio, wenn er auch erst 200 Jahre nach den Geschehnissen schrieb, nicht als ein leichtfertiger Erzähler. Er war auch kein unbekannter Mann; er hatte höchste und verantwortungsvolle Ämter inne, war zweimal Konsul, außerdem Statthalter in Afrika, Dalmatien und Pannonien und schrieb ein Werk über ein Jahrtausend römischer Geschichte in 80 Bänden. Man müßte denken, daß er auch Zugang zu den wichtigsten Quellen haben konnte, wenn er wollte. Aber er hielt von diesen Quellen nicht viel. Er sagt darüber – und es klingt, als gäbe er ein Zitat aus der Zeit des Augustus oder Tiberius wieder (53, 19):

> »Alles wird so gesprochen, wie es der Fürst und seine Minister wollen. Dinge werden verbreitet, die nie geschehen sind, und vieles, was geschehen ist, wird nie bekannt. Und fast alles wird anders erzählt, als es wirklich ergangen ist, so daß kein Mensch die reine Wahrheit erfährt außer denen, welche die Dinge selbst ausgeführt haben.«[26]

Dio macht also selbst keinen Anspruch darauf, daß seinen Erzählungen geglaubt wird; er meint, es könne alles auch ganz anders gewesen sein. Und damit hat er sicher recht. Aber er hat an solcher Geschichtsklitterung unbekümmert mitgewirkt.
Und doch ist, was Dio erzählt, wahrscheinlich nicht völlig aus der Luft gegriffen. Wir werden später sehen, daß es bei Tacitus eine ähnliche

Schilderung gibt, die sogar eine Wiederholung der Varusschlacht genannt wird, welche Dio gekannt haben dürfte und dann mit eigenen Vermutungen ausschmückte.

Dio erzählt also viele Dinge, die so nicht gewesen sein können. Diese sind:

1. Die Germanen hätten den Varus zu irgendwelchen Handlungen veranlaßt.
2. Es hätte außer Hermann dem Cherusker noch einen zweiten Anführer des Aufstandes gegeben.
3. Varus sei aus seinem Sommerlager aufgebrochen zu einem Marsch mit dem ganzen Heere.
4. Die Römer wären ohne Weg marschiert, hätten sich Wege erst durch Fällen von (übergroßen) Bäumen und Erstellen von Knüppeldämmen herrichten müssen.
5. Sie seien ungeordnet marschiert mit großem Troß, mit Weibern und Kindern und unbewaffneter Dienstmannschaft dazwischen.
6. Sie seien durch herabstürzende Baumkronen noch mehr in Verwirrung gekommen.
7. Sie hätten wegen des Regens und der Durchnässung ihre Waffen nicht gebrauchen können.
8. Nicht nur Varus, sondern auch die hohen Offiziere hätten sich selbst das Leben genommen.
9. Auch die Soldaten hätten sich selbst getötet oder sich ohne Gegenwehr töten lassen.

Diese neun Unsinnigkeiten lassen vermuten, daß Dio seine Darstellung nicht aus Quellen für die Varusschlacht geschöpft hat, sondern sein Vorbild anderswo gefunden und mit eigener Phantasie ausgeschmückt hat.

Es stimmt die Erzählung des Dio auch mit den Berichten der anderen römischen Schriftsteller in keinem Hauptpunkt überein. Bei der »Tacitusgruppe« findet der Kampf innerhalb eines Lagers statt, Dio weiß überhaupt nichts von einem umkämpften Lager, ja nicht einmal von der Errichtung auch nur *eines* Lagers. Nach ihm lagern die Römer im Freien, werden dabei aber nicht angegriffen.

Dio erzählt vom Angriff der Germanen und dem schrittweisen Untergang der römischen Legionen auf einem Marsch ohne Weg und Steg; die »Tacitusgruppe« weiß nichts von irgendeinem Marsch.

Dio schildert die Nöte der Römer in Sturm, Regen und Nässe. Die »Tacitusgruppe« weiß nichts davon. Es ist, als ob von ganz verschiedenen Ereignissen die Rede wäre. Und so wird es auch sein. Jedenfalls ist, um die Varusschlacht zu verstehen, der Bericht des Dio nicht geeignet. Wir müssen uns an die Aussagen der »Tacitusgruppe« halten, weil sie allein wirkliche Berichte bringt, aus denen wir uns ein weithin stimmiges Bild der Varus-Niederlage machen können.

Schon Paul Höfer und nach ihm Walther John haben vermutet, daß Dio Cassius seine Schilderung der Varus-Niederlage anderen Darstellungen ähnlicher Katastrophen entnommen und diese den besonderen Umständen des Varus-Unterganges angepaßt habe. So meinten sie, daß es besonders Caesars Bericht vom Untergang einer römischen Legion durch die Eburonen war, die Dio Cassius vorschwebte.

Aber vielleicht muß man so weit nicht gehen. Tacitus, der den Besuch auf dem Varus-Schlachtfeld so eingehend beschrieben hat, beschreibt nämlich wenig später sehr ausgiebig einen ganz ähnlichen, 3–4tägigen Kampf in Wald, Regen und Sumpf, bei dem die römischen Legionen zwar nicht völlig zugrunde gehen, aber in die verzweifeltste Lage geraten, dabei ihren ganzen Troß verlieren. Und mitten in dieser Waldschlacht ertönt der laute Ruf des Cheruskers: »Zum zweiten Mal Varus und der Untergang der Legionen!« – Es ist die Schlacht an den »Langen Brücken«, über die der General Caecina das Heer zum Rhein zurückführen soll. Hier finden sich erstaunliche Ähnlichkeiten mit Dios Erzählung vom Varus-Untergang: Wir werden dies an Ort und Stelle ausführen.

Wenn man glaubt, eine Wahrheit gefunden zu haben, sieht man sich um und fragt, ob denn noch kein anderer vorher auf diese Gedanken gekommen sei. Und dann findet man sie, die Wegbereiter und Weggenossen. So auch hier. Im Grunde ist die Frage hier einfacher. Sie heißt nur: »Wer hat schon früher erkannt, daß man Dio Cassius ganz ausschalten muß und sich ein Bild der Vorgänge nur machen kann auf Grund der anderen Berichte?« Denn wenn man Dio Cassius ganz ausschaltet, ergibt sich der Verlauf der Dinge fast von selbst.

Solch ein Vorläufer und, wenn er noch lebte, gewiß ein Mitstreiter, ist *Paul Höfer*. Er hat sich vor hundert Jahren mit diesen Fragen beschäftigt, wenigstens von 1874 an, und hat, was unsere Frage betrifft, in seinem Buch: »Die Varusschlacht, ihr Verlauf und ihr Schauplatz«, Leipzig 1888, veröffentlicht. Er ist ein sehr genauer Forscher, ein guter Kenner der antiken Sprachen Latein und Griechisch, ein klarer und folgerichtiger Denker.

Paul Höfer ging den einzig richtigen Weg, nämlich die römischen Quellen genau zu studieren und aus ihnen die Folgerungen zu ziehen,

genau so, wie ich es dann getan habe, und er kam so zu klaren und folgerichtigen Vorstellungen vom Verlauf der Schlacht.
Im Grunde war also alles längst gefunden; aber Höfer drang nicht durch. Das mochte seinen Grund auch darin haben, daß er den eigentlichen Ort der Schlacht dann doch an einer (etwas) anderen Stelle suchte und damit alle, die den richtigen Ort wenigstens ahnungsweise vermuteten, verprellte. Höfer hat jedenfalls in seinem Kapitel: »Der Verlauf der Varusschlacht« ein klares Bild der Vorgänge gebracht, wie es sich aus den Berichten der römischen Schriftsteller, wenn man Dio Cassius ausschaltet, zwangsläufig ergibt. Dasselbe Bild hat sich mir ergeben.

Theodor Mommsen

Die anschauliche, ausführliche und spannende Darstellung des Dio Cassius fand starke Fürsprecher, unter ihnen vor allem Theodor Mommsen, der mit einem wahren Feuereifer die gegenteiligen Auffassungen bekämpfte und viel dazu beitrug, daß Dios Darstellung die herrschende und gültige wurde.
Theodor Mommsen hat mit allen Mitteln, unter rücksichtsloser Zurückdrängung der gegenteiligen Standpunkte, Dios Vorrang behauptet und verteidigt, hat ihn hochgewertet, hat die anderen Darstellungen abgewertet, vor allem die des Florus. Seine damals mächtige Stellung hat die Geschichtsforschung stark beeinflußt. Prüft man aber sein großes Werk »Römische Geschichte« (1854–57) im einzelnen durch, so kann man seine Art kaum anders als lässig, zumindest als sehr unbekümmert und großzügig, bezeichnen.
Mommsen macht sich nicht einmal die Mühe, in der Zeit um Christi Geburt seinen Jahreszahlen das v. Chr. oder n. Chr. beizufügen.
Er manipuliert mit den Zahlen, wie es ihm gut scheint, einmal zählt er die Legionen zu 10000 Mann, bei Varus aber nur zu 6000.
Er zeigt eine Parteinahme für die Römer, die nur löblich sein könnte, wenn ihr eine gerechte Würdigung der Germanen das Gleichgewicht hielte. Diese aber nennt er »Insurgenten« (Aufständische).
Er schreibt von Varus' Statthalterschaft über »das geduldige Syrien«, wo doch zur Zeit von Varus' Statthalterschaft die fürchterlichsten Aufstände tobten und Varus auf einen Schlag 2000 Juden kreuzigen ließ.

Er spricht vom »niederen Höhenzug des Osning und des Lippischen Waldes«, obwohl der Teutoburger Wald, den er mit dem »Osning« meint, ein entscheidendes und einschneidendes Gebirge ist, das die Bezeichnung »saltus« (Sprung) mit Recht verdient. Er tut so, als ob die »Dörenschlucht« die einzige oder doch die wesentlichste Passage durch den Teutoburger Wald gewesen wäre, während der ursprünglichste Weg über die Wasserscheide bei Horn lief.

Er nimmt das Sommerlager des Varus bei Minden an wegen eines bei Barenau gefundenen Münzschatzes und schreibt: »Selbstverständlich war dieses Sommerlager mit Aliso, dem Stützpunkt der römischen Stellungen am rechten Rheinufer, durch eine Etappenstraße verbunden.« In dieser leichtfertigen Form wirft er Dinge, die erst bewiesen werden müßten, so hin, als wären es festbegründete Tatsachen.

Was er sich unter »Aliso, dem Stützpunkt der römischen Stellungen am rechten Rheinufer« vorstellt, kann man nur ahnen. Vielleicht meint er »im rechtsrheinischen Gebiet«.

Und dann beschreibt er die Varusschlacht einfach nach Dio Cassius, als gäbe es gar keine anderen Überlieferungen, und er haut seine Urteile über die verschiedenen Quellen ohne Begründung hin.

Er spricht von »Tacitus' Schilderung der drei Marschlager«, so als hätte er die Schilderung des Tacitus überhaupt nicht gelesen, der von einem ersten sehr großen, unversehrten Dreilegionenlager spricht, das kein Marschlager meinen kann, und von einer zweiten halbzerstörten Verschanzung am selben Fleck, während ein drittes Lager mit keinem Wort erwähnt ist.

Die Germanen benennt er als die »Feinde« (»Die Adler fielen alle drei in Feindeshand«), das römische Heer nennt er »das germanische« (wie die Römer es nach seinem Standort nannten).

Bei der Rache der Germanen an den Römern schreibt er: »Die Gefangenen, vor allem die Offiziere und die Advokaten, wurden ans Kreuz geschlagen oder lebendig begraben«, was eine sehr willkürliche und phantasievolle Auslegung der Stelle ist.

Bei der Belagerung von Aliso schreibt er von »den Germanen, die Fernwaffen nicht besaßen«, was so nicht verständlich ist und nur stimmen könnte, wenn Mommsen damit die Wurfmaschinen meinte, was er jedoch nicht sagt, von denen die Germanen aber auch welche erbeutet haben könnten.

So ist Mommsen kein gerechter Bewerter der Quellen, und wir müssen uns unser Urteil über diese selbst bilden.

Die Hufeisen von Horn

Das große Sommerlager des Varus, das noch sechs Jahre nach der Schlacht völlig erhalten war, auf dessen festgetretenem Boden offenbar noch nach Jahren nichts wuchs, müßte zu finden sein. Aber weder die englischen Luftaufnahmen nach dem Zweiten Weltkrieg noch genaueste deutsche Überprüfungen haben zu seiner Entdeckung geführt. Nun kann ein solches Lager, so wohl angelegt, nicht gut spurlos verschwinden. Fand es sich in der Landschaft nicht, so gab es noch die andere, gar nicht so unwahrscheinliche Möglichkeit, daß es in einem Stadtgrundriß steckte; denn ein solcher, für ein großes Truppenlager wohl ausgewählter Platz mußte auch für eine Stadtgründung geeignet sein. Ich suchte unter den lippischen Städten und fand, unter anderen, *Horn*.

Horn liegt unmittelbar hinter der Bergkette des Teutoburger Waldes, unweit den Externsteinen, an dem großen, alten, durchgehenden Fern-

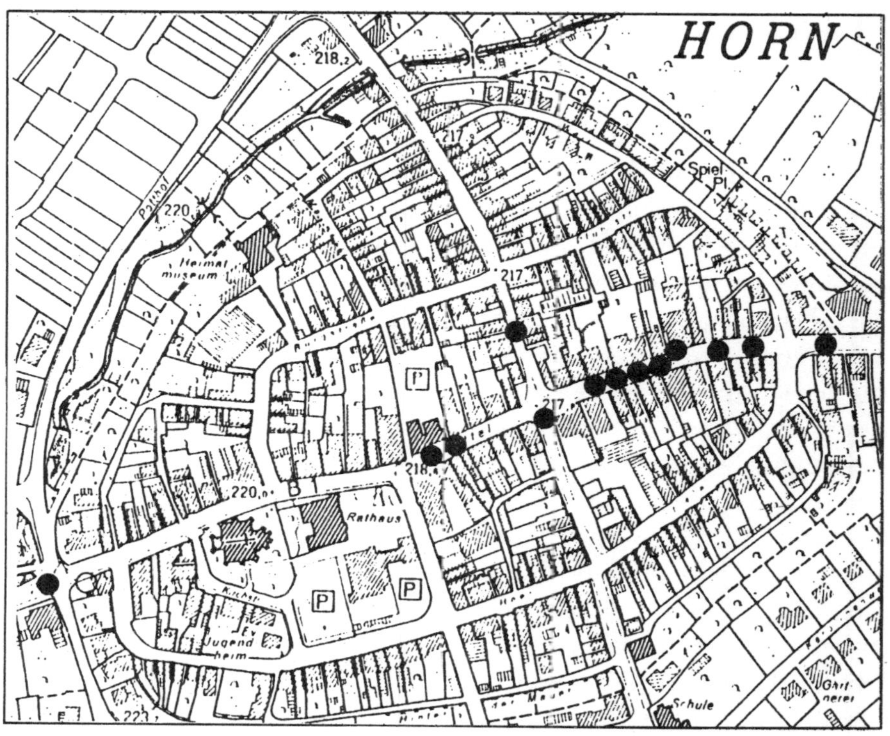

Der Grundriß der Altstadt von Horn. Die schwarzen Punkte bezeichnen die Fundstellen der von Fritz Schäfer in der Tiefe entdeckten alten Hufeisen.

weg vom Rhein über die heutigen Orte Soest – Paderborn – Hameln – Hildesheim – Magdeburg (heutige Bundesstraße 1), auf der Wasserscheide zwischen Werre und Emmer, in ebener Talbreite. Hier hatten sich um das Jahr 1868 und auch später bei tiefschürfenden Erdarbeiten in der Hauptstraße (Mittelstraße) und anderwärts Hunderte von kleinen Hufeisen gefunden, gehäuft, so daß man sie in Schiebkarren zum Trödler fuhr. Man hielt sie für römische. Einige von ihnen sind noch vorhanden, weitere gleicher Art haben sich bei späteren Tiefgrabungen hinzugefunden, dazu römische Münzen der frühen Kaiserzeit. Konnte Horn der Ort des Varuslagers und der Römerschlacht sein?

In Horn interessierte sich jetzt niemand mehr für die Zeit der Römer und Germanen. Früher hatte Fritz Schäfer hier gelebt, ein einfacher Mann, Büchsenmacher von Beruf, mit wachem Sinn und klaren Gedanken. Nach dem Krieg war er Führer an den Externsteinen gewesen. Er hatte an allem Anteil genommen, was mit der Vergangenheit, zumal der germanisch-römischen, zusammenhing, hatte mit allen Forschern, die zu den Externsteinen kamen, Gespräche geführt und mit ihnen in Briefwechsel gestanden. Wenn ich nach Horn kam, besuchte ich ihn. Er hatte nach allem ausgeschaut, was Zeugnis früher Vergangenheit sein konnte. Als man in Horn in den Jahren 1954/55 die Mittelstraße aufriß, um die Kanalisation zu erneuern, war er täglich zur Stelle gewesen, hatte den Arbeitern für Funde Belohnungen versprochen und war selbst, auch unter Lebensgefahr, immer wieder in die tiefen Gräben eingestiegen. Er hatte die Profile der alten Stadt bis zur Tiefe von 3,20 m aufgemessen und noch ein gutes Dutzend jener geheimnisvollen Hufeisen ans Licht gebracht. Aber Fritz Schäfer war seit 1969 tot und hatte keinen Nachfolger.

Horn konnte sehr wohl ein römisches Lager gewesen sein. Es war der typische Grundriß mit dem Kreuz der Straßen, den öffentlichen Gebäuden in der Mitte, den vier Toren, den Parallelstraßen. Die mittelalterliche Befestigung war noch gut erhalten, sie mochte die römischen Begrenzungen in sich aufgenommen haben. Sie bildete ein großes, abgerundetes Rechteck, auch die Größe schien leidlich zu passen. Ich verschaffte mir einen Plan des alten Horn.

Ich rief den damals (1984) zuständigen Beamten des Lippischen Landesmuseums an. Ich wollte ihn um ein Gespräch bitten und um einen Überblick über die Forschungslage. Ich hatte nun die Quellen gründlich studiert; und es mußte für ihn ja erfreulich sein, jemanden zu treffen, der an den Fragen der Frühgeschichte lebhaften Anteil nahm. Aber das Gespräch verlief unerwartet anders.

Als ich mein Anliegen dargelegt und auf die mögliche Bedeutung von Horn für die Varus-Niederlage hingewiesen hatte, wurde ich heftig angefahren: »Jetzt kommen Sie als 240ster« – oder sagte er 740ster? – »und wollen wieder eine neue Theorie bringen! Und in Horn ist überhaupt nichts!« – »Aber in Horn hat man die vielen alten Hufeisen gefunden?!« – »Wo sind die Hufeisen?« – »Ich weiß doch, daß Fritz Schäfer selbst noch viele Hufeisen gefunden und aufgezeichnet hat.« – »Wo sind die Hufeisen?«

Das Gespräch verlief ergebnislos. Und niemals, trotz meinen mehrfachen Bemühungen, fand man dort Zeit zu einem auch nur kurzen Gespräch, selbst nicht, als ich persönlich im Landesmuseum in Detmold erschien. Aber einige Wochen später bekam ich von Freunden einen Zeitungsartikel zugeschickt, der in Wort und Bild meldete, daß man in Horn auf den Spuren der Varus-Niederlage grub. Ich wäre für eine Benachrichtigung dankbar gewesen.

Ich fand die alten Hufeisen in Horn wohlverwahrt und die Schäferschen dazu, und es gelang mir, an den Nachlaß von Fritz Schäfer heranzukommen. Ich werde im Anhang dieses Buches (siehe S. 259) über die Schäferschen Bemühungen berichten. Schäfers Nachforschungen bestärkten mich in der Vermutung, es könnte Horn der Platz gewesen sein, auf dem Varus sein Sommerlager aufgeschlagen hatte, in dem er dann mit seinen drei Legionen zugrunde ging.

Heilige Haine

Immer wieder erfahren wir in den alten Zeiten von »heiligen Hainen«, nicht nur der Germanen, sondern auch der Griechen, Römer, Gallier. Bei den Griechen waren es in alter Zeit die Mysterienstätten in Delphi, Eleusis und Dodona. Plutarch (»Große Griechen und Römer«) schreibt über einen der frühen römischen Könige, Numa (4):[27]

> »Numa verließ nun die Stadt, lebte meist auf dem Lande, ging gern allein umher und hielt sich in den Hainen der Götter, auf heiligen Auen und in der Einsamkeit auf.« »Er fragte die Nymphe Egeria, die ihm am Quell im Hain der Kamenen, ...den Willen der Götter verkündigte.«

Es ist nicht leicht, nachzuempfinden und gedanklich zu erfassen, wie stark das antike Leben in religiöse Vorstellungen eingebettet, ja mit ihnen verknetet war. Wir wissen von den vielen Göttern, die für uns zur Mythologie gehören, bei jenen aber als wirksame Gotteskräfte verehrt wurden. Ihnen wurden Tempel gebaut, Gottesdienste gehalten, Opfer gebracht, Gebete wurden an sie gerichtet. Man glaubte, daß das Schicksal sowie Gedeih und Verderb der Menschen im Willen der Götter beschlossen sei, lauschte auf die Stimmen und Träume und achtete auf die Zeichen der überirdischen Welt.

Wir wissen von den Auguren, von den Haruspices, von Vogelschau und Opferbrauch. Vor jedem wichtigen Ereignis, zumal vor der Schlacht, wurden sie befragt, und jedes besondere Zeichen, auch das kleinste, das aus dem Rahmen fiel, wurde als Vordeutung auf kommende Ereignisse beachtet. Wir erfahren von der vorsichtigen Ehrfurcht, welche die Römer auch fremder Gottheit entgegenbrachten, da sie auch in ihr wirkliche und wirksame Kräfte ahnten, die zu kränken sie sich scheuten – wenn auch gelegentlich der Zerstörungswille im Krieg diese Scheu durchbrach.

Wie sehr dies auch die höchsten Männer der Römer betraf, zeigt jenes entscheidende Erlebnis, welches der Feldherr und Jungfürst Drusus hatte, als er in keckem Zug bis an die Elbe vorgedrungen war und sich anschickte, sie zu überschreiten (Dio 55, 1.3):

> »Denn ein Weib von übermenschlicher Größe trat ihm entgegen und rief ihm zu: Wohin in aller Welt willst du noch, unersättlicher Drusus? Es ist dir nicht bestimmt, alles hier zu schauen! Kehr um! denn das Ende deiner Taten und deines Lebens ist da!«

Drusus nahm dies als einen Anruf der Gottheit und kehrte um. Auf seinem Rückweg stürzte er vom Pferd und starb bald danach an den Folgen des Sturzes.

So wirkten, wie die Römer glaubten, die Götter unmittelbar auf das Schicksal der Menschen ein.

Es spricht aus diesem Verhalten Unsicherheit, oft mehr Furcht als Ehrfurcht, und nur große Naturen wie Caesar waren davon frei. Caesar, von seiner Sendung überzeugt, rief dem den Sturm fürchtenden Schiffer zu, der ihn nach Griechenland überfahren sollte: »Fahr zu! Du fährst Caesar und sein Glück!« Aber auch hierin sah man den Willen der Götter.

Im Gegensatz zu den Römern, Griechen, Ägyptern bauten die Germanen keine steinernen Tempel. Tacitus in seiner »Germania« (9) schreibt darüber:

> »Sie glauben, daß es mit der Hoheit der Himmlischen unvereinbar sei, die Götter in Wände einzuschließen und sie irgendwie menschlichem Antlitz anzugleichen. Sie weihen Haine und lichte Wälder und benennen sie mit den Namen der Götter, geheimnisvoll dieses, welches sie nur mit ehrfürchtiger Scheu betrachten.«

Die heiligen Haine waren für die Germanen von hoher Wichtigkeit. Hier vereinigten sie sich zu den großen Festen, hier wurden Opfer veranstaltet, hier wurden die Sinnbilder und Kultgegenstände aufbewahrt, hier auch wertvolle Stücke aus der Beute der Kriege aufgehoben, feindliche Feldzeichen den Göttern aufgehängt.
Tacitus bringt in seiner »Germania« drei Beispiele von heiligen Hainen, die seit je die Aufmerksamkeit erregt haben. Besonders ausführlich berichtet er über den Kult im Hain der Semnonen, welche jenseits der Elbe wohnten, in Kap. 39:

> »Als die ältesten und edelsten der Sueben bezeichnen sich die Semnonen: ihr hohes Alter wird durch religiösen Brauch sicher beglaubigt. Zu bestimmter Zeit treffen sich in einem Wald, der durch die Weihen der Väter und durch uralte fromme Scheu geheiligt ist, alle Teilstämme gleichen Blutes in Abordnungen und feiern dann nach öffentlicher Tötung eines Menschen die schauervollen Weihen des barbarischen Kultes. Man erweist dem heiligen Hain auch auf andere Weise seine Ehrfurcht. Niemand tritt hinein, wenn nicht durch Fessel gebunden, als ein Minderer und einer, der die Macht der Gottheit sichtbar an sich kundtut. Strauchelt er etwa, so darf er nicht aufgehoben werden und nicht aufstehen. Auf dem Erdboden werden sie herausgewälzt. Darauf weist die ganze alte Überlieferung zurück, daß gleichsam hier der Ursprung des Volkes gewesen sei, hier der Gott, der Herrscher über alle, wohne, alles sonst (ihm) unterworfen und hörig sei. Das Ansehen der Semnonen wird durch gesegnetes Glück vermehrt. Hundert Gaue werden von ihnen bewohnt, und durch die sichtbare Größe wird bewirkt, daß sie sich für das Haupt der Sueben halten.«

Dann spricht Tacitus im 40. Kapitel von den Stämmen der Langobarden,

> »welche gemeinsam die Nerthus verehren, die ›Mutter Erde‹, und glauben, sie wirke auf das Schicksal der Menschen ein und komme zu den Stämmen gefahren.
> Es ist auf einer Insel des Ozeans ein unberührter Hain, und in ihm soll ein Gefährt (Wagen) sein, mit einem Tuche bedeckt. Berühren darf ihn nur der Priester. Dieser spürt, daß anwesend im Innersten sei die Göttin und geleitet sie, wenn sie von weiblichen Rindern gezogen (durch das Land fährt), mit vielfacher Verehrung. Dann sind Freudentage, geschmückt sind die Stätten, welche durch Besuch und Aufenthalt sie würdigt. Man zieht nicht zu Kriege, man erhebt nicht die Waffen, verschlossen ist alles Eisen. Frieden und Ruhe sind dann so allgemein, sind dann so geliebt, bis derselbe Priester die Göttin, die nun gesättigt ist vom Umgang mit den Sterblichen, zum Tempel zurückführt. Dann werden alsbald Gefährt und Tücher und, wenn du es glauben willst, die Gottheit selbst, in einem verborgenen See gewaschen. Sklaven tun diesen Dienst, welche alsbald derselbe See verschlingt. Geheimnisvoller Schauer und heilige Ungewißheit erhebt sich daher, was das wohl sei, was nur Todgeweihte sehen.«

Über einen weiteren heiligen Hain berichtet Tacitus bei den Naharnavalen, die er auch jenseits der Elbe angibt. Er schreibt im 43. Kapitel:

> »Bei den Naharnavalen wird ein heiliger Hain mit alter Religionsübung gezeigt. Ihn betreut ein Priester in weiblicher Tracht, die Götter aber kennzeichnen sie nach römischer Deutung als Kastor und Pollux. Das ist die Kraft der Gottwesen, der Name Alcis. Keine Bilder, keine Spur fremden Ursprungs. Als Brüder doch, als Jünglinge werden sie verehrt.«

Tacitus sagt in der »Germania« Kap. 7 dann noch allgemein – und er scheint damit anzudeuten, daß jeder germanische Stamm seinen heiligen Hain hatte:

> »In die Schlacht nehmen sie aus den heiligen Hainen gewisse Sinnbilder mit.«

Ähnlich auch ist, was Tacitus Annalen I, 59 dem Arminius in den Mund legt:

> »Noch sehe man in den Hainen der Germanen die römischen Feldzeichen, die er den vaterländischen Göttern aufgehängt.«

Auch dies klingt so, als hätte jeder Stamm seinen eigenen heiligen Hain gehabt.

Tacitus berichtet weiter von ganz bestimmten Waldheiligtümern der Germanen. Als Germanicus im Jahre 14 n. Chr. die aufrührerisch gewesenen und wieder zur Ordnung zurückgebrachten Legionen zu einem plötzlichen Überfall in das Gebiet der Marser führt (etwa im oberen Flußgebiet der Ruhr), trifft er diese bei einem großen feierlichen Fest mit Schmaus und Spiel, überfällt sie und verbrennt und verwüstet alles in weitem Umkreis. Da heißt es Annalen I, 51:

> »Nicht Geschlecht, nicht Alter fand Mitleid. Weltliches wie Heiliges wurde dem Erdboden gleichgemacht, auch der bei jenen Völkerschaften hochberühmte Tempelbereich, den sie *Tamfanae* (Allheiligtum?) nennen.«

Auch hier dürfte es sich um ein Waldheiligtum gehandelt haben. Manche setzen dieses gleich mit dem Bereich der »Bruchhäuser Steine«, gewaltigen, aus dem Bergwald aufragenden, auseinanderliegenden Felsen, wo man sich bei jedem dieser Felskolosse ein besonderes Heiligtum denken könnte.

Einen weiteren heiligen Hain nennt Tacitus vor der Schlacht bei Idistaviso an der Weser, der vielleicht auch mehreren Germanenstämmen als Kultplatz diente. Da heißt es Annalen II, 12:

> »Nach dem Übergange über die Weser erfuhr der Caesar (Germanicus) durch die Aussage eines Überläufers, daß schon erkoren von Arminius ein Kampfplatz, auch andere Stämme schon in einem dem Hercules heiligen Walde zusammengekommen seien.«

Mit dieser Stelle werden wir uns später noch beschäftigen. Es handelt sich um das Gebiet des *Hohenstein* zwischen Weserkette und Süntel, wo die Felsen steil aus der Tiefe aufragen und noch heute der »singrüne (immergrüne) Altar«, der »Hirschsprung« und die »Teufelskanzel« vorhanden sind.

Nochmals spricht Tacitus Annalen II, 25 von einem heiligen Hain im Gebiet der Marser, in dem ein dort vergrabener Adler der Varianischen Legionen von den Römern wiedererbeutet wird. Und an ganz anderer Stelle und aus einer etwas späteren Zeit berichtet er Annalen IV, 72 ff.,

»daß 900 Römer bei einem Hain, den sie den *Hain der Baduhenna* nennen, im Kampf, der sich bis zum folgenden Tage hingezogen hatte, niedergehauen worden seien.«

Hier handelt es sich um das Gebiet der Friesen.
Heilige Haine also bei vielen germanischen Stämmen, manche von ihnen wohl auch mehreren Stämmen zu gemeinsamen Kulthandlungen und Festen dienend.[28] Wir müssen wahrscheinlich zweierlei Feste der Germanen auseinanderhalten, weltliche und religiöse. Zum Thing kam man zusammen und beriet, dort wurden wohl auch die Jünglinge geprüft und in den Stand der Erwachsenen aufgenommen, und es mag dort ähnlich zugegangen sein wie auf dem Allthing in Island, an dem auch die Familien teilnahmen. Bei solcher Gelegenheit mögen auch die Jünglinge ihre Schwertertänze vorgeführt haben.
In den heiligen Hainen wurden die heiligen Pferde gehalten, hier wurden die Los-Orakel mit den Runenstäbchen geworfen, wurde die Zukunft vorausgesagt, wurden die Zeiten bestimmt und die Jahresfeste gefeiert, wurden heilige Symbole und Siegestrophäen bewahrt, und hier auch dürften die alten Gesänge vorgetragen worden sein, von denen Tacitus in der Germania sagt:

»Die Germanen preisen in uralten Liedern, der einzigen Art von geschichtlicher Überlieferung, die es bei ihnen gibt, den erdentsprossenen Gott Tuisto ...«

Solche Lieder dürfen wir uns in feierlichem Sprechgesang vorgetragen denken und vermuten, daß in ihnen auch die bedeutsamsten Ereignisse aus der Geschichte des Volkes in der Erinnerung bewahrt und erneuert wurden, wohl auch später die Taten Hermanns des Cheruskers, vielleicht sogar als feierliche Spiele, in denen ein siegreicher Held sinnbildhaft einen römischen Drachen erschlug. Auch Priesterinnen und weise Frauen wirkten in den Tempelstätten.
Nun berichtet uns Tacitus bei der Schilderung des Varus-Schlachtfeldes den Satz (Annalen I, 61):

»lucis propinquis barbarae arae, apud quas tribunos ac primorum ordinum centuriones mactaverant.«
(In den nahe gelegenen heiligen Hainen Altäre der Barbaren [Germanen], an denen sie die Obersten und die Offiziere erster Ordnung geopfert hatten.)

Ganz in der Nähe des Varus-Schlachtfeldes also lag (nach Tacitus) ein heiliger Hain (oder lagen mehrere heilige Haine) mit Altären. Wenn wir als Ort der Schlacht den Raum von Horn ins Auge fassen, so befindet sich dicht dabei der große Bereich der *Externsteine,* bis zum heutigen Tage ein Ort, der nicht ohne Überraschung, Erstaunen, Frage, ja mit neugieriger Andacht betreten wird: Gewaltige Felsen von seltsamer Gestalt, eine Felsenkette, die sich aus dem Berg herausschält und zuletzt steil in einen zum See gestauten Bach, die Wiembeke (geweihter Bach?) abfällt. Und immer noch ist nicht klargestellt, aus welcher Zeit ihre Grotten, Treppen, Figuren, das Kultgrab und das Sonnenloch stammen. Daß aber die Externsteine zu den heiligen Hainen der Germanen gehört haben, daran kann man kaum zweifeln. Hier war auch Raum, große Menschenmassen zu versammeln, hier war an den Felsen ein Mittelpunkt, priesterliche Handlungen vorzunehmen, hier war lebendiges Wasser, und alles fern von den Ansiedlungen der Menschen.

Wenn wir die Stätte der Varusschlacht suchen und fassen irgendeinen Punkt ins Auge, so müssen wir sofort fragen: Wo sind hier die heiligen Haine mit den Opferaltären? Finden sie sich nicht in überzeugender Weise, so ist der richtige Punkt nicht gefunden. Bei Horn ist alles vereint. Lassen wir trotzdem die Frage nach dem Ort der Varusschlacht offen, bis wir alle weiteren Zusammenhänge erkannt haben, und hoffen wir, daß uns diese ohne Zwang und Krampf an die entscheidende Stätte führen werden!

Jetzt haben wir wichtige Vorfragen geklärt, jetzt wissen wir, welchem Schriftsteller wir vertrauen können, welchem nicht, wie die Varusschlacht im ganzen ablief, wo etwa sie geschlagen wurde.

Jetzt wenden wir uns Hermann dem Cherusker zu, seinem Lebenslauf und dem 32jährigen römisch-germanischen Krieg, und fragen dann, welche Ereignisse, die der Knabe und Jüngling erlebte, auf ihn eingewirkt haben mögen und in welcher Weise. Wir werden nun den ganzen römisch-germanischen Krieg von seinen Anfängen an bis zu seinem (vorläufigen) Ende verfolgen und darin nochmals auch die Hermannsschlacht in allen Einzelheiten behandeln, welche innerhalb dieses langen, 32jährigen Krieges einen neuen Anfang setzte.

Die Lage von Horn und den Externsteinen

II Germanen und Römer

Arminius – Hermann der Cherusker

Wer war nun der Veranlasser dieses vernichtenden Kampfes, der in die Geschichte einging als die »clades Variana«, die Niederlage des Varus, die das große römische Weltreich erzittern machte? War es ein Aufbäumen des ganzen Germanenvolkes gegen die ihm aufgedrungene Fremdherrschaft? Oder war es das Werk eines genialen Einzelnen? Oder war es beides zusammen? Die Römer, die uns darüber berichten, nennen immer wieder, oft mit gewisser Bewunderung, den Namen des jugendlichen Cheruskers, der die Entscheidungen plante, die Vorbereitungen lenkte, der den Zorn und die Wut seiner Landsleute sammelte und antrieb, der die endliche Übergabe der Reste des römischen Heeres erzwang, der nach dem Kampf, erhöht stehend, die Siegesrede hielt und der römischen Adler spottete. Wir kennen seinen heimischen Namen nicht. Die Römer aber nannten ihn – immer – *Arminius*.
Wenn wir den Freiheitskampf der Germanen verstehen wollen, müssen wir alles zusammentragen, was wir über diesen jungen Menschen wissen, müssen wir versuchen, zu erkennen, was er wollte, was er dachte, welches seine Gesinnungen waren, wann in ihm der Römerhaß zu brennen begann, welches die Umstände und Kräfte waren, unter denen er aufwuchs, und wie sie ihn prägten. Denn er scheint nicht zu allen Zeiten ein Feind der Römer gewesen zu sein. Er hatte als Oberst der cheruskischen Hilfsmannschaft drei Jahre lang die Kriegszüge der Römer in Germanien mitgemacht, er hatte sicher Freunde unter den römischen Offizieren, und wahrscheinlich galt seine Feindschaft nicht dem einzelnen Römer, sondern dem hemmungslosen Anspruch dieser römischen Weltmacht, alles beherrschen zu wollen, allem ihre Ordnung aufzwingen zu wollen.
Aber was in der »Hermannsschlacht« ausbrach, war nur das sichtbare Zeichen einer jahrzehntelangen Auseinandersetzung zwischen Römern und Germanen um Recht und Vorrang in diesem Raum, seit der junge

Kaisersohn Drusus es gewagt hatte, das ganze rechtsrheinische Germanien kreuz und quer zu durchziehen, die römischen Adler bis an die Elbe vorzutragen. Damit hatte er angezeigt, was das römische Reich begehrte, damit hatte er den Herrschaftsanspruch Roms auf dieses ganze Gebiet angemeldet. Dagegen hatten sich immer wieder einzelne oder vereinigte Stämme erhoben, waren niedergeschlagen oder zur Bundesgenossenschaft mit den Römern gezwungen worden, und der schwelende Zwiespalt hatte nie sein Ende gefunden. Und da traf die Römer plötzlich, ganz unvermutet, jener furchtbare Schlag – durch Arminius. Was also waren die Eindrücke, welche der junge, feurige Fürstensohn in seiner Kindheit und Jugend empfing?

Tacitus (Annalen II, 88) teilt uns mit, daß Arminius 37 Jahre alt wurde und davon 12 Jahre lang an der Macht war. Einige wollen diese »Zeit der Macht« von der Varusschlacht ab rechnen. Da Tacitus die Mitteilung über Arminius' Tod aber in seinen Jahrbüchern macht und zwar in seinen Nachrichten zum Jahre 19 n. Chr. als die letzte und gleichsam wichtigste, so muß der Cherusker in diesem Jahre gestorben sein. Er kam also an die Macht im Jahre 7 n. Chr. Nur das kann richtig sein; denn er konnte den Sieg über Varus nur gewinnen, wenn er schon vorher die Macht in Händen hatte und zielbewußte und gründliche Vorbereitungen treffen konnte. Dafür mochten 2½ Jahre gerade die richtige Zeitspanne sein.

Hermann der Cherusker ist also geboren im Jahre 19 v. Chr. Man wird das nicht gleich hinnehmen, sondern meinen, seine Geburt müsse 18 v. Chr. gewesen sein; aber zwischen dem Jahre 1 v. Chr. und 1 n. Chr. lag kein Jahr Null, und so verschiebt sich die Rechnung. Die nebenstehende Tabelle macht das deutlich.

Um Wesen und Entwicklung des jungen Cheruskers kennen zu lernen, ist es nötig, zu wissen, welche Zeitereignisse in den verschiedenen Lebensjahren auf ihn eingewirkt haben. Wir müssen uns also zunächst einen Überblick über diese Ereignisse verschaffen, dann diese im einzelnen kennenlernen und zuletzt erwägen, welche Wirkung sie auf den jungen Cherusker gehabt haben mögen.

	Zeitrechnung	*Arminius*	*Alter*	
	19 v. Chr.	im 1. Jahr		
	18	2.	1	
	17	3.	2	
	16	4.	3	Niederlage d. Lollius, Lager und Adler verloren
	15	5.	4	
	14	6.	5	
	13	7.	6	Drusus besteuert Gallien. Castra vetera
	12	8.	7	Blutbund der Cherusker gegen Rom
	11	9.	8	Drususzug zur Weser. Oberaden, Arbalo
	10	10.	9	
	9	11.	10	Drusus zur Elbe. Sein Tod
	8	12.	11	Roms Verrat an den Sigambrern
	7	13.	12	
	6	14.	13	
	5	15.	14	
	4	16.	15	
	3	17.	16	Domitius
	2	18.	17	
	1 v. Chr.	19.	18	
	1 n. Chr.	20.	19	»immensum bellum« gegen Rom
	2	21.	20	
	3	22.	21	
Armin im röm. Lager	4	23.	22	Cherusker im »Schutz« der Römer
	5	24.	23	
	6	25.	24	
Armin zurück. Fürst	7	26.	25	
	8	27.	26	
Armin vernichtet Varus	9	28.	27	Varusschlacht
	10	29.	28	
	11	30.	29	
	12	31.	30	
	13	32.	31	
	14	33.	32	Germanicus auf dem Schlachtfeld
Lange Brücken	15	34.	33	
Idistaviso Angrivarier	16	35.	34	
Arminius gegen Marbod	17	36.	35	Triumph des Germanicus
	18	37.	36	
	19 n. Chr.	im 38. Jahr	37	

Die Zeitereignisse im Überblick

Zeitrechnung:	Hermanns Alter:	
16 v. Chr.	3	Sigambrer, Usipeter und Tenkterer dringen über den Rhein, vernichten ein römisches Heer unter dem Statthalter Lollius, erobern Lager und Adler der V. Legion.
15 v.	4	Tiberius und Drusus legen Militärlager an in Basel, Zürich, Oberwinterthur, Dangstetten (rechts des Hochrheins). Germanicus geboren. Augustus ordnet selbst die Verwaltung der Provinz Gallien neu.
13 v.	6	Drusus wird Statthalter der drei Gallien und Oberkommandierender. Drusus besteuert Gallien. Schwere Unruhen. Sigambrer und verbündete Germanen brechen erneut über den Rhein. Die Römer festigen ihre Militärmacht, gründen Castra Vetera (Xanten), Moguntiacum (Mainz), Fectio (Vechten), Novaesium (Neuss), Asciburgium (Moers-Asberg), Hunerberg (Nijmwegen).
12 v.	7	Drusus verheert das Sigambrergebiet, unterwirft Usipeter und Tenkterer. Seine Flotte fährt in die Nordsee ein. Freundschaftsvertrag mit den Friesen.
12/11 v.		Sueben, Cherusker und Sigambrer schließen ein Bündnis auf Leben und Tod und kreuzigen 20 römische Offiziere, die Steuern bei ihnen eintreiben wollten. Die Chatten sind nicht dabei. Fürst der Cherusker wohl Hermanns Vater.
11 v.	8	Drusus durchzieht das Land der Usipeter, Sigambrer und Cherusker bis zur Weser. Auf dem Rückmarsch bei Arbalo der Vernichtung nahe, siegt er durch römische Kriegskunst. Er errichtet ein festes Lager südlich der Lippe (Oberaden).

10 v.	9	Drusus verwüstet das Gebiet der Chatten.
9 v.	10	Drusus dringt bis zur Elbe vor. Eine germanische Priesterin verwehrt ihm Übergang und Weiterweg. Drusus stirbt auf dem Rückmarsch im »Lager des Unheils« (Oberaden).
8 v.	11	Augustus setzt die Gesandten der Sigambrer gefangen; diese töten sich selbst. Von den ihrer Führungsschicht Beraubten verpflanzt Augustus 40000 Sigambrer auf das linke Rheinufer (bei Xanten). Das »Lager des Unheils« (Oberaden) wird aufgegeben.
3 v.	16	Domitius Ahenobarbus (Bronzebart) durchzieht Germanien, baut »die Langen Brücken«, überschreitet die Elbe, erringt keine Dauervorteile.
1 v.	18	Domitius kann vertriebene Cherusker nicht zurückführen. Die Römer verlieren an Achtung.
1 n.	19	Offener Aufstand der Germanen. »immensum bellum« (unermeßlicher Krieg) des Vicinius. An dem Aufstand sind wahrscheinlich auch die Cherusker beteiligt.
4 n.	22	Tiberius übernimmt den Oberbefehl in Germanien, durchzieht das Land. Die Cherusker werden notgedrungen »Bundesgenossen« der Römer. Hermanns Vater schließt den Vertrag. Hermann und sein Bruder Flavus (als Fürstengeiseln?) bei den Römern. Hermann Anführer der cheruskischen Einheit im römischen Lager.
5 n.	23	Tiberius unterwirft Chauken und Langobarden. Ein germanischer Fürst rudert über die Elbe und bewundert Tiberius. Hermann römischer Ritter.
6 n.	24	Tiberius und Sentius Saturninus marschieren mit allen Truppen gegen Marbod. Der pannonische Aufstand bricht los und dauert drei Jahre. Die Donauländer erheben sich

		gegen Rom. Die römischen Heere schwenken dorthin ab. Armin kehrt ins Cheruskerland zurück.
7 n.	25	Quintilius Varus löst Sentius Saturninus als Statthalter Germaniens ab. Vermutlicher Tod von Hermanns Vater.
9 n.	27	Varus begibt sich mit 3 Legionen ins Cheruskerland und errichtet sein Sommerlager »mitten in Germanien«. Hermann ist im 28. Jahr.

Dies ist der Überblick über die Ereignisse in und um Germanien. Wir werden sie nun im einzelnen schildern.

Die römische Wölfin

Die Weltmacht Rom hat sich aus kleinen Anfängen heraus entwickelt. Die Anfänge der Stadt liegen im Dämmerlicht der Sage. Geblieben ist daraus das Bild der *römischen Wölfin*, welche die Knaben Romulus und Remus, die mythischen Gründer der Stadt, gesäugt haben soll. Auf einem der sieben Hügel am Tiberfluß bildete sich ein kriegerischer Kern, der mit unbändigem Willen und gleichsam feierlich, mit den Göttern im Bunde, es als seine Sendung und Aufgabe empfand, Mittelpunkt einer immer wachsenden Macht zu werden.

Aus den Latinern entsprungen, deren »Latein« nun die Sprache dieses werdenden Reiches wurde, geriet der kleine Stadtstaat in nicht abreißende Kämpfe mit seinen Nachbarn. Nacheinander bekriegte er und verleibte sich ein die Sabiner, Albaner, Samniten, Umbrer, Volsker und die Staaten der Etrusker, dann die teils griechisch besiedelten Landschaften Süditaliens, welche vergeblich den König Pyrrhus vom gegenüberliegenden Epirus zu Hilfe riefen, und begann nun den großen Kampf mit der Seemacht Karthago in Sizilien und am Nordrand Afrikas, mit dem er sich in zwei für Rom selbst lebensgefährlichen Kriegen auseinandersetzte, das er endlich in einem dritten, nicht durchaus ruhmvollen Kriege völlig vernichtete. Jetzt auch Herr über Sizilien, Sardinien und Korsika, griff er hinüber nach Spanien im Westen, nach Griechenland samt

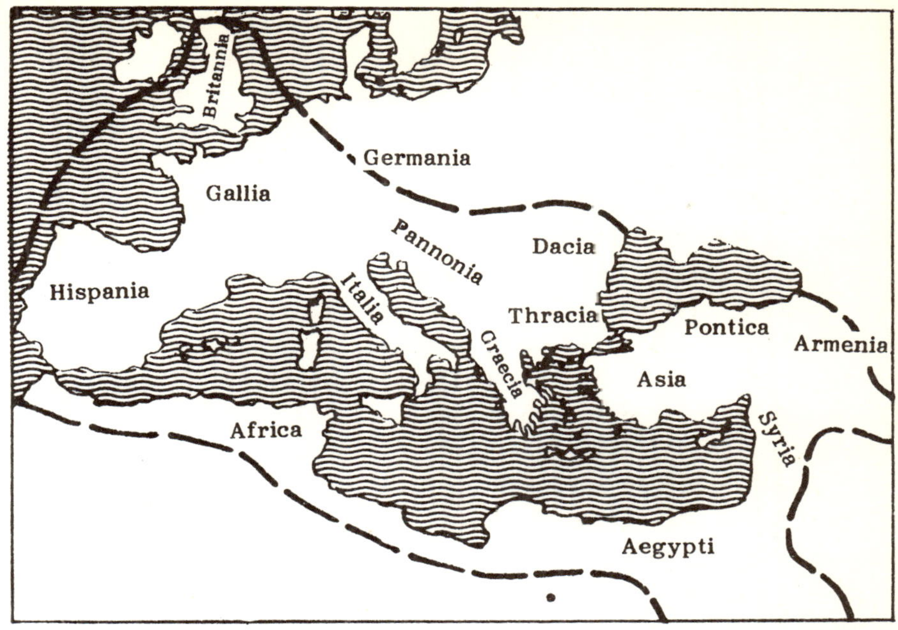

Der Umfang des römischen Weltreiches von der Zeit des Augustus an. Nach Droysen, Historischer Handatlas, Leipzig und Bielefeld 1889, S. 17.

Kleinasien im Osten, und hatte auch in Südfrankreich schon festen Fuß gefaßt. Als dann von hier aus Caesar das von vielen Stämmen bewohnte Gallien unterwarf und bis an den Rhein vordrang, kam er in unmittelbare Berührung mit den Germanen.

Schon 60 Jahre früher hatten die germanischen Kimbern und Teutonen den römischen Staat in große Gefahr gebracht, und auch Caesar hatte sich der über den Rhein gedrungenen germanischen Sueben nur mit Mühe erwehrt.

Inzwischen waren in Italien große Veränderungen vor sich gegangen, hatte sich das Wesen des römischen Staates verändert. Einst ein stolzes, kriegerisches Gemeinwesen, in dem die Tugenden der Tapferkeit, der Ehre, der Einfachheit und des Edelsinns galten, in dem die Sitten streng und rechtlich bewahrt wurden, war inzwischen durch unaufhörlichen Streit und Kampf der Stände und Parteien gegeneinander, dann durch die Menge der nach Italien hereingeholten Sklaven und Freigelassenen, das Wesen des Volkes und Staates verändert worden; und durch den nun

von allen Seiten einströmenden Reichtum hatten sich die Sitten gelokkert, hatten sich Üppigkeit, Eigennutz, Verschwendung, Bestechlichkeit ausgebreitet. Die Italiker hatten das römische Bürgerrecht erhalten, die unterworfenen Provinzen außerhalb aber wurden vielfach unterdrückt und ausgebeutet.
So war es in dem den Germanen benachbarten Gallien geschehen. Hier hatten die Römer unter Caesar erst vom Rande her sich einzumischen begonnen, hatten die Uneinigkeit der gallischen Stämme ausgenutzt, mit den einen sich verbündet, die anderen bekriegt, einen Stamm nach dem anderen unterworfen; und wenn der Freiheitswille der so Vergewaltigten durchbrach, mit den brutalsten Mitteln solche »Treulosigkeit« geahndet. Ganze Stämme wurden ausgerottet, Hunderttausende in die Sklaverei verkauft, bis endlich Gallien »befriedet« war und niemand mehr wagte, sich dem allmächtigen ROM zu widersetzen. So verloren die Gallier ihre Freiheit, ihr eigenes Recht, ihre heimische Sitte; römisch-lateinisch wurde ihre Umgangssprache, und die Besiegten mußten den Siegern drückende Abgaben leisten. Mit grimmiger Sehnsucht mögen sie hinüber nach dem rechtsrheinischen Germanien gesehen haben, das noch frei war. Aber auch dessen Stunde hatte jetzt geschlagen. Die Eroberung Galliens war die Vorstufe und Grundlage für den Angriff auf Germanien.

Der germanische Blutbund

Bei dem Hin und Her zwischen römischen Einbrüchen von der linken zur rechten Rheinseite hin und germanischen Streifzügen von der rechten zur linken gelingt den Germanen im Jahre 16 v. Chr. ein besonderer Handstreich. Es ist die erste der zwei »schimpflichen Niederlagen«, welche die Römer zur Zeit des Augustus hinnehmen mußten. Sueton (Augustus 23) schreibt dazu:

> »Schwere und schimpfliche Niederlagen hat der Kaiser überhaupt nur zwei, und nirgends anders als in Germanien, erlitten, die des Lollius und die des Varus; aber die des Lollius war mehr schmachvoll als verlustreich.«

Die Römer gerieten hier in einen Hinterhalt, sie mußten, eine ganze Legion stark, sich ergeben, verloren dabei ihr Lager und den Adler der V. Legion, und das war für den römischen Stolz besonders schwer erträglich. Ihr Kommandant, zugleich Statthalter des Kaisers, M. Lollius, wird von Velleius (II 97, 1) genannt:

> »ein äußerst lasterhafter Mann, bei all seinem Tun mehr auf Gelderwerb als auf rechtschaffenes Handeln bedacht.«

Lollius rief den Kaiser zu Hilfe, und nun kam Augustus selbst nach Gallien und an den Rhein, um die Angelegenheiten in diesem Raume von Grund auf zu ordnen.

Augustus hatte, in der Nachfolge Caesars, alle Macht in seiner Person vereinigt. Das Römische Reich war auf der Höhe seiner Möglichkeiten in beständiger Ausdehnung, nichts schien ihm widerstehen zu können, und es wollte, im Bewußtsein seiner Kraft, nicht hinnehmen, daß irgendein Feind, wer und wo es auch sei, sich ihm widersetze. Der Anlaß dazu mochte berechtigt sein oder nicht. Jetzt beginnt der erbitterte, mehr als dreißigjährige Krieg, in welchem die Römer versuchten, die Germanen niederzuzwingen und auch das rechtsrheinische Germanien zu unterwerfen. Dieser Krieg endete erst – mit wechselnden Erfolgen und mit friedlichen Zwischenpausen – endgültig und plötzlich im Jahre 16 n. Chr., als die Römer, durch die Siege des Cheruskers über den Rhein zurückgeworfen, froh sein mußten, wenigstens die Rheingrenze noch halten zu können. Ein solches Ende war für die Römer beim Beginn dieses Krieges noch unvorstellbar gewesen. Sie glaubten sich völlig Herren der Lage und waren, so schien es Freunden und Feinden, in unaufhaltsamem Vordringen begriffen.

Zuerst sicherten sie Gallien ab, machten es ganz zur Provinz, befestigten die Kastelle und Standlager dort und am Rhein, legten neue an und verbanden sie mit gepflasterten Straßen. Vor allem aber schufen sie in ihren Lagern bei Bonn und bei Xanten (Castra vetera) starke Stützpunkte, in denen sie ihre militärische Macht immerfort bereithielten, um jederzeit zu Streif- und Strafzügen aufbrechen zu können.

Zur gleichen Zeit, als der Krieg gegen die Germanen vom Rhein aus vorbereitet wurde, schob Augustus seine Heere auch von Süden her gegen das germanische Land vor, und er setzte mit seinen Stiefsöhnen Drusus und Tiberius kühne und umsichtige Feldherrn ein, welche diese Aufgabe übernahmen. In den Jahren 15 und 14 v. Chr. eroberten sie das

zwischen Italien und Germanien liegende Land bis zur Donau und sicherten es ab wie das gallische und rheinische vorher. So bauten sie zwei Fronten auf gegen den halb unbekannten, doch so unheimlich anmutenden germanischen Feind, und auch an der Nordseeküste suchten sie Bundesgenossen zu gewinnen, um die Einkreisung noch vollständiger zu machen.
Es scheint, daß in der Folgezeit die Römer versucht haben, ihre Forderung auf Unterwerfung und Tributzahlung bei verschiedenen Germanenstämmen durchzusetzen und, wo sie die Macht hatten, mit drakonischen Strafen die Erfüllung solcher Forderungen zu erzwingen. Nun beginnen auch die Germanen sich zusammenzuschließen; und während sonst die Stämme einzeln und in freier Willkür ihre Kämpfe austrugen und ihre Bündnisse knüpften, schließen sich jetzt die mächtigen Stämme der Cherusker, Sigambrer und Sueben zu einem festen Bund zusammen und besiegeln ihn durch ein Blutopfer. Zwanzig römische Centurionen, die es gewagt hatten, von den Germanen rechts des Rheins Unterwerfung und Tribut zu fordern, schlagen sie ans Kreuz (eine bei den Germanen sonst nicht übliche Hinrichtungsart) und brechen damit auch ihrerseits die Brücke zu den Römern ab.
Dieses Ereignis fand statt zwanzig Jahre vor der Varusschlacht, und wir müssen annehmen, daß es *Hermanns Vater* gewesen ist, der für die Cherusker diesen Vertrag mit den Sigambrern und Sueben schloß. Ja man meint, schon damals aus *seinem* Mund den weithin hallenden Zornruf zu hören, wie ihn dann später der Sohn ausstieß: »Niemals würden es die Germanen verzeihen, daß sie zwischen Elbe und Rhein die Ruten der Römer, die Roben ihrer Rechtsverdreher gesehen hätten!«[29]

Die Züge des Drusus

Die Jahre 12–9 v. Chr. sind die Jahre des Drusus. Er und sein Bruder Tiberius, Stiefsöhne des Augustus und kaiserliche Prinzen, waren als Feldherrn eingesetzt. Drusus zugleich als Statthalter Galliens, und ihm war der germanische Krieg übertragen worden.
Drusus war eine strahlende Natur. Alle liebten ihn, waren stolz auf ihn, sein Heer vergötterte ihn. Velleius gibt eine begeisterte Schilderung dieses Jünglings. Man hat sie für übertrieben erklärt, weil Velleius alles

verherrlichte, was Drusus und Tiberius betraf. Aber es kann eben auch umgekehrt sein, daß Velleius ihr begeisterter Anhänger wurde, weil sie als Persönlichkeiten – besonders Drusus – so leuchtend hervortraten. Velleius schreibt II 97, 2:

> »Die Leitung und Last des germanischen Krieges wurde darauf dem Bruder Neros« (d.h. des Tiberius), »Drusus Claudius, übertragen, einem Jünglinge mit so vielen und großen Tugenden, wie sie nur jemals in dieser Fülle und in diesem Maße die menschliche Natur empfangen oder durch ihr Streben zur Vollendung bringen kann. Ob seine geniale Veranlagung mehr für kriegerische Taten oder für staatsmännische Leistungen befähigt war, ist zweifelhaft; jedenfalls soll der Zauber und die Liebenswürdigkeit seines Wesens und die gerechte Würdigung seiner Freunde, die er wie seine eigene Person achtete, unnachahmlich gewesen sein, denn die Schönheit seiner äußeren Erscheinung stand der seines Bruders am nächsten. Aber ihn, der zum großen Teil Germanien unterworfen hat, wobei dies Volk an verschiedenen Stätten eine Fülle von Blut hat vergießen müssen, raffte ein grausames Geschick als Konsul, im dreißigsten Jahr seines Lebens dahin.«

Velleius scheint Drusus nicht selbst erlebt zu haben, doch begleitete er als Reiteroberst den Bruder Tiberius auf dessen Feldzügen und befehligte wohl noch manchen Soldaten und Offizier, der auch unter Drusus schon gedient hatte. So konnte er noch die Nachwirkung erfahren, die ihm das Wesen dieses Prinzen ahnungsweise erlebbar machte. Drusus' Ausstrahlung muß ungewöhnlich gewesen sein. Das hinderte ihn nicht, harte und blutige Schlachten zu schlagen. Planmäßig zog er gegen einen germanischen Stamm nach dem anderen zu Felde, besiegte auch die vereinten Cherusker, Sigambrer und Sueben, legte überall Kastelle an und durchzog Germanien kreuz und quer, so wie im vorigen Jahrhundert die weißen Entdecker Afrika durchzogen. Er drang vor bis zur Elbe, legte zwischen dem Rhein und der Nordsee den Drususkanal an, erforschte die Küsten des Meeres, zog kühn durch die Gebiete der verschiedenen Stämme hindurch und errichtete an manchen Orten seine Siegeszeichen. Seine Erfolge waren keine dauernden, seine Siegeszeichen wurden von den Germanen bald wieder niedergerissen, aber er lehrte die Germanen die römische Macht kennen, von der die Entfernteren bis dahin kaum vom Hörensagen wußten. Er kam in mancherlei Gefahren, entging ihnen aber immer glücklich, bis ihm an der Elbe auf sehr besondere Weise die Grenze gesetzt wurde und sein Stern erlosch. Sueton, Claudius 1, berichtet über Drusus' Wesen und Schicksal zusammenfassend so:

> »Drusus, der als Quästor und als Prätor Oberfeldherr in dem rätischen, dann im germanischen Kriege war, hat den nördlichen Ozean als erster von den römischen Heerführern befahren und jenseits des Rheins Kanäle angelegt, die noch jetzt drusianische genannt werden, ein neues und gewaltiges Werk. Und den Feind, den er oft besiegt und tief in die innersten Einöden gejagt, hat er nicht eher aufgehört zu verfolgen, als bis die Gestalt eines barbarischen Weibes von übermenschlicher Größe dem Sieger in lateinischer Sprache verbot, weiter vorzudringen. ... Er soll aber einen ebenso ruhmbegierigen wie bürgerlichen Sinn gehabt haben: denn er soll außer seinen Siegen auch nach Erlegung der feindlichen Feldherrn und Erbeutung ihrer Rüstung getrachtet haben und öfter unter äußerster Gefahr die germanischen Heerführer über das ganze Schlachtfeld verfolgt, aber auch niemals verhehlt haben, daß er den alten Zustand des Staates, sobald er nur könnte, wiederherstellen würde.«

Den Cheruskern, Sigambrern und Sueben nützte ihr Schutz- und Trutzbündnis zunächst nicht viel. Sie mußten die bittere Erfahrung machen, daß sie der kriegsgewohnten römischen Macht nicht gewachsen waren, zumal wenn diese von einem genialen Feldherrn geleitet wurde. Florus II 30, 21–28, berichtet darüber zusammenfassend:

> »Drusus... unterwarf zuerst die Usipeter, dann durchzog er das Gebiet der Tenkterer und der Chatten, ... dann griff er zugleich die mächtigen Stämme der Cherusker, Sueben und Sigambrer an, die nach Kreuzigung von 20 Centurionen, die sie wie ein Fahneneid aneinander band, den Krieg unternommen hatten, und zwar in so sicherer Hoffnung auf Sieg, daß sie die Beute schon vorher vertragsmäßig unter sich verteilten: Die Cherusker hatten sich die Pferde, die Sueben Gold und Silber, die Sigambrer die Gefangenen ausbedungen. Aber es kam ganz anders! Denn Drusus verteilte als Sieger ihre Pferde, ihr Vieh, ihre Halsketten und sie selbst als Beute und verkaufte sie.«

Daß man dieselben Vorgänge auch anders darstellen kann, wo sie dann nicht so glänzend für die Römer aussehen, zeigt Orosius' Auszug aus Livius VI 21, 12–17, wo es heißt:

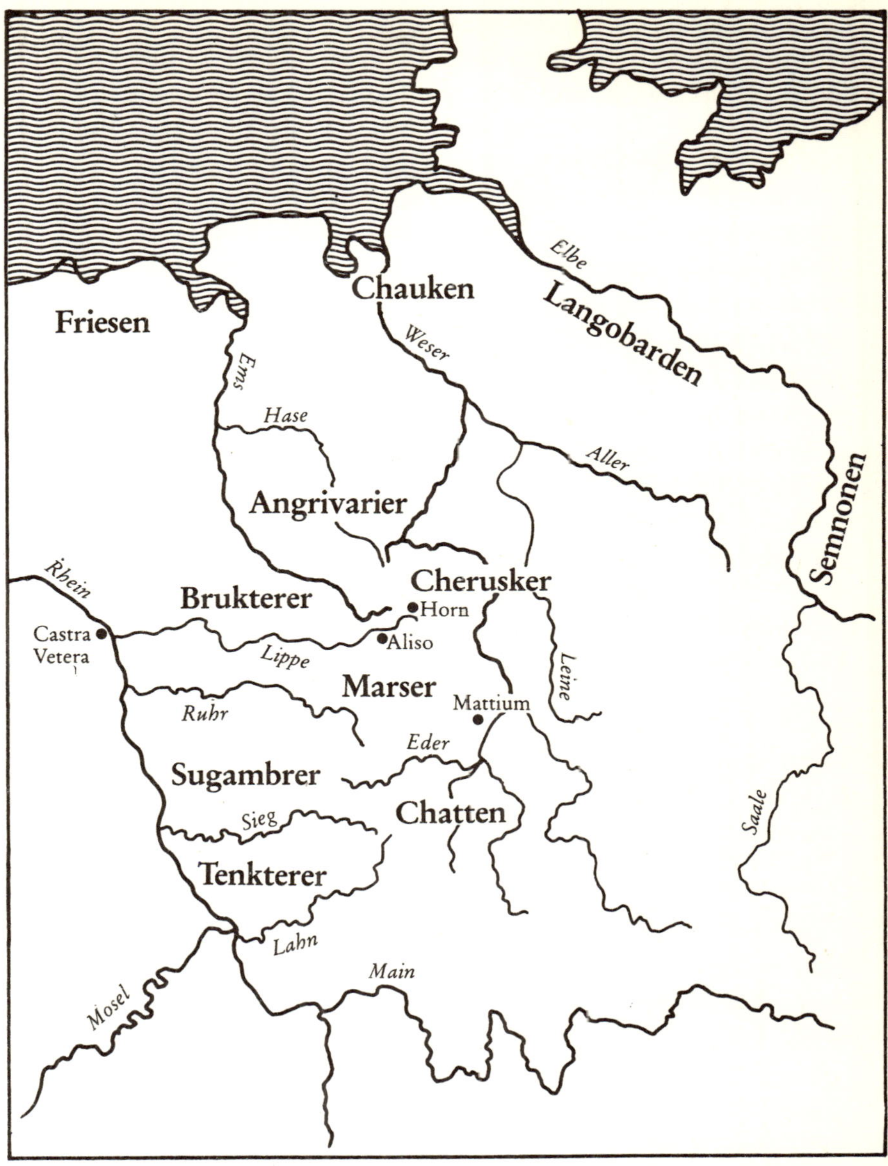

Die germanischen Stämme

> »Drusus unterwarf in Germanien zuerst die Usipeter, dann die Tenkterer und Chatten. – Dann überwältigte er äußerst tapfere Stämme, denen die Natur Kräfte und die Gewohnheit Übung der Kräfte verliehen hatte: die Cherusker, Sueben und Sigambrer zusammen in einem einzigen Kriege, der aber auch für Rom blutig war.«

Es war also nicht ein glatter Sieg, sondern, wenn ein Sieg, dann ein mit hohen Verlusten der Römer erkaufter. Und die Germanen gaben nicht auf.

Bei den römischen Darstellungen dürfen wir nicht vergessen, daß über die Stiefsöhne des Kaisers vor allem Rühmenswertes berichtet werden mußte; denn es gab ja keine Stimme, die sich gegen die Leitung des Staates richten konnte. Den Heerführern selbst war ein Hauptanliegen das öffentliche Lob und, wenn möglich, ein Triumphzug, der ihre Heldentaten wirksam darstellte. Wir dürfen also die Ereignisse nicht einseitig durch die römische Brille sehen. Andrerseits ist zweifellos, daß über Drusus wirklich viel Lobenswertes zu berichten war, daß er eine ungewöhnlich begabte und zugleich charmante Persönlichkeit war, ein Liebling von Volk und Heer, eine Hoffnung des Staates, dem in gewisser Weise selbst seine Feinde huldigten.

Drusus scheint seine Kämpfe noch auf eine ritterliche Weise geführt zu haben, da Sueton, wie erwähnt, von ihm erzählt, daß er versuchte, den Sieg auch im Einzelkampf zu gewinnen, und daß er öfter unter eigener Gefahr die germanischen Heerführer über das ganze Schlachtfeld verfolgt habe, um ihre Rüstung zu erbeuten, wie es schon von den homerischen Helden erzählt wird und wie es noch die Thidrekssaga aus den Zeiten der späten Völkerwanderungszeit berichtet. Als ein ritterlicher Kämpfer wurde er auch von den Germanen angesehen, da Seneca (ad Marciam III, 1) von seiner letzten Unternehmung berichtet, daß

> »ihn bei seiner Erkrankung selbst die Feinde mit ehrfürchtiger Scheu, unter Waffenruhe auf beiden Seiten, geleiteten.«

Wir müssen als sicher annehmen, daß an diesen Kämpfen und Vorgängen Hermanns Vater entscheidend teilgenommen hat. Nach dem durchschnittlichen Generationen-Abstand von 30 Jahren müßte er im Jahre 12 v. Chr. etwa 37 Jahre alt gewesen sein.

Über andere wichtige Ereignisse zur Zeit des Drusus berichtet Dio Cassius. Und wenn wir auch seine Darstellung der Varusschlacht als unglaubwürdig kennzeichnen mußten, so dürfen wir diese hier doch zur Kenntnis nehmen, da sie Merkmale von Richtigem enthält und manches auch von anderen überliefert ist. Dio schreibt 54, 32 ff.:

> »Mit dem Frühling (11 v. Chr.) brach er wieder zum Kriege auf, überschritt den Rhein und unterwarf die Usipeter, überbrückte die Lippe und fiel in das Gebiet der Sigambrer ein. Er rückte durch dieses auch in das Gebiet der Cherusker vor bis zur Weser. Er war hierzu in der Lage, weil die Sigambrer gegen die Chatten, die einzigen unter ihren Nachbarn, die sich mit ihnen nicht hatten verbünden wollen, hierüber erbittert mit ihrem gesamten Heerbann zu Felde gezogen waren. Gerade zu diesem Zeitpunkt war Drusus heimlich durch ihr Gebiet gezogen.«

Wir sehen auch hier wieder Dios Ungenauigkeit; denn er sagt das eine Mal, Drusus sei in das Gebiet der Sigambrer »eingefallen« (ἐνέβαλεν) – das wäre nicht ohne Aufsehen möglich gewesen – das andre Mal sagt er, Drusus sei *heimlich* durch das Gebiet der Sigambrer hindurchgezogen. Eins von beiden geht nur.

Das »heimlich« hindurchziehen wird stimmen; und so scheint mir Dios Mitteilung richtig zu sein; denn die Fernwege liefen damals nicht durch bewohntes Land, sondern über die unbewohnten Berghöhen und Hügelrücken; und es war in jenen Zeiten durchaus möglich, durch ein Land zu ziehen, ohne dessen Bewohner aufzustören.

Der andere Punkt, der mir richtig erscheint, ist der Brückenschlag über die Lippe. Es wird uns nämlich in der »Thidrekssaga«[30], welche Vorgänge des 5./6. Jahrhunderts n. Chr. wiedergibt, berichtet von einer »Steinbrücke über die Lippe bei Brictan« (Brechten) als dem damals offenbar einzig möglichen Lippe-Übergang etwas unterhalb von Lünen.

Brictan-Brechten war hier der alte Haupt- und später Kirchort, älter als Dortmund. Es hat sich herausgestellt, daß mit dieser »Steinbrücke«, auf welcher ein »Kastell« stand, keine Bogenbrücke gemeint war, sondern eine gepflasterte Furt (»Brücke« = Überbrückung). Hier stand auf einer künstlichen Insel bis in unsere Zeit das »Haus Buddenborg«. Die Lippe ist sonst überall von breiten Uferauen begleitet (wie auch die Ruhr); hier aber ist sie umgeleitet und ihr ein neues Bett in das hohe Südufer gegraben worden, wo nun mit einer kurzen Holzbrücke ein bequemer Übergang möglich war, der doch die Schiffe auf der Lippe nicht behinderte. Am Nordufer der Lippe glaubte Hölzermann[31] auf dem »Heisterberg« den Rest eines römischen Kastells und einer »Rampe« gefunden zu haben, vorbei läuft dort ein »Römerweg«. Von diesem Punkt aus führte der Weg genau südlich auf das spätere Dortmund zu, und Drusus konnte hier bald den *Haarstrang* erreichen, jenen uralten Fernhöhenweg, der ihn abseits aller Siedlungen in das Gebiet der Cherusker führte. Die ganze Anlage dieses Übergangs mit Hilfe der künstlichen Insel könnte von den spatenkundigen Römern angelegt worden sein und einen Hinweis darauf geben, daß Drusus seinen Zug an der Lippe entlang von Schiffen hat begleiten lassen, denen er den Weiterweg flußaufwärts nicht durch eine Flachfurt erschweren wollte.[32] Die Frage ist offen und sollte geklärt werden.

Die Schlacht bei Arbalo

Dio erzählt nun weiter:

> »Er hätte auch die Weser überschritten, wenn er nicht Mangel an Lebensmitteln gehabt hätte und der Winter angebrochen wäre. Auch erschien in seinem Lager ein unheimlicher Bienenschwarm. Deswegen rückte er nicht weiter vor. Auf dem Rückmarsch in befreundetes Gebiet geriet er in furchtbare Gefahr, denn die Feinde taten ihm nicht nur durch Hinterhalte manchen Schaden. Einmal hätten sie ihm sogar, als sie ihn in einem engen Talkessel eingeschlossen hatten, ums Haar den Untergang bereitet und ihn mit seiner ganzen Streitmacht vernichtet, wenn sie nicht aus Verachtung des Gegners, den sie schon gefangen und auf den ersten Hieb gefallen wähnten, mit den Römern in ungeordneten Haufen das Handgemenge begonnen hätten. So aber wurden sie geschlagen und hatten seitdem nicht mehr den gleichen Kampfesmut, sondern suchten ihnen nur noch aus der Ferne Abbruch zu tun, zum Nahkampf wagten sie sich nicht mehr heran, so daß Drusus, der sie nun seinerseits verachtete, dort, wo die Lippe und der Elison sich vereinigen, ein Kastell (Phrourion) gegen sie errichtete.«

Der Ort dieser Schlacht wird an anderer Stelle »Arbalo«[33] genannt (die Silbe -lo könnte dem späteren -loh = Gehölz, Hain entsprechen). Das

Kastell, welches Drusus den Sigambrern auf der Südseite der Lippe »vor die Stirn setzte« (so die wörtliche Übersetzung), dürfte das Drususlager Oberaden bei Lünen gewesen sein, das von 11–8 v. Chr. bestand. Es hat keinen Namen und ist nicht zu verwechseln mit dem späteren »Aliso« des Tiberius. In der Nähe von Oberaden, etwas südöstlich davon, wäre Arbalo zu suchen.

Nehmen wir an, bei dem von Dio Berichteten handle es sich um wirkliche Ereignisse. (Und es ist hier ja nicht so wie bei der Varusschlacht, daß eine schmachvolle Niederlage beschönigt werden sollte.) Dann müssen wir die Panne des Drusus bei Arbalo und ihre Überwindung durch ihn ganz besonders beachten, aus folgendem Grund:

Zunächst ergibt sich aus der Erzählung, daß das Selbstbewußtsein der Germanen durch die vorherigen Kämpfe mit den Römern keineswegs gelitten hatte. Die Germanen betrachteten sich immer noch als im gemeinsamen, gleichsam »heiligen« Krieg begriffen, und die Sigambrer waren ja eben erst ausgezogen, um die Chatten zum Anschluß zu zwingen; und jetzt, da Drusus in der Falle saß, betrachteten sie sich erst recht als die Überlegenen.

Aber sie hatten keine Ordnung und keine Geduld, und als Drusus ihnen jetzt römische Kriegskunst zeigte, überwand er sie und entkam aus der Falle. Welche Wut, welcher Grimm muß die Germanen gepackt haben, welche Selbstvorwürfe mußten sie sich machen, da sie sich um die Möglichkeit eines ganz großen, vielleicht entscheidenden Sieges selbst gebracht hatten!

Drusus war an der Weser gewesen und durch Cherusker- und Sigambrerland zurückgekehrt. Auf diesem Wege hatten sie ihn eingefangen. Sicherlich war Hermanns Vater mit seinen Cheruskern dabei. Hier wäre ihnen fast eine erste »Varusschlacht« gelungen und der Cheruskerfürst wäre einer der Sieger gewesen. Nun mußte er prüfen, woran es bei den Germanen gemangelt hatte, und was in einem neuen Fall anders gemacht werden müßte. Der Gedanke, seine Gelegenheit verpaßt zu haben, kann den Cheruskerfürsten sein Leben lang nicht mehr losgelassen haben.

»Unersättlicher Drusus!«

Florus sagt von Drusus II 30, 26:

> »Außerdem legte er zur Sicherung der Provinz überall Besatzungen und Wachtkommandos hin, am Maasstrom, an der Elbe und an der Weser entlang.«

Das ist glaublich, wie wir später sehen werden. Es zeigt zugleich, welches Ziel sich Drusus gesetzt hatte: Die Stützpunkte an der Maas und an der Elbe umgrenzen den großen Raum, in dem er sich seine »Provincia Germania« dachte. Das offizielle Rom bestätigte ihm diesen Anspruch, indem es ihm den Titel »Germanicus« gab, der so noch nicht vergeben worden war, und indem es Münzen prägen ließ mit seinem Bilde und der Umschrift: »Nero Claudius Drusus Germanicus imperator/de Germanis«. Dies bedeutet: Des Drusus Anspruch auf Germanien als auf eine römische Provinz war auch der Anspruch des römischen Volkes und seiner Führung.
Die Römer waren nicht immer kühn. Ein Bienenschwarm, der sich am Feldherrnzelt ansetzte, ließ sie Schreckliches ahnen. Kühn war Drusus, daß er es wagte, mit seinen Legionen durch das nur zeitweise von Kriegern entblößte Sigambrerland zu ziehen, später sogar bis zur Elbe vorzudringen. Aber auch seine Kühnheit schmolz dahin vor der Stimme der germanischen Priesterin, in der er den Machtruf der fremden Gottheit ahnte und fürchtete.
Über das Jahr 9 v. Chr. berichtet Dio 55, II; 1–3:

> »Es wurden ihm keine guten Vorzeichen zuteil; denn außer vielem anderen wurden durch Sturm und Blitze viele Tempel zerstört, auch der des Kapitolinischen Zeus, und die zugehörigen Tempelgebäude übel zugerichtet. Nicht aber kümmerte er sich darum, sondern fiel in das Gebiet der Chatten ein und rückte bis zum Gebiet der Sueben vor, indem er das Land in seinem Bereich nicht ohne Mühe unterwarf und die ihm feindlich Entgegentretenden nicht ohne Blutopfer besiegte. Von da zog er zum Lande der Cherusker, überschritt die Weser und zog bis zur Elbe, alles verwüstend. Diesen Fluß nämlich – er kommt von den Vandalischen Bergen und ergießt sich in mächtiger Breite in den nördlichen Ozean – versuchte er zu überschreiten, konnte es aber nicht, sondern Siegeszeichen setzend kehrte er um. Ein Weib nämlich,

größer als es der menschlichen Natur entspricht, trat ihm entgegen und sprach:
›Wohin in aller Welt drängst du, unersättlicher Drusus? Nicht ist dir bestimmt, alles dies hier zu sehen! Hau ab! (ἀλλ' ἄπιθι!) Denn schon ist dir der Taten und des Lebens Ende da!‹«

Dio bemerkt dazu:

> »Seltsam freilich ist das, daß einem eine solche Stimme (aus dem Umkreis) der Gottheit zuteil wird, nicht aber kann ich daran zweifeln. Denn sogleich zog er ab, indem er schleunigst umkehrte und unterwegs an einer Krankheit verschied, noch ehe er den Rhein erreicht hatte. Bestätigungen für das Erzählte sind mir, daß auch Wölfe um das Lager zur Zeit seines Todes herumstreunten, und daß Jünglinge zwei gesehen wurden, mitten durch das grabumzogene Lager hindurchschreitend, Klagegeschrei eines Weibes gehört ward und ein Sternenregen entstand.«

Die Römer haben den ganzen Vorgang also als einen religiösen, kultischen angesehen, wo eine Priesterin im Namen der Gottheit zu Drusus sprach, einer Gottheit, die nicht volksgebunden war. Zugleich wird deutlich, daß jenseits der Elbe besonders wichtige Heiligtümer waren, wie auch Tacitus berichtet[34]; daß die Germanen über die Römer sehr gut unterrichtet waren, auch noch jenseits der Elbe; daß hier auch Lateinkundige lebten oder doch dahin kamen, welche der Priesterin ihre Sätze ins Lateinische übertrugen, die sie dann zu Drusus sprach; daß es bei den Germanen Priesterinnen gab. Die ungewöhnliche Größe, welche die kleineren Römer so beeindruckte, mag eine natürliche gewesen sein, kann aber auch durch hohe Schuhe (oder Stelzen) und einen hohen Kopfaufsatz erhöht worden sein, wie wir es von den griechischen Schauspielen wissen.
Das Ganze zeigt, daß es bei den Germanen eine starke Eigenkraft gab, die mit dem Kultischen zusammenhing, daß sie der Kraft ihrer Gottheit vertrauten, daß sie sich den Römern nicht unterlegen fühlten.
Zum Tode des Drusus sagen die Periocha 142 (nach Livius):

> »Er starb infolge eines Knochenbruches, da sein Pferd auf seinen Schenkel stürzte, am dreißigsten Tag nach dem Unfall.«

An anderer Stelle[35] wird berichtet, das Unheil habe ihn an einem Flusse mit Namen »Sala« betroffen. Es könnte sich um den kleinen Fluß »Saale« handeln, der bei Elze unweit (westlich) Hildesheim in die Leine fließt. Dieser Fluß lag auf seinem Weg zum Rhein. Nach Sueton (Claudius 1) starb Drusus im Sommerlager, »das danach das Lager des Unheils genannt worden ist«.[36]
Beim Tod des Drusus im Jahre 9 v. Chr. war Germanien rechts des Rheins nicht unterworfen, hatten sich die Unternehmungen der Römer auf einzelne Züge mit dem Heer und der neuerbauten Flotte beschränkt und auf Gründungen nicht allzuweit vom Rhein und von der Küste entfernt. Im rechtsrheinischen Germanien hatten die Römer zu dieser Zeit nur ein einziges festes Lager, auch dies nur als Sommer-, nicht als Winterlager, eben das »castra scelerata«, das Lager des Unheils, in dem Drusus starb, sicher gleichzusetzen mit dem von Otto Prein entdeckten bei Oberaden. Die Römer gaben es im nächsten Jahr auf und erbauten es nicht wieder.
Über die letzte Zeit des Drusus schreibt Florus II 30, 26 f.:

> »Den bis dahin von niemandem erblickten oder betretenen herkynischen Wald erschloß er. Schließlich herrschte in Germanien ein solcher Friede, daß die Menschen wie verwandelt, das Land ein anderes und selbst das Klima milder und weicher als sonst zu sein schien.«

Römische Meintat

Caesar hat es einmal unternommen, die sämtlichen Edlen eines germanischen Stammes (Usipeter und Tencterer), die in Gallien als Gesandtschaft zu ihm ins Lager kamen, unter einem nichtigen Vorwand festzunehmen und den nun führerlos gemachten Stamm zu vernichten, 430 000 Menschen, wie Caesar IV, 15 selbst angibt. Dieses Verfahren wurde damals selbst in Rom als so schändlich und völkerrechtswidrig empfunden, daß Cato im Senat auftrat und Caesars Auslieferung an seine Feinde verlangte. Das gleiche Verfahren wandten nun, im Jahre 8 v. Chr., Augustus und Tiberius gegen die gefürchteten Sigambrer an. Sie ließen alle Edlen der Sigambrer, die als Gesandte zu ihnen gekommen

waren, einkerkern, und diese, da sie die Schmach der Gefangenschaft nicht ertragen wollten, gaben sich selbst den Tod. Von den so ihrer Führer und Fürsten Beraubten verpflanzten Augustus und Tiberius 40 000 aus ihrer rechtsrheinischen Heimat auf das linke Rheinufer, in die Gegend von Xanten.
Wie mußte, was damals alle Welt aufschreckte, die mit den Sigambrern eng verbündeten Cherusker empören! Wie mußten sie künftig hinter allem, was von Rom kam, die Treulosigkeit wittern!
Überspringen wir die Zeiten! Fünfhundert Jahre später waren es die Könige der Franken, welche, ihrer Abstammung von jenen Sigambrern sich bewußt, die Nachfolge der Römer im linksrheinischen Germanien und in Gallien antraten.

Die Zwischenzeit

Über die folgenden Jahre haben wir nur verstreute Nachrichten. Einen Feldzug machte der ehemalige Heerführer des Drusus, Domitius Ahenobarbus (Bronzebart)[37] von Süden her durch nicht genau zu bestimmende germanische Lande und überschritt sogar die Elbe nach Osten, wenn auch nur kurz. Sein Heer und die von der Nordsee kommende Flotte trafen sich an der Unterelbe. Von Domitius erfahren wir später, daß er »Die Langen Brücken« anlegte, Knüppeldämme über unsicheren Boden etwa zwischen Haltern und Wiedenbrück. Von ihm heißt es ferner, daß die Germanen die Achtung vor ihm verloren, als es ihm nicht gelang, vertriebene Cherusker in ihr Land zurückzuführen. Tiberius, der am geeignetsten war, das Werk seines Bruders fortzusetzen, fiel bei dem mißtrauischen Kaiser Augustus in Ungnade und zog sich sieben Jahre zurück.
Die unter Drusus anscheinend begonnene »Beruhigung« hielt nicht an. Nach den Zügen des Domitius Ahenobarbus entstand um die Zeitwende ein »immensum bellum«, ein *ungeheurer Aufstandskrieg*, an dem vermutlich auch die Cherusker wieder beteiligt waren, der die Haltung des Cheruskerfürsten und seines Sohnes gegenüber den Römern kaum mildern konnte, so daß endlich Augustus den Drususbruder Tiberius zurückrufen mußte. Und er kam.

Tiberius

Mit der Rückkehr des Tiberius beginnt ein neuer Abschnitt im römisch-germanischen Ringen. Infolge der Kämpfe innerhalb des Kaiserhauses mit ihrem Hin und Her der Thronanwärter und der geheimnisvollen Todesfälle, bei denen der Argwohn immer rege war, es möchten die kaiserlichen Frauen die Hand im Spiele gehabt haben, war Tiberius lange Jahre ganz in den Hintergrund getreten. Jetzt trat er wieder hervor; und er erwies sich als die beständigste und dauerhafteste Kraft unter all diesen fürstlichen Personen, der denn auch schließlich die Nachfolge des alternden Augustus zufiel.

Als Tiberius im Jahre 4 n. Chr. nach Germanien zurückkehrte, waren alle Errungenschaften der Drususzüge längst vertan, und bis auf eine ungeheure Unruhe hatten die Unternehmungen der vorigen Heerführer nichts erbracht als eine ungefähre Kenntnis des Landes und der es durchziehenden Hauptwege. Kein einziger Punkt war geblieben, den die Römer als ihren festen und dauernden Besitz ansehen konnten.

Tiberius ging behutsam und folgerichtig vor. Zunächst versicherte er sich des Heeres, das außer Rand und Band geraten war, gewöhnte es neu an Ordnung und Gehorsam, ließ keinerlei Willkür unter den Soldaten mehr aufkommen, übte sie wieder in Märschen und im Ertragen von Strapazen, sorgte durch kurze und abgesicherte Feldzüge gegen kleinere Stämme dafür, daß die Achtung vor der römischen Macht bei den Germanen wieder wuchs und trieb ein geschicktes diplomatisches Spiel, indem er die starken Stämme (wie die Cherusker) nicht reizte, sondern sie in lockere Bundesgenossenschaft nahm, bei der er ihr Eigenleben nicht antastete, Abgaben von ihnen nicht forderte, aber ihrer Kriegslust unter seiner Führung Aufgaben stellte.

Damals entstand jener *Vertrag mit den Cheruskern*, auf den sich die Römer später immer wieder gerne berufen haben, von dem wir aber nur ahnungsweise wissen. Sicher bestand er in klaren Abmachungen. Dieser Vertrag kann für die Cherusker nur mit dem Stammesfürsten, also mit Hermanns Vater, geschlossen worden sein. Wir sehen als Folge dieses Vertrages den Fürstensohn Hermann als Führer einer cheruskischen Kampfeinheit drei Jahre lang (von 4–6 n. Chr.) den Tiberius begleiten, an den Feldzügen innerhalb Germaniens teilnehmen und zu Ehren und Würden aufsteigen.

Zu Caesars Zeiten war es üblich gewesen und es blieb wohl auch weiterhin so, daß die Römer bei solchen Verträgen *Geiseln* forderten aus den vornehmsten und angesehensten Familien.[38] Diese Geiseln hatten, wenn nichts Widriges geschah, einen fürstlichen Rang und konnten sich dem römischen Adel gegenüber als ebenbürtig ansehen. Wir wissen nicht, ob Hermann-Arminius in diesem Sinne Fürstengeisel war, doch ist es nicht unwahrscheinlich. Sein Charme und das Feuer seines Wesens erhöhten sicherlich die Bedeutung seiner Stellung in der römischen Umwelt.

Auch sein Bruder Flavus wird damals zu den Römern gekommen sein. Er war der jüngere, ihn hatten die Ereignisse dieses langen Krieges in anderen Phasen seiner Entwicklung getroffen, er hatte Arbalo und des Vaters Grimm nicht wie sein Bruder erlebt, er trat nun erstmals in eine Bewährung unter Waffen ein und war sicher stolz darauf.

Von den Erfolgen des Tiberius singt Velleius, der ihn als Reiteroberst neun Jahre lang begleitete, ein überschwengliches Loblied. Über die Ereignisse des ersten Jahres (4 n. Chr.) schreibt er II, 105:

> »Wir drangen alsbald in Germanien ein. Die Canninefaten, Attuarier und Bructerer wurden unterworfen, die Cherusker in Vertrag genommen*, die Weser überschritten und tief in das jenseitige Gebiet eingedrungen. ... Der Feldzug dieses Jahres wurde bis in den Monat Dezember hinein ausgedehnt. Das Ergebnis war ein gewaltiger Sieg. Sein Pflichtgefühl rief den Caesar (Tiberius), obwohl die Alpenpässe infolge des Winters fast versperrt waren, in die Hauptstadt [Rom], doch die Sorge für den Schutz des Reiches führte ihn zu Beginn des Frühjahrs nach Germanien zurück, in dessen Mitte der Caesar bei seinem Scheiden an der Mündung der Julia das Winterlager hatte aufschlagen lassen.«

Zum ersten Mal also seit Beginn dieses großen Krieges überwintern römische Truppen jetzt in Germanien. Mit dem Lager »ad caput Juliae«, das Tiberius hatte errichten lassen, werden wir uns noch genau zu beschäftigen haben.

Von dem nächsten Jahr 5 n. Chr. erfahren wir durch Velleius, daß Tiberius nun ganz folgerichtig den Norden Germaniens durchzog, »befriedete«, besiegte und so die Einkreisung des noch unbezwungenen Inneren ergänzte. Die großzügig geplanten und durchgeführten Unternehmungen, glänzende Aufmärsche und die Darstellung römischer

* Der Ausdruck »recepti Cherusci« ist etwas unbestimmt, meint aber einen ohne Kampf abgeschlossenen Vertrag.

Macht waren seine wichtigsten Mittel, und wir erfahren nicht, was die allzu kurze Bemerkung meint: »Gebrochen wurde die Kraft der Langobarden.« Die Stelle heißt:

> »O Götter gute! Welch gewaltige Taten im folgenden Sommer unter dem Führer Tiberius Caesar haben wir vollbracht! Durchzogen in Waffen wurde das ganze Germanien, besiegt die Völker fast den Namen nach unbekannt, aufgenommen die Stämme der Chauken. Ihre ganze Jungmannschaft, unzählig an Zahl, gewaltig an Körpergröße, durch Lage ihrer Wohnstätten bestens geschützt, nach Übergabe der Waffen und mit ihren Führern, eingeschlossen vom waffenblinkenden Heerzug unsrer Soldaten, warf sich vor dem Hochsitz des Feldherrn nieder. Gebrochen (fracti = gebrochen) die Kraft der Langobarden, eines Volksstamms wilder als germanische Wildheit. Endlich, was niemals zuvor mit Hoffnung erstrebt geschweige mit Tat versucht war, zum vierhundertsten Meilenstein, vom Rhein bis zum Elbefluß, der an der Semnonen und Hermunduren Gebiet vorbeifließt, ist das römische Heer mit seinen Feldzeichen geführt worden. Und eben dorthin auch, dank wunderbarem Glück und wunderbarer Planung des Feldherrn, unter Einhaltung der Zeiten, kam die Flotte, welche des Ozeans Buchten umfahren hatte, von dem vorher nie gehörten und unbekannten Meere auf dem Elbefluß herauf, Siegerin über die meisten Völker, mit reichster Fülle aller Dinge, und vereinigte sich mit dem Heer und dem Caesar (Tiberius).«

Und nun fügt Velleius die sehr besondere Erzählung ein von dem alten Semnonenfürsten, der den Caesar Tiberius über die Elbe hinüber aufsucht, mit ihm spricht und ihn berührt, während die Jungmannschaft der Semnonen mit blitzenden Waffen jede Bewegung der Römer argwöhnisch verfolgt. Die Römer nehmen dies wahr, und Tiberius, eingedenk des Geschicks seines Bruders Drusus, versucht nicht, die Elbe zu überschreiten.

Velleius sieht in dem Besuch des Semnonenfürsten vor allem dessen Verehrung für den göttlichen Caesar Tiberius, und er meint, der Germane habe bei der Rückkehr unverwandt andachtsvoll nach jenem zurückgeschaut. Wahrscheinlich aber ruderte er nur auf deutsche Art, mit dem Gesicht dem Steuer zu und konnte so gar nicht anders als zurückzusehen. Er stand in einem gewissen Gegensatz zu der Jugend seines Volkes, die mißtrauisch und auf Kampf eingestellt war; und er wollte ihr wohl zeigen, daß man auch mit einem so mächtigen Gegner verkehren könne, wenn man nur gewisse Regeln des Umgangs beachte. Darüber hinaus wollte er wohl einfach erkunden, was das auf der Seite der Römer für Kräfte waren, und was sie beabsichtigten. So also lautet die Erzählung des Velleius II, 107:

> »Als wir das diesseitige Ufer des vorgenannten Flusses mit dem Lager besetzt hatten und das jenseitige von der bewaffneten Jungmannschaft der Feinde blitzte, die auf jede Bewegung unserer Schiffe sofort zurückging, bestieg einer der Barbaren, ein älterer Mann, von hochragender Gestalt, hohen Ranges, wie seine Kleidung zeigte, adelig, einen Einbaum, wie er bei ihnen üblich ist, fuhr, allein diesen Nachen lenkend, bis zur Mitte des Flusses vor und bat, ihm möge erlaubt werden, ohne Gefahr, an diesem Ufer, das wir bewaffnet besetzt hielten, anzulanden und den Caesar zu sehen. Seine Bitte wurde gewährt. Dann, als der Kahn ans Ufer aufgelaufen war und er lange schweigend den Caesar betrachtet hatte, sagte er: ›Unsre Jugend ist doch toll! Während sie eure Gottheit, wenn ihr fern seid, verehrt, fürchtet sie vielmehr eure Waffen, wenn ihr da seid, statt daß sie euren Vertrag annähme. Ich aber, dank deiner gütigen Erlaubnis, Caesar, habe heute die Götter gesehen, von denen ich vorher nur hörte; und ich habe keinen glücklicheren Tag gewünscht noch erlebt.‹ Und nachdem er erreicht hatte, daß er die Hand (des Caesars) berührte, kehrte er in sein Schiffchen zurück und landete, unverwandt nach dem Caesar zurückschauend, am Ufer der Seinen.«

Die Stelle zeigt zugleich, wie sehr beide Seiten in der Vorstellung lebten, daß Gottheiten um sie und über ihnen wirkten, daß die Germanen auch die Götter der Römer achteten, wie andrerseits die Römer die germanischen Götter als wirkende Kräfte empfanden, so damals Drusus, als die Stimme der Priesterin ihn im Namen des Gottes ansprach. Zugleich spielt hier herein, daß Menschen unter die Götter eingereiht wurden, wie der »divus« Augustus, der »göttliche« Augustus, dem auch Tempel und Altäre geweiht waren – und Tiberius gehört für das Bewußtsein des vornehmen alten Germanen zur Familie der »Götter«.

Velleius faßt anschließend die Erfolge seines gepriesenen Feldherrn Tiberius in Germanien noch einmal zusammen, wobei er aber doch noch, wenn auch ganz am Rande, einen harten Zusammenstoß meldet, bei dem er die Verluste der Germanen hervorhebt, die eigenen verschweigt, obwohl sie so gering nicht gewesen sein können, da die Römer überrascht und in schwere Kämpfe verwickelt wurden. Velleius schreibt, an das Obige anschließend:

> »Als Sieger über alle Völker und Landschaften, die er aufgesucht hatte, führte der Caesar die Legionen in die Winterquartiere zurück. Das Heer war wohlbehalten und unverletzt und nur ein einziges Mal unter schwerem Verlust der Feinde infolge einer List von ihnen angegriffen worden.«

Nüchterner schreibt Dio 55, 5f. von des Tiberius' Taten im Jahre 6 n. Chr.:

> »Tiberius ... rückte bis zu dem Strom, zuerst bis zur Weser, dann aber sogar bis zur Elbe vor. Freilich, irgend etwas Nennenswertes wurde damals nicht erreicht.«

Als Krönung seiner Bemühungen um Absicherung des ganzen nördlichen Raumes bereitete Tiberius im Jahre 6 n. Chr. einen Feldzug vor gegen die einzige Macht, die den Römern bis dahin noch unzugänglich geblieben war. In dem von Bergen umschlossenen Böhmen hatte sich der Markomannenkönig Marbod ein eigenes Reich geschaffen, das er zu einer fast uneinnehmbaren Festung ausbaute, und in dem er 70000 bestens geschulte Krieger ständig unter Waffen hielt, die den Römern als gleichwertig geachtet werden mußten. Solange dies böhmische Reich bestand, konnte Germanien nicht bezwungen werden.

Marbod war Germane und gehörte zum Stamm der ostelbischen Sueben; aber er hatte sich dem Kampf der germanischen Stämme gegen Rom nicht angeschlossen. Er dachte nicht gemeingermanisch, er wollte sein gesondertes Reich behalten.

Er hatte den Römern nichts zuleide getan, er verkehrte höflich mit ihnen und reizte sie nicht. Aber er schien ihnen gefährlich mit seinem jederzeit bereiten Kriegsheer, und sie wollten an ihren Grenzen eine solche Macht nicht dulden. So bereiteten sie einen umfassenden Feldzug vor, um ihn auszuschalten.

Von der Donau her zog Tiberius mit einem großen Heer heran, durch das Chattenland marschierten die rheinischen Legionen unter dem General Sentius Saturninus. Sie waren nur noch fünf Tagesmärsche vom Gebiet des Marbod entfernt und kurz vor ihrer Vereinigung; der Auf-

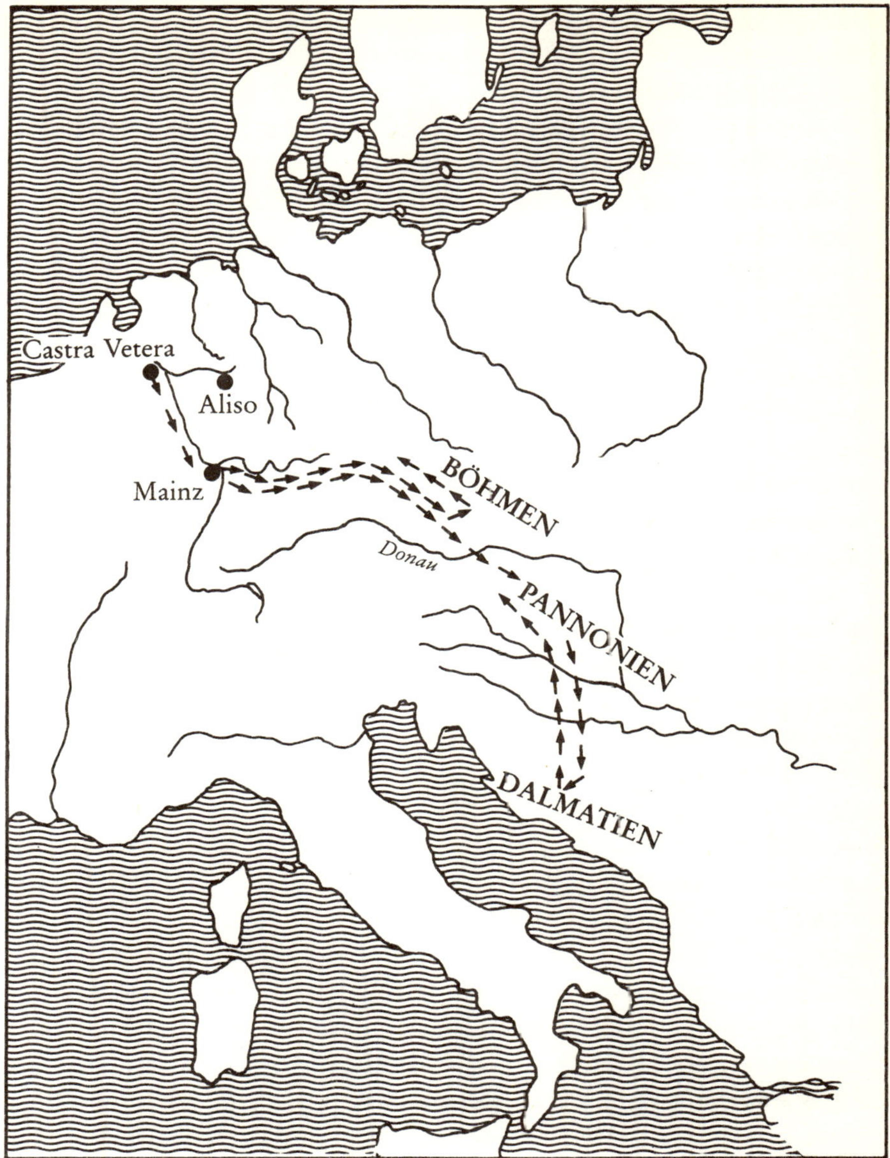

Die Züge des Tiberius

marsch war beendet, der Angriff sollte beginnen: da brach der große pannonische Aufstand los. Alles Land zwischen Donau und Adria erhob sich in einer gewaltigen Kraftanstrengung, um die römische Zwingherrschaft abzuschütteln. Tiberius mußte nun der Niederschlagung dieser gefährlichen Erhebung drei Jahre lang seine ganze Kraft widmen. Dies rettete damals den Marbod und machte zugleich den Zügen des Tiberius in Germanien ein Ende. Sentius Saturninus führte die rheinischen Legionen zurück, um die Grenzen gegen einen möglichen Aufstand der Germanen zu schützen.

So bleibt das Ergebnis der Züge des Tiberius in Germanien 4–6 n. Chr. dieses: Nach außen hin standen die Römer überall glänzend da, die Germanen schienen unterworfen; aber sie lagen immer auf der Lauer, ob sich nicht eine Gelegenheit fände wie bei Arbalo. Als festen Punkt und sogar als Winterlager im Inneren Germaniens hatten die Römer das Lippekastell Aliso »ad caput Juliae« gegründet. Wo ist es zu suchen?

Die Antwort auf diese Frage ist wichtig, um ein Gesamtbild der Geographie des Krieges zu erhalten, aus dem sich dann wiederum der Ort der Varusschlacht neu bestimmen ließe. Nach Aliso sind die der Varusschlacht Entkommenen geflohen. Aliso war der einzige feste Punkt der Römer, den nach der Varusschlacht die Germanen nicht erobern konnten, weil er gut befestigt und ausgerüstet war. Aliso zeigt überdies an, was Tiberius mit der Gründung dieses Lagers beabsichtigte. Es ist daher nötig zu wissen, wo Aliso lag, um auch diesen Mosaikstein in das Bild der Römerkämpfe einbauen zu können.

Aliso

Um Lage und Bedeutung des Kastells Aliso hat es einen fast uferlosen Streit gegeben, und man müßte demnach denken, diese Frage ließe sich überhaupt nicht lösen. Ich halte das für einen Irrtum. Man muß nur mit der Untersuchung ganz von vorn beginnen und alle überlieferten Texte zugrunde legen, ohne sie zu verändern. Man muß dabei bedenken, daß der Name Aliso überhaupt nur zweimal vorkommt, und daß es sich bei den Erwähnungen eines Kastells an der Lippe nicht immer um dasselbe handeln muß.

Es sind elf Stellen, an denen ein Kastell oder Lager an der Lippe erwähnt wird. Sie gliedern sich in zwei Gruppen, von denen die erste sich auf die Jahre 11–9 v. Chr. bezieht, die zweite auf die Zeit von 4–16 n. Chr. Die Stellen sind folgende:

1. Dio Cassius 54, 35 beschreibt den Zug des Drusus im Jahre 11 v. Chr., bei dem Drusus die Weser erreichte, beim Rückmarsch aber von den Germanen in die Falle von Arbalo gelockt wurde, aus der er sich dann doch siegreich befreien konnte,

> »so daß Drusus, der sie nun seinerseits verachtete, dort, wo die Lippe und der Elison sich vereinigen, ein Kastell ihnen vor die Stirne setzte.«

2. Sueton, Claudius I, über das Jahr 9 v. Chr.:

> »Als er (Drusus) ... seinen Feldzug in Germanien wiederholt hatte, starb er infolge einer Krankheit im Sommerlager, das darnach das ›Lager des Unheils‹ genannt wurde. ... Übrigens errichtete das Heer ihm zu Ehren einen Hügel, um den dann in der Folge an einem bestimmten Tage alljährlich Truppen einen Waffenlauf veranstalteten, und an dem die Stämme der gallischen Provinzen feierliche Gebete verrichteten.«

3. Dio Cassius 55, 1 ff.: Als dem Drusus bei seinem Vorstoß zur Elbe eine germanische Priesterin seinen Tod vorhergesagt hatte,

> »erfüllte sich dies sofort, wie er schleunigst umkehrte und unterwegs an einer Krankheit verschied, noch ehe er den Rhein erreichte. Ich sehe auch eine Bestätigung für das Erzählte darin, daß Wölfe um die Zeit seines Todes das Lager heulend umstreunten, und daß zwei Jünglinge mitten durch das grabenumzogene Lager auf Rossen hindurchreitend gesehen wurden, Klagegeschrei eines Weibes vernommen ward und ein sprühender Sternenregen niederging.«

Eine Stelle bei Florus II 30, 21–28 meldet viele Kastellgründungen des Drusus, aber keine darunter an der Lippe, und entfällt also für diese Zusammenstellung.

Diese drei Erwähnungen meinen offensichtlich dieselbe Anlage, die einmal Kastell, das andre Mal Sommerlager genannt wird, die von Drusus angelegt war, von ihm genutzt wurde, in der er auch starb. Diese Anlage hatte *nicht* den Namen Aliso, obwohl sie (nach Dio) am Zusammenfluß von Lippe und »Elison« lag.
Unter den als römischen Lagern bekannten und ausgegrabenen kommt

hierfür nur das Lager in Oberaden (bei Lünen) in Frage, welches nach archäologischem Befund zwischen 11–8 v. Chr. bestand.
Alle anderen Erwähnungen beginnen erst im Jahre 4 n. Chr. Es sind die folgenden:
4. Velleius Paterculus II, 105, über das Jahr 4 n. Chr.:

> »Der Feldzug dieses Jahres wurde bis in den Monat Dezember hinein fortgesetzt... Sein Pflichtgefühl rief den Caesar (Tiberius) ... nach der Hauptstadt; doch die Sorge um den Schutz des Reiches führte ihn zu Beginn des Frühlings nach *Germanien* zurück, *in dessen Mitte* der Caesar bei seinem Scheiden (4 n. Chr.) *ad caput Juliae das Winterlager* hatte aufschlagen lassen.«

5. Dio Cassius 56, 18–23 schreibt über die Zeit vor der Varusschlacht sehr allgemein, was sich aber im besonderen auch auf das Lippelager beziehen könnte:

> »Die Römer hatten (nur) einzelne Punkte des Landes in ihrer Gewalt, nicht ein zusammenhängendes Gebiet, sondern wie sie gerade hier und dort von ihnen unterworfen waren ... Ihre Truppen überwinterten dort und legten städtische Siedlungen an... und die Barbaren gewöhnten sich an ihre Märkte und hatten friedliche Zusammenkünfte.«

6. Zonaras X 37 gibt einen Überblick über den Inhalt eines bei Dio Cassius fehlenden Blattes der Handschrift M über die Ereignisse des Jahres 9 n. Chr. unmittelbar nach der Varusschlacht. Er schreibt:

> »Die Barbaren erstürmten *sämtliche Kastelle außer einem*, dieses aber hielt sie lange auf, so daß sie weder den Rhein überschritten noch in Gallien einfielen. Doch konnten sie dies eine nicht in ihre Gewalt bringen, denn sie verstanden sich nicht auf den Festungskrieg. Außerdem hatten die Römer zahlreiche Bogenschützen zur Verfügung, von denen die Barbaren unter starken Verlusten zurückgescheucht wurden. Als sie dann die Nachricht erhielten, daß die Römer die Rheinlinie behaupteten und Tiberius mit einem starken Heere im Anmarsch sei, zog die Mehrzahl von dem Kastell ab. Die übrigen zogen sich von ihm zurück, um nicht durch plötzliche Ausfälle der Besatzung geschädigt zu werden, und beschränkten sich darauf, die Anmarschwege

scharf zu beobachten, in der Hoffnung, die Römer aus Mangel an Lebensmitteln zur Ergebung zu bringen. Die römische Besatzung aber harrte, solange sie ausreichend Proviant hatte, auf ihrem Posten aus, da sie auf Entsatz hoffte. Als aber von keiner Seite Hilfe kam und sie der Hunger quälte, da paßten sie eine stürmische Nacht ab und rückten aus. Es waren nur noch wenige Soldaten, doch um so mehr Unbewaffnete. Sie kamen auch glücklich an dem ersten und zweiten Wachtposten der Feinde vorbei. Als sie aber in die Nähe des dritten kamen, wurden sie bemerkt, da die Weiber und Kinder aus Erschöpfung und Angst bei der Finsternis und Kälte andauernd die waffenfähige Mannschaft zurückriefen. Sie wären auch wirklich samt und sonders getötet oder doch gefangen genommen worden, wenn sich die Barbaren nicht beim Raub der Beute aufgehalten hätten. So aber gewannen die rüstigen Römer einen bedeutenden Vorsprung, und die Trompeter, die bei ihrer Truppe waren, bliesen einen Marsch mit schnellem Tempo und erweckten so dem Feinde den Glauben, daß sie von Asprenas als Entsatz geschickt seien. Daher hielten die Feinde mit ihrer Verfolgung inne, und Asprenas, der von der Sache Meldung erhalten hatte, kam den Flüchtigen wirklich zu Hilfe.«

7. Velleius, der Zeitgenosse, schildert II, 117 ff. dasselbe Ereignis kürzer und glaubhafter so:

»Anerkennung verdient auch die Tüchtigkeit des *Lagerkommandanten* L. Caedicius und derer, die, mit ihm *in Aliso eingeschlossen*, durch riesige Massen von Germanen belagert wurden. Unter Überwindung aller Schwierigkeiten, die der Mangel an Lebensmitteln unerträglich und der Ansturm der Feinde unüberwindlich machte, faßten sie weder übereilte Entschlüsse noch begnügten sie sich mit tatenloser Vorsicht. Sie warteten den geeigneten Augenblick ab, dann bahnten sie sich mit dem Schwerte die Rückkehr zu den Ihrigen.«

8. Hierzu berichtet auch Frontin Strateg. III 15, 4:

»Als die aus der Varianischen Niederlage Entronnenen *belagert* wurden und es schien, als ob sie an Getreide Mangel litten, führten sie die Gefangenen in den Getreidespeichern herum. Sie hackten ihnen dann die Hände ab und ließen sie laufen.«

9. Frontin Strateg. IV 7, 8:

»Der Primipilar Caelius, der in Germanien bei den Unsrigen, die nach der Varianischen Niederlage belagert wurden, die Stelle eines Anführers vertrat, fürchtete, daß die Barbaren das aufgehäufte Holz an den Wall bringen und *sein Lager in Brand stecken* würden.«

10. Tacitus II 7 schreibt vom Frühjahr 16 n. Chr.:

»Aber der Caesar (Germanicus) ... führt, auf das Gerücht hin, daß *das dem Lippefluß anliegende Kastell* belagert werde, sechs Legionen dorthin... doch gaben die Belagerer dem Caesar keine Gelegenheit zur Schlacht, da sie bei der Kunde von seiner Ankunft auseinandergingen. Doch hatten sie den neulich den Varianischen Legionen errichteten Tumulus und den alten, dem Drusus erbauten Altar auseinandergerissen. Es stellte der Fürst den Altar wieder her und führte selbst zur Ehre des Vaters mit den Legionen den Umlauf aus. Den Tumulus wiederherzustellen (ward) nicht ins Auge gefaßt. Und alles zwischen dem *Kastell Aliso* und dem Rhein ward mit neuen Landwehren und Dämmen durch und durch befestigt.«

11. ist nur eine Anführung in den geographischen Angaben des Ptolemäus, bei denen auch ein *»porto Aliso«* verzeichnet ist.

Dies sind die elf Nachrichten über Befestigungen oder Lager an der Lippe in den Jahren 11 v. Chr. bis 16 n. Chr. Vorher und nachher waren solche römischen Anlagen nicht vorhanden. Mit diesen elf Mitteilungen sind auch keineswegs alle römischen Anlagen im Lippegebiet benannt, die es tatsächlich gab.
Die Angaben 6–9 beziehen sich auf das Kastell, das nach der Varus-Niederlage den überlebenden Römern als Zuflucht diente und dann von den Germanen lange belagert wurde. Diese Anlage wird in Nr. 7 »Aliso« genannt. Das in Nr. 10, auch mit dem Namen »Aliso« genannte Kastell meint also die gleiche Anlage. In den Berichten 6–10 ist daher immer derselbe Punkt gemeint. Es kann sich hierbei kaum um etwas anderes handeln als um die in Nr. 4 genannte große Anlage des Winterlagers, in welchem Tiberius seine Truppen erstmals den Winter »mitten in Germanien« hatte zubringen lassen, wo sich dann, wenn man hier Dio trauen

kann, die Anfänge einer städtischen Anlage herausgebildet hätten (Punkt 5). Demnach meinten die Angaben 4–11 allesamt denselben Punkt.

Wir erfahren so, daß zweimal eine starke Befestigungsanlage von den Römern gegen die Germanen geschaffen wurde; die eine durch Drusus gegen die Sigambrer im Jahre 11 v. Chr. am Zusammenfluß von Elison und Lippe, die zweite 15 Jahre später durch Tiberius im Jahre 4 n. Chr., »ad caput Juliae« (4), »der Lippe anliegend« (10), also am Zusammenfluß der »Julia« und Lippe, offenbar gegen die Cherusker, Brukterer und Marser angelegt, mit Namen *»Aliso«*. Die beiden Befestigungen wurden zu ganz verschiedenen Zeiten, an verschiedenen Orten und zu verschiedenen Zwecken angelegt und dürfen nicht als dieselbe Anlage betrachtet werden.

Die genauesten Hinweise über das von Tiberius im Jahre 4 n. Chr. angelegte Winterlager gibt die Mitteilung des Velleius (Nr. 4), und zwar in doppelter Hinsicht. Sie sagt, es liege

1. in der Mitte Germaniens (»in mediis finibus Germaniae«);
2. »ad caput Juliae fluminis« (am Haupt des Julia-Flusses).

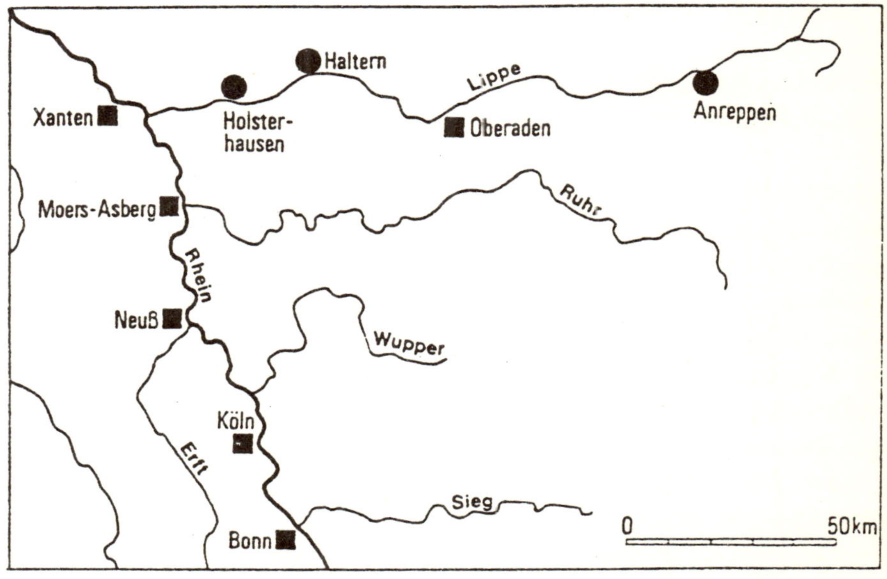

Römische Militärlager der augusteischen Zeit an Niederrhein und Lippe (nach S. v. Schnurbein). Die Lager Holsterhausen, Haltern und Anreppen (rund) sind offenbar erst nach der Drususzeit (ab 8 v. Chr.) errichtet worden.

Nach der Stelle des Tacitus (10) war das Kastell, hier »Aliso« genannt, »der Lippe anliegend«. Der Julia-Fluß mußte also in die Lippe münden. Man hat ihn unter den Nebenflüssen der Lippe nicht gefunden; sonst wäre wohl kein Mensch auf den Gedanken gekommen, »caput« mit »Quelle« zu übersetzen. Natürlich muß »caput« hier »Mündung« heißen, sonst könnte das Kastell »ad caput Juliae« nicht der Lippe »anliegen«.

»caput« bei einem Fluß meint auch sonst die Mündung.

So wird das Wort auch in der Literatur verwendet. Wenn Caesar (bell. gall. IV 10, 4–5) vom Rhein sagt:

> »ubi Oceano appropinquavit, in plures defluit partes... multisque capitibus in Oceanum influit«,

so heißt das: Der Rhein »fließt mit mehreren Mündungen (Häuptern) in den Ozean«. Und wenn Cicero von »fons et caput« der Philosophie schreibt, so werden hier Quelle und Mündung klar einander gegenübergestellt. Wenn der Römer den Fluß als Gott sah, so dachte er ihn sich gewiß nicht mit dem Kopf in der Quelle, sondern aus der Quelle mit dem Kopf voran hinausschwimmend. »caput« kann also nicht »Quelle« heißen. (Es gibt allerdings auch bei einer Quelle ein »caput«, das ist dann der Hauptstrudel der Quelle. Beim Fluß aber ist »caput« die Mündung und ist »fons« die Quelle.)[39]

Um so erstaunlicher muten die Wege an, welche die Forschung genommen hat. Da sich der Name »Julia« nicht enträtseln ließ, so wurde die Schuld der Velleius-Handschrift zugeschoben: »Julia« müsse verschrieben sein, gemeint sein könne nur die Lippe, und wie leicht könne LUPIA zu JULIA verschrieben sein! So wurde »in consensu omnium« (in Übereinstimmung aller) die »Julia« aus den Überlegungen ausgeschieden und die Lupia-Lippe dafür eingesetzt[40], und zwar bis in den Druck der Handschriften hinein, welche die wirkliche Lesung dann oft nur noch in den Anmerkungen anführen.

Nun aber begann die zweite Schwierigkeit. Die Mündung der Lippe liegt bei Wesel am Rhein, und das konnte die Meinung der Textstelle nicht sein; denn das Winterlager sollte ja »in der Mitte Germaniens« liegen. Also wurde eine zweite Textänderung vorgenommen, indem man »caput« statt mit »Mündung« nun mit »Quelle« übersetzte. So wurde jetzt das Winterlager des Tiberius an den Quellen der Lippe gesucht. Aber man wurde nicht glücklich damit; denn nach Nr. 10 sollte das Kastell

Aliso, das mit jenem Winterlager gleichgesetzt wurde, dem Lippe*fluß* anliegen, nicht der Lippequelle. Daher traute man bald dieser ganzen Überlieferung nicht mehr und vermutete ohne Quellen weiter, indem besonders die durch den Zusammenfluß von Alme und Lippe geschützte Lage von Schloß Neuhaus bei Paderborn ins Auge gefaßt wurde.

Aber die Velleius-Stelle meint nicht die Alme, und das hier offensichtlich vorliegende Mißverständnis, das zu dem Namen »Julia« geführt hat, dürfte anders zu erklären sein. Die Römer in Germanien empfingen die dortigen geographischen Namen nicht schriftlich, sondern durch die einheimische Bevölkerung mündlich, vom »Hören-Sagen«. Bei Ringboke nahe dem Römerlager Anreppen fließt *die Gunne* in die Lippe. Das Gebiet gehört zu Westfalen. Die Westfalen, bekannt dafür, daß sie zäh am Überlieferten festhalten, sprechen (und sprachen wahrscheinlich auch damals) das G am Silbenanfang wie ein stimmhaftes J-CH, daher der berühmte Spruch: »Main Chott Chustaf, wenn dat man chut cheht«. Weiter östlich würde sogar gesprochen: »Mein Jott Justaf, wenn dat man jut jeht!«

Der Name der Gunne war damals wahrscheinlich »Gunio« oder »Gunia«.[41] Der Römer mochte aus dem dialektisch gesprochenen Namen ein »Junia« herausgehört haben oder auch gleich ein »Julia«, da Nasale und Liquida verwandte Laute sind (Sol–Sonne), zumal »Julia« dem Römer als der Name der Gemahlin des Augustus geläufig war. Der von den Römern festgehaltene Name »Julia« meinte also wohl *die Gunne*. Wo die Gunne in die Lippe mündet, dort müßte das Kastell liegen. An dieser Stelle liegt das Dorf *Ringboke*.

Ringboke

Ringboke ist ein sehr besonderer Punkt. Er erhebt sich hoch über die Lippetalaue, und man hat von hier aus einen weiten Blick nach allen Seiten. Der Hauptmann L. Hölzermann hat es in seinem immer noch bemerkenswerten, wenn auch durch mancherlei Irrtümer etwas außer Kurs gesetzten Buch »Die Kriege der Römer und Franken« (Münster 1878) genau untersucht und (Tafel XI) aufgezeichnet, und er schreibt dazu S. 77:

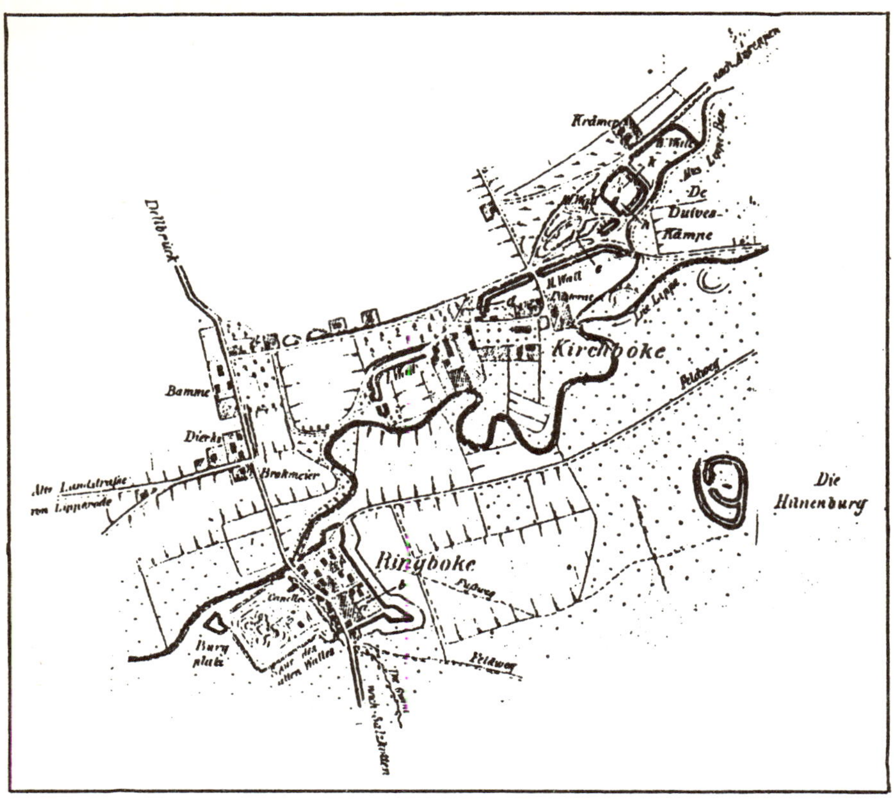

Umgegend von Kirch- und Ringboke. Maßstab 1:12.500.

»3. Das Dorf Ringboke.

Der Name dieses Ortes deutet auf eine alte Ringmauer hin, mit welcher derselbe einst umgeben war....

Daß ein westfälisches Dorf im frühen Mittelalter eine Umfassung hatte, welche demselben, abweichend von allen anderen Ortschaften, die Gestalt eines länglichen Vierecks gab, dessen Seiten je 200 bez. 300 Schritte lang waren, ist eine so überaus wunderbare Erscheinung, daß man ein Gegenstück hierzu vergebens suchen dürfte. Man kann sich daher des Gedankens nicht erwehren, daß die Trümmer eines römischen Castells die eigentliche Veranlassung zu dieser besonderen Bauart des Dorfes Ringboke gegeben haben. Bringen wir die in der Nähe gelegenen germanischen Lager mit dieser Annahme in Beziehung, so unterliegt es gar keinem Zweifel, daß an dieser Stelle das berühmte Castell Aliso lag.«

Da ich, von ganz anderen Erwägungen ausgehend, zu dem gleichen Ergebnis gekommen bin, ist dies das zweite Votum für die Gleichsetzung Ringbokes mit Aliso. Auf der anderen Seite der Lippe, etwas flußaufwärts, liegt der alte Ort *Kirchboke*. Auch hier hat Hölzermann Bemerkenswertes gefunden, und zwar die Wälle von 3–4 Lagern, die keine römischen sein können, sondern seiner Meinung nach von den Germanen geschaffen wurden, als sie Aliso belagerten, offenbar mit Kontingenten von drei bis vier germanischen Stämmen, deren jeder sein eigenes Lager gehabt hätte. Innerhalb der größten Umwallung wurde später eine christliche Kirche erbaut, für welche die Gebeine des hl. Landelinus eigens von Cambray herübergeholt wurden.

Ringboke liegt kaum 2 km flußabwärts vom Römerlager Anreppen[42], 20 Minuten zu gehen, zwischen beiden breitet sich die geräumige Uferaue der Lippe aus. Bei so naher Lage, wenn Ringboke das Kastell Aliso war, können das Lager Anreppen und Ringboke nur als eine Einheit angesehen werden. Der Platz zwischen ihnen hätte dann Raum gegeben für die Zeltlager der 6 Legionen, mit welchen Germanicus, wie wir noch sehen werden, heranzog, als Aliso durch Massen von Germanen belagert wurde. Das Lager bei Anreppen scheint eine Hafenanlage gehabt zu haben; die Einbuchtung auf seiner NO-Seite und Scherben großer Amphoren legen das nahe. Dann wäre das Lager bei Anreppen der »portus Aliso« gewesen.

Beim Anreppenlager mit seiner fast völlig flachen Lage, kaum 3 m herausgehoben über die Umgebung, wundert man sich, wie es einer eindringlichen und langen Belagerung sollte standgehalten haben. Das ist bei Ringboke anders. Dieses liegt hoch, vielleicht künstlich erhöht, mit steilen Abfällen zur Gunne hin. Wenn es eine hinreichende Besatzung hatte, war es sicher schwer zu erobern. Ob die von Hölzermann gezeichnete Anlage eines länglichen Rechtecks auf römischen Ursprung zurückgeht, müßte ergraben werden. Mehrere spätere Burganlagen haben diese Stelle benutzt.

Eingehende Untersuchungen der Schiffbarkeit der Lippe[43] haben zu dem Ergebnis geführt, daß die Lippe nur bis Anreppen hinauf schiffbar gewesen ist, nicht darüber hinaus. Anreppen war also der äußerst mögliche Schiffsplatz für die Römer. Nicht Neuhaus konnte dieser Schiffshafen sein. Bis Boke-Anreppen konnte gestakt werden, von da an nur noch getreidelt (mit Pferden auf dem Leinpfad).

Es kommt noch weiteres hinzu. Etwa 700 m von Ringboke entfernt, östlich davon, liegt in der Talaue ein mächtig ausgedehnter, flacher,

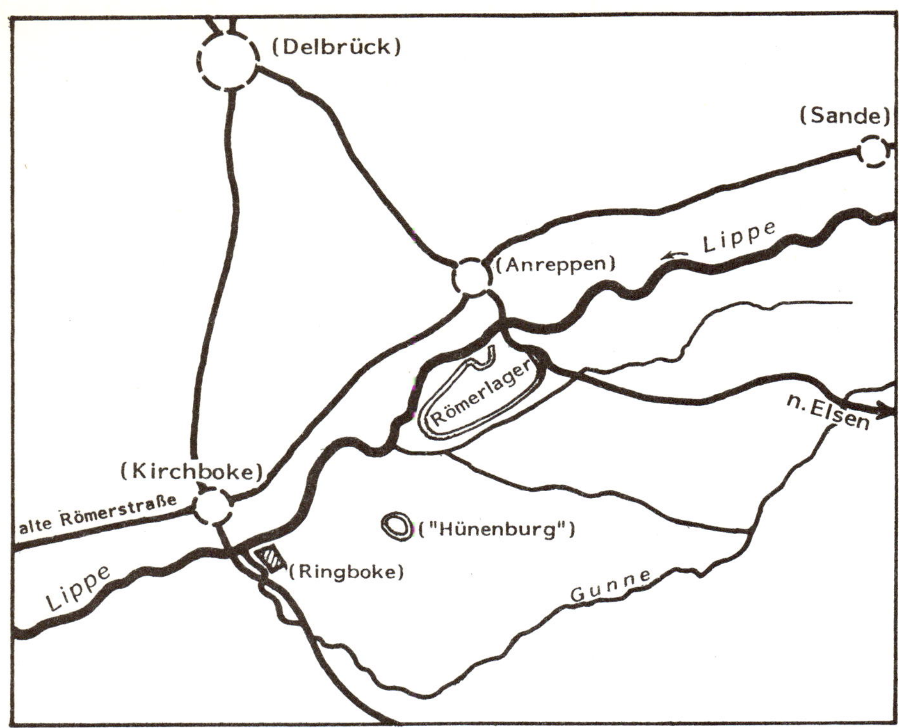

Das Römerlager bei Anreppen an der Lippe, mit Ringboke an der Mündung der Gunne in die Lippe, wo Aliso zu vermuten ist, und die sogenannte »Hünenburg«.

künstlicher Hügel, mehrere Meter über die Umgebung erhöht. Darauf, seitlich verschoben, erhebt sich ein steil aufragender Kegel. Hölzermann hat diese Anlage für eine mittelalterliche Burg gehalten und einen Ringwall und eine Auffahrt hineingezeichnet. Das kann kaum stimmen. Es ist schwer, dieser Anlage einen Sinn zu geben. Man muß sich fragen, ob dieses der »Tumulus« sein kann, den Germanicus im Jahre 15 n. Chr. zum Gedenken an die Toten der Varianischen Legionen angelegt hat – und darauf der Altarhügel des Drusus, eine große einheitliche Anlage, um die dann Germanicus mit seinen Truppen zu Ehren des Vaters Drusus den Umlauf (eine Parade) gemacht hätte, während auf der erhöhten Plattform des Hügels die Standarten und vielleicht eine Ehrenabteilung Aufstellung nahmen.[44]

Wenn es richtig ist, daß der römisch »Julia« benannte Fluß die Gunne ist, daß in Ringboke am »caput Juliae-Guniae« das Kastell Aliso lag, in der Lippeaue das Lager oder der Hafen bei Anreppen war, nahe bei Ringboke der »Tumulus«, auf der anderen Lippeseite die Lagerreste der belagernden Germanenstämme, dann war dies »Aliso« allerdings sehr günstig gelegen. Es konnte auf den Lippestraßen und zu Schiff erreicht werden, es lag so weit östlich, wie die Lippe eben schiffbar war, es lag »mitten in Germanien«, es lag am oder dicht am uralten West-Ost-Fernweg auf Horn-Hameln-Hildesheim-Magdeburg zu. Ein hier im Sommer wie im Winter stehendes Heer konnte in jeder Richtung vorrücken, war zu jedem Einsatz brauchbar. Das wäre dann der »feste Punkt« gewesen, den Tiberius dem römischen Heer »mitten in Germanien« schuf.

Und wenn nun weiterhin die Vermutung stimmen sollte, daß Varus sein Sommerlager im Jahre 9 n. Chr. in Horn anlegte, auf dem West-Ost-Fernweg, auf der Wasserscheide, ganz in der Nähe des germanischen Versammlungsmittelpunktes an den Externsteinen, so war dieses Sommerlager genau zwei Tagesmärsche, 36 km, von Aliso entfernt[45], und Varus wäre dann keineswegs unbedacht vorgegangen, sondern sogar vorsichtig, von Aliso als Rückendeckung nur 2 Tagesmärsche entfernt, und wir müssen um so mehr erstaunt sein, daß es dem Cherusker trotzdem gelungen ist, ihn zu überlisten und zu überwinden. Davon später. Vorläufig müssen wir dies alles noch als Möglichkeiten behandeln, die erst durch weitere Untersuchungen abgesichert werden können.

Es gibt noch die Möglichkeit, daß die Gunne früher weiter flußaufwärts mündete, dort, wo jetzt der Stemmecke-Bach von OSO her mündet. Hier könnte der frühere Einfluß der Gunne gewesen sein, das ist nach dem Verlauf der Höhenlinien nicht unwahrscheinlich. Die Gunne wäre dann gleich hinter Bentheim nach WNW zur Lippe hin abgebogen. Dann hätte sie das Römerlager Anreppen direkt umgrenzt. Dieses Lager hieß natürlich nie Anreppen (das ist nur der nächstgelegene Ort auf der anderen Lippeseite), sondern es wäre dann »Aliso« gewesen, und es ist nicht unmöglich, daß dieser Name sich auf die ganze Gegend bezog, in der dann später der Ort Elsen den Namen übernahm. Allerdings gibt es auch da einige sprachliche Schwierigkeiten.

Aber bleiben wir bei der ersten Version, denn hier ist alles beisammen, was die Quellen berichten: Das Kastell, anliegend am Lippefluß, an der Mündung der Julia-Gunne, Platz zum Lagern für 6 Legionen, ein erhöhtes, gut zu verteidigendes Kastell, ein weitmöglichst ostwärts vorgeschobener Hafen mit den nötigen Lageranlagen, das Ganze »mitten in Germanien«, nicht allzuweit vom Varus-Schlachtfeld entfernt,

dabei vielleicht noch der Ehrenhügel der Varusschlacht-Toten und der Altar des Drusus, die vermuteten Lager der germanischen Belagerer auf der anderen Flußseite, verbunden mit dem Namen »Aliso«, der in dem Kirchort »Elsen« sich noch bewahrt haben könnte. Hier würde es sich überall lohnen, Spuren nachzugehen.
Leider haben wir heute noch keine *freie Archäologie*, die sich selbstgewählte Ziele setzen und nach wissenschaftlichem Plan folgerichtig forschen und ihre Funde auswerten kann! Die heutige Archäologie ist gebunden durch Aufgaben, die täglich in übergroßem Maße an sie herantreten und ihr zu wenig Zeit und Freiheit lassen, eigenen Fragen und Spuren nachzugehen. Erforderlich wäre eine klare Trennung in die beiden Bereiche: Rettungs-Archäologie und Forschungs-Archäologie. Jeder Bereich müßte seine eigenen Stätten, seinen ausreichenden Mitarbeiterstab und seine eigenen Mittel haben, um seinen besonderen Aufgaben nachgehen zu können, und die »reiche« Bundesrepublik müßte doch wohl in der Lage sein, dies zur Erhellung ihrer Vergangenheit zu verwirklichen!

Die Entwicklung des jungen Cheruskers

Wir haben uns jetzt den Überblick über die römisch-germanischen Ereignisse der Zeit bis zum Jahre 6 n. Chr. verschafft und auch die Lage wichtiger Punkte ahnungsweise geklärt. Jetzt treten wir ein in die Zeit, in welcher der junge Cherusker selbst tätig war. Wir betrachten noch einmal, welche Eindrücke er in seiner Jugend empfangen hat, und erwägen, mit welchen Empfindungen, Gedanken und Willensentschlüssen er in das römische Lager eintrat, welche Eindrücke er hier empfangen haben mag, und welche Möglichkeiten sich ihm hier eröffneten. Wir bedenken ferner, wann er die Führungsmacht von seinem Vater übernommen haben muß und welche Vorbereitungen er getroffen haben wird, um dann den Schlag gegen die Römer zu führen. Wir betrachten noch einmal die Fürstensippe der Cherusker und behandeln die Fragen, die sich hierbei auftun. Wir werden die Lage darstellen, die sich ergab, als statt des vorsichtigen Tiberius nun als Feldherr und Verwalter Varus in Germanien eintraf, was dessen Charakterzüge und Eigenheiten waren, und wie der junge Cherusker sich ihrer bediente und so die kommenden Ereignisse vorbereitete, die wir dann im einzelnen behandeln werden.

Hermanns Vater war das Haupt der Cherusker. Diese hatten keine Könige, aber eine fürstliche Sippe, die sich deutlich heraushob. Der Fürst konnte zwar nicht eigenmächtig handeln, sondern mußte seine Pläne und Entschlüsse von der Volksversammlung bestätigen lassen, oder er mußte diese für seine Pläne gewinnen. Hierin scheint es aber Schwierigkeiten kaum gegeben zu haben. Die Ereignisse der damaligen Zeit wurden wohl im ganzen einheitlich beurteilt, die sich immer mehr ausdehnende römische Weltmacht wurde als die gemeinsame Gefahr empfunden.

Es kann sein, daß andere führende Cherusker wie Segestes schon damals anderer Meinung waren und jenes Bündnis und vor allem die Hinrichtung der römischen Offiziere als eine unkluge oder gar frevelhafte Tat ansahen, welche das Verhältnis zwischen Römern und Germanen in der Zukunft belasten würde. Vielleicht auch bewunderten sie die Römer schon damals und sahen ihre Macht als eine unüberwindliche, ihre Zivilisation als eine zukunftsträchtige an. Aber die Ereignisse gingen ihren eigenen, notwendigen Gang.

Der junge Fürstensohn war ein Glied der Familie und Sippe, und sein Denken dürfte, wie meist beim Adel, vom Denken und Handeln seines Vaters bestimmt gewesen sein. Was also war dessen Gesinnung? Was hatte *er* erlebt? Er mochte, eine Generation älter, um 50 v. Chr. geboren sein. In seiner Jugend lag Caesars »Gallischer Krieg« (58–49 v. Chr.), die Vernichtung der gallischen Freiheit, schon zurück und mag die Gemüter nicht mehr so erregt haben. In jedem Fall aber hat er die völlige Versklavung der Gallier miterlebt, dann die Vernichtung des Lollius und die Wegnahme seines Lagers (16 v. Chr.), wenn er nicht selbst daran beteiligt war, ferner die Verheerung des Sigambrerlandes durch Drusus. Am Bündnis der Cherusker, Sueben und Sigambrer im Jahre 12 v. Chr. war er maßgeblich beteiligt, ein harter Feind Roms.

Zur Zeit des Blutbundes war der junge Hermann 7 Jahre alt und kam in sein achtes. Da mag er die Römer noch wie im Märchen als die bösen Räuber und Menschenfresser angesehen haben. Er erlebte – so möchten wir denken – Zorn und Grimm, Begeisterung und Enttäuschung im elterlichen Hause mit, und das Feindbild des Römers mußte sich seinem Bewußtsein spielerisch einprägen. Sein jüngerer, blonder Bruder erlebte dies alles in jüngerem Alter mit vielleicht 4 Jahren, ihm konnte es nicht entfernt den gleichen Eindruck machen. Hermanns Mutter stand ganz

auf der Seite des Gatten. Noch 28 Jahre später beim Gespräch der Brüder über die Weser hinüber läßt sie den Flavus bitten, doch des »Vaterlandes«, der heimischen Sitten und der Götter eingedenk zu sein.
Der Tag von Arbalo muß in Hermanns Vaterhaus lange Zeit der Inhalt der Gespräche gewesen sein. Der Sohn war damals etwa 8 Jahre alt. Wie oft mag der Vater mit seinem Ältesten und Erben diese Schlacht durchgesprochen haben, ja sie im Sande nachgespielt, wie eindringlich wird er ihn gewarnt haben, niemals zu früh zu frohlocken, wie wird er ihn zu Vorsicht und Geduld ermahnt, ihn aufgereizt haben, dieses Werk, wenn es ihm selbst nicht mehr gelänge, an seiner Statt und glücklicher fortzuführen und zu vollenden! Der Tag von Arbalo könnte die Zeugungsstunde der Hermannsschlacht gewesen sein.
Natürlich bewegen wir uns hier im Gebiet der Vermutungen, aber es sind begründete Vermutungen, und die Gedanken müssen durchdacht werden. In der Hauptsache können wir nicht gut irren: daß Hermann aufwuchs als ein Feind der Römer, daß der Wunsch nach Befreiung des germanischen Landes schon von Jugend an in ihm brannte, und daß sein Vater entscheidenden Anteil hatte an den Vorbereitungen zur Befreiung.

Als Augustus und Tiberius im Jahre 8 v. Chr. die Sigambrer ihrer Führungsschicht beraubten und 40000 von ihnen aus ihrer Heimat ins linksrheinische Gebiet verpflanzten, war der junge Hermann in seinem zwölften Lebensjahr, in *dem* Alter, in dem alle wohlgeratene Jugend in den Idealen der Ritterlichkeit und Ehrenhaftigkeit lebt. Der Knabe war nun alt genug, solche Tat zu werten und zu verdammen. Hatte er bei Drusus noch glauben können, daß den Germanen ein edler Feind entgegenstand, so mußte es ihm jetzt scheinen, daß im Hintergrund dieses großen, feindlichen Reiches die römische Wölfin stand, bereit, alles zu zerreißen, was sich ihr in den Weg stellte. Er mußte durch die in diesem Alter erlebten Vorgänge zum harten Feind der römischen Weltmacht werden. Er mochte es wie einen Auftrag empfinden, sobald er nur in die Mannesjahre käme, dieser römischen Wölfin selbst zu wehren.
In den kommenden Jahren, von denen wir weniger Nachrichten haben, trat der Fürstensohn – so müssen wir folgern – in die Jungmannschaft ein und gehörte darin zum bevorzugten Adelsstand. Im Jahre 1 v. Chr., als in Germanien der »immensum bellum« ausbrach, war er 19 Jahre alt, und es ist kaum zweifelhaft, auf welcher Seite er stand und vielleicht sogar kämpfte.
Im Jahr 4 n. Chr. ist der Fürstensohn 22 Jahre alt, Führer der Jungmann-

schaft, gewiß in allen ritterlichen Tugenden geübt. Er ist in seiner inneren Einstellung gefestigt und kaum mehr umkehrbar. Anders ist dies bei seinem Bruder Flavus, wenn wir diesen drei bis vier Jahre jünger schätzen. Dieser ist dann in dem sehr beeinflußbaren Alter von 19, wird wohl von dem Bruder getrennt und kann sich dem römischen Einfluß nicht entziehen.

Der Cherusker im römischen Lager

Hermann-Arminius konnte also nach allem, was er in der Jugend erlebt und erfahren hatte, und wie all dies in seiner Umwelt beurteilt wurde, kein Freund der Römer sein. Er war als Römerfeind aufgewachsen und erzogen. Die Umstände brachten es nun mit sich, daß er jetzt, in seinem 23. Lebensjahr, ins römische Lager überwechseln mußte. Staatsklugheit und Vorsicht des Vaters und wohl auch der höflich eingekleidete Zwang des Tiberius machten diesen Wechsel unumgänglich; denn Hermann war der Jungfürst der Cherusker, er verkörperte die Zukunft dieses Stammes als dessen wichtigste Person, deren sich zu versichern die Römer eilten, mochte er nun als Fürstengeisel zu ihnen kommen zur Bestätigung des Vertrages oder als Anführer der cheruskischen Hilfstruppe. Im römischen Lager war er unter ihrer Aufsicht, unter ihrem Einfluß, und sie hofften, in ihm einen Freund zu gewinnen.

Wir wissen von Hermann aus den späteren Ereignissen, daß er seine Gedanken zurückhalten, daß er seine eigentlichen Ziele so sicher verbergen konnte, daß keine Spur des Verdachtes auf ihn fiel. Er vergaß das Vergangene nicht. Denken wir an seinen späteren Ausruf vom Jahre 15 (Tacitus Annalen I, 59), der wie ein Wahlspruch über all seinem Handeln stand:

»Niemals würden es die Germanen verzeihen, daß sie zwischen Rhein und Elbe die Henkersbeile der Römer und die Roben ihrer Rechtsverdreher gesehen hätten.« Der Jungfürst wußte, daß die Germanen sich mit den Römern in einem jahrzehntelangen Krieg befanden, dessen Ende nur die Freiheit sein durfte, weil es sonst die Knechtschaft sein würde. Er wußte, daß es um die höchsten Werte ging, um das, was er später der Germanen »Vaterland« nannte, um die Götter Germaniens, um die heiligen Feste, um heimisches Recht und Brauchtum. Hierin war er sich mit dem Vater, mit der Mutter, mit seinen jugendlichen Freunden einig – und er wußte, daß *nur er* dieses Ziel erreichen konnte.

Der Aufenthalt bei den Römern, vielleicht von Anfang an für 3 Jahre geplant, war für den Jungfürsten eine Vorbereitungszeit. Hier würde er die Römer hautnah kennenlernen, sie mit den Germanen vergleichen können. Hier würde er ihre Art zu denken und zu handeln, ihre Kraft und ihre Furcht, ihre Fähigkeiten und ihre Schwächen ausprüfen, ihre Mittel und Möglichkeiten kennenlernen und die Gegenmittel entwerfen können. Er und seine Jungmannschaft würden nach dieser Lehrzeit den Römern in jeder Hinsicht gewachsen, ja überlegen sein.

Allerdings: die Feldzüge des Tiberius gingen gegen Germanen. Wir kennen die Art dieser Kämpfe nicht genug, auch nicht den Einsatz der cheruskischen Truppe dabei. Wahrscheinlich aber mußte Arminius als Anführer des cheruskischen Kontingentes gegen verwandte Germanenstämme kämpfen. Es muß ihn geschmerzt haben, aber er hatte keine Wahl. Vorerst mußte er sich, um keinen Verdacht zu erregen, so verhalten, als ob er ganz auf seiten der Römer stünde.

Wir dürfen den jungen Cherusker nicht alleine sehen. Er war aufgewachsen in den Bräuchen und Feiern seines Volkes, in der Gemeinsamkeit der cheruskischen Jungmannschaft, in ihren Kampf- und Reiterspielen, ihren ständigen Erprobungen, und ganz gewiß war er mit seinem stürmischen Wesen und seiner unbedingten Kameradschaft Anführer in allen Dingen, von seiner Gefolgschaft fraglos anerkannt. Er und seine Jungmannschaft sind zu denken als eine verschworene Gemeinschaft, ohne daß darüber geredet wurde.

Es gehört zum Wesen des Jungfürsten, nicht nur zu seiner Taktik, daß er auch unter den römischen Offizieren Kamerad unter Kameraden war; und seine Feindschaft gegen die römische Wölfin schloß nicht aus, daß er sich mit einzelnen von ihnen echt befreundete. Er erhielt wahrscheinlich von Anfang an, als Jungfürst seines Stammes, den Rang eines höheren Offiziers und die Ritterwürde, und seine Sicherheit, seine Unbekümmertheit und sein Charme machten ihm den Umgang leicht und öffneten ihm die Herzen. Keiner konnte erkennen, was in ihm brannte. Er war jedem der römischen Offiziere überlegen außer vielleicht Tiberius; aber der war einsam und ganz anderer Art.

Es wird immer wieder behauptet, Hermann-Arminius sei in Rom gewesen. Darauf findet sich aber kein Hinweis. Ist es überhaupt wahrscheinlich? Hermann war Anführer des cheruskischen Truppenkontingents. Er hätte dieses im Stiche lassen müssen, um nach Rom zu gehen; oder er wäre erst (als Geisel) nach Rom gekommen und hätte in einem zweiten Gang sein Kontingent geholt und den Römern zugeführt. Das ist doch sehr unwahrscheinlich! Wenn Tacitus den Cherusker (Annalen I, 59) sagen läßt:

> »erfolglos heimgezogen sei jener unter die Götter erhobene Augustus«,

so klingt das nicht so, als ob er ihn persönlich gekannt hätte, was doch hätte sein müssen, wenn dieser Fürstensohn in Rom aufgekreuzt wäre. Außerdem sagt Tacitus bei dem Brudergespräch über die Weser, Armin hätte sein Latein im Lager gelernt; also nicht in Rom! Ritterwürde und Offiziersrang konnte ihm auch Tiberius im Lager verleihen. Jedenfalls können wir uns auf die Vermutung eines Rom-Aufenthalts nicht stützen, und sie nützt uns auch nichts. Lassen wir sie beiseite!

Es ist nicht wahrscheinlich, daß Glanz und Prunk der römischen Kriegsmacht, daß Triumphe und Siegesfeiern dem jungen Germanenfürsten die Kehrseite der römischen Zivilisation verdeckt hätten. Gewiß hat er mit klarem Blick ihre Stärken und ihre Schwächen erkannt: die Hohlheit hinter der glänzenden Fassade, den Verfall der Sitten, die er selbst hochhielt, das Spiel der Intrigen bis ins Kaiserhaus hinein, Gewinnsucht und Machtstreben und den Anspruch, alle Welt bedingungslos beherrschen zu dürfen.

Hermann der Cherusker lernte Latein[46], er lernte die Sprache der Römer verstehen und sprechen. Er lernte auch die Nebenbedeutungen ihrer Worte, daß sie »Unterwerfung« meinten, wenn sie »Bündnis« sagten, daß sie »Aufstand, Untreue, Verrat« sagten, wenn ein Volk den Freiheitskampf versuchte. Er lernte diese Tarnsprache sprechen und verwendete sie, wenn er mit Römern sprach, Soldat mit Soldat, Offizier mit Offizier, Edler mit Edlen.

Was Armin bei den Römern lernte, war aber sicher nicht nur das Allgemeine und Alltägliche. Es ist zu vermuten, daß es für die Offiziere auch eine theoretische Schulung in Kriegstechnik und Kriegsführung gab; und dazu dürfte als ein Grundbuch Caesars »Gallischer Krieg« gehört haben. Wenn die Römer auch keine gedruckten Bücher kannten, so hatten sie doch geschriebene, und es gab ganze Kontore, die mit ihren Schreibsklaven Bücher zu Hunderten herstellen konnten, so daß man annehmen darf, daß in jeder Armee die Möglichkeit bestand, den »Caesar« zu lesen. Wenn Arminius das Latein nicht lesen konnte, so

fand sich sicher unter den jungen Offizieren einer, der ihm gern aus den Taten des berühmtesten römischen Feldherrn vorlas. Da konnte der Cherusker nun aus Caesars eigenen Berichten erfahren, wie dieser mit Vorsicht, Kühnheit, List und Ausdauer allmählich ganz Gallien erobert hatte, und wie er mit den Einwohnern des unterworfenen Landes umgesprungen war.
Unsere Kultur hat die römische bewundernd und (meist) begeistert in sich aufgenommen, dabei die dunkleren Seiten weniger beachtet oder gern entschuldigt. Für den jungen Germanen aber, der die Römer von Kind auf als Feinde betrachtet hatte, war eben dies die Frage, die ihn am meisten beschäftigen mußte: Wie hatten die Römer die von ihnen unterworfenen Völker behandelt? Wie konnten sich die Unterworfenen dagegen wehren? Welche Möglichkeiten gab es für ein gemeinsames Leben der Germanen wie der Gallier mit den Römern? Und da konnten dem prüfenden Verstand des jungen Cheruskers Schilderungen wie die folgenden nicht entgehen. Sie sind für uns besonders interessant deshalb, weil sie ein Muster für das Vorgehen der Römer bei der Eroberung einer Provinz darstellen, das auch Drusus, Tiberius und Varus anzuwenden versuchten.

Caesar unterwirft Gallien

Mit harter Folgerichtigkeit hat Caesar Gallien bezwungen. Er wählte jedes Mittel, das ihm Erfolg versprach. Stets begann er mit den sanften; wo sie nicht wirkten, wandte er die härteren an, dann grausame und grausamste. Er schreckte nicht davor zurück, ganze Volksstämme auszurotten.
Die sanften Mittel waren: Drohung, Aufmarsch von Truppen, Abschneidung der Zufuhr; Annahme als Bundesgenossen (»Freunde des römischen Volkes«) unter Stellung von Geiseln aus den vornehmsten Geschlechtern, oft sehr viele.
Wen er so nicht zwingen konnte, den überzog er mit Krieg. Er schreckte vor keinem Kampf zurück, vor keiner Drohung, vor keiner Übermacht. Er gab nie auf. In den schwierigsten Lagen griff er selbst mit ein, entriß dem Nächsten Schild und Schwert und stürmte in die vorderste Linie, sicher dabei begleitet von treuen Offizieren. Er flößte so den Soldaten wieder Mut ein und hemmte jeden Rückzug.

Er nahm es mit den schwierigsten Gegnern auf, wie Ariovist. Keine Feste war ihm zu hoch und zu stark, er umgab sie mit ungeheuren Schanzwerken. Selbst einem Kampf mit zwei Fronten zeigte er sich gewachsen und überlegen. Er vermochte, sich in Lage und Vorstellung der anderen zu versetzen, seiner Soldaten sowohl, die er mit meisterhafter Psychologie zu lenken wußte, wie seiner Feinde, deren Gewohnheiten und Eigenarten er in Stärke und Schwäche durchschaute.

Caesar hatte in Gallien keine berechtigten Ansprüche. Es war ein reiner Angriffs- und Eroberungskrieg. Caesar zerstörte die einheimische keltische Kultur und machte die Gallier zu Halbrömern. Sie verloren ihr eigenes Brauchtum, ihr eigenes Recht, ihre staatliche Selbständigkeit, sie wurden unter Macht und Recht der Römer gestellt und verloren sogar ihre eigene Sprache und damit ihr tiefstes Wesen.

Was einmal gebunden war, sei es durch »Freundschaft« oder durch Besiegung, hielt Caesar fest. »Freundschaft – Bundesgenossenschaft – Unterwerfung« waren nur verschiedene Stufen des gleichen Zwangs. Das Ende war: *Provincia Romana*, völlige Einverleibung, Stellung von Soldaten, Pferden, Kriegsmaterial, Steuern, Römisches Recht. Wenn ein Fürst, ein Stamm, ein Volk versuchte, die Bindung wieder zu lösen, gar sich zu »empören« und für seine Freiheit zu kämpfen, so war das in den Augen des Römers ein *fluchwürdiges Verbrechen* und durfte *mit allen Mitteln* geahndet werden. Welches waren diese »alle Mittel«? Hören wir Caesar selbst in seinem Bellum Gallicum!

VI 43: »Caesar brach auf, um den Feinden Abbruch zu tun... Alle Dörfer und Gehöfte, die man erblickte, wurden eingeäschert, das Vieh wurde abgeschlachtet, aus allen Gegenden wurde Beute fortgeschleppt.«

VI 44: »Als auf diese Weise das Land verwüstet war... nahm Caesar eine Untersuchung über den Aufstand der Senonen und Carnuten vor, fällte über Acco, den Anstifter des ganzen Anschlags ein härteres Urteil und ließ ihn nach Sitte der Vorfahren hinrichten.«

VIII 25: »Caesar selbst zog aus, das Land des Ambiorix gründlichst zu verheeren. Da er die Hoffnung aufgegeben hatte, diesen... Mann in seine Gewalt zu bekommen, *hielt er es für seine Ehrenpflicht, sein Land aller Bewohner, aller Häuser und allen Viehs so zu entblößen,* daß Ambiorix infolge des Hasses seiner Stammesgenossen, wenn das Schicksal noch einige am Leben ließe, wegen ihres so schweren Unglücks keine Möglichkeit mehr zur Rückkehr in seine Heimat

habe. Caesar schickte überallhin ins Land des Ambiorix Legionen oder Hilfstruppenabteilungen, *ließ alles niedermetzeln, brandschatzen, ausplündern und verwüsten.*«
VIII 36: »Die Feinde wurden sämtlich niedergehauen oder gefangen genommen, große Beute wurde gemacht.«
VIII 38: »Als er ins Land der Carnuten kam, bei denen der Krieg ausgebrochen war, ... verlangte er nur die Auslieferung des Cotuatus, des Hauptschuldigen und Anstifters jenes verbrecherischen Krieges, zur Bestrafung... Durch einen riesigen Auflauf seiner Soldaten, die Cotuatus alle Gefahren und Verluste im Kriege zuschoben, sah sich Caesar gegen seine Natur genötigt, ihn hinrichten zu lassen. Er wurde sogar *mit Ruten zu Tode gepeitscht und dann enthauptet.*«
VIII 44: »Caesar wußte, daß seine Milde allen bekannt war und brauchte nicht den Anschein zu fürchten, er verfahre aus angeborener Härte irgendwie grausam. Da er aber den Erfolg seiner Pläne in Frage gestellt sah ... glaubte er, durch eine exemplarische Strafe die übrigen abschrecken zu müssen. *Er ließ daher allen, die gekämpft hatten, die Hände abschneiden und schenkte ihnen dann das Leben,* damit die Bestrafung boshafter Aufsässiger um so mehr in die Augen falle.«
VI 34: (Endkampf gegen die aufsässigen Eburonen) »Wenn *Caesar wollte, daß... die ruchlose Bande mit Stumpf und Stil ausgerottet werde,* hätte... die Truppe zersplittert werden müssen ... Caesar sandte zu den benachbarten Stämmen Boten... und rief alle zur Plünderung des Eburonenlandes auf... Zugleich *sollte der Stamm von einer solchen Übermacht eingeschlossen und sein Name als Sühne für sein so großes Verbrechen ausgelöscht werden.*«
III 16: (Die Veneter gegenüber der engl. Küste hatten, um ihre Geiseln zurückzuerhalten, 2 röm. Gesandte, Offiziere, zurückgehalten) »Daher ergaben sie sich dem Caesar samt ihrer Habe. Er hielt es für angebracht, mit ihnen strenger zu verfahren, damit für die Zukunft bei den Barbaren das Gesandtenrecht um so peinlicher gewahrt werde. Daher *ließ er den ganzen Senat hinrichten*« (d.h. die ganze Führungsschicht) und *die übrigen als Sklaven verkaufen.*
II 33: (Atuatuker) »*Die gesamte Beutemasse dieser Stadt verkaufte Caesar.* Von den Käufern wurde ihm in der Berechnung *53000 als Kopfzahl* angegeben.«
II 28: »Als diese Schlacht geschlagen und *der nervische Stamm und Name fast völlig ausgelöscht war*, schickten die Älteren, die mit den Frauen und Kindern in die Lagunen und Sümpfe geschafft worden

waren, Gesandte an Caesar ... sie gaben bei dem Bericht des Unglücks ihres Stammes an, daß sie *von 600 Senatoren auf nur drei und von 60000 Mann auf kaum 500 Waffenfähige zusammengeschmolzen* seien. Caesar ... ließ sie ihr Land und ihre Städte behalten ...«

Über das römische Vorgehen spricht nach Caesars Bericht der Gallier Critognatus im eingeschlossenen Alesia, als sie, vom Hunger bedrängt, vor der Frage stehen, vom Fleisch der Kraftlosen sich zu erhalten:

VII 77: »Die Cimbern haben zwar Gallien verwüstet und unserem Lande schweren Schaden zugefügt, aber es eines Tages wieder verlassen und andere Länder aufgesucht. Recht, Gesetz, Felder und Freiheit haben sie uns gelassen. Was aber suchen und wünschen die Römer denn anderes, als voller Neid (invidia: Begehren) im Lande und in den Staaten derer sich einzunisten und die in ewige Knechtschaft zu stürzen, die sie als ruhmvoll und kriegstüchtig erkannt haben? Noch niemals haben sie unter anderen Bedingungen Krieg geführt. Wenn ihr nicht wissen solltet, was in den weit abliegenden Nationen geschieht, so werft einen Blick nur auf das Nachbargallien, welches, zur Provinz gemacht, nach Abänderung des Rechts und der Gesetze den Henkersbeilen ausgeliefert, in ewiger Knechtschaft schmachtet!«

III 7: Die Veneter fordern die anderen Stämme auf, »sie sollten lieber in der von den Vätern ererbten Freiheit weiterleben als das römische Joch tragen.«

II 15: Die Nervier »beschimpften und beschuldigten die übrigen Belgier, die sich den Römern unterworfen und Vaterland (patriam) und Tugend von sich geworfen hätten«.

IV 7 ff. Die Usipeter und Tenkterer waren, von den Sueben aus ihrem Land verdrängt, über den Rhein ins Gebiet der Ubier und Eburonen gedrungen, um Land zu suchen. Ihre Zahl soll 430000 gewesen sein. Sie kamen mit Frauen und Kindern. Gesandtschaften gingen hin und her. Ein Nichtangreifen wurde vereinbart, doch wurden Caesars Reiter von einem Teil von ihnen angegriffen und in die Flucht gejagt. Caesar verlor 74 Reiter. Die Germanen wollten sich entschuldigen.

Caesar berichtet IV 13:

»Er glaubte, ihnen keine Zeit für neue Pläne lassen zu dürfen. Als er dies festgelegt und seinen Plan mit den Legaten und dem Quästor besprochen hatte, um ja keinen Tag zur Schlacht zu verlieren, traf es sich äußerst günstig, daß tags darauf in den Morgenstunden die Germanen mit gleicher Verstellung und Hinterhältigkeit« (wie Cae-

sar glaubt oder wahrscheinlich nur behauptet) »in großer Zahl – alle Fürsten und Ältesten waren dabei – zu ihm ins Lager kamen, einmal um, wie es hieß, sich zu entschuldigen, daß sie entgegen dem gegebenen Wort und der eigenen Bitte tags zuvor den Kampf vom Zaune gebrochen hätten, dann um womöglich durch Verstellung hinsichtlich des Waffenstillstandes etwas zu erreichen. Caesar freute sich, daß sie sich ihm so in die Hände gespielt hatten, und befahl, sie festzuhalten. Er führte alle Truppen aus dem Lager heraus ...
IV 14: ... durch unser plötzliches Auftauchen und durch die Abwesenheit ihrer Fürsten ... in großen Schrecken versetzt«
werden sie zersprengt, fliehen, Männer, Weiber, Kinder nach allen Seiten und kommen fast alle um. »Die Zahl der Feinde betrug 430000.«

So mißachtete Caesar die Heiligkeit der Gesandtschaft, die er, wenn sie gegen ihn auch nur durch Zurückhaltung der Gesandten gebrochen wurde, bis zur Vernichtung »bestrafte«. Ganze Volksstämme von Galliern und auch Germanen hat Caesar in seinem langen gallischen Kriege ausgerottet.
Sollten diese Tatsachen dem Jungfürsten Hermann unbekannt geblieben sein? Sollte er nicht auch von betroffenen Germanen und Galliern selbst Entscheidendes darüber erfahren haben? Was mußte er empfinden, wenn er bedachte, daß gleiches Schicksal auch den heimischen Stämmen drohte?
Vielleicht erfuhr Hermann auch von der Behandlung der Einwohner von Epirus, die als Strafe für ihren Abfall auf Befehl des römischen Senats durch den Feldherrn Aemilius Paullus sämtlich als Sklaven verkauft wurden, indem man sich ihrer auf eine sehr hinterhältige Weise bemächtigte. Plutarch schreibt darüber in seinem Werk »Große Griechen und Römer« (Dt. Taschenbuch Verlag Bd. IV S. 160f. »Aemilius und Timoleon«):

»29. Als er alles wohl geordnet hatte, verabschiedete sich Aemilius von den Griechen ...
und brach dann nach Epirus auf, da er vom Senat die Weisung erhalten hatte, die Soldaten, die unter ihm die Schlacht gegen Perseus geschlagen hatten, die dortigen Städte ausplündern zu lassen. In der Absicht nun, alle zugleich und ohne daß jemand etwas ahnte, ganz plötzlich zu überfallen, ließ er die ersten zehn Männer aus jeder Stadt

zu sich kommen und befahl ihnen, alles Gold und Silber, das sich in Häusern und Heiligtümern befände, an einem bestimmten Tage abzuliefern. Jeder Abordnung gab er, angeblich zu eben diesem Zweck, eine Abteilung Soldaten und einen Befehlshaber mit unter dem Vorwand, daß sie das Gold aufsuchen und in Empfang nehmen sollten. Als dann der Tag gekommen war, machten sie sich alle zum selben Zeitpunkt an das Werk, die Städte zu überfallen und auszuplündern, so daß in einer Stunde hundertfünfzigtausend Menschen zu Sklaven gemacht und siebzig Städte verwüstet wurden, trotzdem aber aus einem so furchtbaren Werk der Zerstörung und Vernichtung nur eine Gabe von nicht mehr als elf Drachmen für jeden Soldaten herauskam und alle Menschen sich über dieses Kriegsende entsetzten, daß um einen so geringen Gewinn und Vorteil für den einzelnen ein ganzes Volk vernichtet und verschleudert wurde.

30. Nach Erledigung dieses Auftrages, der sehr gegen seine sonst sanfte und menschenfreundliche Natur ging, begab sich Aemilius nach Orikon hinunter und setzte von dort mit dem Heere nach Italien über.«

Diese Untat geschah gut 100 Jahre vor Caesar (167 v. Chr.) durch einen angeblich edlen Mann, den Feldherrn Lucius Aemilius Paullus, im Auftrag des römischen Senats. Menschlichkeit und Mitleid waren damals weitgehend unbekannte Worte.

Die Jungmannschaft

Als Jungfürst Hermann im Herbst des Jahres 6 n. Chr. ins Cheruskerland heimkehrte, hatte er mit sich eine Mannschaft, die in den römischen Kämpfen unter Tiberius bewährt war. Seine jungen Burschen waren nun kriegserfahren, sie kannten die römische Kriegsorganisation, römische Taktik, römische Lager, römische Kampfmoral im Guten wie im Schlechten; und die meisten von ihnen werden die lateinische Sprache im Lagerjargon verstanden und gesprochen haben. Diese Jungmannschaft mit ihren Unter- und Oberführern bildete den Kern des späteren cheruskischen Heeres, mit dem Arminius den Varus und dann den Germanicus schlug. Sie konnte rasch ergänzt und erweitert werden.

Hermanns Jungmannschaft war eine durch und durch geschulte Truppe, von deren Mannen jeder in der Lage war, sofort die Rolle eines Unterführers zu übernehmen und in mäßiger Zeit zehn junge Kämpfer völlig auszubilden. Wir brauchen nicht daran zu zweifeln, daß sie es taten, und daß Begeisterung ihnen entgegenschlug. Auf diese Weise ließ sich die Zahl der geschulten Kämpfer schnell verzehnfachen und weiter vermehren. Wenn der Jungfürst Hermann im Herbst 6 n. Chr. aus dem römischen Lager zurückkam und den Schlag gegen Varus im September 9 n. Chr. führte, so hatte er fast drei Jahre Frist, Zeit genug, die gesamte wehrfähige Mannschaft der Cherusker durchzubilden.

Für die Römer war es kaum möglich zu erkennen, was in den verstreuten Siedlungen dieses Stammes vor sich ging, die nun einsetzenden Übungen und Kampfspiele und das Werken in den Schmieden und bei den anderen Handwerken zu beobachten. Es mag ähnlich zugegangen sein, wie es die Thidrekssaga vor der Schlacht bei Gränsport schildert:

> »Den ganzen Winter über schmiedeten sie im Hünenland Helme, Brünnen und gute Schwerter.«

Im Cheruskerland brauchten sie vor allem eiserne Lanzenspitzen, und die werden sie in unendlicher Zahl geschmiedet haben. Das Gerede des Germanicus vor der Schlacht bei Idistaviso, die Germanen seien größtenteils nur mit im Feuer gehärteten Holzspeeren bewaffnet, war im Jahre 16, als die Germanen schon die unermeßliche Beute aus der Varusschlacht und der Schlacht an den Langen Brücken gemacht hatten, unsinnig und sollte nur den römischen Soldaten die Furcht vor den überlangen Lanzen der großen Germanen nehmen. Aber diese Behauptung stimmte auch im Jahre 9 n. Chr. schon nicht. Wir kommen darauf zurück.

Vor allem die Reiterverbände wurden auf das genaueste eingeübt, nach Wink und Befehl ihre Schwenkungen zu machen, dem Feind auszuweichen und ihn dann wieder in rascher Wendung zu packen. Tacitus berichtet darüber in der Reiterschlacht des Jahres 15 n. Chr., wo die cheruskischen Reiter die Römer dadurch in eine sehr üble Lage brachten; dann am Tag vor der Idistaviso-Schlacht, wo sie die batavische Reiterei des Chariovalda durch verstellte Flucht in einen Hinterhalt lockten und dort zusammenhieben, endlich in der Schlacht am Angrivarierdamm, wo Tacitus zugeben muß, daß die Reiterschlacht unentschieden ausging, d. h. nicht zugunsten der Römer. Er berichtet zudem, was wir auch schon von Caesar erfahren, daß Reiter und Fußsoldaten eine Kampfgemeinschaft bildeten, die es ermöglichte, gemeinsam schnell anzureiten, zu Fuß und zu Roß nebeneinander zu kämpfen und gemeinsam schnell wieder wegzureiten. Die Voraussetzung hierfür war andauernde Übung. Die cheruskische Reitertruppe blieb denn auch in allen Kämpfen unbesiegt.

Wie eigentlich verständigten sich die Germanen über weite Entfernungen hin? Wenn Hermann der Cherusker nach jener Reiterschlacht des Jahres 15 n. Chr., als Germanicus sich mit all seinen Kräften zur Ems zurückzog und von dort aus den Caecina über die Langen Brücken schickte, schon *vor* diesem auf den anliegenden Höhen war, wie hatte er den doch erst an der Ems gefaßten Entschluß des Germanicus erfahren? Welche Nachrichtenmittel hatte er? Welche Telegraphie oder Teleskopie kannte er?

Die Neger trommelten ihre Nachrichten durch den halben Kontinent. Die Guanchen auf den Kanarischen Inseln hatten eine ausgebildete Pfeifsprache[47], die Indianer verständigten sich angeblich durch Tierrufe. Unsere Matrosen hatten von Schiff zu Schiff die Flaggensignale, die Römer Postenketten mit frischen Pferden und Boten, und es konnte Stafette geritten werden. Auf dem Schlachtfeld bliesen Horn und Trompete. Aber die schnellste Telegraphie war das Licht. Hatten die Germanen eine Signalsprache mit Feuern auf den Bergen oder blanken Metallspiegeln oder farbigem Rauch?

Was die Römer fertigbrachten, hatten die Cherusker ihnen abgelernt, sie hatten, darüber hinaus, noch eigene Mittel. Hinzu kam ein ausgebildeter Kundschafterdienst. Die Voraussetzungen waren gegeben; denn überall dienten bei den Römern germanische Bundesgenossen, unter denen der Cherusker seine Freunde haben mußte, auch mochte man manches von gefangenen Römern erfahren.

Als Germanicus, anscheinend ganz unvorhergesehen, das Schlachtfeld des Varus aufsucht, ist der Cherusker alsbald zur Stelle und zieht ihn in einen gefährlichen Schlachtgang. Als Germanicus auf riesigem Umweg über die Ems herankommt, fast aus dem Verborgenen, und an der Weser lagert, steht der Cherusker auf der anderen Seite wie der Igel gegenüber dem Hasen. Als bei den Stauwiesen der römische Durchbruch zur Elbe verhindert worden ist, tauchen sofort im Rücken und auf den Seiten der Römer die germanischen Truppen auf und »verwirren« den römischen Heereszug. Immer steht den Römern dieser geniale cheruskische Heerführer im Weg.

»So ordnen sich zur Schlacht die Heere ... und nicht wie sonst bei den Germanen, in planlosem Zusammenlauf oder in zerstreuten Haufen; denn der lange Krieg mit uns hatte sie daran gewöhnt, den Feldzeichen zu folgen, durch Rückhalt sich zu sichern, auf die Weisung des Feldherrn zu achten.«

So bestätigt Tacitus Annalen II, 45 zum Jahre 17 n. Chr. den eingetretenen Wandel. Das Versagen bei Arbalo wiederholte sich nicht.

Rückkehr und Planung

An welchen römischen Unternehmungen der Cherusker während seiner Lagerzeit teilnahm, ist nicht bekannt. Auch die Taten des Tiberius in den Jahren 4–6 lassen sich nicht genau bestimmen. Es scheint aber nicht, daß der Jungfürst außerhalb Germaniens tätig gewesen ist.
Die Meinung, der Name »Arminius«, griechisch »Armenios«, könne von seiner Teilnahme an Kriegshandlungen in Armenien stammen, hängt ganz in der Luft. Wer hätte dem Cherusker diesen Namen geben sollen? Der Name »Germanicus« war für Drusus und seinen Sohn eine außergewöhnliche Ehrung, wie für Scipio der Name »Africanus«. Die Römer also konnten dem Germanen solchen Namen nicht gegeben haben. Seine Jungmannschaft auch nicht, sie hätten sich sonst alle »Armenier« nennen müssen. »Armenios« ist einfach die griechische Form des lateinischen »Arminius«, und es ist immer noch am wahrscheinlichsten, daß dieser Name auf einen germanischen zurückgeht, der mit seinem Anfangs-H den Römern unbequem war, auszusprechen.
Im Jahre 7 n. Chr. nahm Hermann der Cherusker nicht mehr am römischen Lagerleben oder an Feldzügen teil. Also wird er wohl im Herbst des Jahres 6 n. Chr. zu den Seinen zurückgekehrt sein; denn es ist sehr unwahrscheinlich, daß die Römer ihre Hilfstruppen den Winter über versorgten und beschäftigten. An dem Zug gegen Marbod und am Einsatz gegen den Pannonischen Aufstand hatte er jedenfalls nicht mehr teilgenommen. Der Grund für seine Rückkehr – falls diese nicht von Anfang an vereinbart war – kann eine Krankheit und wohl bald darnach der Tod des Vaters gewesen sein; denn der Vater erscheint seitdem bei den römischen Schriftstellern nicht mehr (außer, vielleicht, bei Dio, wie

wir noch besprechen werden). Außerdem hat ja Tacitus (Annalen II, 88) angegeben, daß Hermann, als er im Jahre 19 n. Chr. starb, zwölf Jahre im Besitz der Macht gewesen war, das wäre eben seit dem Jahre 7. Hermann war von nun an der Fürst der Cherusker.

Der pannonische Aufstand (6–9 n. Chr.) muß in den Germanen gewaltige Hoffnungen geweckt haben, so auch in Hermanns Vater. Die Möglichkeit, das römische Joch doch noch abzuwerfen, schien plötzlich wieder gegeben. Aber der alte Cheruskerfürst war vorsichtig geworden und hatte diese Vorsicht dem Sohn immer wieder ans Herz gelegt. Jetzt schien es möglich, die Gunst der Stunde zu nutzen; nur nicht sofort! Vater und Sohn müssen die Lage eingehend beraten haben. Die Cherusker waren gegenüber den Römern durch den Bündnisvertrag gebunden. Den Vertrag zu brechen erlaubten ihre Ehr-Vorstellungen wohl nicht. Aber er konnte gelöst werden durch den Tod des Vertragschließenden. Ich halte einen freiwilligen Tod des Vaters nicht für ausgeschlossen. Ein solcher machte Hermann zum Fürsten der Cherusker und hob nach weithin geltendem Recht den mit den Römern geschlossenen Bündnisvertrag auf, falls er nicht erneuert wurde. In der Zwischenzeit war man frei zu jeder Handlung. Wir werden diese Frage später nochmals behandeln.

Bei den anderen Germanenstämmen und seinen Fürsten muß der pannonische Aufstand ähnliche Hoffnungen erweckt haben, und dies wird die Zeit gewesen sein, wo der junge Cheruskerfürst mit ihnen wirksame Beziehungen wieder aufnahm und Beratungen, wie man vorgehen könne. Im Bündnis finden wir später die Marser, Brukterer und Chatten. Wahrscheinlich, daß diese schon früher regelmäßige Verbindungen miteinander hatten und wohl auch mehrfach verschwägert waren, wie wir gelegentlich erfahren. Jetzt, bei der Ausarbeitung eines vorläufigen Planes, kann es sich aber immer nur um ganz wenige Persönlichkeiten gehandelt haben. Man muß sich einig darüber gewesen oder geworden sein, daß man nach außen hin gar nichts unternehmen dürfe, daß das Haupterfordernis sei, die Römer jetzt in Sicherheit zu wiegen. Alles Übrige mochte der Zukunft vorbehalten bleiben.

Setzen wir voraus, daß die Römer ihre Hilfstruppen in jedem Herbst entließen und im Frühjahr wieder aufstellten, so kehrte Hermann mit seiner Jungmannschaft dreimal nach Hause zurück. Im Herbst der Jahre 4, 5 und 6 n. Chr., und jedesmal gab es Gelegenheit, Erlebtes und Erkanntes zu berichten, Pläne zu entwerfen, Vorbereitungen zu treffen. Wenn dies der Fall war, dann nahm Hermann möglicherweise jedesmal

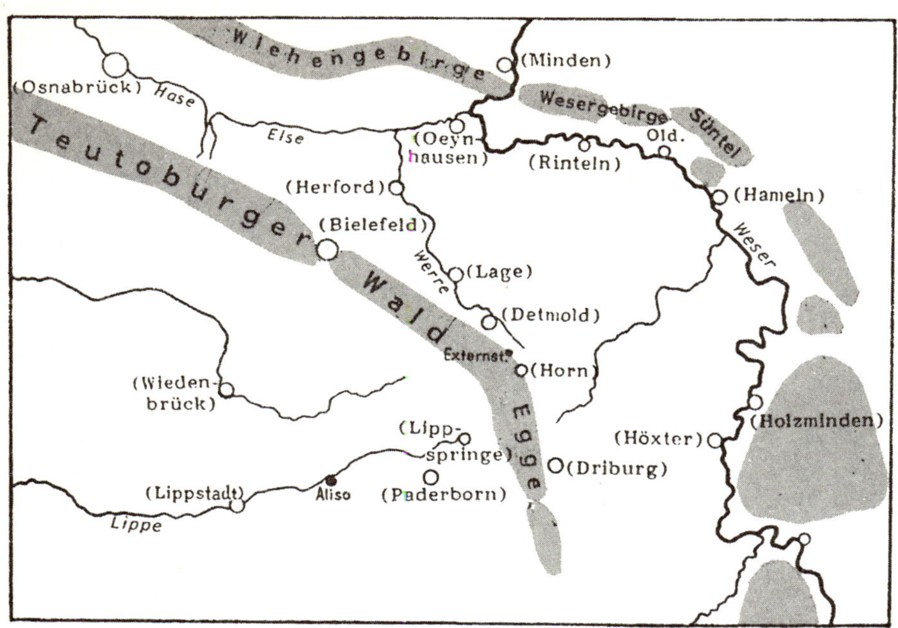

Überblick über die Kampfgegenden vom Lippekastell Aliso-Anreppen bis zum Süntelpaß. Westlich Wiedenbrück sind »Die langen Brücken« über das Sumpfgelände an der Ems anzunehmen, und in westlicher Richtung folgen die Beckumer Höhen.

einen anderen Teil der Jungmannschaft mit und hatte dann am Ende des Jahres 6 n. Chr. die dreifache Zahl gut ausgebildeter, mit römischer Kampfart und Kriegführung vertrauter junger Kämpfer. In diesen Winterzeiten gab es dann auch die Möglichkeit, die Verbindung mit den befreundeten Germanenstämmen rege zu halten und auch mit diesen die Erfahrungen auszutauschen.

All das wurde aber wohl erst gegenwärtige Wirklichkeit, als der pannonische Aufstand im Jahre 6 (–9) n. Chr. ausbrach und immer größere Ausmaße annahm. Die Lage veränderte sich dadurch gegenüber der Zeit des Bündnisvertrages vollkommen. Damals, im Jahre 4 n. Chr., waren die Römer dank Tiberius überall Herren des Landes gewesen. Jetzt kamen sie in eine Zwangslage. Sie mußten von überall her ihre Truppen zusammenziehen. Für Germanien und Gallien standen 5 Legionen zur Verfügung, die auch bleiben mußten, von denen ein Teil in Trier, der andere in Castra Vetera (Xanten) stand. Der kluge und den Umständen nach maßvolle Tiberius war voll im pannonischen Kriege beschäftigt, und an seine Stelle trat nun ein Varus, der diese Gebiete verwalten sollte, sowohl die linksrheinische Provinz Germania wie auch das rechtsrheinische Germanien, das noch keine feste Bindung an das römische Reich gefunden hatte. Vieles war jetzt in der Schwebe.

Es mag bei den Römern Erstaunen erweckt, ihnen leidliche Beruhigung gegeben haben, daß in der Gefahrenzeit des pannonischen Aufstandes Germanien sich nicht erhob. Hier schien alles in Ordnung, die abgeschlossenen Bündnisverträge wurden gehalten, die Römer begannen den Germanen zu trauen. Der umsichtige Tiberius schien jetzt entbehrlich, man konnte einem *Varus* die Verwaltung dieser Gebiete übergeben. Vielleicht ließ sich nun, durch die unsichtbaren Fesseln des Handels, der Rechtsprechung, der Verwaltung, das Land ohne kriegerischen Einsatz gewinnen.

Es blieb für die Römer unsichtbar, was sich vorbereitete. In dem verschlossenen Sinn des jungen Cheruskers baute sich der Plan und sammelte sich der Wille, das Land bis zum Rhein von Römern freizufegen, ihnen ihre Machtmittel aus den Händen zu schlagen. Die Sandspiele mit dem Vater um die Schlacht bei Arbalo gewannen Leben.

Die Flamme der Freiheit bei den Germanen in Brand zu halten, dazu bedurfte es wohl keiner Anstrengungen. Die Nachrichten vom Kampf der um ihr Eigenleben ringenden pannonischen Völker genügten vollauf, stets sich vor Augen zu halten, was mit denen geschah, die sich im römischen Garne verfingen und aus den Umschlingungen nicht mehr freikamen, und welche furchtbaren Strafexpeditionen jedem mißlungenen Versuche folgten. Übergriffe der Römer im eigenen Lande kamen hinzu. Wollte man die Freiheit, dann galt nur die *eine* Frage: »Welche Mittel führten zum Ziel?« Wenn sie erkannt waren, konnten nur *sie* gewählt werden. Alle Weichheit machte den Freiheitskampf sinnlos. Erlaubt war gegen die Umgarnung jede Täuschung, jede List.

Varus

Viel gescholten und oft beschuldigt, hat Varus einen schlechten Nachruf bekommen. Die Römer schalten ihn, weil er die schimpfliche Niederlage zu verantworten hatte, die Germanen beschuldigten ihn wegen seiner Übergriffe und Anmaßungen, die Nachlebenden verachteten ihn, weil sie der Meinung der römischen Schriftsteller folgten, es hätte Varus

leichtsinnig und schlaff gehandelt und hätte durch richtigeres Verhalten das Unglück verhindern können.
Aber auch anderes warf man ihm vor. Velleius CXVII sagt über ihn:

> »Quintilius Varus, aus einer mehr bekannten als vornehmen Familie, war ein Mann von mildem Wesen, ruhigem Betragen, an Körper und Geist wenig regsam, mehr an die Muße des Lagers als an rechten Kriegsdienst gewöhnt. Wie wenig er übrigens das Geld verachtete, zeigte Syrien, das er verwaltet hatte.«

Und nun kommt der bekannte, schön stilisierte, oft zitierte, nie berichtigte Satz:

> »Arm kam er in das reiche Syrien, reich verließ er das arme.«

An diesem Satz ist beinahe alles falsch. Daß Varus arm nach Syrien kam, ist nicht möglich, weil er vorher als gleichhoher Beamter, Landpfleger, Procurator im reichen Nordafrika gewesen war; und wenn er sich zu bereichern verstand, so hatte er es hier schon getan. Daß Syrien reich war, als er dorthin kam, ist auch sehr zweifelhaft, denn unruhige Zeiten gingen dauernd über das Land hin. Daß nach Varus' Zeit Syrien ärmer war als vor seinem Kommen, ist wieder gewiß, aber das lag nicht an Varus, sondern an den fürchterlichen Aufständen und Kämpfen, von denen Josephus[48] uns eingehend berichtet. Varus hatte mit Geldangelegenheiten wenig zu tun, die Steuern flossen nicht in seine Tasche, sondern nach Rom. Varus hatte in Syrien gewiß ein glänzendes Einkommen, und wenn er sich zusätzlich bereicherte, so scheint dies damals in den römischen Provinzen keine Ausnahme gewesen zu sein.
Daß Varus reich war, als er nach Germanien kam, ist sicher, und der in Hildesheim gefundene Silberschatz, der wohl auf keine andere Weise sinnvoll erklärt werden kann als dadurch, daß er als Teil der Beute einem Fürsten der Cherusker zufiel, zeugt von solchem Reichtum. Varus war nicht nur reich, sondern er schwelgte auch in seinem Reichtum und prunkte damit, nahm ihn in das entfernte Germanien und selbst ins Feldlager mit. Das läßt auf Verwöhntheit schließen und auf Bequemlichkeit; und sicher war Varus kein rüstiger Feldherr im Sattel wie Prinz Eugen oder Napoleon.
Daß Varus besonders das Rechtsprechen liebte, wie die römischen Berichter einhellig versichern, darf man glauben, hat er doch in Syrien in

schwierigsten Verhandlungen Recht gesprochen, nicht übereilt, nicht einseitig, sogar behutsam; natürlich nach römischem, oft nach Besatzungs- und Kriegsrecht, auch hart und grausam, wenn es notwendig schien. So ließ er beim jüdischen Aufstand in Jerusalem auf einen Schlag 2000 Aufständische ans Kreuz schlagen. Wem aber nichts nachzuweisen war, den ließ er laufen und verkaufte ihn nicht als Sklaven, wie er gekonnt hätte. Er war römischer, kaiserlicher, höchster Beamter und vertrat als solcher den römischen Staat und das römische Recht.
Daß Varus die Germanen nicht hoch achtete, daß diese städtelosen »Barbaren« ihm einfältig und kulturlos vorkamen, kann uns nicht wundern, da Überheblichkeit über andere Völker bei den Römern keine Ausnahme war. Velleius berichtet des Varus Germanen-Verachtung allerdings sehr hart, wenn er sagt (II 117):

> »Als er das in Germanien stehende Heer befehligte, hielt er die Germanen für Menschen, die außer der Sprache und den Gliedmaßen nichts Menschliches an sich hätten.«

Und an späterer Stelle sagte Velleius (II 118) vom römischen Heer, daß es

> »von demselben Feinde bis zur Vernichtung zusammengehauen wurde, den es so immer wie das Vieh niedergemetzelt hatte, daß über dessen Leben oder Tod bald der Zorn, bald die Nachsicht bestimmte«.

Auch Varus sah die Germanen wohl nicht ganz als Besiegte an, denn Velleius fährt fort; über Varus zu berichten (II 117):

> »Er glaubte, wenn diese durch die Schwerter nicht gezähmt werden könnten, so würden sie durch die Rechtsprechung gebändigt werden können. Mit diesem Vorsatz zog er in Germaniens Mitte hinein wie zu Männern, die sich der Süße des Friedens erfreuten, und verbrachte den Sommer mit Rechtsprechungen und förmlichen Verhandlungen vor dem Tribunal als Gerichtsherr.«

Die Germanen spielten seine juristischen Spiele mit (II 118):

> »so daß er zuletzt sich vorkam, als spräche er als Prätor auf dem Forum der Stadt (Rom) das Recht und befehligte nicht mitten in Germanien ein Heer«.

Das Verhalten der Germanen schildert Velleius so (II 118):

> »Die Barbaren... führten zum Schein ganze Reihen erfundener Rechtshändel: bald luden sie einer den andern zur Prozeßverhandlung, bald sprachen sie ihren Dank dafür aus, daß diesen Zänkereien die römische Rechtspflege ein Ende mache und daß ihre Wildheit durch die neue und unbekannte Einrichtung gebändigt werde und Streitfälle, die man gewohnt war, durch die Waffen zu entscheiden, nun auf dem Rechtswege beglichen würden.«

Dies ist allerdings die harmlosere Seite solcher Gerichtsverhandlungen. Es müssen aber auch Strafen gegen Germanen verhängt und vollzogen worden sein, sowohl Auspeitschungen wie Hinrichtungen, denn Florus II 30, 29 ff. sagt über die Germanen:

> »Sie begannen den Hochmut und die Willkür des Quintilius Varus ebenso zu hassen wie sein grausames Regiment.«

Und Florus schildert später die wahnsinnige Wut der siegreichen Cherusker gerade gegenüber den Advokaten. Und immer wieder muß man die späteren Worte Hermanns des Cheruskers anführen, als er ausrief (Tacitus Annalen I, 59):

> »Niemals würden es die Germanen verzeihen, daß sie zwischen Elbe und Rhein Rutenbündel und Henkersbeile, Advokaten und römische Zwingherrn hätten sehen müssen.«

Offensichtlich hat Varus versucht, Germanien unter römisches Recht und unter den römischen Fiskus zu stellen, ihm Abgaben aufzuerlegen, letztlich Germanien zur römischen Provinz zu machen. Diese Aufgabe wird der ihm verschwägerte Augustus ihm aufgetragen haben, und es war des Varus Ehrgeiz, sie zu erfüllen.

Varus war durchaus nicht so unvorsichtig, wie es ihm angelastet wird, wie er vor allem in der Darstellung Dios erscheint. Er zog nicht zur Weser, er marschierte nicht weglos durch den germanischen Urwald, er zersplitterte nicht seine Truppe durch Abkommandierung zu nebensächlichen Zwecken, er nahm nicht Weiber und Kinder mit beim Zug durch unbekanntes Land. Das alles sind Märchen des Dio.

Varus handelte durchaus sinnvoll. Seine Absicht war es, »mitten in

Germanien« die römische Macht zu zeigen, Druck auszuüben und den erloschenen Bündnisvertrag in einen Unterwerfungsvertrag umzuwandeln, der dem rechtsrheinischen Germanien vielleicht mit einigen Vergünstigungen den Status einer römischen Provinz geben sollte.

Der am weitesten vorgeschobene feste römische Punkt war bis dahin *Aliso* gewesen, etwas westlich von Paderborn. Von diesem stark befestigten und mit allen Vorräten versehenen Platze aus war Varus nur zwei Tagesmärsche weitergezogen, 35 km, eben ins Land der Cherusker hinein. Hier, im Raum von Horn etwa, saß er

1. mitten in Germanien;
2. auf der Wasserscheide in einem wohlgesicherten Lager;
3. an der Kreuzung des West-Ost-Fernwegs mit vielen weiteren Wegen, die vielseitige Bewegungen ermöglichten;
4. in unmittelbarer Nähe des germanischen Heiligtums mit seinen Altären.

Er saß hier wie die Spinne im Netz und, wie er meinte, sicher.

Varus war in einer guten und starken Lage, mit dem besten Heer, das zu diesen Zeiten im römischen Reiche vorhanden war, mit kriegserfahrenen Offizieren, von denen Tacitus dem Lucius Eggius ausdrücklich hohe Befähigung und Tapferkeit bescheinigt; er war im Land der Cherusker, den bisherigen Bundesgenossen, von denen er gar nichts erlebt hatte, was einen Argwohn begründen konnte. Wie sollte Varus ahnen, daß ihm ein Volksführer entgegenstand mit so ungewöhnlichen Fähigkeiten, daß er durch Jahre hindurch einen Plan verfolgte, den er fast mit niemandem teilte; wie konnte Varus ahnen, daß ihm ein Volk gegenüberstand, das in diesen Jahren zu einer beispielhaften Disziplin erzogen worden war, die es möglich machte, innerhalb von Stunden Tausende, ja Zehntausende zur Erfüllung einer großen Aufgabe zusammenzurufen, sie mit *einem* Geist und *einem* Willen zu erfüllen und sie so zum Sieg über die römischen Besatzer zu führen?

Welcher römische Feldherr wäre klug und vorsichtig genug gewesen, dem ihm von einem solchen Anführer und einem solchen Volksheer zugedachten Untergang zu entgehen? Vielleicht Tiberius, der die Germanen aus harten Kämpfen und klugen Verhandlungen kannte; denn er war selbst ein Genie, wenn auch kein so glückliches. Aber Tiberius war gebunden, er hatte größte Mühe, mit dem pannonischen Aufstand fertig zu werden. Außer ihm gab es für den Cherusker keinen ebenbürtigen Gegner. War die Varusniederlage schon besiegelt, ehe noch Varus seinen Fuß auf cheruskischen Boden setzte?

Es lag nicht an Varus, daß sein Heer unterging. Es war die Schicksalsstunde einer Epoche. Das römische Weltreich, das diesen Zeitraum beherrschte, stand auf dem Gipfel seiner Macht – nun überschritt es ihn. Von jetzt an begann es abzusinken. Und während im fernen Palästina, woher Varus eben kam, eine neue Kraft sich entwickelte, welche dieses Weltreich von innen her aushöhlte, erhielt es nun von den Germanen den äußeren Stoß. In diesem Jahrzehnt beginnt eine neue Zeitzählung, mit Recht. In ihr hatte der Cherusker seine Sendung, und er hatte die Zukunft auf seiner Seite.

Welches sichere Selbstgefühl muß dieser Jungfürst gehabt haben, der am gleichen Tag mit den römischen Offizieren als mit Kameraden scherzte, und dann bei seinen Cheruskern die Wut gegen die Römer bis zur Weißglut entfachte! Er war seines Sieges gewiß, Zwischenfälle konnten ihn nicht unsicher machen. Er hatte seine Aufgabe und sein Ziel, Germanien zu befreien. Die Kraft dieses Ziels überwand bei ihm alle Bedenken und Schwächen.

Es ist kaum anzunehmen, daß Hermann mit Varus, solange dieser sich am Rhein aufhielt, mehrmals zusammenkam. Er war ja freier Volksfürst, den Römern zwar verbündet, aber nicht untertan. Er mußte dem Varus keinen Antrittsbesuch machen. Ob er es trotzdem tat, um ihn und seine Absichten kennen zu lernen, müssen wir offen lassen.

Anders wurde die Lage, als Varus mit seinem Heer ins Cheruskerland kam. Hier wird Hermann den Römer mit angemessener Begleitung gleich an der Grenze empfangen haben; denn hier war *er* der Hausherr. Hier im Cheruskerlande schlug nun Varus sein Sommerlager auf, wohl im Raum von Horn. In dieser Zeit waren laufend viele Fragen zu klären und waren Besuche erforderlich, und daß bei solcher Gelegenheit der junge Cheruskerfürst und römische Ritter zur Tafel geladen wurde, ist fast selbstverständlich. Daß er ein gutes Verhältnis zu Varus gewann, zeigt sich später an der Art, wie Varus die Anklage gegen ihn abwies.

Varus stellte seinen Reichtum gerne zur Schau. Der Cherusker wird ihn entsprechend bewundert haben. Ihm wieder mußte jede Gelegenheit willkommen sein, die Verbindung mit Varus eng zu halten, Genaues über dessen Pläne und Absichten und über den Zeitpunkt von Unternehmungen zu erfahren, und Einfluß auf ihn zu nehmen.

Tacitus berichtet, daß neben Hermann-Arminius auch der Fürst Segestes an dem letzten Gastmahl, »bevor es in den Kampf ging«, teilnahm.

Bei diesem Gastmahl ereignete sich dann das, was Tacitus und Velleius beschreiben: Der Verrat des Segestes.

Der besondere Tag

Das astrologische Lehrgedicht des Manilus, noch unter Augustus (vor 15 n. Chr.) geschrieben, bringt in Hexametern die erste Mitteilung über die Varus-Niederlage:

»quin et bella canunt ignes subitosque tumultos,
et clandestinis surgentia fraudibus arma:
extremas modo per gentes ut foedere rupto,
cum fera ductorem rapuit Germania Varum,
infecitque trium legionum sanguine campos,
arserunt toto passim minitantia mundo
lumina. et ipsa tulit bellum natura per ignes
opposuitque suas vires, finemque minata est.«

(Himmlische Feuer verkünden auch Kriege und plötzlichen Aufruhr,
und sie verkünden Waffenerhebung bei heimlicher Täuschung,
wie alsbald unter Bruch des Vertrags durch entlegenste Völker,
als das wilde Germanien den Feldherrn Varus hinwegriß
und mit dreier Legionen Blut die Felder durchtränkte,
brannten in aller Welt verstreut die drohenden Lichter,
und sogar die Natur erhob den Krieg durch die Feuer,
warf ihre Kräfte entgegen und kündete drohend das Ende.)

Wirklich fand am 10. Juli des Jahres 9 n. Chr. (nach Julianischem Kalender) eine Sonnenfinsternis statt und erschreckte die Menschen als ein drohendes Vorzeichen. Als daher drei Monate später die Nachricht vom Untergang der Varianischen Legionen in Rom eintraf, wurde sie auch als Erfüllung jener himmlischen Warnung verstanden.
Als das wahrscheinlichste Datum der Varus-Niederlage ist der 23. September des Jahres 9 n. Chr. errechnet worden.[49] Dieses Datum, zugleich der Tag des Äquinoctiums (der Tag- und Nachtgleiche), soll auch das Datum der Geburtstagsfeier für den Kaiser Augustus gewesen sein. Es schien nun von Wichtigkeit zu erfahren, welche Mondphase damals herrschte. Herr Dr. Albert Bruch vom Astronomischen Institut der Universität Münster hatte die Freundlichkeit, auf meine Anfrage folgendermaßen zu antworten:

> »Münster 6.4. 1987. ... Ausgangspunkt ist das Standardwerk ›Canon der Finsternisse‹ von Th. Oppolzer (Wien 1887). Daraus geht hervor, daß am 10. Juli des Jahres 9 (nach Julianischem Kalender) um $18^{h}4^{m}$ Weltzeit eine Sonnenfinsternis stattgefunden hat. Da dieses Ereignis nur bei Neumond eintreten kann, liefert es einen Nullpunkt für die Berechnung der Mondphasen im Herbst des Jahres 9. Demnach war am 7. Sept. um $19^{h}32^{m}$ sowie am 7. Okt. um $8^{h}16^{m}$ ebenfalls Neumond. (Die Zeitangaben beziehen sich auf Weltzeit; die lokale Zeit errechnet sich etwa so: Lokale Zeit = Weltzeit + 30^{m}.) Wann zwischen den beiden Neumonddaten der Vollmond eintrat, hängt von der genauen Position des Mondes auf seiner Bahn zur Zeit des Neumonds ab. Im Mittel wird der Vollmond genau zwischen zwei Neumonden eintreten. Dies führt im gegebenen Fall auf den 22. Sept. $13^{h}54^{m}$ des Jahres 9 n. Chr. Die maximale Abweichung hierfür beträgt ca. einen halben Tag nach beiden Richtungen.«

Diesem Brief folgte am 27.4. 1987 ein zweiter, der sich auf zusätzliche Berechnungen und Kontrollen stützte und den ersten Befund leicht abänderte. Da heißt es:

> »Ich muß meine ursprünglichen Angaben hinsichtlich des Eintritts des Vollmonds im September des Jahres 9 leicht berichtigen. Die Änderung hängt mit der schon genannten Abhängigkeit von der Position des Mondes auf seiner Bahn zusammen. Wenn ich diesen Effekt berücksichtige, gelange ich zu dem Ergebnis, daß der Vollmond eintrat am
>
> 23. September 0 Uhr 29 Minuten Weltzeit
>
> (entsprechend etwa 0 Uhr 59 Minuten lokaler Zeit). Es zeigt sich also, daß der angesprochene Bahneffekt in diesem Fall eine ziemlich große Korrektur erforderlich macht. Ich habe keine genaue Analyse der möglichen Fehler in der angegebenen Zeit durchgeführt, bin aber ziemlich sicher, daß sie nicht mehr als eine halbe bis eine Stunde betragen.«

Aus dieser Berechnung ergibt sich also, daß *der Vollmond in der Nacht vor dem 23. September eintrat.*

Nun wissen wir aus der Germania des Tacitus (Kap. 11), daß die Mondphasen für die Germanen eine große Bedeutung hatten. Tacitus schreibt:

»Man kommt, wenn nicht ein überraschendes, dringendes Ereignis eintritt, an festlichen Tagen, bei Neumond oder Vollmond zusammen. Die Germanen meinen nämlich, dies sei die verheißungsvollste Zeit, etwas zu beginnen.«

Es ist anzunehmen, daß zu diesem Vollmond vor dem 23. September des Jahres 9 n. Chr., zumal er mit der Tag- und Nachtgleiche zusammenfiel, auch die Cherusker in großer Zahl in dem heiligen Hain zusammenkamen, der ganz in der Nähe des Schlachtfeldes lag, mögen dies nun die Externsteine gewesen sein, die nahe bei Horn liegen, wo wir den Ort der Varusniederlage für möglich halten, oder anderswo. Es konnte dies auch gar nicht auffallen, da es ja Brauch der Germanen war. Arminius konnte also große Massen hier versammeln, seine Jungmannschaft, soweit sie nicht besondere Aufgaben zugewiesen bekommen hatte, und was er sonst noch an Kräften brauchte.
Noch ein anderes kommt hinzu: Wenn der Tag der Varusschlacht der Tag nach Vollmond war, so ließ sich dieser Zeitpunkt Monate voraus bestimmen. Es konnte klar ins Auge gefaßt werden: An diesem glückverheißenden Vollmond zur Zeit der Tag- und Nachtgleiche wird der Schlag getan. Damit fiel Ungewißheit weg, damit war auch für die anderen germanischen Stämme ein unfehlbarer Termin gesetzt. Dies wieder setzt voraus, daß der Entscheidungstag wenigstens zwei Monate vorher ins Auge gefaßt worden war, daß es also keine augenblickliche Entscheidung war, sondern eine in jeder Hinsicht wohl vorbereitete.

Wer war Segimer?

Wer hat die Varusschlacht geschlagen, den Plan entwickelt, die Vorbereitungen getroffen? War es Hermann der Cherusker allein, oder hat ein anderer mitführend ihm zur Seite gestanden, etwa sein Vater oder ein anderer Fürst? Dio behauptet dies:

»Es waren aber die Hauptverschwörer und Hauptführer des Anschlags und des Krieges vor allem Armenios und Segimeros, die immer mit ihm (Varus) zusammen waren und oft mit ihm aßen.«

Wer soll dieser »Segimeros« gewesen sein? Dio schreibt griechisch und braucht daher die griechischen Formen. Gab es nur einen Segimer oder gab es mehrere? Suchen wir die Stellen bei den römischen Schriftstellern auf, in denen dieser Name vorkommt. Es sind im ganzen nur vier, und jeder Schriftsteller bringt den Namen nur einmal und immer in anderem Zusammenhang.

1. Velleius Paterculus II, 118 schildert, ohne dabei den Stamm der Cherusker eigens zu nennen, wie die Lage war, als Varus sich »mitten in Germanien« festgesetzt hatte:

> »Da nutzte ein junger Mann aus vornehmem Geschlecht... mit Namen Arminius, des Segimer, eines Fürsten ihres Volkes, Sohn... die Stumpfheit des Feldherrn aus...«

2. Tacitus Annalen I, 71: im Jahre 15 n. Chr.:

> »Schon hatte Stertinius, der vorausgeschickt war, um Segimer, den Bruder des Segestes, zur Übergabe in Empfang zu nehmen, diesen selbst und seinen Sohn in die Stadt der Ubier (Köln) überführt; und beiden wurde Verzeihung gewährt, leicht dem Segimer, zögernder dem Sohn, weil er die Leiche des Quintilius Varus verspottet haben sollte.«

3. Strabo VII 292 berichtet über den Triumphzug des Germanicus im Jahre 17 n. Chr. in Rom und zählt dabei auf, wer aus fürstlichen germanischen Sippen mitgeführt wurde. Da heißt es:

> »Die an dem Verrat Schuldigen (Germanen) haben... dem jüngeren Germanicus die Möglichkeit zum herrlichsten Trimphzug geboten, in dem ihre vornehmsten Männer und Frauen in Person einhergeführt wurden: Segimund, der Sohn des Segestes, ein Fürst der Cherusker, und seine Schwester, die Gattin des Arminius... mit Namen Thusnelda mit ihrem dreijährigen Sohn Thumelicus, ferner Sesithacos, der Sohn des *Cheruskerfürsten Segimer*, und dessen Gattin Ramis, die Tochter des Ukromeros, eines Fürsten der Chatten.«

4. *Dio Cassius* LVI 18 f.:

> »Die Hauptverschwörer und Führer des Anschlags und des Krieges waren aber vor allem Armenios und *Segimeros*, die immer mit ihm (Varus) zusammen waren und oft mit ihm zusammen aßen.«

Bei Velleius ist der Vater Hermanns gemeint.
Bei Tacitus und Strabo handelt es sich um den »Cheruskerfürsten Segimer«, den Bruder des Segestes. Er hatte nichts getan, was die Römer ihm vorwerfen konnten, und sie nehmen ihn bedingungslos in ihre Obhut auf. Er muß, auch nicht im Triumphzug mitziehen wie sein Sohn und dessen Gattin Ramis. Wenn dieser Segimer der Vater Hermanns des Cheruskers gewesen wäre, dann hätten sowohl Tacitus wie auch Strabo ihn als solchen in ihrem Text erwähnt. Sein Sohn Sesithacos wäre dann ja ein Bruder von Hermann und Flavus gewesen. Segestes und sein Bruder Segimer waren Parteigänger der Römer und suchten Schutz bei diesen gegen ihre Volksgenossen. Hermanns Eltern aber waren Erzfeinde der Römer, seine Mutter beschwor (wie schon erwähnt) noch im Jahre 16 n. Chr. ihren Sohn Flavus durch Hermann (bei dem Gespräch über die Weser hinüber), dem »Vaterland« und den heimischen Göttern und der Sippe treu zu bleiben. Sie war gesinnt wie Hermann und sein Vater und war natürlich im Cheruskerland geblieben, während der Vater schon im Jahre 7 n. Chr. gestorben sein muß.
Der »Cheruskerfürst Segimer«, des Segestes Bruder, ist mit Hermanns Vater also nicht gleichzusetzen. Hermanns Vater war nicht des Segestes Bruder, Hermann war nicht des Sesithacos Bruder, nicht Thusneldas und Segimunds Vetter, ihre Sippen waren nicht nachweisbar verwandt.
Es gab also damals im Cheruskerland (unter anderen) diese fürstliche Sippe:

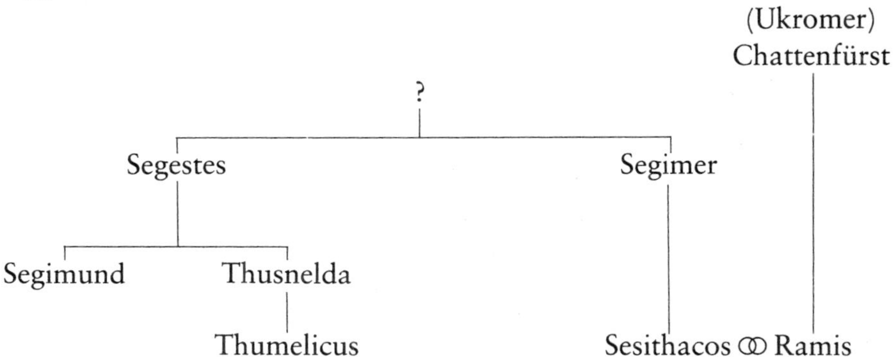

In dieser Sippe gibt es drei Sig-Seg-Namen oder, wenn bei Se(g)sithacos das g ausgefallen ist, vier. Man kann hier von einer Sig-Seg-Sippe sprechen.
Zu dieser Sippe gehörte die Familie des herrschenden Cheruskerfürsten, *Hermanns Vater, nicht.*

Nun ist es ja außerordentlich unwahrscheinlich, daß es neben dem Cheruskerfürsten Segimer, dem Bruder des Segestes, noch einen zweiten Cheruskerfürsten Segimer gegeben haben soll, den Vater Hermanns, den Führer des cheruskischen Stammes, und dies auch noch in der gleichen Generation. Und so ist nun die Frage zu stellen, ob hier nicht einfach eine Verwechslung vorliegt, durch die dem Vater Hermanns irrtümlich der Name des Cheruskerfürsten Segimer zugeteilt wurde, der dem Triumphzug des Germanicus im Jahre 17 n. Chr. beigewohnt hatte und durch Strabo namentlich genannt worden war.

Es ist ja nur eine einzige Stelle, welche angibt, Hermanns Vater habe Segimer geheißen. Diese Stelle steht bei Velleius II, 118, wie schon angegeben:

> »ein junger Mann aus vornehmem Geschlecht... mit Namen Arminius, des Segimer, eines Fürsten dieses Volkes, Sohn«.

Auf dieser einzigen Stelle beruht die Meinung, Armins Vater habe Segimer geheißen. Ist dies Sicherheit genug?

Wir müssen uns ernstlich fragen, ob Velleius sich in dem Namen nicht geirrt haben kann. Velleius hat den jungen Cherusker zweifellos gesehen, das geht aus seiner Schilderung hervor. Eine persönliche Bekanntschaft oder Beziehung ist nicht klar bezeugt. Aber auch, wenn es sie gab, muß Velleius Hermanns Vatersnamen nicht erfahren oder behalten haben. Velleius scheint von den Germanen mehr allgemeine Vorstellungen gehabt zu haben, er erwähnt sie meist nur pauschal und spricht auch an der eben erwähnten Stelle nur von »einem Fürsten seines Volkes« (der Germanen). Die Cherusker erwähnt er, so viel ich sehe, nur an *einer* Stelle bei einer Aufzählung (II, 105):

> »Unterworfen wurden die Caninefaten, Attuarier, Brukterer-Völker, aufgenommen (ins Bündnis) die Cherusker«

und dahinter folgt eine verderbte Stelle. Velleius scheint nähere Kenntnisse von den Cheruskern nicht gehabt zu haben, er war nicht, wie Tacitus, an Einzelheiten interessiert. Er war zwar Zeitgenosse des Cheruskers, aber kein sehr eingehender Berichter. Ist es nicht wahrscheinlicher, daß Velleius von Strabo oder sonstwoher vom »Cheruskerfürsten Segimer« erfahren hat und diesen mit dem anderen Cheruskerfürsten, Hermanns Vater (den er, wenn er ihn je wußte, sicher längst vergessen hatte), verwechselte?

Wenn wir den Namen von Hermanns Vater offenlassen, so ergibt sich für diese Fürstensippe folgender Zusammenhang:

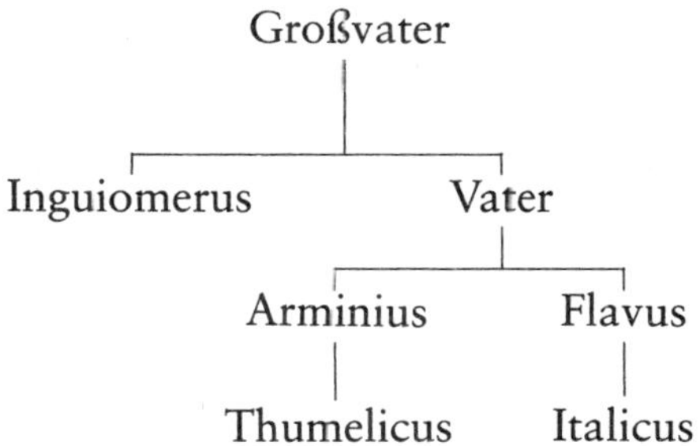

Hier ist nun weit und breit kein Sig-Seg-Name zu finden: und so steht wiederum die These, daß der Cherusker den Namen »Sigfrid« getragen haben müsse, auf schwachen Füßen. Den Sig-Seg-Namen trug die Sippe des Segestes, und ihr wird man Hermann den Cherusker nicht gerne zurechnen wollen.
Beide Sippen werden »Fürsten der Cherusker« genannt. Es ist aber offensichtlich, daß hier ein Rangunterschied bestand. Die Sippe Hermanns und seines Vaters war die führende im Cheruskerland, wie die eines Herzogs; die Sippe des Segestes war dies offenbar nicht; denn als später die Cherusker einen König wollten, kamen dafür nur Thumelicus und Italicus in Betracht, Sohn und Neffe des Arminius, nicht aber die Angehörigen der anderen Sippe.
Es läßt sich also über den Namen von Hermanns Vater nichts Sicheres sagen; es läßt sich aber auch das Fragezeichen davon nicht wegnehmen. Ich setze daher den zweifelhaften Namen an keiner Stelle ein.

Dio überführt

Nun wenden wir uns noch einmal der Aussage Dios zu. Er schreibt:

> »Es waren aber die eigentlichen Häupter der Verschwörer und des Kriegsplans vor allem Arminius und Segimer, die stets bei ihm weilten und oft seine Tischgenossen waren.«

Zu prüfen ist jetzt ganz allgemein Dios Behauptung, es habe außer Hermann-Arminius noch ein zweiter Anführer der Cherusker an der Verschwörung und an der Durchführung der Varusniederlage entscheidenden Anteil gehabt.

Wir wissen und werden im einzelnen noch erfahren, daß in späteren Jahren in *Inguiomerus* ein solcher zweiter Anführer tatsächlich vorhanden war. Inguiomerus wird aber bei der Varusniederlage und ihrer Vorbereitung nirgends erwähnt. Es bleibt also die entscheidende Frage zu prüfen: Hat Hermann-Arminius *allein* die Erhebung ins Werk gesetzt und die Schlacht geführt, oder ist noch ein anderer als Verursacher oder Anführer maßgeblich daran beteiligt gewesen? War es eine »Hermannsschlacht« oder ein Cherusker- und Germanen-Aufstand? Hören wir die Zeugen und die Quellen!

Velleius II, 118 sagt:

> »Arminius ... war ein ständiger Begleiter auf unserem früheren Feldzuge gewesen. ... Treffend erkannte er, daß niemand schneller überwältigt wird als der, der nichts Schlimmes ahnt, und daß meistens die Sorglosigkeit der Anfang des Unglücks ist. Daher machte er anfangs nur wenige, dann mehrere zu Vertrauten seines Planes. Er behauptet und überzeugt sie, daß die Römer überwältigt werden können. Seinen Entschlüssen läßt er die Tat folgen: Er setzt den Zeitpunkt für den Überfall fest.«

Hier bei Velleius, der es am besten wissen muß, ist einzig von Hermann-Arminius als dem Urheber, Anstifter, Planer und Durchführer des Aufstandes die Rede und von keinem anderen. Nicht die kleinste Andeutung findet sich darüber, daß neben »dem genialen jungen Mann« (Velleius) noch ein anderer mitgeplant und entscheidend mitgewirkt hätte. Die Varusniederlage ist nach Velleius eine reine Hermannsschlacht.

Florus IV, 12, 32 sagt nichts anderes:

> »Doch jene, die schon längst drängten, daß voll Rost die Schwerter und steif die Rosse, sobald sie die Roben (der Richter) und das (Ränke-) Spiel des Rechts gesehen, greifen unter Führung des Arminius zu den Waffen ...«

Bei *Tacitus* Annalen II, 55 ff. heißt es:

»Arminius war der Aufwiegler Germaniens gewesen«

und:

»Varus fiel durch sein Verhängnis und durch Arminius«,

und er läßt Segestes über ihn sagen:

»Arminius, der das Bündnis mit euch gebrochen hat.«

Nach diesen Aussagen war damals Hermann-Arminius Fürst der Cherusker und alleiniger Planer. Keine Rede davon, daß etwa sein Vater noch mitbeteiligt gewesen wäre, den Dio sich unter dem Namen »Segimer« vorgestellt haben mochte; und unter den Mitverschworenen war auch kein anderer, der es verdient hätte, besonders genannt zu werden. – Tacitus läßt dann den Cherusker selbst Zeugnis ablegen für seine Taten, bei der er sich ganz frei weiß von dem Vorwurf des Verrats:

»Ihm seien drei Legionen und ebenso viele Legaten (Generale) erlegen, denn *er* führe Krieg nicht durch Verrat und gegen schwangere Frauen, sondern offen vor aller Augen gegen Männer und Waffen. Noch könne man in den Hainen Germaniens die römischen Feldzeichen sehen, die *er* den heimischen Göttern zu Ehren dort aufgehängt habe.«

Und er ruft den Germanen zu:

»Wenn sie die Heimat, die Vorfahren und die alten Sitten lieber hätten als Zwingherrschaft und neue römische Kolonien, dann sollten sie *Arminius* als dem Führer zu Ruhm und Freiheit folgen und nicht dem Segestes zu einer schmachvollen Knechtschaft.«

Auch Strabo VII, 290 ff. spricht von der

»Gattin des Arminius, der den Krieg bei den Cheruskern bei dem Treubruch gegen Quintilius Varus geleitet hat«.

Es wird also in allen Berichten und Bemerkungen über die Varusniederlage *nur von den Taten des Arminius* gesprochen, niemals von der Mitwirkung eines anderen.
Und noch einmal, Annalen II, 46, läßt Tacitus vor der Schlacht zwischen dem Cherusker und dem Markomannenkönig Marbod den letzteren sagen:

> »Arminius ziehe unberechtigt und die Umstände verkennend fremden Ruhm auf sich, da er drei dienstfreie (vacuas) Legionen getäuscht habe und einen Führer, der sich keines Truges versah«,

und stellt so auch in dieser Schmährede Hermann-Arminius als den Planer und Anführer dieses Kampfes hin. Auch Frontin nennt einzig »Arminius, Anführer der Germanen« zur Zeit der Varusschlacht. An keiner Stelle wird diesem die alleinige Verantwortung und das alleinige Verdienst an der Planung und Durchführung der »Hermannsschlacht« streitig gemacht.
Eine ergänzende Darstellung zu den Ereignissen vor der Varusniederlage gibt Tacitus in seinem Bericht über die Einleitung des Feldzuges des Jahres 15 n. Chr. Dabei macht er (Annalen I, 55) einige genaue Angaben:

> »Arminius (war) der Aufwiegler Germaniens. Segestes eröffnete dem Varus oftmals sonst und dann beim letzten Gastmahl, nach welchem es in die Waffen ging, es werde ein Aufstand vorbereitet, und redete ihm zu, er solle ihn und Arminius und die übrigen Vornehmsten in Fesseln legen. Nichts werde das Volk wagen, wenn die Fürsten kaltgestellt seien.... Aber Varus verfiel dem Schicksal und der Macht des Arminius.

Und Kap. 58 fügt Tacitus hinzu die Worte des Segestes:

> »Übrigens habe ich auch Ketten dem Arminius angelegt und die von seinem Anhang mir angelegten ertragen müssen ...«

Dies sind die einmütigen Aussagen der Quellen: Arminius allein war der Planer und der Anführer der Varus-Niederlage, und diese wird daher mit Recht »die Hermannsschlacht« genannt. Die Angaben des Dio sind also falsch, und zwar in doppelter Hinsicht: Sowohl die Behauptung, daß noch ein Zweiter führend an der Vorbereitung und Durchführung des

Aufstandes Anteil gehabt habe, wie auch die andere, daß dieser Zweite ein Segimer gewesen sei, mag sich nun Dio darunter den Bruder des Segestes oder (wahrscheinlicher) den Vater Hermanns vorgestellt haben. All dies sind Märchen des Dio, Ausmalungen, nicht auf Wirklicheit beruhend, so unwirklich wie der angebliche Zug des Varus zur Weser, wie die Vortäuschung eines Aufstandes entfernter Stämme, wie der mehrtägige Marsch der drei römischen Legionen mit ihrem angeblich riesigen Troß im regendurchgossenen germanischen Urwald.
So hat denn Dio auch dieses Kuckucks-Ei noch in das Nest der Geschichtsforscher gelegt und dadurch die Kenntnis jener Vorgänge abermals an einem entscheidenden Punkte vernebelt und verwirrt. Er tat dies sicher nicht mutwillig, aber er kombinierte auf eigene Faust und schmückte sorglos aus; und so weckte er falsche Vorstellungen. Denn es ist ein entscheidender Unterschied, ob Hermanns Vater, wie man nach Dio annehmen konnte, damals noch lebte, den Überfall auf Varus mitplante und den selbstgeschlossenen Bündnisvertrag mit den Römern wissentlich brach – oder ob, wie aus allen anderen Berichten hervorgeht, Armins Vater als der vertragschließende Fürst damals schon ausgeschieden war und die Macht in die Hände des Sohnes gelegt hatte.
Wir müssen aus dieser Untersuchung die Folgerung ziehen, daß *von Dio nichts ohne schärfste Prüfung hingenommen werden darf.* Und wenn die römischen Schriftsteller, weil sie in eigener Sache berichten, schon selbstverständlich kritisch betrachtet werden müssen, so gilt dies für Dio bei jedem Wort.

Die Römer nannten es »Verrat«

Der Vertrag zwischen Römern und Cheruskern war auf römischer Seite von Tiberius geschlossen worden, auf cheruskischer Seite von Hermanns Vater. Mit dem Tod eines der beiden Vertragsschließenden pflegte ein solcher Vertrag zu erlöschen. Wenn er weiter gelten sollte, mußte er erneuert werden. So wurde es bis in neuere Zeit herein beim Tod eines Herrschers gehandhabt. Für die frühere Zeit gibt es in der über Ereignisse des 5./6. Jh.s n. Chr. berichtenden Thidrekssaga folgende Beispiele:

> (Sv 17) »Darauf schlossen die Könige Freundschaft miteinander so, daß Herding König sein sollte über Rußland und an Wilkinus-König Schatzung geben, *solange er lebte.*«
> (Sv 19) Herding-König erfuhr, daß Wilkinus tot war, da sagte er zu seinen Mannen: »Nun ist zerrissen der Vertrag zwischen mir und Wilkinus-König, denn er ist nun tot. Und jetzt ist eine große Beschwerde mir vom Hals, und ich werde niemals Schatzung geben von meinem Land, *solange ich lebe.*«

Hier werden also die Verträge geschlossen nicht über die Lebenszeit der Vertragschließenden hinaus. Es wird gleichsam Rücksicht genommen auf die Macht des Schicksals und den Willen der Götter, der sich in der Begrenzung der Lebenszeit ausdrückt.
Herding unterwirft nun den Sohn des Königs Wilkinus, Nordian, nimmt ihm den größten Teil seines Landes und macht mit ihm eilig einen neuen Vertrag:

> »Da sagte Herding-König: ... Und du sollst mir einen Eid schwören samt Rat und Mannen, und mir schatzpflichtig sein, *solange du lebst.*«

Obwohl also »Rat und Mannen« den Vertrag mitbeschwören müssen, ist seine Geltungsdauer doch nur vom Leben des Königs abhängig. Derselbe Vorgang wiederholt sich in der nächsten Generation zwischen den Söhnen Herdings und Nordians:

> (Sv 22) »Nordian (Sohn des Wilkinus) hatte vier Söhne. ... Nun starb ihr Vater. Das erfuhr Osantrix-König (Sohn König Herdings), der König von Großschweden (= Schweden + Rußland). Er berief Nordians Söhne zu sich und ließ sie sich Eide schwören. Asplian machte er zum König über Seeland. Diese Brüder waren des Königs Untertanen und gaben ihm Schatzung von Seeland.«

Hier haben wir also die Auffassung, daß ein Vertrag an die Personen der Vertragschließenden gebunden ist und mit deren Tod erlischt, entweder endgültig, wie im ersten Fall; oder es wird schleunigst ein neuer Vertrag geschlossen, der die Nachfolger bindet.
Der zwischen Tiberius und Hermanns Vater geschlossene Bündnisvertrag war durch den Tod des letzteren, offenbar im Jahre 7 n. Chr.,

Germane im Pelzmantel, Triumphalrelief im Vatikan zu Rom.

Drusus, römischer Feldherr, der Germanien in den Jahren 12–9 v. Chr. kreuz und quer durchzog und bis zur Elbe vordrang.
(Neapel, Nationalmuseum)

Tiberius, Bruder des Drusus, römischer Feldherr, der Germanien in den Jahren 4–6 n. Chr. »befriedete« und mit den Cheruskern einen Bündnisvertrag machte. Später Kaiser.

Der römische Feldherr Quin(c)tilius Varus auf einer Münze der Stadt Achulla in Afrika. (Berlin, Münzkabinett)

Auffallend ist zunächst die große vorgestreckte Nase, so als wollte ihr Träger überall hineinriechen, ein Schnüffler (?). Sehr auffallend ist ferner der schwächliche Oberkiefer, dem gegenüber der willentlich vorgestreckte kleine Unterkiefer doch keine wirkliche Willenskraft anzeigt. Das Auge liegt weit zurück, es lauert gewissermaßen im Hintergrund. Das Ohr liegt hinten unten und wirkt fast verkümmert, ohne Form, nicht wohlausgebildet, Ohrläppchen angewachsen. Der Kopf ist wohl gerundet, vor allem scheint der Mann allerlei im Hinterkopf zu haben. Der Kehlkopf steht stark vor, der Nacken, bei einem offenbar kurzen Hals, ist dick. Er deutet auf kleinen Wuchs, möglicherweise etwa Buckligkeit. Aber nichts deutet auf einen fetten Körper hin, auch spricht nicht Genußsucht aus dem Bild, dazu ist der Mund zu schmal; aber von Askese zu reden, verbietet die weit vorreichende Nase. Das volle Haar setzt an der Stirn früh an.

Die Münze stammt wohl aus dem Jahre 7/6 v. Chr., Varus wäre damals 40 Jahre alt gewesen. Im Jahre der Varusschlacht war er dann 55. Bis dahin konnte sich einiges an seinem Gesicht und Haar geändert haben.

Germanicus Caesar, 15 v. Chr. – 19 n. Chr.

Ein harter Kopf, starr, ganz ohne Humor. Der Mund »frustriert«, würde man heute sagen, so als könnte ihm letztlich nichts voll glücken, und er würde das doch nicht zugeben.
Halsstarrig im eigentlichsten Sinne des Wortes: der feste harte Nacken (hart-näckig), etwas verbohrt.
Der Mann hält den Blick starr auf ein Ziel gerichtet. Er will seine Erfolge ertrotzen.
Gar kein Feuer, keine Begeisterung, keine Ausstrahlung, kein »Heil« möchte man sagen. Er muß sehr gute Unterführer gehabt haben, daß er es trotzdem so weit brachte.
Aus seinem Gesicht spricht wohl auch Mißtrauen, fast Ängstlichkeit, aus dem zurückgezogenen Kinn auch Mißtrauen gegen sich selbst, Minderwertigkeitskomplexe also, was alles aber eisern unterdrückt wird.
Er hat einen Raubvogelblick, und ist sicher von schneller Entschlußkraft.
Etwas Eisernes oder Steinernes liegt überhaupt in dem Gesicht. Sehr wache Sinne, Augen, Ohren, fast meint man noch die Nase wittern, den Mund prüfend kosten zu sehen. Der Blick ist ganz nach außen gerichtet, auch die anderen Sinne. Er ist gleichsam immerfort am Feind.

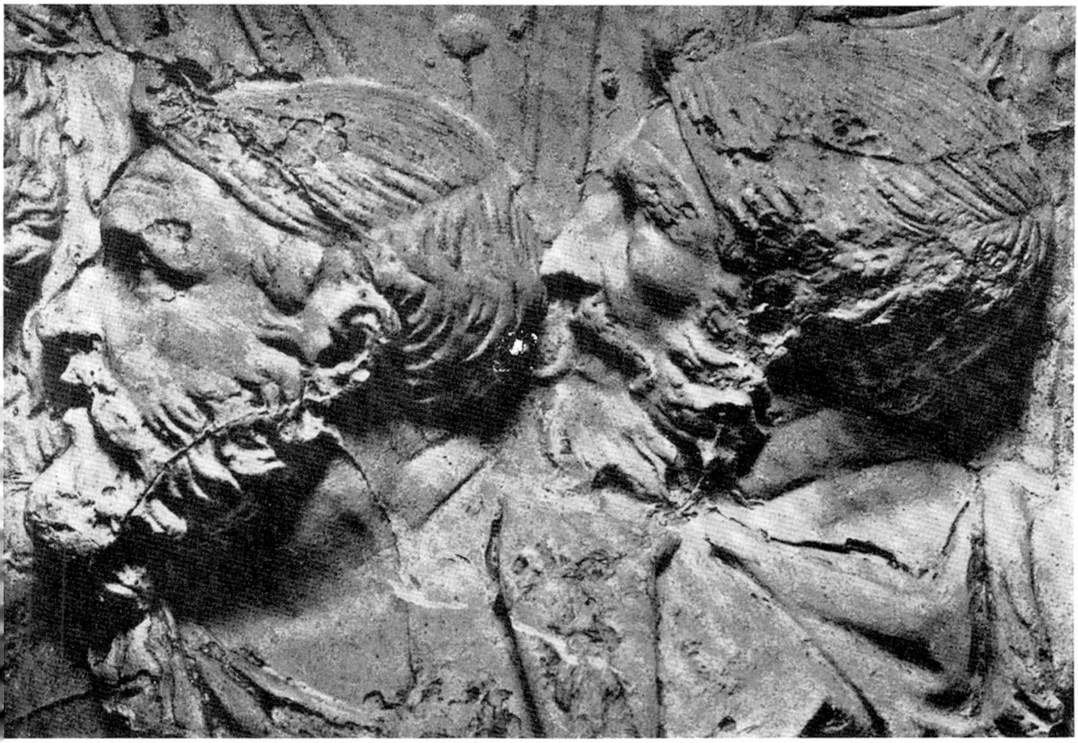

Oben links: Der sogenannte Adler über der Eingangstür zur Höhle. Die Füllung der Hohlform ist nicht mehr vorhanden.
Oben rechts: Blick in die große Höhlengrotte im Felsen I der Externsteine mit in Boden und Wand ausgehauenem großen Becken.

Links: Grotte im Felsen I der Externsteine.

Vordere Bildseite oben: Germanenköpfe von der Trajanssäule, aus: Die Antike I, Berlin 1925.
Unten: Gefangene germanische Fürstin, Relief von der Markussäule in Rom.

Das »Totental« mit dem »Blutbach«, ein von Bergen rings umschlossenes Tal im Hohensteingebiet. Dies ist wahrscheinlich der Ort, an dem die Hilfsreiterei der Römer, dorthin gelockt, von der cheruskischen Reiterei zusammengehauen wurde.

Lippeaue: Hier könnten sich der „Altar des Drusus" und der Ehrenhügel für die Varianischen Legionen befunden haben.

Alte kleine Hufeisen, die in großer Menge im Untergrund der Stadt Horn gefunden wurden in einer Tiefe, die auf römische Zeit schließen läßt.

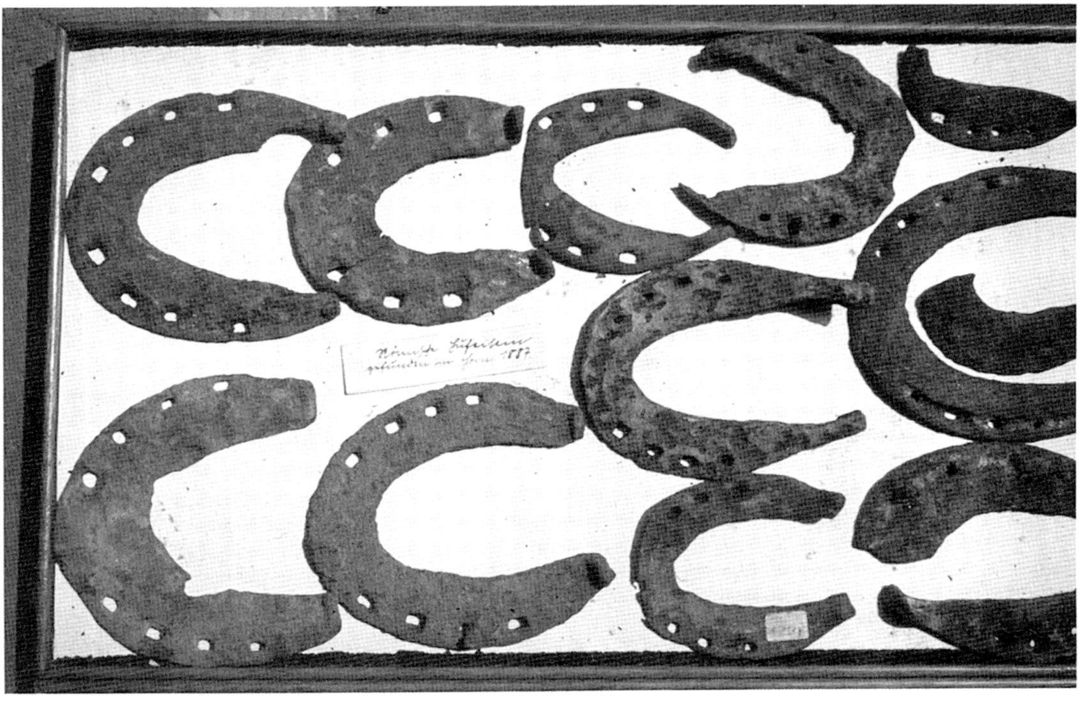

erloschen. Hermann der Cherusker war nun an den alten Vertrag nicht mehr gebunden, und er versuchte nicht, ihn zu erneuern. Er tat kein Unrecht und brach nicht die Treue.

Auf der anderen Seite wußte Varus als Rechtskundiger ebensogut, daß der alte Vertrag nicht mehr galt. Weshalb also verlangte Varus nicht die Erneuerung des Vertrages? Es heißt, er behandelte die Cherusker als Unterworfene, er saß über sie zu Gericht, er ließ sie hinrichten, wie es ihm gut schien, er ließ sie auspeitschen, was für einen freien Germanen eine unauslöschliche Schande war, und er wollte ihnen Steuern auflegen. All das war nach dem alten Vertrag nicht möglich. Daß Varus trotzdem so handelte, zeigt, daß er die Erneuerung des alten Vertrages nicht wollte. Er behandelte Germanien bereits als eroberte Provinz.

Das war eine Kriegserklärung des Varus an die Cherusker, wenn sie auch nicht als solche verkündet wurde. Aber er glaubte wohl nicht, daß daraus ein Krieg entstehen würde; denn er stand im Lande mit der Macht dreier römischer Legionen und ihrer Hilfsabteilungen, im Rücken das starke Aliso. So beließ er den bestehenden rechtlosen Zustand. Und dann berief er einen »Conventus« ein, d. h.: Die Cherusker mußten an einem bestimmten Tage im Lager zusammenkommen, um des Varus Verordnungen entgegenzunehmen, die von nun an für sie gelten sollten, die Abgaben zu erfahren, die sie künftig zu leisten hätten. All das stand im klaren Gegensatz zum alten Vertrag.

Die Fürsten der Cherusker wußten genau, was dies alles bedeutete; aber sie waren gespalten. Segestes sah die Herrschaft Roms als unvermeidlich an und wohl auch nicht als unvorteilhaft; Hermann der Cherusker wollte sie ganz beseitigen.

Die Kriegserklärung war also nicht von dem jungen Cheruskerfürsten ausgegangen, sondern von Varus. Dieser wollte den alten Vertrag nicht erneuern, ja er brach ihn wahrscheinlich schon, als der Vater noch lebte. Hermann zog die Folgerung erst, als sein Vater tot war, und er schlug erst los, als Varus öffentlich durch sein Verhalten den alten Zustand aufhob und den neuen erklärte.

Es mag Hermanns Rede an seine Gefolgsleute etwa diese gewesen sein:

> »Der Römer hat uns zum Allthing gerufen. Wir werden sehen, was er tut. Will er römisches Recht über uns setzen, uns Steuern auflegen, uns das Waffentragen verbieten, das lassen wir uns nicht gefallen! Dann brechen wir los!«

Wenn Hermanns Vater den selbstgeschlossenen Vertrag mit den Römern gebrochen hätte, so wäre es Verrat gewesen. Wenn Arminius als Offizier im römischen Lager den Untergang der Legionen durch Täuschung herbeigeführt hätte, so wäre es Verrat gewesen. Als Verrat sahen es die Römer gerne an, als Verrat wird es vielfach noch heute gesehen. In dem 1986 erschienenen Buch von Marcus Junkelmann: »Die römischen Legionen des Augustus«[50] heißt es in diesem Sinn:

> »Arminius, der Anführer der Aufständischen, war römischer Offizier und Ritter. Die internen Stammes- und Sippenquerelen, die hinter diesem Ereignis standen, sind nur vage bekannt, gesamtdeutscher Nationalismus war es jedenfalls nicht. Die Vernichtung dreier Legionen durch taktisch weit unterlegene Barbarenhorden wurde möglich, weil es Arminius und seinen Männern gelang, den gutgläubigen Varus in ungünstigem Gelände in einen Hinterhalt zu locken, wo die vermeintlichen Verbündeten über die ahnungslosen und durch viel Gepäck behinderten römischen Truppen herfielen.«

Dies ist eine verbreitete Ansicht. Man sieht, Marcus Junkelmann fußt auf Dio und ist nicht weiter in die Vorgänge eingedrungen. Er sieht die Ereignisse nicht im Zusammenhang eines 30jährigen Krieges. Der Ausdruck »gesamtdeutscher Nationalismus« weist auf politische Probleme unseres Jahrhunderts hin, diese lassen sich aber auf jene Zeit nicht anwenden. Eine gemeinsame germanische Abwehr war es eben doch, und Hermann-Arminius spricht jedenfalls nach Tacitus mehrmals vom germanischen »Vaterland«.
»Taktisch weit unterlegene Barbarenhorden« waren die Germanen nie, sie haben den Römern oft schwer zu schaffen gemacht; und die Cherusker waren das in keinem Fall mehr, ihre geschulte Jungmannschaft war den Römern nicht nur an Stärke des einzelnen Mannes, sondern auch in der Geübtheit in der Formation damals unter Hermanns Leitung wahrscheinlich überlegen, und von »Horden« kann bei den Cheruskern schon gar keine Rede sein. Junkelmann fährt fort:

> »Merkwürdigerweise haben die germanentümelnden deutschen Patrioten ... diesen heimtückischen Verrat für eine große Heldentat gehalten.«

Das klingt sehr nach heutigem Klischee. Viele ernsthafte Forscher haben sich um die Aufhellung jener Vorgänge bemüht, ob sie nun »deutsche Patrioten« waren oder nicht. Es ist eben schwer, die wirklichen Vorgänge unbefangen zu enträtseln, wenn die Berichte darüber nur von der gegnerischen Seite stammen, und die eigentliche Arbeit besteht darin, diese Berichte auf ihre Wahrhaftigkeit hin zu untersuchen und sie ihrer – nehmen wir das Wort auf! – römisch-nationalistischen Tendenzen zu entkleiden.
Junkelmann irrt auch in anderer Hinsicht, z.B. wenn er »Varus« anführt, »der als bewährter Jurist und Verwaltungsmann in eine scheinbar befriedete Provinz versetzt... wurde«. Das rechtsrheinische Germanien *war* eben keine römische Provinz. Varus sollte es zu einer solchen machen, und sein Irrtum bestand eben darin, daß er annahm, die Germanen würden das gutwillig dulden. Außerdem hätte das Amt des Varus in erster Linie das des Feldherrn sein müssen, und das vernachlässigte er.

Die Nacht davor

In den römischen Berichten taucht, wie wir gesehen haben, neben Hermann dem Cherusker noch ein anderer Germanenfürst auf, der sein Gegenspieler wird: *Segestes*. Mächtig anzusehen, eine Generation älter, aber nicht zur führenden Cheruskersippe gehörig, steht er dem Jungfürsten Hermann zwiefach entgegen: Er ist Freund der Römer, und er ist Vater der *Thusnelda*, die, vom Vater einem anderen zugesagt, sich von Hermann entführen ließ und seine Gattin wurde. Brautraub war nie etwas Ehrenrühriges, mancherorts gehörte er sogar zum Brauch, und üblicherweise versöhnte sich der Brautvater bald mit dem Entführer. Segestes tat dies nicht. Er warf auf den Jungfürsten einen Haß, der die germanische Erhebung leicht hätte zum Scheitern bringen können.
Segestes war gegen eine gewaltsame Auseinandersetzung mit den Römern, nicht nur, weil er die Germanen für zu schwach hielt, sondern auch, weil er die Römer bewunderte und einen fördernden Einfluß in der Verbindung mit ihnen sah. Die Ideale Hermanns, Freiheit, Eigenleben, Erhaltung von Brauchtum und Recht scheint er nicht geteilt zu haben. Vom gemeinsamen »Vaterland« spricht allerdings auch er.

In jener Vollmondnacht vor dem entscheidenden Tag waren die Fürsten der Cherusker zu einem Gastmahl bei Varus versammelt. Bei diesem Nachtmahl trägt Segestes dem Varus die schwerwiegende Anklage gegen Hermann und die anderen Fürsten der Cherusker vor, sie bereiteten einen Aufstand vor. Varus solle die Fürsten und auch ihn selbst in Fesseln legen, dann würde das Volk nichts wagen und er, Varus, gewänne Zeit und könne alles prüfen.[51]

Wir wissen, daß die Aussage des Segestes richtig war. Der Aufstand war geplant, der Jungfürst Hermann *war* der Anreger und Planer, andere Fürsten der Cherusker waren ins Vertrauen gezogen und dadurch Mitverschwörer. Die Anklage wurde vor Varus gebracht, wohl in Gegenwart seiner Offiziere. Wenn Varus ihr Glauben schenkte und Hermann in Haft setzte, so konnten sich leicht überzeugende Gründe finden, ihn als Aufrührer zu verurteilen, und das bedeutete Tod, vielleicht Kreuzigung. Daß Segestes diesen Ausgang wußte und wollte, kann man kaum bezweifeln.

Aber Varus nahm die Anklage nicht an. Was ihn gehindert hat, den Vorschlag des Segestes anzunehmen und alle Fürsten der Cherusker in Haft zu nehmen, läßt sich nur vermuten. Die Gründe sind vielleicht dreierlei.

Einmal war es Varus selbst, der diesen Schritt zu tun nicht bereit war, vielleicht deshalb, weil er in Rechtsbegriffen dachte und die Formen eines Prozesses nicht glaubte außer acht lassen zu dürfen. Wie konnte er aufgrund einseitiger Anklage einen bis dahin unbescholtenen Mann fürstlichen Standes verhaften? Die Sache mußte untersucht werden, Zeugen waren zu hören, Gegengründe zu erwägen. Es kam hinzu, daß Segestes in eigener Sache sprach und Arminius zugleich des Raubes seiner Tochter anklagte. Das mußte Varus verdächtig erscheinen.

Zweitens war es Arminius, der die Verhaftung verhinderte. Es war nicht nur seine Stellung als römischer Ritter, die ein so ungewöhnliches Verfahren ausschloß, es war wahrscheinlich vor allem die Kraft und Kühnheit seiner Rede, mit der er die Anklage ins Lächerliche gezogen haben dürfte, und er konnte auf seine Verdienste und seine Treue gegen Rom gerade auch in den Jahren des pannonischen Aufstandes hinweisen.

Als drittes kam wahrscheinlich hinzu, daß Varus sich mitten im Land der Cherusker befand, daß er des Arminius Beliebtheit bei seinem Volk kannte, daß es also nicht gefahrlos war, den Herzog dieses Stammes einfach zu verhaften. Das wäre eine offene Kriegserklärung gewesen.

Darauf war Varus nicht gerüstet. Argwohn kam zu spät, so gegenläufige Entschlüsse konnten jetzt nicht mehr gefaßt werden. Caesar hätte hier anders gehandelt, rücksichtslos, unbekümmert um juristische Förmlichkeiten. Caesar hatte das Gespür für Wirklichkeiten, Varus hatte dies nicht. Aber *ihn* hatten die Götter nach Germanien geschickt und keinen Caesar. »Varus erlag dem Geschick und der Kraft des Arminius«, sagt Tacitus Annalen I, 55.
Die Anklage des Segestes blieb nicht das einzige Ereignis dieser Nacht. Tacitus läßt Annalen II, 58 Segestes selbst darüber berichten: Dieser sagt sechs Jahre später, als er ganz zu den Römern überging:

> »Seit ich von dem göttlichen Augustus mit dem Bürgerrecht beschenkt worden bin, habe ich Freunde und Feinde nach eurem Vorteil gewählt; nicht aus Haß etwa gegen das Vaterland (da ja Verräter auch denen verhaßt sind, die sie fördern), sondern weil ich überzeugt bin, daß für Römer und Germanen dasselbe förderlich sei, und Frieden statt Krieg.
> Daher habe ich gegen den Räuber meiner Tochter, den Verletzer eures Bündnisvertrages, Arminius, bei Varus, der das Heer befehligte, Anklage erhoben. Hingehalten durch die Untätigkeit des Feldherrn, weil zu wenig Schutz bei den Gesetzen war, habe ich gefordert, daß er mich und Arminius und die Mitwisser in Fesseln lege. Zeuge ist jene Nacht – o wäre sie mir doch die letzte gewesen! Was gefolgt ist, kann eher beweint als entschuldigt werden. Übrigens habe ich auch Ketten dem Arminius angelegt, und die mir von seinem Anhang angelegten erduldet...«

Das also sagt Segestes. Was in jener Vollmondnacht geschah, können wir darnach nur ahnungsweise erkennen. Offenbar nach dem Gastmahl – denn während desselben wäre es nicht möglich gewesen – haben die Anhänger des Segestes' zunächst wohl in der Überzahl, den Jungfürsten Hermann »in Ketten gelegt« (catenas inieci), der aber dann von seinen nun zahlreicheren Anhängern befreit wurde und den Segestes in Fesseln legte. Immerhin: Keiner von beiden versuchte, den anderen zu töten. Dramatische Nacht vor noch dramatischerem Tage! Wie nahe war damals, möchte man denken, das Scheitern der ganzen Erhebung! Aber vielleicht hatte der junge Cheruskerfürst auch solche Möglichkeiten in seine Pläne einbezogen.

Der »Conventus«

Inzwischen, so müssen wir weiter vermuten – denn Kunde hierüber haben wir weder unmittelbar noch mittelbar –, kamen in den heiligen Hainen der Umgebung, vielleicht an den Externsteinen, die Verbände aus den Gauen zusammen, wurden eingewiesen und bezogen in der Frühe des beginnenden Tages ihre Stellungen im Gelände. Daß eigens Verhaue und Bollwerke errichtet wurden, ist nicht wahrscheinlich, weil das kaum ohne Aufsehen geschehen konnte und alles vermieden werden mußte, was den Argwohn der Römer zu früh hätte wecken können.

So dürfen wir annehmen, daß am Morgen des 23. September des Jahres 9 n. Chr. nach einem von Hermann und seinen Unterführern festgelegten Plan das römische Lager in weitem Umkreis umstellt war, soweit Sümpfe es nicht ohnehin unzugänglich machten, daß alle Zuwege und Durchlässe verriegelt waren und die Feuerzeichentruppe bereit stand, um, wenn die Rufkette oder die Hörner die Erstürmung des Lagertors und den Ausbruch der Feindseligkeiten meldeten, durch Flammenzeichen den Beginn des Aufstandes weithin zu verkünden.

Auch Varus scheint diesen Tag nach Vollmond als einen entscheidenden angesehen zu haben; denn er hatte auf ihn den *»conventus«* festgesetzt. Den Sinn dieses Wortes erklärt Paul Höfer, Die Varusschlacht, Leipzig 1888, S. 181, wie ich denke richtig, so:

> »Bei diesem Ausdruck müssen wir uns an die Gepflogenheit römischer Provinzialverwaltung erinnern, daß der Prokonsul (Prätor, Proprätor) bald nach seiner Ankunft in der Provinz die Einwohner derselben durch ein Edikt auf einen bestimmten Tag in die Hauptstädte der Provinz zusammenberufen ließ (conventus indicebat) und daß er selbst die Provinz bereiste, um in den Hauptstätten die Gerichte zu halten (conventus agere). Bei diesen Konventen wurden auch die Steuern und die Eintreibung der Abgaben festgesetzt. Der Ausdruck ›ausus ille agere conventum‹ sagt uns also, daß Varus entweder selbst die Cherusker zusammenberufen hat, oder daß er die regelmäßige Versammlung derselben (›das ungebotene dinc‹) vor seinen Richterstuhl entboten hat.«

Wir werden kaum irren, wenn wir annehmen, daß auf diesem »conventus« Varus den Cheruskern die neuen Bedingungen auferlegen wollte,

welche den erloschenen Bündnisvertrag ersetzen sollten: Annahme der römischen Provinzialverwaltung, Übernahme des römischen Rechts, Zahlung von Steuern, das Verbot, Waffen zu tragen. Das waren für germanische Vorstellungen unerhörte Forderungen, ein völliges Abweichen vom früheren Vertrag. Varus wußte dies natürlich, aber er glaubte sich stark genug dazu. Er wußte nur nicht, daß die Cherusker bereit waren, seine Kriegserklärung anzunehmen, daß sie darauf gerüstet waren, daß sein Lager bereits umstellt war und vor dem Tor die cheruskische Sturmmannschaft wartete; er berechnete nicht, was es bedeutete, daß die Massen der Cherusker bewaffnet mitten im Lager standen – und sie hatten ihre Schwerter geschärft.
So gingen zu diesem »conventus« beide Seiten bewußt einer Entscheidung entgegen, Varus in Plänen träumend, die Cherusker hellwach. Florus IV, 12 schildert die Lage so:

> »Er wagt es, einen »conventus« abzuhalten, und unvorsichtig hatte er den Gerichtsgang gehandhabt, so als könnte er die Wildheit der Barbaren durch des Liktors Ruten und des Herolds Stimme zügeln. Doch jene, die schon lange grollten, daß ihre Schwerter rostig und ihre Rosse steif würden, sobald sie nur die Amtstracht und, grausamer als Waffen, das Ränkespiel der Juristen sahen, reißen unter Armins Führung die Waffen heraus... Und so greifen sie den Unvorsichtigen, nichts derart Befürchtenden, unversehens an und dringen, eben als er sie – o wie sorglos! – vor sein Tribunal zitiert, von allen Seiten herein.«

Im römischen Lager selbst mag, wenn der Tag in der Tat der Geburtstagsfeier des Augustus galt, nach dem Morgenappell der »Truppenumlauf« (die Parade) mit Feldzeichen und Standarten zwei Stunden lang gehalten worden sein. Dann dürfte der Mannschaft dienstfrei gegeben worden sein bis auf die Lagerwache und den Bereitschaftsdienst. Und danach begann der *Conventus*.

Das Lager wird gerissen

Die Einleitung des Conventus vollzog sich zunächst wahrscheinlich in völliger Ordnung und Ruhe. Ein Tor wurde für die einströmenden Cherusker geöffnet, vielleicht daß auch sie geordnet hereinzogen mit Abordnungen ihrer Hundertschaften, und Aufstellung nahmen auf dem großen Platz in der Mitte des Lagers, als freie Bundesgenossen bewaffnet mit dem Schwert, während eine größere Menge sich vor dem Tor lagerte. Der Gerichtstag hub an, die Liktoren zogen herein, der Herold nahm seinen Platz ein und der Feldherr und Gerichtsherr Varus, von seinen Offizieren begleitet, betrat das Tribunal. Der Herold eröffnet den Conventus, und dann beginnt des Varus Rede. Sobald er nun an die Stelle kommt, wo er den ursprünglichen Bündnisvertrag für aufgelöst erklärt und die Bedingungen seines neuen Vertrages anfängt aufzuzählen, mag sich ein Murren unter den Cheruskern erhoben haben, ein, wie den Römern schien, ungezogenes Dazwischenrufen. Die Wachen wollten einschreiten, wurden aber von Varus zurückbefohlen. Da wird nun Hermann das Schwert herausgerissen und das Zeichen gegeben haben. Ein tausendstimmiger Schrei, die Hörner heulten, die Einsatztruppe stürmte von draußen das Lagertor – und alsbald flammte das Feuer auf den Felsen auf, antworteten rings auf den Bergen nacheinander die Feuerzeichen und verkündeten den Aufstand durch das ganze nördliche Germanien.

Die Cherusker müssen sich sogleich der Nervenzentren des Lagers bemächtigt haben, der Standarten und Offiziere, soweit sie ihrer habhaft werden konnten. In dem weiten Lager mochte, was geschah, eine Weile unverstanden geblieben sein. Es gab keine Möglichkeit für die Soldaten mehr, sich geordnet um die Feldzeichen zu sammeln. Ein Teil drängte zur Flucht nach den anderen Toren, die Reiterei, die wohl außerhalb des Lagers ihren Standort hatte, brauste in wilder Flucht davon, die übrigen kämpften, so gut es ging. »Das Lager wurde gerissen, drei Legionen erdrückt«, sagt Florus.

Dies etwa wird der Ablauf der Geschehnisse gewesen sein, wie er aus den Berichten der römischen Geschichtsschreiber sich ergibt, wenn man Dio beiseite läßt: Ein klarer Zusammenhang, ein dramatisches Geschehen, zu dem jeder der Berichter seinen Teil beiträgt. Einfach, gradlinig überschaubar, auf *einen* Punkt zusammengedrängt das ganze Geschehen. An *einem* Tag und einem halben vollzogen, von *einem* Geist und Willen gelenkt, gaben ihm die Dichter den Namen: *»Hermannsschlacht«*.

Und zu Recht; denn es war Hermanns Vorbereitung, *sein* Plan, *seine* Durchführung. Nur dürfen wir seinen Vater nicht vergessen, der die Vorkämpfe austrug, der die Entscheidungsschlacht bei Arbalo verlor, der das Ziel, die Römer aus Germanien zu vertreiben, unbeirrt verfolgte. Nun war die Niederlage von Arbalo gerächt.

Aber der Cherusker wußte, daß dies erst der Anfang der Kämpfe war. Die Hermannsschlacht war nicht der endgültige Sieg. Der Cherusker wußte, die Römer würden wiederkommen, mit ihren größten Machtmitteln, herangeführt aus ihrem riesigen Reich, mit dem unbedingten Willen, dieses widerspenstige Germanien doch noch zu bezwingen. Sie würden sich entsprechend vorbereiten. Aber auch er würde sich vorbereiten, ebenso gut, ja besser als die Römer. Sie gaben ihm 6 Jahre Zeit.

Hier ist noch eine Stelle anzufügen, die bei Tacitus steht, aber in einem späteren Kapitel, als beim Kampf gegen Marbod dem Cherusker vorgeworfen wird, er habe »tres vacuas legiones« (drei dienstfreie Legionen) angegriffen. Von denen, welche immerfort die Schilderung Dios von dem 3–4tägigen Marsch im germanischen Urwald vor Augen hatten und denen das Wort von den »dienstfreien Legionen« gar nicht in die Vorstellung paßte, wurde gefordert, das Wort »vacuas« (leer, hier: frei vom Dienst) als fehlerhaft anzusehen und dafür »vagas« (umherschweifend) zu setzen. Aber das Wort »vagas«, das auch nicht gerade passend ist für in Wäldern eingeschlossene Truppen, steht eben nicht da.

»vacuae legiones« wären dienstfreie Legionen; und das würde sehr gut zu dem besonderen Tag passen, an dem einerseits vielleicht der Geburtstag des Kaisers gefeiert wurde, andrerseits bei Gelegenheit des »conventus« von den Soldaten kein besonderer Dienst erfordert war. Stellen wir uns das vor, so waren die römischen Soldaten im Augenblick des Einbruchs der Cherusker waffenlos, ohne Schild und Lanze, und ohne Führung, würfelspielend in ihren Zelten, schlafend oder sich überall umsehend, auch außerhalb des Lagers, und nur eine kleine Bereitschaftstruppe war im Dienst, die schnell überwältigt werden konnte.

Da Hermann und seine Kampfgenossen Aufbau und Anordnung des römischen Lagers kannten, werden sie schon vorher Plan und Aufteilung für die Eroberung bis ins einzelne abgesprochen haben, um vor allem die empfindlichen Punkte, die Unterkunft der höheren Offiziere, den Standort der Feldzeichen, die Lagerstraßen und -tore sofort in ihre Gewalt zu bekommen. Für die Besetzung und Öffnung des Einbruchstores genügte ein kurzer Überraschungsangriff, und Varus selbst scheint so verdutzt

gewesen zu sein, daß er den ersten Angriff als einen Irrtum ansah und Gegenwehr ausdrücklich verbot.[52]
So wurde das Lager »gerissen« (castra rapiuntur), wie Florus sagt, die Reiterei entwich und ging trotzdem zugrunde; was außerhalb des Lagers an Römern herumlief, war sowieso verloren, ein Teil der Besatzung brach aus und suchte am Winfeld und bei Feldrom (Örtlichkeiten nordwestlich und südwestlich von Horn) vergeblich sein Heil; nur wenigen gelang der Durchbruch zu dem 35 km entfernten Aliso. Der Lagerkommandant Lucius Eggius fiel tapfer kämpfend, der andere Lagerkommandant Ceionius, ergab sich am anderen Tage mit dem Rest der Besatzung, wie Velleius meint »schimpflich«, obwohl er damit den Soldaten wahrscheinlich das Leben rettete, nachdem Varus, ja auch nicht gerade rühmlich, sich der Verantwortung entzogen hatte.

Velleius II, 119:

> »Von den beiden Kommandanten des Lagers gab, wie Lucius Eggius ein leuchtendes Beispiel, so Ceionius ein schimpfliches, der, als zum weitaus größten Teil die Schlachtreihe zusammengeschmolzen war, die Übergabe veranlaßte und Kniebeugen (bei der Hinrichtung) dem Tod in der Schlacht vorzog. Aber Vala Numonius, General des Varus, setzte ein schlimmes Beispiel und ließ den Fußsoldaten zurück, der Hilfe des Reiters beraubt, und stürzte sich mit den Schwadronen in die Flucht, den Rhein zu erreichen. Diese Tat rächte das Schicksal. Er überlebte die Verlassenen nicht, sondern kam als Verräter um. Den halbverbrannten Körper des Varus zerfleischte feindliche Wildheit, sein abgeschlagenes Haupt wurde zu Marbod gebracht und von ihm an den Kaiser geschickt. Es wurde gleichwohl durch Begräbnis in der fürstlichen Gruft geehrt.«

Ceionius rettete immerhin durch die Kapitulation das Leben der restlichen Soldaten.
Eine Ergänzung zu den Vorgängen der Schlacht gibt dann noch *Frontin* in seiner schon erwähnten Schrift, welche die Überschrift hat:

> »Über die Maßregeln, welche nach der Schlacht zu ergreifen sind, wenn die Sache gut gegangen ist, um den Rest des Krieges zu Ende zu führen.« (Frontin II, cap. 9).

Er führt Beispiele an, wie nach gewonnener Schlacht die Widerstandskraft der noch übrigen Gegner gebrochen werden könne, und sagt:

> »L. Sulla zeigte denen, die zu Praeneste belagert wurden, die Häupter ihrer in der Schlacht gefallenen Anführer auf Lanzen gesteckt und brach so die Hartnäckigkeit der Widerstrebenden. Arminius, der Anführer der Germanen, ließ die Häupter derer, die er getötet hatte, ähnlich aufgesteckt an den Wall der Feinde bringen und brach auf diese Weise den Widerstand der Übriggebliebenen.«

Der Cherusker hatte also im römischen Lager allerlei römische »Kriegskunst« gelernt. Hier erhellt diese Bemerkung Frontins die Vorgänge des zweiten Tages der Varusschlacht, als der Rest des römischen Heeres sich nochmals in einem kleineren Lager innerhalb des großen verschanzt hatte, sich aber endlich doch unter Ceionius ergeben mußte. Da also ließ Arminius »die Häupter derer, die er getötet hatte, entsprechend aufgesteckt an das Lager der Feinde bringen«.
Vielleicht waren dies die Köpfe der im heiligen Hain Geopferten?
Es ergibt sich aus den Angaben der römischen Schriftsteller, wenn man nur den Dio ausläßt, ein ganz einheitliches Bild: Die Überrumpelung des Sommerlagers während der Gerichtsverhandlung des Varus, Eroberung der Feldzeichen und Adler, Überwältigung der Besatzung und der in die Wälder der Umgebung Geflohenen, während sich noch ein Rest in einem zweiten, rasch hergestellten Lager verteidigte, am zweiten Tag sich aber ergeben mußte. Das ist die Varusniederlage, die Hermannsschlacht. Die Einzelheiten dieser Vorgänge werden wir später betrachten und dann auch sehen, woher Cassius Dio seine Märchenerzählung hatte.

Einzelheiten der Schlacht

Über die Varus-Niederlage gibt es nicht viele Berichte. Das ist nicht verwunderlich. Es gab nur wenige gültige Zeugen. Wer früh ausbrach, hatte wenig gesehen, wer sich ergab, kam in Gefangenschaft. Wer doch bald loskam, galt nicht als zuverlässig, wer freigekauft wurde, durfte Italiens Boden nicht mehr betreten. Die Wahrheiten waren unbequem, gefährlich für die amtliche Darstellung. Wer also konnte Brauchbares berichten? Am ausführlichsten hatte dies Dio getan, aber nach seinen eigenen Angaben hatte er keine Zeugen.

Velleius II, 117 ff. schreibt:

> »Als die Germanen gegen die Gefangenen wüteten, vollbrachte Caldus Caelius eine rühmliche Tat, ein Jüngling, der seiner alten Familie in hohem Maße würdig war: Er umfaßte die Ketten, mit denen er gefesselt war, und schlug sie mit solcher Gewalt gegen seinen Kopf, daß er alsbald durch Hervorquellen von Blut und Hirn den Geist aufgab.«

Und Florus II 30, 29 ff. schreibt:

> »Varus hatte nach dem Verlust des Lagers dasselbe Gefühl und Schicksal wie Paullus nach dem Tage von Cannae. Nichts blutiger als jenes Gemetzel in Sümpfen und Wäldern, nichts unerträglicher als der Hohn der Barbaren, besonders gegen die Advokaten. Dem einen stachen sie die Augen aus, dem andern hieben sie die Hände ab. Einem wurde der Mund zugenäht, nachdem man ihm vorher die Zunge abgeschnitten hatte. Mit ihr in der Hand rief der Barbar ihm zu: »Endlich hast du aufgehört zu zischen, du Natter!« Auch die Leiche des Konsuls selbst, welche die Ehrfurcht der Soldaten in der Erde verborgen, wurde ausgegraben. Bis heute haben die Barbaren die erbeuteten Feldzeichen und zwei Adler in Besitz. Den dritten riß der Bannerträger, ehe er in die Hand der Feinde fiel, aus der Erde, barg ihn unter seinem Wehrgehenk, tauchte mit ihm in den blutigen Sumpf und versank.«

Welche Wut und welch ein Haß muß sich bei den jungen Cheruskerburschen angesammelt haben vor allem gegen die römischen Advokaten, daß sie ihm solchen Ausdruck verliehen! Hieraus mehr als aus den Berichten selbst kann man ermessen, was die römische Rechtsprechung und was vor allem die römischen Strafen bei den freien Germanen angerichtet hatten.
Als Germanicus im Jahre 15 n. Chr. das Varus-Schlachtfeld besuchte, fanden die Römer alles so vor, wie es vor 6 Jahren gelassen worden war. Nichts war aufgeräumt. Der Schauplatz war in der ganzen Zeit nicht

mehr betreten worden. Das muß man wohl so deuten, daß das ganze Gelände gebanntes oder verfluchtes Gebiet war, oder den Göttern geweiht. Dieser Zustand der Unbetretbarkeit trug wohl dazu bei, den besuchenden Römern jenes Grauen einzuflößen, von dem Tacitus berichtet.

Es ist zu vermuten, daß der Schlag gegen die Römer, da er im Cheruskerland und während eines für die Cherusker bestimmten »Conventus« stattfand, von diesen allein geführt worden ist, während die Brukterer, Marser und Chatten den Raum ringsum so abgeriegelt hatten, daß nur wenige entkommen konnten. Sie übernahmen wohl die Kämpfe mit den Ausgebrochenen und hatten am zweiten Tag an Kämpfen und Siegesfeiern ihren Anteil, und jeder dieser Stämme erhielt einen Legionsadler, ihn den Göttern in ihren heiligen Hainen zu weihen. Das erbeutete römische Geld, riesige Mengen an Münzen, wurde nicht verteilt, sondern blieb, wie wir später erfahren, für Zwecke des Krieges bewahrt.

Der Hildesheimer Silberschatz

Die Beute der Varusschlacht muß ungeheuer gewesen sein. Wir werden später noch einen Beweis dafür finden. Zu dieser Beute gehörte wahrscheinlich der »Hildesheimer Silberschatz«, der im Jahre 1868 am Galgenberg in Hildesheim in 3 m Tiefe gefunden wurde, von ungewöhnlichem Wert, 107 Pfund schweres Tafelsilber, fast 70 Einzelstücke. Sie sind gezeichnet, und man weiß, daß dies nur die Hälfte eines großen Services war. Im ganzen hatte es umfaßt rund 140 Schalen, Gefäße, Krüge, Schmuckstücke, einzigartige Schöpfungen, es gibt dergleichen kaum in seinem Ursprungsland Italien. Bis auf wenige unsichere Stücke ist alles aus der Zeit des Augustus.

Man hat viel gerätselt, was man aus Schatzmenge, Teilung und Fundort schließen könne, und man ist zumeist zu der Auffassung gekommen, daß dies ein Teil der Beute aus der Varus-Niederlage sein müsse. Manche wollten deshalb sogar den Ort der Schlacht nach Hildesheim verlegen. Das ist nicht möglich und nicht nötig, der Schatz ist nicht ortsgebunden. Da es die Hälfte eines Ganzen ist, bleibt das Wahrscheinlichste, daß es Kriegesbeute der Hermannsschlacht war und zwischen zwei Germanenfürsten geteilt wurde. Der eine war Arminius, dessen Anteil dies gewesen sein dürfte. War der andre Segestes? Und lieferte er seinen Anteil beim Übertritt zu den Römern diesen aus?

> »Herbeigebracht wurden auch Beutestücke aus der Varianischen Niederlage und Beuteanteile, die den meisten derer, die nun zur Übergabe kamen, gegeben worden waren; zugleich kam Segestes, mächtig anzusehen ...« (Tacitus Annalen I, 57).

Hatte Segestes von seinem Anteil seine Gefolgsleute belohnt?
Unter der – nicht ganz sicheren – Annahme, daß vor der Schlacht Varus den Schatz besessen hat, können wir einige Schlüsse ziehen:
1. daß Varus ungewöhnlich reich war, da er den Schatz besaß und darüber verfügte;
2. daß er Üppigkeit liebte und sie selbst beim Zug ins Cheruskerland nicht entbehren wollte;
3. daß er den Zug ins Cheruskerland nicht als einen gefährlichen ansah, zu dem man sich rüsten und alle Kräfte zusammennehmen müsse, sondern als einen friedlichen, bei dem man ohne Mühe und in Luxus leben könne;
4. daß Varus nicht den angeblichen Zug in feindliches Gebiet gemacht haben kann, wo der Schatz ganz fehl am Platze gewesen wäre;
5. daß der Schatz nur im Sommerlager bewahrt worden sein kann und dort auch erbeutet wurde.
So führt uns der Hildesheimer Silberschatz zu zusätzlichen Überlegungen über die Geschehnisse der Hermannsschlacht.

Der große Adler

Es gibt an den Externsteinen über der Tür zum großen Höhlenraum im Felsen 1 die eingemeißelte Hohlform eines großen Adlers. Sie ist bisher unerklärt. Ist es unmöglich, daß diese Hohlform geschaffen wurde für die Anbringung eines Beuteadlers aus der Hermannsschlacht? Die Hohlform ist sehr groß, der Adler müßte 1,20 m breit und 1 m hoch gewesen sein.[53] Es kann sich also nicht um einen der tragbaren Legionsadler handeln. Gab es etwa für ein ganzes Heer oder für ein Standlager der Römer Adler von solcher Größe?

Flavius Josephus erzählt in seinem »Jüdischen Krieg« I, 33, 2–3, daß Herodes am Tempel in Jerusalem einen großen goldenen Adler über dem Tor hatte anbringen lassen, der dann von einer Schar Jugendlicher, die von zwei weisen Schriftgelehrten dazu angereizt worden waren, mit Beilen zerschlagen wurde, wofür diese Marter und Tod erlitten.[54] Es gab also solche großen Adler als Hoheitszeichen. Wahrscheinlich war dieser aus Holz und vergoldet.

Drei goldene Legionsadler hatten die Germanen erobert. Sie waren den verbündeten Marsern, Brukterern und Chatten gegeben worden. Aber diese Legionsadler waren klein, sie würden von Adlerträgern auf einer Stange getragen. Wenn die Hauptbeteiligten an der Schlacht, die Cherusker, keinen der drei Adler beanspruchten, so mußten sie wohl ein noch wichtigeres Siegeszeichen erbeutet haben, und das könnte solch ein goldener Großadler gewesen sein.

Jener große Adler in Jerusalem war zwar kein römischer gewesen, sondern von König Herodes dort angebracht, doch dieser regierte dort unter der Oberherrschaft der Römer. Statthalter in Palästina und Syrien war aber damals *Varus*, derselbe Varus, der in der Hermannsschlacht vernichtet wurde, und er kannte jene Vorgänge genau. Und da der Adler auch für die Römer das stolzeste Hoheitszeichen war, so ist es durchaus denkbar, daß Varus sich einen solchen hätte herstellen lassen, der hier im Germanenland die römische Macht versinnbildlichte.

Ich hatte zunächst gedacht, die Cherusker könnten diesen eroberten Großadler nach dem Sieg über der Tür zur großen Grotte an den Externsteinen angebracht haben und dafür die Negativform aus dem Felsen gemeißelt haben; aber es gibt auch noch die ganz andere Möglichkeit:

Es waren ja nicht die Germanen, die gern in Stein arbeiteten, sondern die Römer. Besteht nicht auch die Möglichkeit, daß *die Römer* – schon vor der Schlacht – die Ausmeißelung ausgeführt und den Adler an dieser Stelle angebracht haben; daß sie also den ungewöhnlichen Platz, von dem wir angenommen hatten, daß er den Germanen heilig war, selbst in Besitz nahmen und ausgestalteten?

Daran schließt sich sofort die weitere Frage an: Ist die große Grotte, zu der die Türöffnung den Eingang bildet, etwa samt dem Eingang von den *Römern* ausgehauen worden? Hängt mit den Römern und ihrem verbreiteten Mithraskult das große Becken in der Höhle zusammen, womöglich aber auch das Kultgrab unten am Wasser, welches die Form zur Aufnahme eines Menschen deutlich zeigt?

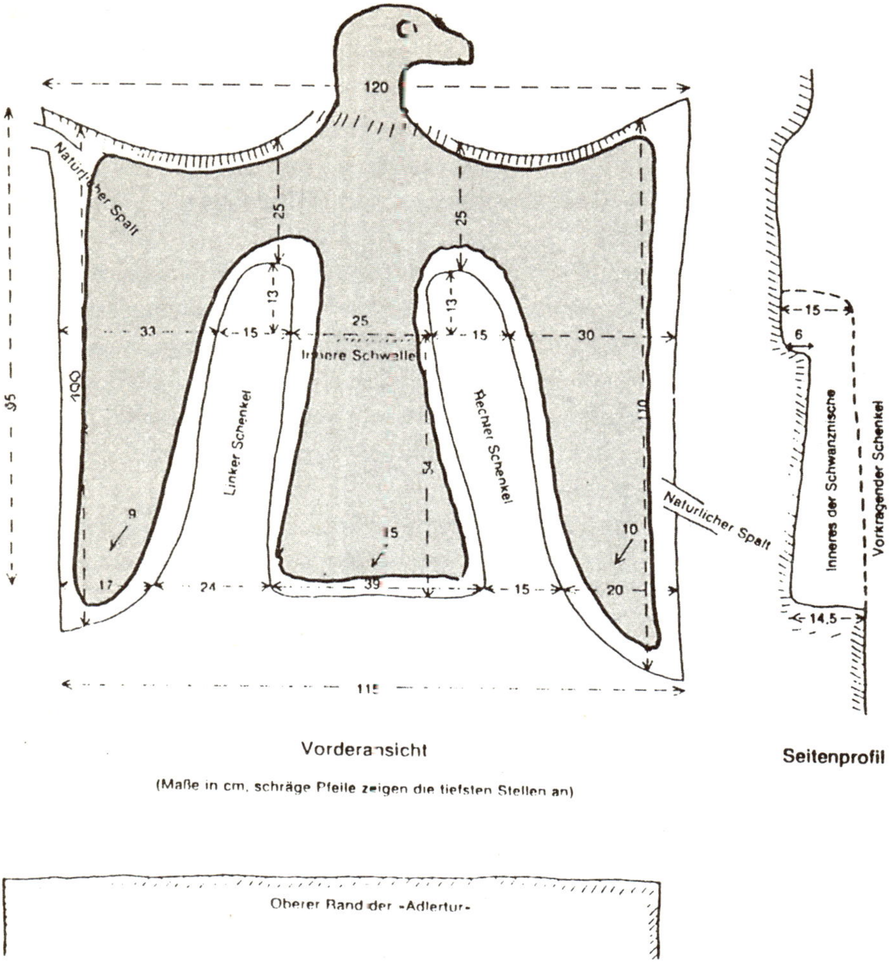

Vorderansicht

(Maße in cm, schräge Pfeile zeigen die tiefsten Stellen an)

Seitenprofil

Die Hohlform eines großen Adlers über der Tür im Felsen 1 der Externsteine. Maße in cm. Schräge Pfeile deuten die tiefsten Stellen an.
Aus: Mundhenk, Johannes, Forschungen zur Geschichte der Externsteine, Bd. II (1980), S. 111–121, Abb. 28. Der Adler ist versuchsweise hineingesetzt.

Die große Höhle oder Grotte besteht aus zwei Teilen: aus einer mehr oder weniger natürlichen Höhle mit eigenem Eingang, vor welchem die Figur mit dem Schlüssel steht; und der großen, künstlich ausgehauenen Grotte mit dem sogenannten »Taufbecken« und dem Eingang unter dem

Adlerzeichen. War die Strudelhöhle Teil eines germanischen Heiligtums, die große von den Römern zu einem Heiligtum geschaffen? Und der obere Raum mit dem Sonnenloch? Aus viel früherer Zeit?

Hier sind noch manche Fragen offen. Sie können hier nur gestellt, nicht beantwortet werden. Aber sie sind von großer Wichtigkeit und könnten neue Aufschlüsse in verschiedener Richtung geben. Es ist aber hier noch Weiteres zu erwägen.

Bei nochmaliger Überlegung halte ich es für ausgeschlossen, daß die Germanen für einen römischen Adler eine Hohlform gemeißelt hätten, dagegen für möglich und wahrscheinlich, daß die Römer das getan haben. Die Germanen hätten den Adler wohl an einen Baum gehängt.

Sollte es richtig sein, daß die Römer am und im ersten Felsen der Externsteine ein Mithras-Heiligtum schufen, wie verhält sich dieses dann zu den »barbarae arae«, den germanischen Altären in der Nähe des Schlachtfeldes, die wir gleichfalls an den Externsteinen vermuten? Die Römer pflegten doch gemeinhin fremde Heiligtümer zu achten. Taten sie das hier nicht?

War es also ein Gewaltakt der Römer, daß sie hier im heiligen Bezirk der Germanen dem landfremden Gott eine Kultstätte schaffen wollten? War es ein Versuch, die Kraft der germanischen Götter auszuschalten, eine stumme Kriegserklärung bereits? Oder war dies mit dem jungen Cheruskerfürsten abgesprochen, von ihm gebilligt? Oder sogar gewollt, um die Römer seinen Landsleuten verhaßt zu machen?

Die Hauptfeier der Mithras-Mysterien lag in der Zeit der Frühjahrs-Tag-und-Nachtgleiche. Im Frühjahr des Jahres 9 n. Chr. scheinen aber die Römer noch nicht dort gewesen zu sein. Wenn sie die Kultstätte erst im Sommer schufen, ist sie dann überhaupt noch in Gebrauch genommen worden? Oder hat Hermann der Cherusker das verhindert?

Zum Mithras-Heiligtum würde stimmen, daß dieser Kult Felshöhlen oder Felsgrotten bevorzugte. Dazu soll auch das sogenannte »Taufbekken« stimmen, das halb in den Boden und halb in die Rückwand eingehauen ist. A. Schierenberg »glaubt, daß dies sicherlich wichtige Inventarstück aus der kurzen Zeit der Varus-Herrschaft stamme, als man an vielen Orten des Römischen Reiches, einer Lieblingsneigung des Kaisers Augustus folgend, den Mithraskult einzuführen bestrebt gewesen sei. Als Varus dies nun auch in Germanien zu tun begonnen habe, da sei es einer der Hauptgründe gewesen, wodurch der Aufstand zum Ausbruch gekommen ist. Schierenberg sagt, daß er ähnliche Kessel in sämtlichen von ihm besuchten Mithrastempeln Südwest-Germaniens,

Italiens und des Orients gefunden habe.« (W. Theut, Germanische Heiligtümer, Jena 1936, S. 42.)
Da die Germanen keine Tempel bauten, auch nicht aus Holz, sondern ihre Götter in der freien Natur verehrten, können sie um so weniger künstliche Grotten in Felsen gehauen haben zum Gottesdienst. Tacitus sagt ausdrücklich Germania 10:

> »Übrigens glauben die Germanen, daß es mit der Hoheit der Himmlischen unvereinbar sei, Götter in Wände einzuschließen ...«

Das ist sehr deutlich gesagt und schließt die Möglichkeit aus, daß die Germanen einen Grottenkult gehabt hätten.
Auch an den Externsteinen können die Grotten also nicht von den Germanen zur Zeit der römischen Kaiser angelegt worden sein. Die Möglichkeit bleibt daher, daß die Römer hier den Versuch gemacht hätten, eine Mithras-Stätte zu schaffen.
Wenn das so wäre, so käme als Zeit hierfür wohl nur das Jahr 9 n. Chr. in Betracht, als Varus mit seinen Legionen in unmittelbarer Nähe der Externsteine sein Sommerlager aufgeschlagen hatte, dort von etwa Mai bis September fünf Monate lang verweilte und mit allen nötigen Hilfsmitteln und Hilfskräften versehen war. Die früheren flüchtigen Aufenthalte des Drusus können hierfür nicht geeignet gewesen sein.
Daß Varus selbst schon in den Jahren 7 und 8 n. Chr. dort gewesen wäre, davon wird uns von keinem Schriftsteller etwas überliefert. Daß das römische Heiligtum aber ganz fertiggestellt und daß darin schon Kulthandlungen ausgeführt worden wären, ist wieder unwahrscheinlich, weil die Germanen kaum abgewartet haben dürften, ob die heimischen Götter einen solchen Einbruch in ihren Heiligen Bezirk hinnehmen würden.
Es kommen auf diese Weise Fragen auf uns zu, an die früher kaum gedacht war. Man muß sich neue Vorstellungen machen, wie das Nebeneinander verschiedener Gottesdienste – wenn wir an den Externsteinen als der Stätte der Opferaltäre festhalten – sich gestaltet haben mag.
Die Vorstellung, daß die Römer versucht hätten, am Externstein einen Mithraskult einzurichten, der sich mir nur als Frage aufgrund der Adler-Hohlform ergab, ist schon vor 130 Jahren aus ganz anderen Gründen gefaßt worden.

> »Der Bonner Theologe (Johannes Wilhelm Josef) Braun, auch in Dingen der Kunstgeschichte bewandert, urteilte in dem ›Festprogramm zu Winckelmanns Geburtstage‹ (am 9. Dezember 1858), ›daß diese Grotte ursprünglich nicht für den christlichen Gottesdienst bestimmt gewesen ist. Wäre sie das, so würde man ihr eine andere Gestalt gegeben haben.‹ Braun schloß deshalb auf eine römische Anlage, ein Heiligtum des Mithraskultes, das nach einem Jahrtausend von dem Christentume übernommen worden sei.« (Freerk Haye Hamkens: Der Externstein, Tübingen 1971, S. 84)

Prof. Dr. Walther Matthes, Hamburg, schreibt mir am 29. 3. 1988:

> »Die in Ihrem neuen Buch-Manuskript entwickelte These über den römischen Ursprung des Adlers und der Adlertür ist interessant und erwägenswert, aber nicht schlüssig bewiesen, weshalb Sie auch mit Recht die Frageform gewählt haben. Notwendig wäre unter Hinblick auf Ihre These, die Arbeitsspuren am Felsen zu untersuchen und zu prüfen, ob und wo römische Arbeit nachweisbar ist. ... Die Bodenvertiefung beweist nicht den Mithraskult. Auch in den keltischen und germanischen Kulten war die Verwendung von Kesseln üblich.«

Aber *nicht* üblich war es doch offenbar bei den Germanen, feierliche Handlungen in Höhlen vorzunehmen, wie es vom Mithraskult berichtet wird, ebensowenig war es wohl Brauch, Kessel in Höhlen auszuhauen. Jedenfalls findet sich bei Tacitus oder Caesar darüber kein Wort. Es wird von Quellen, Seen, Hainen usw. gesprochen, wir dürfen auch Felsenstätten vermuten, aber keine Felsbearbeitung, wir wissen, aus der Zeit der Christianisierung, von heiligen Bäumen, wir kennen hölzerne Götteridole, aber wir erfahren nichts von Steinbearbeitung irgendwelcher Art im Zusammenhang mit Kulten. Die Germanen arbeiteten vorwiegend in Holz.

Im Hintergelände der Externsteine, etwa in Verlängerung des Sees nach Westen, an den Ausläufen des Bärensteins ist im Hang der Berge eine Art Amphitheater vorhanden, mit Wald bewachsen, eine fast gleichmäßige große Halbrundung mit einer Art Rundbühne im erhöhten Grund. Die Akustik ist hier so gut, daß man unten jedes am obersten Rand gesprochene Wort genau versteht und umgekehrt. Ob diese Anlage natürlich ist oder künstlich, kann ich nicht entscheiden, es ist vielleicht auch nicht so wichtig. Hier wäre aber ein Versammlungsraum für Tausende und war es vielleicht auch früher; und man kann sich denken, daß hier große Versammlungen gehalten worden sein könnten, vielleicht auch Spiele aufgeführt.

Ich führe das nur an, weil ich meine, daß man alle Möglichkeiten im Bewußtsein haben muß, wenn man sich ein Bild über die Geschehnisse so lange vergangener Zeit machen will.

Nach der Schlacht

Von dem, was nach der Hermannsschlacht in Germanien geschah, wissen wir nur wenig. Den Jubel, der in diesen Landen ausbrach, können wir nur erahnen. Auf einmal schien alles möglich. Die Römer konnten nicht nur geschlagen werden, sie *waren geschlagen worden.* Das zweite »Arbalo«, durch zwei Jahrzehnte erhofft und geplant, war Wirklichkeit geworden. Auf das genaueste und geschickteste durchgeführt, hatten die Germanen ein ganzes römisches Heer vernichtet. Alles, was römisch war in den rechtsrheinischen germanischen Landen, wurde nun beseitigt; vor allem wurden die römischen Lager und Kastelle erobert und zerstört.

Nur das *eine* Kastell, das Tiberius im Winkel der Lippe und Gunne erbaut hatte, Aliso, ergab sich nicht und konnte von den belagerungsunkundigen Germanen nicht erobert werden. Die Feste wurde gut verteidigt und war mit Vorräten aller Art versehen. Zonaras erzählt von ihr (nach Dio) allerlei märchenhafte Dinge, Zonaras 10, 37 p 427, 4–18 B (p 452, 12–29 D.):

> »Auch die Kastelle nahmen die Barbaren alle in Besitz außer einem, durch welches aufgehalten sie weder den Rhein überschritten noch in Galatien einbrachen. Doch auch dieses konnten sie nicht überwältigen, da sie nicht zu belagern verstanden, und (da) die Römer viele Bogenschützen verwendeten, durch welche sie zurückgeschlagen wurden und sehr viele zugrunde gingen.
>
> Nachdem sie aber erfuhren, daß die Römer die Wache am Rhein hielten, und daß Tiberius mit einem starken Heer heranrücke, zog die Mehrzahl von der Feste weg, die übrigen setzten sich von ihr ab, um

nicht von denen drinnen bei plötzlichen Ausbrüchen Schaden zu erleiden, beobachteten die Wege, indem sie hofften, sie (die Römer) durch Lebensmittelmangel zu kriegen.
Die Römer, die drinnen waren, solange sie hinreichenden Vorrat an Nahrung hatten, blieben auf ihrem Posten, auf Hilfe wartend. Als aber keiner ihnen zu Hilfe kam, und sie Hunger litten, zogen sie hinaus, indem sie eine winterliche Nacht abpaßten (es waren aber wenige Soldaten, Unbewaffnete dagegen viele) und kamen am ersten Wachtposten und am zweiten vorbei. Als sie aber zu dem dritten kamen, wurden sie erblickt, da die Frauen und die Kinder die waffenfähigen Männer dauernd anriefen in Furcht wegen der Dunkelheit und der Kälte.
Und es wären wohl alle umgekommen oder gefangen worden, wenn nicht die Barbaren mit dem Raub der Beute beschäftigt gewesen wären. So nämlich entfernten sich die Kräftigsten weit, und die Trompeter, die bei ihnen waren, bliesen etwas Schnelles zusammen, indem sie bei den Gegnern den Glauben wachriefen, sie wären von Asprenas geschickt. Deshalb hielten jene mit der Verfolgung inne, und Asprenas, als er das Geschehen erfuhr, eilte ihnen entgegen.«

Die Nachricht des Zonaras über die Belagerung des letzten Römerkastells Aliso enthält unlösbare Widersprüche. Einmal wird nämlich behauptet, die Besatzung wäre so stark gewesen, daß ihre Bogenschützen die Germanen zurückschlagen konnten, und daß die Germanen Ausfälle aus dem Kastell hätten befürchten müssen; andererseits aber heißt es nachher, es wären nur noch wenige Waffenfähige vorhanden gewesen.
Wenn man diese Nachrichten ernst nehmen will, so ergibt sich, daß Entscheidendes verschwiegen wird. Sie würden nämlich aussagen, daß die Zahl der waffenfähigen Römer in der Zwischenzeit reißend abgenommen hätte. Der Grund könnte einmal darin bestehen, daß doch sehr viele Römer in den Kämpfen verwundet wurden und ihren Wunden erlagen, oder daß eine durch Hunger begünstigte Seuche die Besatzung stark vermindert hätte.
Es ergibt sich aus der wörtlichen Übersetzung des Zonaras-Berichtes aber noch etwas anderes: Es wäre demnach gar kein gemeinsam geplanter Ausbruch der Eingeschlossenen gewesen, sondern der Versuch der Männer, vor allem der kräftigen, aus dem Kastell zu entwischen. Dies

wurde aber von den Frauen bemerkt, und sie stürzten jammernd hinter jenen her. Wenn nun »die Kräftigsten« sich genügenden Abstand für ihre Flucht verschafften, so bedeutete das andererseits, daß alle übrigen umkamen oder gefangen wurden. Nur ein kleiner Trupp verwegener Burschen schlug sich durch, ohne auf die anderen Rücksicht zu nehmen. Das würde sich aus dem Zonaras-Bericht ergeben. Zugleich wird darin eine gewisse Zeit angegeben, da von einer »winterlichen Nacht« die Rede ist. Das hieße, daß sich die Reste vier bis fünf Monate lang gehalten hätten.

Da aber der ganze Bericht, wie jener des Dio, mit Unwahrscheinlichkeiten durchsetzt ist, wird man sich lieber an die kürzere Darstellung des Velleius (II, 130) halten, der allerdings keine genaueren Umstände angibt:

> »Die Tüchtigkeit des Lucius Caeditius, des Lagerkommandanten, und der mit ihm zusammen in Aliso Eingeschlossenen, die von einer ungeheuren Menge von Germanen belagert wurden, ist Lobes wert. Nachdem sie alle Schwierigkeiten überwunden hatten, welche der Mangel an (allen) Dingen unerträglich, die Macht der Feinde unüberwindlich machten, faßten sie weder einen voreiligen Entschluß, noch übten sie träge Vorsicht, sondern warteten einen günstigen Augenblick ab und bahnten sich mit (dem) Eisen die Rückkehr zu den Ihrigen. Hieraus wird deutlich, daß Varus, gewiß ein ernster, wohlgesinnter Mann, mehr wegen der mangelnden Umsicht des Feldherrn, als weil er von der Tapferkeit der Soldaten im Stiche gelassen worden wäre, das großartigste Heer ins Verderben gerissen hat.«

Was hat sich also um Aliso zugetragen?

1. Aliso lag an der Lippe und war das vom Rhein entfernteste Lager.
2. Es war stark befestigt, aber mit Holz.
3. Es hatte große Vorratslager.
4. Es lag nicht weit vom Varus-Schlachtfeld; denn hier sammelten sich die Versprengten aus der Schlacht.
5. Die Besatzung war stark genug, das Lager zu verteidigen und den Ansturm der Germanen abzuwehren. Man darf die Zahl der Verteidiger wohl auf 1000 schätzen.
6. Offenbar aber hatten die Römer beim Ansturm der Germanen starke Verluste durch Tod, Verwundung und wohl auch Seuchen.

7. Immerhin waren sie noch stark genug, sich zum Rhein durchzuschlagen. Wenigstens ein starker Trupp.
8. Zum Kastell wird notwendigerweise auch ein größerer Troß gehört haben, Verwaltungsbeamte, Burschen, vielleicht auch »Weiber«. Da es aber in diesem Vorratslager zweifellos Waffen genug gab, können die Männer nicht unbewaffnet beim Ausbruch gewesen sein.

Die Berichte über die Belagerung von Aliso werden ergänzt durch zwei Notizen, welche der römische Schriftsteller Frontin macht. Er sagt III 15, 4:

> »Als die aus der Varus-Niederlage Übriggebliebenen« (in Aliso) »belagert wurden, entließen sie die Gefangenen mit abgeschnittenen Händen, nachdem sie sie die ganze Nacht über in den Speichern herumgeführt hatten. Diese machten den Ihrigen, die ringsum lagerten, klar, sie sollten die Hoffnung auf baldige Eroberung nicht in den Hunger der Römer setzen; denn diese hätten noch eine ungeheure Menge an Lebensmitteln.«

Die andere Notiz lautet IV 7, 8:

> »Der Primipilar Caelius, der nach der Varus-Niederlage bei den Unsern das Amt des Anführers übernahm, schickte sie in der Sorge, daß die Barbaren das zusammengehäufte Holz an den Wall bringen und das Lager anzünden möchten, überall hin aus, Holz zu beschaffen, indem er so tat, als hätte er Mangel daran, und erreichte dadurch, daß die Germanen das gesamte Holz wegschleppten.«

Aus dieser Nachricht erfahren wir, daß der Wall der römischen Befestigung zum Teil aus Holz bestand, wahrscheinlich ein Holz-Erde-Wall war. Das hätte man allerdings auch ohne diese Nachricht aufgrund archäologischer Erkenntnisse über diese Zeitepoche angenommen.

Die Auswirkung in Rom

In Rom schlug die Nachricht von der Varusniederlage wie ein Blitz ein.

Velleius II 117 ff.:

»Der Caesar (Tiberius) hatte gerade letzte Hand an den pannonischen und dalmatischen Krieg gelegt, da brachten innerhalb fünf Tagen nach Vollendung eines so gewaltigen Werkes Unheilsbriefe aus Germanien die Nachricht von dem Tode des Varus und der Niedermetzelung dreier Legionen und ebenso vieler Reitergeschwader sowie von sechs Kohorten. Nur darin schien uns das Schicksal gnädig zu sein, daß sich nicht, während der Feldherr (Tiberius) beschäftigt war (die Pannonier niederzuwerfen), die siegreichen Germanen mit ihnen verbanden.«

(Dio):

»Als Augustus von dem Unheil erfuhr, da zerriß er seine Kleider (wie einige Quellen berichten) und verfiel in tiefen Kummer über den Untergang seines Heeres.
Zugleich bedrückte ihn die Furcht vor den Germanen und den Galliern, vor allem, weil er fürchtete, daß sie auf Italien und auf Rom selbst losgehen würden. Er hatte auch keine nennenswerte Wehrmacht an Bürgern mehr zur Verfügung, und die bundesgenössischen Kontingente, die etwas taugten, waren schwer mitgenommen. Gleichwohl traf er, soweit es die obwaltenden Umstände erlaubten, seine Vorkehrungen, und als sich keiner von den Männern in wehrfähigem Alter in die Stammlisten eintragen lassen wollte, ließ er sie auslosen und von denen, die noch nicht 35 Jahre alt waren, immer jedem fünften, von denen, die älter waren, jedem zehnten, den das Los getroffen, sein Vermögen konfiszieren. Außerdem entzog er ihnen die bürgerlichen Ehrenrechte. Und schließlich ließ er, als sich auch dann noch eine große Anzahl um seine Anordnungen überhaupt nicht kümmerte, einige von ihnen hinrichten. Als er dann aus denen, die schon einen Feldzug mitgemacht hatten, und aus den Freigelassenen möglichst viele hatte auslosen lassen, veranstaltete er eine Aushebung und schickte die Ausgehobenen sofort unter dem Befehl des Tiberius in Eilmärschen nach Germanien.
Da aber in Rom viele Gallier und Kelten waren, von denen ein Teil aus

anderen Gründen in der Stadt weilte, ein Teil in seiner Leibwache diente, stieg in ihm die Befürchtung auf, daß sie eine Meuterei machen könnten. Daher ließ er einen Teil von ihnen auf gewisse Inseln verbringen, den übrigen befahl er, ohne Waffen die Stadt zu verlassen. So handelte er damals. Von den herkömmlichen Feiern fand keine statt; ebensowenig wurden die Volksfeste begangen.
Als er dann aber hörte, daß noch einige von den Soldaten gerettet wären, und die germanischen Provinzen durch die Besatzungen behauptet würden, und daß die Feinde nicht einmal gewagt hätten, bis zum Rhein vorzudringen, verlor sich seine Niedergeschlagenheit, und er faßte einen Entschluß. Denn es schien ihm das Unglück nicht ohne den Zorn einer Gottheit so schwer und so plötzlich hereingebrochen zu sein. Außerdem faßte er infolge der Wunderzeichen, die sich vor und nach der Niederlage ereigneten, einen schweren Argwohn gegen die Gottheit. Es wurde nämlich der Tempel des Mars auf dem ihm geweihten Felde vom Blitz getroffen, Heuschreckenschwärme, die in die Hauptstadt flogen, wurden von Schwalben vertilgt, die Gipfel der Alpen schienen aufeinander zu stürzen und drei feurige Säulen emporsteigen zu lassen. Dabei sah es aus, als ob der Himmel brennte. Auch zahlreiche Kometen zeigten sich, und von Norden geschleuderte Speere schienen in die Lager der Römer zu treffen, Bienenschwärme bildeten an den Altären ‹der römischen Truppen in Germanien› ihre Waben, und ein Standbild der Siegesgöttin, das sich in Germanien befand, und nach dem Feindesland zu schaute, hatte sich nach Italien umgewendet. Einmal entstand sogar um die Adler in den Lagern, als ob schon die Barbaren auf sie los kämen, grundloses Kampfgetümmel der Soldaten ...«

Sueton, Augustus 23:

»Schwere und schimpfliche Niederlagen hat der Kaiser überhaupt nur zwei und *nur in Germanien* erlitten, unter dem Kommando des *Lollius* und unter dem des *Varus*... Die unter Varus war nahezu vernichtend, *da drei Legionen* mitsamt ihrem Feldherrn und den Legaten und sämtliche Hilfstruppen *fielen*. Auf die Kunde hiervon ließ er in der Hauptstadt die Truppen Tag und Nacht in Bereitschaft halten, damit kein Aufruhr ausbräche, und verlängerte den Statthaltern der Provinzen ihr Kommando, damit die Bundesgenossen von erfahrenen und ihnen vertrauten Männern im Zaum gehalten würden. Er gelobte auch dem Jupiter Optimus Maximus die Veranstaltung großer Festspiele, falls sich die Lage des Staates bessern sollte. Ein solches Gelübde war im kimbrischen und im marsischen Kriege getan worden. Man erzählt, daß der Kaiser derartig bestürzt gewesen sei, daß er monatelang Bart und Haar habe wachsen lassen und zuweilen sein Haupt gegen die Türpfosten gestoßen habe, indem er ausrief: *»Quintilius Varus, gib mir die Legionen wieder!«* Auch berichtet man, wieviel Jahre lang er den Tag der Niederlage als Tag der Trauer und des Unheils begangen habe.«

Warum stockte der Germanensturm?

Was die Römer so sehr fürchteten, trat nicht ein. Die nun vereinigten Germanenstämme drangen nicht über den Rhein, überrumpelten nicht die linksrheinischen Kastelle und Lager, vereinigten sich nicht mit den Germanen drüben, nicht mit den Galliern, nicht mit den Pannonen. Sie ließen Rom noch eine Atempause von 400 Jahren.

Warum trat der Cherusker, der nun alle Macht der germanischen Stämme vereinigt hatte, nicht zu dem großen Zuge an? Warum rächte er nicht den jahrzehntelangen römischen Angriff durch einen germanischen Gegenangriff? Man hat es ihm immer wieder als Absicht unterschoben und nur gemeint, er hätte es nicht gekonnt.

Denken wir zurück an seinen weithin hallenden Zornruf: »Niemals würden es die Germanen verzeihen, daß sie zwischen Elbe und Rhein Rutenbündel und Henkersbeile und römische Zwingherrn hätten sehen müssen!« *Zwischen Elbe und Rhein!* Dies war sein Gebiet. Er hatte von seinem Vater die Aufgabe übernommen, das rechtsrheinische Germanien von den Römern zu befreien. Diese Aufgabe hatte er gelöst. Rom zu überrennen war nicht sein Ziel.

Hätte er es gekonnt? Der Cherusker kannte nur zu gut die verborgenen Kräfte der Römer. Er hatte ihre Geschichte studiert. Sie hatten Hannibal bezwungen, der schon als Sieger durch ihr eigenes Land gezogen war und vor Rom stand. Sie hatten seither die halbe Welt bezwungen, ihre Hilfsmittel, ihre Willenskräfte waren ungeheuer. Konnte er, im Anlauf, die römische Weltmacht bezwingen? Mit welchen Mitteln?

Die Hermannsschlacht, das zweite »Arbalo«, hatte er in vielen Jahren sorgsam vorbereitet. Er hatte sich dazu das Heer geschaffen, er hatte die Cherusker (weitgehend) geeinigt, er hatte sich der Bundesgenossen versichert, er hatte die Römer in Sicherheit gewiegt. Er hatte alles sorgfältig geplant – dann hatte er zugeschlagen. Der Schlag war geglückt. Der Fremdling im Lande war vernichtet, das Land zwischen Elbe und Rhein war wieder frei. Aber darüber hinaus?

Der Cherusker war ein Planer. Über den Rhein hinaus hatte er nicht geplant. Wie er sich früher nicht hatte verlocken lassen, die günstig scheinende Gelegenheit des pannonischen Aufstandes zu ergreifen, weil die Voraussetzungen ungewiß waren, so ließ er sich auch jetzt auf das Ungewisse nicht ein. Er war kein Eroberer fremden Landes. Er wollte das eigene Land für das eigene Volk freikämpfen und sichern. *Er war der Befreier Germaniens, nicht der Zerstörer Roms.*

Noch im gleichen Jahr 9 n. Chr. war ganz Germanien rechts des Rheins von den Römern freigefegt. Indessen waren die Römer nicht untätig. Noch hatten sie zwei kampfstarke Legionen bei Trier stehen, in Eilmärschen führte Asprenas sie nach Castra Vetera bei Xanten. Der rührige und zuverlässige Tiberius war sofort zur Stelle, die von Augustus eiligst ausgehobenen Truppen folgten nach. Die Kräfte, die den pannonischen Krieg bewältigt hatten, waren jetzt frei. Rom sammelte seine Macht zu Abwehr und Angriff.

Noch war der Germanische Krieg nicht ausgekämpft. Es brauchte weitere sieben Jahre, bis Rom endgültig auf seinen Traum verzichtete, Germanien zwischen Elbe und Rhein zur römischen Provinz zu machen. Aber der Anfang war gemacht, die Fronten waren geklärt, auch der Cherusker war auf den Endkampf eingestellt. Die Vorbereitungen liefen auf beiden Seiten.

Hermanns späterer Gegner, Germanicus, hat im Jahre 16 n. Chr., als er durch den Cherusker zum Kampf im Bergwald gezwungen wurde, versucht, seinen Soldaten einzureden, die Germanen seien schlecht bewaffnet, nur die vorderste Reihe hätte Speere mit eiserner Spitze, die andern nur im Feuer gehärtete Holzspeere. Aber er irrte. Auch die Germanen hatten die sieben Jahre bestens genutzt. Sie hatten Eisenerze genug, sie hatten Schmiede genug, sie schufen sich, was sie brauchten, und der Zusammenstoß mit den Römern hatte ihnen reichlich brauchbare Beute gebracht. Der lange, in den Augen der Römer überlange, Speer war ihre Hauptwaffe, der nur die kurze Eisenspitze brauchte, ein Schwert hatte jeder, und im Reiterkampf wurden sie niemals besiegt.

Fast allgemein herrscht die Vorstellung, durch die Hermannsschlacht sei

Germanien von den Römern befreit worden. Das ist nicht richtig. Durch diese »Varus-Niederlage« wurden zunächst nur die Fronten geklärt, und es lagen sich nun die beiden Mächte, lauernd wie die Raubkatzen, einander gegenüber, durch den Rhein getrennt. Aber die Römer hatten das rechtsrheinische Germanien, das sie schon als ihre künftige Provinz betrachteten, keineswegs aufgegeben. Mit den ungeheuren Mitteln ihres Reiches versuchten sie nochmals in zwei gewaltigen Jahresfeldzügen, das Ergebnis der Hermannsschlacht rückgängig zu machen. Erst als ihnen dies vollständig mißlang, erkannten sie die Freiheit des rechtsrheinischen Germanien an. Es sind also die Schlachten und Ereignisse der Jahre 15 und 16 n. Chr., die Germanien seine Freiheit endgültig zurückgegeben haben, und es ist das Verdienst des Cheruskers, daß er auch die römischen Rachefeldzüge hat unwirksam machen können, ja zu großen germanischen Siegen ausgestaltete. Jetzt erst, im offenen Kampf, erwies er sich den Römern überlegen und sicherte seinen ersten Schlag ab, den er allerdings nur mit List und Heimlichkeit, aus der Zwangslage des Unterjochten heraus, hatte gewinnen können. Seine Ausdauer, seine Umsicht, seine Sorgfalt in der Vorbereitung und seine überlegene Feldherrnkunst haben ihn zum endgültigen Sieger gemacht, nicht die einmalige Überrumpelung; und dadurch erst ist er die sieghafte Gestalt geworden, welcher Germanien wirklich seine Freiheit, die Bewahrung seiner alten Sitten, seines angestammten Rechts und seiner ursprünglichen Sprache bis auf Karl den Großen verdankte.

Der Tod des Augustus

Der Kaiser Augustus, der zu seiner Zeit die Geschicke der damaligen Welt lenkte, hat vor seinem Tode im Jahre 14 n. Chr. eine Übersicht über sein Leben und seine Taten gegeben, und es lohnt sich, diese genau anzusehen. Er schreibt, Monumentum Ancyrianum 26:

> »Von allen Provinzen des römischen Volkes, denen Völker benachbart waren, die unserer Herrschaft nicht gehorchten, habe ich die Gebiete erweitert. Die gallischen und spanischen Provinzen und Germanien, soweit diese Länder der Ozean begrenzt, habe ich von Gades ⟨Cadiz⟩ bis *zur Mündung des Elbstromes* unterworfen. Die

> Alpen habe ich von der Gegend an, die dem Adriatischen Meer zunächst ist, bis zum Tyrrhenischen Meer unterwerfen lassen, ohne daß ein Volk von mir mit Unrecht bekriegt worden wäre. Meine Flotte ist durch den Ozean von der Rheinmündung gegen Sonnenaufgang bis zum *Gebiet der Kimbern* gesegelt, wohin weder zu Lande noch zu Wasser jemals ein Römer vor dieser Zeit gekommen ist, und die *Kimbern, Haruden, Semnonen* und andere germanische Völkerschaften derselben Gegend haben sich durch Gesandte um meine Freundschaft und um die des römischen Volkes beworben.
> Zu mir sind als Flüchtlinge gekommen, demütig um meinen Schutz bittend, die Könige der *Parther Tiridates*, ... die *der Britannier Dumnobellaunus und Tim...*, der der *Sigambrer Maelo* und der markomannischen Sueben ... rus.«

Nicht alles, was diese Übersicht aufführt, hat der Kaiser wirklich erreicht. Vor allem Germanien war ihm nach der Niederlage des Varus völlig entglitten, und die (vergeblichen) Eroberungszüge des Germanicus erlebte er nicht mehr. Aus dem Schriftstück geht vor allem hervor, was der Kaiser sich wünschte, welche seine Bestrebungen waren. Und da spricht er es deutlich aus, daß er überall, wo sein römisches Reich an Grenzen stieß, diese Grenzen weiter hinausschieben wollte. Es war ein unbegrenztes Erweiterungsstreben. Er, Augustus, wollte diese Erweiterung, *er* war der Angreifer.
Aber hinzu kommt ein weiteres Streben: Er will im Recht sein bei seinen Taten. Er sagt, er hätte kein Volk zu Unrecht bekriegt. Wenn wir an die verzweifelten Versuche der Gallier, der Illyrer und Pannonier denken, sich aus den Fangarmen der römischen Macht zu befreien, dann sehen wir, daß dieses Recht kein allgemein menschliches, kein humanes war, sondern ein römisches. Immer wurde *ein Rechtsgrund* gefunden, jedes Mittel gegen die sich Wehrenden einzusetzen, sie alle zu unterwerfen, bis dann die »pax Romana« erreicht wäre, die allgemeine Unbeweglichkeit, aus der sich kein Glied mehr befreien konnte.
Alles, was erreichbar war, wollte Augustus unterwerfen, hat es erreicht oder hat es versucht. Es war die ganze damals bekannte Welt, die er wollte. Nur den Parthern weit im Osten und den Germanen weit im Norden blieb noch ein Freiraum. Von den Römern aus gesehen war ganz Germanien »zu unterwerfendes Land«. Augustus tat so, als wäre unter seiner Herrschaft dies Ziel schon erreicht gewesen, »soweit diese Länder der Ocean begrenzt ... bis zur Mündung des Elbstroms«.

Dies war ein Wunschtraum, er erfüllte sich nicht. Aber das lag nur an besonderen, für die bedrohten Völker sehr günstigen Umständen, an der sorgfältigen Vorbereitung eine ganze Generation hindurch und an der Genialität eines jungen Mannes, in dem sich Zielstrebigkeit und unbändiger Wille zur Freiheit vereinten.

Nach Augustus' Tod

Mit dem Tod des Augustus im Jahre 14 n. Chr. trat wieder eine Wende ein. Der große Alleinherrscher, der erste wirkliche römische Kaiser, der ein ganzes Zeitalter bestimmt hatte, trat ab. Er war noch in den Spuren Caesars gewandelt, er hatte vollenden wollen, was Caesar begonnen hatte, die Eroberung der gesamten, bewohnten Welt. Ausdehnung der Macht war sein Bestreben gewesen; aber er hatte auch die Grenzen dieses Strebens gespürt. Zugleich mit der größten Machtentfaltung stieg die Ahnung des Verfalls herauf.

Tiberius wurde sein Nachfolger. Dieser war ganz anders gesinnt und ganz anders veranlagt als Augustus. Ein hochbefähigter Mann, ursprünglich auch wohl ein edler Charakter, war in ihn Mißtrauen eingezogen, vielleicht zunächst infolge der Intrigen am Kaiserhofe und seiner Verbannung aus Rom – und er wußte, daß seine Rückberufung nicht aus Liebe geschah, sondern aus Verlegenheit. Es gab außer ihm niemanden mehr für dieses Amt.

Tiberius war vorsichtig in allem, was er tat. Er hatte seine Züge durch Germanien vor der Varusschlacht mit möglichster Schonung von Menschen und Material durchgeführt, war Schlachten ausgewichen, hatte mehr durch Verhandlungen und durch Druck erreicht, aber jede Möglichkeit einer Niederlage oder auch nur Schlappe vermieden. Jetzt wurde er Kaiser, Nachfolger des Augustus, mußte sich von Germanien fernhalten und in der Hauptstadt des Reiches, in Rom, bleiben.

Tiberius hatte nicht den Drang Caesars und des Augustus nach Vergößerung des Reiches und Ausweitung der Macht. Er hatte im Pannonischen und im Germanischen Krieg die Gefährdung des Reiches mit seinen immer unruhigen und so leicht aufständigen Provinzen besorgt erlebt. Er wollte nicht erweitern, er wollte sichern. Vielleicht hätte er sich schon jetzt vom germanischen Kriegsschauplatz zurückgezogen; aber da war der Sohn seines Bruders Drusus, »Germanicus« genannt, jung, begierig, es dem berühmten Vater gleichzutun, Ruhm zu erwerben, und Tiberius mußte seinem Ehrgeiz ein Betätigungsfeld lassen. So trat dieses »Jüngelchen (adulescentulus)«, wie der Cherusker ihn abschätzig nannte, ausgerüstet mit den ungeheuren Hilfsmitteln des römischen Weltreiches, sein germanisches Abenteuer an.

»Germanicus« wußte nicht, wie schwer die selbstgewählte Aufgabe war. Er lebte noch im Idealismus römischen Ruhmes und ließ sich blenden durch Glanz und Fülle der römischen Waffen. Aber er hatte in dem Cherusker einen Gegner, der ihm mehr als gewachsen war, dazu kampferfahren, in jeder germanischen und römischen Taktik ausgebildet, mit einer Truppe, die durchgeübt war bis zum Äußersten, und so glückte sein Unternehmen dem jungen Römer nicht. Wie sehr es ihm mißglückte, das haben die römischen Berichterstatter und Schriftsteller gut verschleiert. Aber dem aufmerksamen Blick und der sorgfältigen Befragung wird sich manches von den wahren Vorgängen dieser Jahre offenbaren.

Nach dem Abgang des Augustus geriet die Ordnung des römischen Weltreiches etwas aus den Fugen. Tacitus berichtet darüber ausführlich in seinen Annalen, die mit dem Tode des Augustus beginnen. Unsicherheit und Unruhe verbreiteten sich weithin. Vor allem wirkte sich dies bei den Soldaten aus. Der Untergang der drei vorbildlichen Legionen unter Varus im Jahre 9 n. Chr. hatte Neuaushebungen nötig gemacht und frühzeitige Entlassungen unmöglich. Die meisten waren nicht freiwillig Soldat geworden, sondern durch harte Maßnahmen dazu gezwungen. So bestanden die römischen Heere aus vielen widerwillig Dienenden und vielen überalterten Soldaten. Rädelsführer fanden sich schnell ein, und so brachen gefährliche Aufstände unter den Truppen aus mit Ausschreitungen aller Art, zuerst bei den pannonischen Legionen, dann auch bei den rheinischen.

Tiberius konnte, um die Fäden nicht aus der Hand zu geben, Rom nicht verlassen, und so schickte er seine Neffen Drusus (II.) und Germanicus zu den Legionen. Diesen gelang es, mit mehr oder weniger Glück, Nachgiebigkeit und Strenge, die Aufständischen zu Ruhe und leidlichem Gehorsam zurückzuführen. Germanicus am Rhein griff hart durch und erregte in Castra Vetera (Xanten) einen Gegenaufstand, der vielen der Aufrührer das Leben kostete und einer Niederlage nahe kam (Tacitus Annalen I, 48). Dann aber, um den zum Gehorsam zurückgekehrten Legionen neue Kraft und neuen Geist zu geben, führte er sie zu einem plötzlichen Überfall gegen die Germanen. Er schlug eine Brücke über den

Rhein und setzte ein ansehnliches Heer hinüber, dazu acht Reitergeschwader der Bundesgenossen, auf die er sich verlassen konnte (Tacitus Annalen I, 49).

Sie ziehen durch den Caesischen Wald (Heissi-Wald bei Essen), am zweiten Tag durch dunkle Waldgebirge, wählen einen längeren, ungebahnten, dafür aber auch unbewachten Weg und überfallen die Marser bei einem großen Fest. Sie richten hier ein großes Blutbad an. Tacitus berichtet darüber Annalen I, 51:

> »Der Caesar (Germanicus) teilt die kampfbegierigen Legionen, damit desto ausgedehnter die Verheerung erfolge, in vier Keile. 50000 Schritt[55] weithin verwüstet er durch und durch mit Eisen und Flammen, nicht Geschlecht, nicht Alter erregen Mitleid« [d. h. auch Frauen, und Kinder jeden Alters, wurden erschlagen], »Weltliches sowohl wie Heiliges, auch das bei jenen Völkerschaften hochberühmte Heiligtum (templum), welches sie ›Tamfanae‹ nannten, machen sie dem Erdboden gleich. Ohne Wunde blieben die Soldaten, welche Halbschlafende, Waffenlose oder Umherirrende erschlagen hatten. Dieser Mord erregte die Brukterer, Tubanten, Usipeter, und sie besetzten die Gebirgswälder, durch welche das Heer zurück mußte.«

Die verbündeten Germanen (vielleicht die Schutzvölker des Heiligtums) lassen den Germanicus und seine Legionen nicht ohne Verluste aus den Wäldern. Sie bereiten ihnen in der gewohnten Weise mit unheimlicher Schnelligkeit einen Hinterhalt und greifen vor allem die Nachhut gefährlich an. Germanicus ordnet den Zug zum Kampf auf dem Marsch. Die Germanen verhalten sich ruhig, bis der Heereszug in den Wäldern verschwindet.

> »Dann machten sie leichte Angriffe auf Front und Flanken, aber mit voller Wucht fielen sie die Nachhut an. Und wirklich wurden die leichten Kohorten durch die dichten Germanenhaufen in Verwirrung gebracht. Da sprengte der Caesar an die 20. (Legion) heran und rief mit lauter Stimme: ›Jetzt ist der Augenblick da, eure Meuterei vergessen zu machen! Auf! Eilt, eure Schuld in Ruhm zu verwandeln!‹ Da packt sie die Kampfeswut, mit einem Stoß durchbrechen sie die feindliche Masse, drängen sie auf das freie Feld und hauen sie nieder. Zu gleicher Zeit gelangt unsere Vorhut aus den Wäldern heraus und

schlägt ein festes Lager auf. Von da an hatte das Heer auf dem Marsche Ruhe, und die Truppen wurden, stolz auf das eben Vollbrachte, in die Winterquartiere geführt; was sie vorher gesündigt hatten, war vergessen.«

(Mit dem »sündigen« ist die frühere Disziplinlosigkeit gemeint, nicht das unterschiedslose Morden.)
Der Bericht verwandelt die hier offenbar erlittene Schlappe für die Ohren der Römer in einen erfreulichen Sieg. Man sieht an dieser Schilderung, was die Germanen inzwischen gelernt hatten: Unmittelbar nach dem Überfall der Römer auf das Tamfanafest, also wohl innerhalb eines halben Tages, haben drei Stämme ihre Kampfeinheiten zusammengebracht, besetzen mit unheimlicher Schnelligkeit die entscheidenden Wälder und sind sofort kampffähig. Germanicus erreicht immerhin sein wichtigstes Ziel, die Legionen, die vorher gemeutert hatten, wieder in den Griff zu bekommen. Trotzdem bleibt diese Truppe, mit der er im kommenden Jahr (15 n. Chr.) gegen den Cherusker aufbrechen wollte, eine von überallher zusammengetrommelte und zum Dienst gepreßte Mannschaft, nicht zu vergleichen mit den gut geschulten und kriegserfahrenen Legionen, die mit Varus zugrunde gegangen waren.
Der Stoß gegen die Marser war ein kurzer Streifzug. Aber dieses Vorspiel leitet nun den eigentlichen, erneuerten Krieg ein. Es ist keine kleine Aufgabe, die die Römer sich vornehmen. Fünf Jahre haben sie gesichert und gerüstet; nun bricht die römische Wölfin los. Ein Germanenstamm nach dem andern wird überfallen, »bestraft« und wo es angeht, vernichtet. Manchmal weicht man dem Schlage aus, ein andermal trifft er ins Volle. Kein gültiger Widerstand gegen die Römer scheint sich mehr erheben zu können.

III Die Entscheidung

Das Jahr 15 n. Chr.

Segestes

Tacitus, der für die beiden Jahre 15 und 16 n. Chr. so ziemlich unser einziger Berichter ist, beginnt seine Schilderung (Annalen I, 55) mit der Mitteilung:

> »Unter dem Konsulat des Caesar Drusus und des C. Norbanus« (15 n. Chr.) »wird dem Germanicus ein Triumph bewilligt, während der Krieg fortdauerte. Obwohl er diesen für den Sommer mit aller Macht vorbereitete, nahm er ihn bei Frühlingsbeginn und durch einen plötzlichen Streifzug gegen die Chatten vorweg; denn Hoffnung war aufgekommen, der Feind würde sich spalten in (eine Partei des) Arminius und (eine des) Segestes.... Segestes blieb, obwohl durch die Einigkeit des Volkes in den Krieg hineingezogen, doch im Herzen zwiespältig...«

Wir begegnen Segestes, dem Vater der Thusnelda, hier zum zweiten Male, sechs Jahre nach der Hermannsschlacht. Das erste Mal hatten wir ihn getroffen, als er in der Nacht vor dem Aufstand seinen Schwiegersohn Hermann an Varus verriet und damit dessen Verurteilung und Tod in Kauf nahm. Wie Tacitus hier schreibt, hatte er sich dem Cheruskeraufstand zwar äußerlich angeschlossen, seine Einstellung war aber die gleiche geblieben. Trotzdem hören wir nichts von einer Vergeltung durch Hermann-Arminius, die ja denkbar gewesen wäre; Segestes blieb als Fürst seines Cheruskergaues unangetastet; ja er bekam sogar, wie wir bald erfahren, seinen Anteil an der Beute der Schlacht, und offensichtlich keinen kleinen.

Segestes wurde von den Römern für so einflußreich gehalten, daß sie glaubten, sie könnten mit seiner Hilfe die Germanen in zwei Lager spalten. Aber sie überschätzten Segestes und unterschätzten den Cherusker Hermann. Es ergibt sich aus dieser Tacitus-Notiz, daß Segestes immerfort mit den Römern in Verbindung gestanden haben muß und Pläne mit ihnen geschmiedet hat, die so weit gingen, daß er mit den Römern zusammen gegen Hermann und die Vaterlandspartei eine bewaffnete Erhebung plante. Unter den damaligen Umständen, da ganz Germanien gegen die Römer geeint war, bedeutete diese Tat des Segestes einen Landesverrat. Wären seine geheimen Absprachen mit den Römern frühzeitig ruchbar geworden, so hätte er seine Verurteilung durch das Volk erwarten müssen.

Aus dem Zusammenspiel mit den Römern ging nun seine frevelhafteste Tat hervor. Er holte die ihrem Gatten treu anhängende Tochter Thusnelda hinter Hermanns Rücken zurück in sein Haus. Wir wissen nicht, welches Mittel er dabei gebrauchte, welche Versprechung, welche List, welche Gewalt. Er hielt sie fest, um sie dem Germanicus auszuliefern. Daraufhin von Hermann und den Cheruskern belagert, rief er die Römer zu Hilfe, und sofort kam Germanicus mit gewaltigem Heer, übernahm Segestes samt seinem Anhang und allerhand Trophäen, vor allem aber Thusnelda als die Gattin des Hauptgegners; denn er brauchte sie für seinen künftigen Triumphzug, wie er auch die Frauen und Töchter anderer Germanenfürsten zum gleichen Zweck raubte oder rauben ließ (Annalen II, 7). Tacitus schreibt darüber:

> »Bald darauf kamen Gesandte von Segestes, die um Hilfe gegen die Übermacht seiner Landsleute baten, von denen er ringsum belagert wurde; denn mehr galt bei ihnen Arminius, da er zum Kriege riet ... Dem Germanicus schien es der Mühe wert, seinen Weg dorthin zu richten. Es fand ein Kampf gegen die Belagerer statt, und Segestes wurde mit einer großen Schar von Verwandten und Schutzbefohlenen befreit. Auch vornehme Frauen waren darunter, so die Gattin des Arminius, die Tochter des Segestes, die mehr die Gesinnung ihres Gatten als die ihres Vaters hatte: Keine Träne rann über ihre Wangen, keine Bitte erniedrigte ihren Mund. Sie preßte in dem Bausch ihres Gewandes ihre Hände zusammen und blickte stumm auf ihren schwangeren Leib.«

So lieferte Segestes die eigene Tochter, Gattin des Cheruskers, schwanger von diesem, an die römische Welt aus, wo sie notgedrungen die Rolle einer vornehmen Sklavin spielen mußte, und setzte ihren Sohn, den »Königssproß« der Cherusker, den unwürdigsten Lebensbedingungen aus. Hinzu kommt erschwerend, daß Segestes zwei Jahre später seine

Tochter, den kleinen Sohn Hermanns an der Hand, in Rom im Triumphzug des Germanicus mitziehen läßt (dazu auch noch den eigenen Sohn und den Neffen), während er selbst mit seinem Bruder als vornehmer Zuschauer dem grandiosen Täuschungsspiel zuschaut, wo ein Feldherr, der nichts erobert hat, dessen Heer außerordentliche Verluste hinnehmen mußte, seinen angeblichen Sieg feiert über jene Völker zwischen Rhein und Elbe, die ihn eben vertrieben hatten.
Selbst wenn man des Segestes Römerliebe als eine in jener Zeit mögliche Haltung versteht, fällt es schwer, edle oder auch nur rechtschaffene Beweggründe bei ihm zu entdecken. Dagegen finden wir mehrere unedle und unredliche: Die *Rachsucht* gegenüber dem Entführer seiner Tochter, die *Eifersucht* gegenüber dem jungen, fähigen, beim Volk beliebten Jungfürsten, die *Eitelkeit*, weil ihm der »göttliche« Kaiser Augustus das römische Bürgerrecht verliehen hatte, und ihm auch sonst bevorzugte Behandlung zuteil werden ließ, die *Herrschsucht,* der er Tochter und Enkel opferte. Was sagte denn Segestes zu dem Mord an den Marsern, zu der Schändung des Tamfana-Heiligtums? Offenbar war er schon so weit weg von dem »germanischen Vaterland«, daß ihn all das nicht mehr rührte. Aber auch auf Germanicus fällt hier kein gutes Licht.

Der Zug gegen die Chatten

Und was sagte Segestes zu dem eben vorhergegangenen Feldzug des Germanicus zur Vernichtung der Chatten, wo es heißt (Tacitus Annalen I, 56):

> »daß alles, was schwach war durch Alter und Geschlecht, sogleich gefangen oder getötet wurde«,

wo also Frauen, Kinder und Greise der römischen Rache zum Opfer gefallen waren? Holen wir hier den Bericht des Tacitus über diesen Teilfeldzug kurz nach! Tacitus schreibt da (Annalen I, 56):

> »Germanicus übergibt also 4 Legionen, 5000 von den Hilfstruppen und eilig aufgebotene Verbände linksrheinisch wohnender Germanen dem Caecina. Ebenso viele Legionen und die doppelte Zahl an Bundesgenossen führt er selbst, und nachdem er über den Spuren

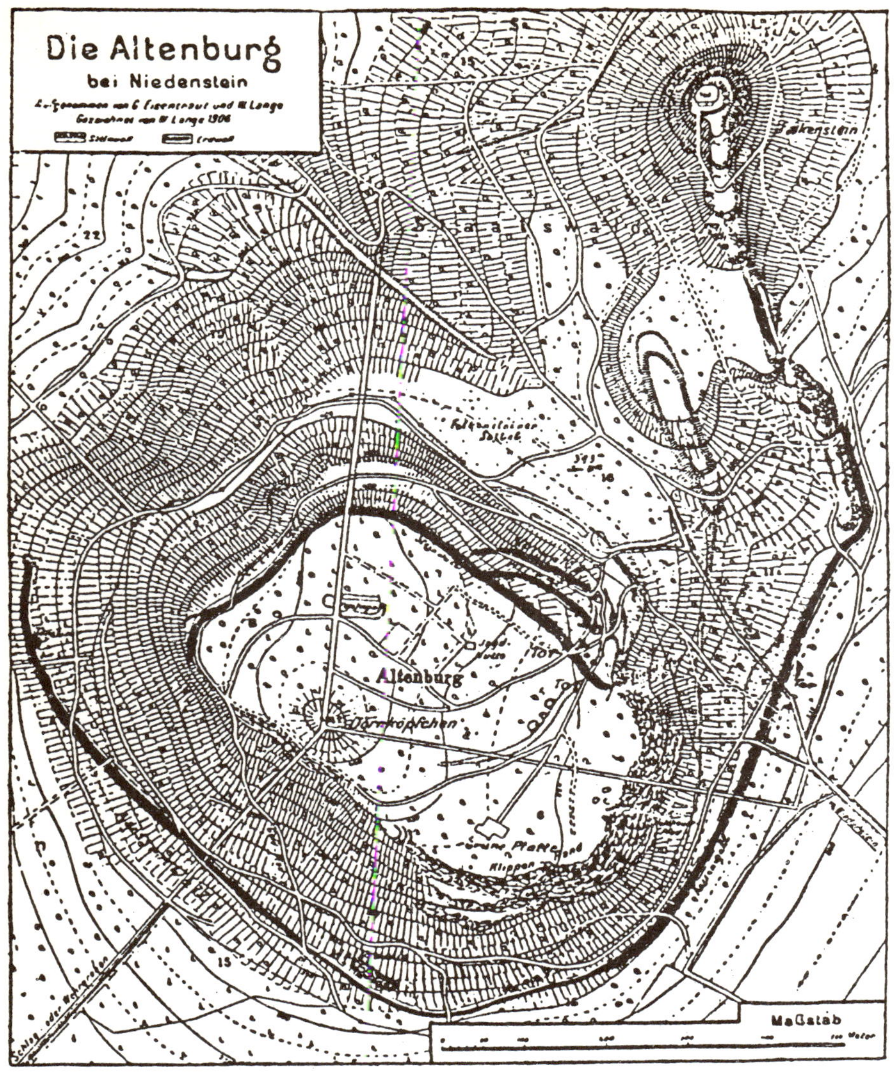

Mattium, die Hauptfeste der Chatten

einer väterlichen Wehranlage auf dem Taunusberg ein Kastell errichtet hat, reißt er das Heer ohne viel Gepäck ins Gebiet der Chatten, wobei L. Apronius für Wege- und Flußbefestigungen zurückgelassen wird.

Denn bei der Trockenheit und dem niedrigen Wasserstand der Flüsse – selten bei jenem Himmel – hatte er den Marsch ohne Gegenwehr (zu

finden) beschleunigt durchgeführt, und man mußte Regengüsse und angeschwollene Flüsse für die Rückkehr befürchten. Aber den Chatten kam er so unerwartet, daß alles, was schwach war durch Alter oder Geschlecht, sogleich gefangen oder getötet wurde.
Die Jungmannschaft hatte den Ederfluß schwimmend durchquert und wehrte die Römer ab, die eine Brücke zu bauen begonnen hatten. Dann, als sie durch Schleudern und Pfeile vertrieben waren und sich vergeblich um Friedensbedingungen bemüht hatten, wurden die übrigen, welche ihre Dörfer und Gaue verlassen hatten, in die Wälder verstreut. Der Caesar, nachdem er Mattium angezündet (dies die Hauptburg des Stammes) und das offene Land verwüstet, wendet zum Rhein, wobei der Feind nicht wagt, die Abziehenden im Rücken anzugreifen, was sonst seine Gewohnheit ist, soweit er mehr aus List als aus Furcht gewichen war.
Die Cherusker hatten im Sinn, den Chatten zu helfen; aber Caecina setzte sie in Schrecken, indem er hierhin und dorthin die Waffen trug; und die Marser, welche zu kämpfen wagten, hinderte er (daran) durch ein glückliches Treffen.«

Germanicus verheert also das Land der Chatten, und er zerstört die Hauptfeste Mattium (Altenberg) so gründlich, daß sie nicht wieder aufgebaut wurde, während der General Caecina ihn mit einem starken Heer gegen Cherusker und Marsen absichert. Dann zieht er sich wieder zum Rhein zurück. Seine Hoffnung auf Aufspaltung der Germanen in eine römerfeindliche Partei unter Arminius und eine römerfreundliche unter Segestes hatte sich nicht erfüllt. Aber dann kam doch, recht verspätet, Botschaft von Segestes und die Bitte um Hilfe gegen seine ihn belagernden Landsleute, eine Bitte, die Germanicus nun sofort erfüllte.
Man muß hier beim Zug gegen die Chatten schon von dem Versuch der Ausrottung sprechen; denn auch die, welche in Gefangenschaft kamen, wurden ja in andere Länder verkauft und sahen ihre Heimat wahrscheinlich niemals wieder.

Bei Tacitus heißt es nun weiter:

»Es wurden auch Beutestücke von der Varianischen Niederlage herbeigebracht, die den meisten derer, die sich damals ergaben, als Beute zugeteilt waren. Zugleich kam Segestes selbst, gewaltig anzuschauen und im Bewußtsein seiner Bündnistreue ohne jede Furcht. ... Der

> Caesar (Germanicus) gab eine freundliche Antwort und versprach seinen Kindern und Verwandten Straflosigkeit, ihm selbst einen Wohnsitz in der alten Provinz (an der Riviera). Dann führte er das Heer zurück und erhielt den Titel Imperator auf Veranlassung des Tiberius.«

Es war ein weiter Zug, den Germanicus machte, um den »gegen die Übermacht seiner Landsleute« kämpfenden Segestes in den Schutz des römischen Reiches zu holen, und es war ein bedeutendes Heer, das er bis an die Grenze des Cheruskerlandes führte; denn er mußte ja stark genug sein, um jeder Zusammenballung der Germanen gewachsen zu sein.

Aber dem Germanicus muß es doch lohnend erschienen sein, sich des Widersachers der Cherusker zu versichern, vor allem aber der Gattin Hermanns. Denn der Blick römischer Feldherrn war ja nicht nur auf den Sieg über die Feinde gerichtet, sondern fast mehr noch auf die Auswirkung ihrer Taten in Rom, auf die Erhöhung ihrer Stellung, vor allem auf den Triumph; und welch bedeutende Wirkung mußte es machen, wenn man im Zug die Gattin des großen Gegners vorführen konnte! Das besonders muß mit Segestes vorher abgesprochen gewesen sein, und diesem Ziel zuliebe hat Germanicus den gewaltigen Zug mit 40000 Mann über 250 km hin und ebensoviel zurück unternommen, und dazu die Verzögerung seines Sommerfeldzuges in Kauf genommen.

Es scheint aber, daß Segestes diese Bedingung des Germanicus nicht rechtzeitig hat erfüllen können, sich seiner Tochter Thusnelda zu bemächtigen, und so brachte diese Neidingstat durch ihre Verspätung dem Germanicus zwar den erwünschten Vorteil, aber auch den gefährlichen zeitlichen Nachteil ein. Hinzu kommt, daß er hierdurch die Gegenkraft Hermanns um ein vielfaches verstärkte und die Werbung für den Freiheitskampf gegen die Römer unterstützte. Tacitus schildert das (Annalen I, 59) so:

> »Den Arminius trieben – über die angeborene Heftigkeit hinaus – der Raub der Gattin und ihre der Knechtschaft unterworfene Leibesfrucht wie einen Rasenden umher, und er durchflog das Cheruskerland, Waffen gegen Segestes, Waffen gegen den Caesar fordernd. Auch mit Schmähungen hielt er nicht zurück:
> Ein herrlicher Vater! Ein großer Feldherr! Ein tapferes Heer, die mit so vielen Händen ein einziges Frauchen weggeführt hätten! Vor ihm seien drei Legionen, ebenso viele Legaten (Generale) niedergesunken.

Nicht nämlich führe er Krieg durch Verrat und nicht gegen schwangere Frauen, sondern gegen Bewaffnete! Zu sehen seien noch in den heiligen Hainen der Germanen die römischen Feldzeichen, die er den vaterländischen Göttern aufgehängt. Möge Segestes das besiegte Ufer bewohnen, möge er dem Sohn das Priestertum (über Menschen!!) wiedergeben! Die Germanen würden niemals ausgiebig genug entschuldigen, daß sie zwischen Elbe und Rhein Peitschruten, Henkersbeile und die Togen (römischer Richter) gesehen! Andere Völker, unbekannt mit der römischen Herrschaft, hätten keine Hinrichtungen gekostet, keine Tribute gekannt! Da sie (die Germanen) diese abgeschüttelt, und erfolglos abgezogen sei jener unter die Gottheiten versetzte Augustus, jener auserlesene Tiberius, sollten sie doch nicht bange sein vor einem unerfahrenen Jüngelchen, vor einem aufsässigen Heer! Wenn sie das Vaterland, die Sippe, das Hergebrachte lieber wollten als gebietende Herren und neue Kolonien, dann sollten sie lieber Arminius folgen, dem Führer zu Ruhm und Freiheit, als dem Segestes zu schimpflicher Knechtschaft! Aufgebracht wurden hierdurch nicht nur die Cherusker, sondern die angrenzenden Volksstämme, und zur Teilnahme veranlaßt ward *Inguiomerus*, Armins Vatersbruder, von altem Ansehen bei den Römern. Größer daher die Furcht des Caesar (Germanicus).«

Der Sommerfeldzug 15 n. Chr.

Nun führt Germanicus das Heer nochmals zurück an den Rhein (Annalen I, 58); und jetzt erst bricht er zu seinem eigentlichen Sommerfeldzug gegen die Cherusker auf; und zwar mit einem riesigen Umweg, »über die Seen«, d.h. durch die Zuidersee in ihrem damaligen Zustande, an der Küste der Nordsee entlang in die Emsmündung und mit 4 Legionen die Ems hinauf, so weit sie schiffbar war. Hier, etwa bei Wiedenbrück, treffen zur gleichen Zeit auch die Reiter ein, die durch das Grenzgebiet der Friesen gezogen waren, wie Caecina mit 40 Kohorten (20000 Mann) durch das Bruktererland. Jetzt ist hier an der Ems eine mächtige römische Armee versammelt, bereit, die Varus-Niederlage – wie zuvor an den Marsen und Chatten – nun an den Brukterern und Cheruskern zu rächen. Tacitus (Annalen I, 60) schreibt:

> »Und damit der Krieg mit seiner Schwere nicht auf einmal hereinbreche, schickt er Caecina mit 40 Kohorten los, um den Feind auseinanderzuziehen, durch (das Gebiet der) Brukterer zum Fluß Ems. Den Reiter führt der Präfekt Pedo den Grenzen der Friesen zu. Er selbst fuhr 4 eingeschiffte Legionen durch die See(n), und Fußvolk, Reiter, Flotte kamen bei dem vorgenannten Flusse zusammen.
> Die Chauken, da sie Hilfstruppen versprachen, sind als Kampfgenossen angenommen worden. Die Brukterer, welche das Ihre verbrannten, warf auf Weisung des Germanicus mit erfahrener Truppe L. Stertinius nieder, und zwischen Blutbad und Beute findet er den mit Varus verlorenen Adler der 19. Legion. Geführt wird der Zug von dort zu den äußersten (rheinfernsten) Brukterern, und verwüstet wird alles zwischen den Flüssen Ems und Lippe, nicht weit vom Teutoburger Walde, in welchem, wie man sagte, die Reste des Varus und der Legionen unbestattet lägen.

Merkwürdig kraus und fahrig scheinen die Handlungen des Germanicus zu Beginn des Jahres 15 n. Chr. Zuerst macht er mit 4 Legionen (24000 Mann) einen Feldzug gegen die Chatten an der Eder, während er gleichzeitig seinen General Caecina mit 20000 Mann in das Quellgebiet der Lippe schickt, ihm die Marser und Cherusker vom Halse zu halten. Danach zieht er mit seinen Truppen wieder dem Rhein zu.
Auf die Nachricht hin, daß Segestes belagert werde, schwenkt er den Heereszug herum und zieht mit 30000 Mann zum Quellgebiet der Lippe, in dessen Nähe offenbar auch Caecina mit seinem Heer noch tätig ist. Danach kehrt er wieder zum Rhein zurück.
In einem dritten Anlauf begibt er sich nun zu Schiff durch die Seen und das Meer in die Emsmündung und die Ems hinauf und endet wieder im Quellgebiet der Ems und Lippe, wohin er auch den Reitergeneral Pedo durch das Gebiet der Friesen kommen läßt und die Chauken zum Anschluß zwingt. Caecina mit seinen Truppen befindet sich noch im gleichen Gebiet.
Überlegt man den Sinn dieser Kreuz- und Querzüge, so kann es eigentlich nur der sein, daß Germanicus, der ja nirgends mehr festen Fuß im rechtsrheinischen Germanien hat, von den Chatten über die Marser, Brukterer, Cherusker bis zu den Friesen und Chauken (in Schleswig-Holstein) alle in Schach halten und von der Gegenwart und Kraft des römischen Heeres überzeugen muß, dabei den Germanen, soweit sie sich als Feinde gezeigt haben und sich ihm nicht anschließen wollen, mög-

lichst Schaden zufügen will, wobei er ohne Schonung der Wehrlosen alles umbringen läßt, was erreichbar ist. Zuletzt versammelt er eine gewaltige Heeresmacht im Quellgebiet der Lippe.

Eine Aufgabe hat sich der junge Germanicus gestellt. Er will die ganze erhoffte römische Provinz Germania gewinnen, ein Land, das im Zusammenspiel der Stämme drei starke römische Legionen auf einmal vernichtet hat, ein Land, in dem es überall gegen Rom brodelt, in dem ein gefährlicher Anführer und Feldherr wirkt. Aber Gemanicus bringt auch ein dreimal so starkes Heer mit, als Varus es hatte, 65 000 Mann in mehreren Heeresgruppen befehligt er, und er weist diese Macht überall in Germanien vor. Erst dann entschließt er sich, in das innere Cheruskerland einzudringen und den Kampfplatz des Varus zu besuchen.

Den Besuch des Germanicus auf dem Varusschlachtfeld haben wir schon im Anfang bei der Bestimmung der Örtlichkeit eingehend besprochen. Offenbar war es nur eine ausgesuchte Mannschaft, die hierher mitgenommen wurde, weil es zweimal heißt: »das Heer, soweit es anwesend war«. Immerhin muß es so stark gewesen sein, daß es die nötigen Aufräumungs- und Bestattungsaufgaben durchführen und sich gegen Angriffe schützen konnte.

Erste Schlacht

Nach Erfüllung dieser Ehrenpflicht für die Toten der Varus-Niederlage zieht Germanicus »dem in unwegsame Gegenden entweichenden Arminius nach«. Er erreicht ihn endlich, und es kommt sofort zur Schlacht. Germanicus läßt angreifen. Es stellt sich dann aber heraus, daß das Schlachtfeld den Germanen alle Vorteile, den Römern aber große Nachteile bringt. Der Cherusker ist es, der das Schlachtfeld zu seinen Gunsten ausgewählt hat; und so bleibt es auch künftig bei allen Begegnungen. Tacitus schildert den Kampf mit allen Einzelheiten.

Da Germanicus vorher am Ort der Varus-Niederlage gewesen war, den wir in der Gegend von Horn vermuten, befand er sich schon jenseits der Gebirgskette im lippischen Land. Genauer läßt sich der Ort dieser Schlacht nicht bestimmen. Aus ganz anderen Gründen haben viele einen entscheidenden Schlachtort auf der Knetterheide bei Schötmar angenommen, weil sie dort Sigfrids »Gnitaheide« vermuteten. Es ist nicht unmöglich, daß dies der Schlachtort war. Nur kann er nicht mit der Hermannsschlacht in Verbindung gebracht werden, sondern nur mit dieser Reiterschlacht im Jahre 15 n. Chr. Tacitus schildert (Annalen I, 63) die Schlacht so:

> »Aber Germanicus, der dem ins Unwegsame ausweichenden Arminius gefolgt war, befiehlt der Reiterei, vorzupreschen und dem Feind das Feld, das er besetzt, zu entreißen, Arminius (befiehlt), die Seinen sollten sich sammeln und an die Waldungen heranziehen, und schwenkt die so Angewiesenen plötzlich herum. Alsbald gab er das Zeichen zum Vorbrechen denen, die er in den Waldschluchten verborgen hatte. Durch die neue (germanische) Schlachtreihe wurde der Reiter verwirrt, und die zu Hilfe geschickten Kohorten, vom Strom der Flüchtenden fortgerissen, vermehrten die Bestürzung. Sie wurden in einen Sumpf gedrückt, der den Siegern bekannt, den Unkundigen gefährlich war, hätte nicht der Caesar die Legionen herausgeführt und zur Schlacht gestellt. Dadurch entstand bei den Feinden Schrekken, beim Soldaten Zuversicht – und mit gleichen Händen wurde abgezogen.«

Es zogen aber nur die Römer ab, die Cherusker behaupteten das Schlachtfeld. Man zog also nicht ganz »mit gleichen Händen« ab. Tacitus benennt vielmehr mit Recht Hermanns Kämpfer als »die Siegenden«.

Es ist die erste Schlacht, in der sich Germanicus und Hermann der Cherusker unmittelbar gegenüberstehen. Die Schilderung des Tacitus zeigt, wozu die Cherusker zu dieser Zeit fähig sind: Sie können auf Winke sich sammeln, sich zurückziehen, schwenken, angreifen, und dies so schnell, daß sie die Römer vollständig überraschen; sie haben ihre Reserven in den Waldschluchten versteckt und lassen sie im geeigneten Augenblick vorbrechen; sie vermögen die Römer an den gefährlichsten Plätzen zusammenzudrängen und in die Sümpfe zu schieben. Hermann hat eine Falle aufgebaut, ähnlich wie sein Vater bei Arbalo, und nur mit größter Mühe und unter starken Verlusten entgeht Germanicus hier dem Untergang und zeigt auch seinerseits seine Fähigkeit als Feldherr. Aber es ist wieder eine Hermannsschlacht, die Frucht vielleicht jener vermuteten Sandkastenspiele mit dem Vater, und Tacitus bezeichnet die Germanen als »Sieger«.

Das Ziel des Germanicus, die Cherusker für ihren »Verrat« zu bestrafen, ist mißglückt.
Leider berichtet Tacitus hier nichts über die Art der cheruskischen Reiterübungen. Vielleicht gilt für sie noch manches von dem, was Caesar in seinem »Gallischen Krieg« erzählt über die Art und Weise, wie damals, 70 Jahre früher, die Germanen mit ihren Pferden umgingen (Gall. Krieg IV 2–5):

> »... eingeführte Pferde, an denen besonders die Gallier ihre Freude haben und die sie für höchste Preise kaufen, halten die Germanen überhaupt nicht, sondern machen die bei ihnen aufgezogenen kleinen und unansehnlichen durch tägliche Übungen höchst widerstandsfähig. In den Reitergefechten springen sie oft von ihnen herab und kämpfen zu Fuß. Sie richten sie dazu ab, an Ort und Stelle stehenzubleiben. Zu ihnen ziehen sie sich im Notfall rasch zurück. Nach ihrer Anschauung gilt nichts als schimpflicher oder als schlimmeres Zeichen von Untüchtigkeit als der Gebrauch von Sätteln. Daher wagen sie es auch bei zahlenmäßiger Unterlegenheit, es mit jeder beliebigen Zahl von Sattelreitern aufzunehmen.«

Vielleicht hatten die germanischen Reiter in ihrer Kampfart einiges aus den damaligen Gewohnheiten beibehalten. Es ist aber anzunehmen, daß Arminius mit seinen Reiterscharen auf das Unermüdlichste geübt hat und alles einbezog, was er etwa von den Römern hatte lernen können oder was eigenes Genie ihm eingab.

Die Schlacht an den Langen Brücken

Den Germanicus verlangt es für diesmal nicht mehr nach weiteren Begegnungen mit dem Cherusker. Er hat erfahren, daß es dazu ganz andere Voraussetzungen braucht, als er sie jetzt hat. Es ist auch nicht mehr früh im Jahre, denn er hat mit seinen Unternehmungen um Segestes viel Zeit verloren. Er führt sein Heer zurück an die Ems und teilt es für den Rückmarsch auf. Aber nun kommt der schwierigste Teil seines Jahresunternehmens, der Rückzug, und es folgt die zweite, weit schlimmere Niederlage des Jahres 15 n. Chr., der Kampf an den »Langen

Brücken«, beinahe ein zweiter Varus-Untergang, der uns aber auch Licht auf den ersten werfen wird. Tacitus leitet dies Annalen I, 63 so ein:

> »Bald, nachdem das Heer zur Ems zurückgeführt war, bringt er die Legionen auf der Flotte, wie er sie herangefahren, zurück. Ein Teil der Reiter bekommt den Befehl, am Gestade des Ozeans den Rhein zu erreichen. Caecina, der seinen Soldaten führte, wird ermahnt, er solle, wenn er auch auf bekannten Wegen zurückmarschiere, die Langen Brücken möglichst zeitig hinter sich bringen. Eng ist dieser Übergang zwischen ausgedehnten Sümpfen und einst von L. Domitius aufgedämmt; das Übrige schlammig, das Festere durch zähen Morast oder durch Wasserläufe unsicher, ringsum die Wälder allmählich steigend. Diese hielt damals Arminius besetzt, der auf kürzeren Wegen und in raschem Zug dem mit Bündeln und Waffen beladenen Soldaten zuvorgekommen war.«

Der Cherusker muß einen vorzüglichen Nachrichtendienst gehabt haben. Kaum sind die Römer ihm ausgewichen und haben sich in die drei Heere getrennt, und kaum ist Caecina eiligst unterwegs, um die Langen Brücken zu erreichen, da ist Hermann schon vor ihm da wie der Igel vor dem Hasen beim Wettlauf auf der Buxtehuder Heide und hat die Höhen besetzt.

Wo haben wir die »Langen Brücken« anzusetzen? Man hat sie an verschiedenen Orten gesucht, gefunden sind sie noch nicht. Ich hatte folgende Überlegung angestellt: Germanicus befand sich mit seinem Heer im Teutoburger Wald. Der Cherusker hatte ihn »ins Unwegsame« gelockt, also doch wohl hinter das Gebirge. Germanicus rettete sich nach der Schlappe wieder heraus, etwa durch die Bielefelder Enge, wo ein hinreichend breiter, natürlicher Durchgang durch die Bergkette besteht, und zog dann zur Ems, wo die Truppen sich trennten. Ich vermutete als Ort der Langen Brücken *Wiedenbrück*, dessen Name zugleich »die weiten (= langen) Brücken« bedeuten konnte. Wiedenbrück liegt an der Ems da, wo gegenüber auf der linken Seite des Flusses der bewaldete Höhenzug der Beckumer Berge beginnt und sich an seinem Fuß weite Moorflächen hinzogen. Hier lag rechtsseitig das »Langebrückentor«, und man möchte meinen, hier hätten die »Langen Brücken« begonnen und von hier aus zu den Beckumer Bergen und auf Haltern zugeführt.[56]
Aber der Name »Langebrückentor« klingt jünger und wurde vielleicht gegeben, weil man auch früher schon solche Zusammenhänge vermu-

tete. Aufgrund alter Überlieferung? Oder aufgrund neuerer Tacitus-Kenntnis?

Wiedenbrück ist die eine Möglichkeit. Die andere ist der sehr flache Höhenzug bei Delbrück parallel zur Lippe. »Delbrück« hat ebenfalls einen beziehungsreichen Namen, da es wohl »Dielenbrücken« bedeutet und also an einen Knüppeldamm denken läßt; doch gibt es einen gewichtigen Gegengrund: Delbrück liegt dicht bei Anreppen-Aliso, und es wäre nicht einzusehen, warum die Römer dann nicht ihren wohlbefestigten Lippeweg gezogen wären statt über die morschen Knüppeldämme. Außerdem konnte das Heer des Germanicus in Delbrück nicht die Flotte besteigen, um auf der Ems zurückzufahren. Ich vermute daher die Langen Brücken zwischen Wiedenbrück und Haltern.

Die Beckumer Berge bei Wiedenbrück müßten Bruktererland gewesen sein, und es findet sich mitten in ihren Wäldern eine große wallumgebene Anlage, vielleicht eine Fluchtburg oder ein Heiligtum dieses Stammes. Die Brukterer hatten selbst ihr Land verbrannt, damit die Römer dort nichts mehr vorfinden könnten, und werden sich mit Weib, Kind und Vieh in die Wälder der Beckumer Berge zurückgezogen haben. Am Kampf um die »Langen Brücken« nahmen sie sicher teil. Den Oberbefehl über die Germanen aber hatten die Cherusker, Hermann – und sein Oheim Inguiomer(us).

Von nun an wird *Inguiomer* eine der wichtigen Gestalten. Er ist Hermanns Vatersbruder, eine Generation älter als dieser. Er stand bei den Römern in Ansehen und stellte sich erst nach dem Raub der Thusnelda durch Segestes ganz auf die Seite seines Neffen und seines Volkes. Er war von ungeduldigem Temperament, von wildem Einsatz, eigenwillig und für Hermann, der bisher den Oberbefehl alleine gehabt hatte, sowohl eine Hilfe wie ein Hindernis. Wir werden noch mehrfach von ihm hören.

Der Weg über die Langen Brücken wurde nun für Caecina und seine Truppe – es waren immerhin 40 Kohorten, rund 20000 Mann, ein wahrer Martergang.

Folgen wir der ausführlichen Darstellung über Caecinas Kämpfe mit den Germanen an den Langen Brücken! Tacitus (Annalen I, 63 f.) schreibt:

> »Dem Caecina, der im Zweifel war, auf welche Weise denn er die altersbrüchigen Bohlenwege instandsetzen und zu gleicher Zeit den Feind vertreiben sollte, schien es richtig, das Lager am Orte aufzuschlagen, damit die einen das Schanzwerk, die andern den Kampf beginnen könnten.

Die Germanen, um die Wachen zu durchbrechen und sich zwischen die Schanzenden einzudrängen, reizen, umgehen, stürmen an. Es mischt sich das Geschrei der Schanzenden und Kämpfenden. Und alles ist gleicherweise gegen die Römer: der Ort durch tiefen Morast, fürs Stehen ebenso unsicher wie für das Vorgehen schlüpfrig, die Körper schwer durch die Panzer, und nicht einmal die Speere schwingen konnten sie in der fließenden Feuchtigkeit. Im Gegensatz dazu war den Cheruskern der Kampf bei Sümpfen etwas Gewohntes, ihre Gliedmaßen groß, ihre Lanzen gewaltig, um noch beliebig weit Wunden zu schlagen. Die Nacht entzog die schon weichenden Legionen dem widrigen Kampf. Die Germanen dank ihrem Erfolg unermüdet, so daß man selbst jetzt sich nicht Ruhe gönnte, leiteten alles, was nur an Wassern auf den rings sich erhebenden Höhen entspringt, in die Niederungen ab, und durch den einsackenden Boden und das Zusammensinken dessen, was vom Werke fertig war, wurde für den Soldaten die Arbeit verdoppelt.

40 Jahre hatte Caecina den Militärdienst, gehorchend oder befehlend, versehen; er kannte günstige und ungünstige Umstände und war daher unerschrocken. Deshalb, das Künftige wägend, fand er nichts anderes, als den Feind in den Wäldern festzuhalten, währenddessen die Verwundeten und ein möglichst großer Teil des schwereren Heereszugs voranging; denn mitten zwischen den Bergen und Sümpfen dehnte sich eine Ebene aus, welche eine dünne Schlachtreihe erlauben würde. Ausgewählt werden die 5. Legion für die rechte Seite, die 21. für die linke, die 1. um den Zug anzuführen, die 20. gegen die verfolgenden (Feinde).

Die Nacht war aus unterschiedlichen Gründen unruhig, da die Barbaren mit Feier und Schmaus, frohem Gesang oder grimmem Getön die Tiefen der Täler und die widerhallenden Berge erfüllten; bei den Römern müde Feuer, abgebrochene Stimmen, und sie selbst lagen hier und dort am Walle, irrten zwischen den Zelten umher, schlaflos mehr denn hellwach.

Auch den Anführer schreckte die unheilschwangere Ruhe; denn den Quintilius Varus meinte er blutbeschmiert und aus Sümpfen auftauchend zu sehen und zu hören wie einen Rufenden, aber er sei ihm doch nicht gefolgt und habe die Hand, die er ausstreckte, zurückgestoßen.

Als es hell wurde, verließen die an die Flanken geschickten Legionen, aus Furcht oder aus Trotz den Platz, indem sie eilig das Feld besetzten jenseits des Sumpfgeländes. Und dennoch brach Arminius, obwohl

der Angriff frei war, nicht sogleich hervor; doch als festsaß im Schlamm und in den Gräben der Troß, durcheinander ringsum die Soldaten, unsicher der Feldzeichen Ordnung und, wie es in solchem Augenblick ist, jeder für sich geschäftig, und taub die Ohren für die Befehle: da läßt er die Germanen einbrechen und ruft: »Nochmals Varus, und wieder vom gleichen Schicksal geschlagene Legionen!« – Und zugleich, mit erwählter Schar, spaltet er den Zug und schlägt vor allem den Pferden Wunden. Diese in ihrem Blut und im schlüpfrigen Schlamme fallenden, die ihre Lenker weggeschlagen, werfen die im Wege Stehenden auseinander, treten die Liegenden nieder. Die größte Drangsal geht um die Adler, welche weder gegen die hereinbrechenden Geschosse getragen noch im schleimigen Boden festgesteckt werden konnten. Caecina, der noch die Schlachtreihe hielt, wäre, von dem untenher durchbohrten Pferde herabgesunken, umzingelt worden, hätte nicht die 1. Legion sich entgegengeworfen.
Es half die Habsucht der Feinde, die vom Morden abließen und die Beute teilten; und die Legionen, da der Tag sich neigte, arbeiteten sich ins Freie und Feste heraus. Aber auch das war nicht das Ende der Mißgeschicke: Der Wall mußte errichtet, die Erde herangeschafft werden, während zum großen Teil (das Schanzwerkzeug) verloren war, womit die Erde ausgehoben, der Rasen ausgestochen wird; keine Zelte für die Manipeln (¼ Kohorte), kein Verbandzeug für die Verwundeten. Die mit Dreck und Blut verschmutzte Nahrung verteilend, beklagten sie die Grabesfinsternis, und daß so vielen tausend Menschen nur noch ein einziger Tag gegönnt sei.«

Wieder werden hier die Germanen verdächtigt, vor allem auf Beute aus zu sein. Sicher wird ihnen Beute willkommen gewesen sein; aber was sie wirklich bewegte, war etwas ganz anderes. Die Römer hatten, in diesem gleichen Jahr und in eben diesem Gebiet, das ganze Land der äußersten Brukterer verbrannt und verwüstet und alles menschliche Leben gemordet. Sie hatten dasselbe im Jahr davor bei den Marsern getan, dazu noch das Heiligtum der Tamfana geschändet. Wut und Rache mußte also das vorherrschende Gefühl bei den Germanen sein; und jetzt hatten sie diese Römer in der Zange. Was konnte ihnen da Beute bedeuten? Es war eine rasende Feindschaft gegen die Römer ausgebrochen, sie hielt die sonst leicht auseinanderstrebenden Germanenstämme zusammen und durchfeuerte sie, und der Cherusker schürte dieses Feuer. Kleist wird das ganz mit Recht so in seiner Hermannsschlacht geschildert haben. Tacitus fährt fort:

»Zufällig brachte ein Pferd, das sein Halfter zerrissen hatte, frei herumlief und durch (das) Geschrei scheu ward, einige Begegnende aus der Fassung. Dadurch und weil sie glaubten, die Germanen seien eingebrochen, entstand eine solche Verwirrung, daß alle zu den Toren stürzten, von denen vor allem die porta decumana angestrebt wurde, die dem Feind abgekehrt und für die Flüchtenden sicherer war. Caecina, der erfahren hatte, daß die Furcht unbegründet sei, warf sich, da er doch weder durch (sein) Ansehen noch durch Bitten noch handgreiflich den Soldaten zurückhalten konnte, auf der Schwelle des Tores nieder und verschloß so endlich durch Mitleid, weil man über den Körper des Legaten hätte gehen müssen, den Weg. Zugleich klärten die Tribunen und Centurionen auf, daß es eine falsche Furcht sei.

Als er sie dann auf dem Feldherrnplatz zusammengezogen und ihnen befohlen hat, das Gesagte mit Stillschweigen aufzunehmen, mahnt er sie an Zeit und Notwendigkeit. Allein bei den Waffen sei Heil, aber mit Verstand müsse man es verbinden und innerhalb des Walles bleiben, bis die Feinde in der Hoffnung, ihn zu erobern, näher herankämen; dann (aber) allseits herausbrechen. Durch diesen Ausbruch werde man zum Rhein kommen. Wollten sie aber fliehen, so gebe es mehr Wälder, mehr tiefe Sümpfe, die Grimmigkeit der Feinde; für die Sieger aber Ehre, Ruhm.

Was daheim teuer, was im Lager ehrenvoll, daran erinnert er sie, verschwieg aber das Widrige. Darauf gibt er die Pferde, mit dem seinen beginnend, danach die der Legaten und Tribunen ohne Ansehen (der Person) jeweils dem tapfersten Kämpfer, damit dieser, dann der Fußsoldat, auf die Feinde losginge.

Nicht weniger unruhig in Hoffnung, Begierde und auseinandergehenden Meinungen der Anführer verhielt sich der Germane. Arminius riet, man sollte sie losmarschieren lassen und die Ausmarschierten wieder durch Feuchtigkeit und Hindernisse bedrängen. Inguiomerus riet Härteres und den Barbaren Erfreuliches: Sie sollten den Wall mit Waffen angehen: schnelle Eroberung! Das werde mehr Gefangene, unverdorbene Beute geben. Also stürzen sie mit aufgehendem Tage auf die Gräben vor, werfen Reisigbündel hinein, erfassen die Höhe der Schanzen, auf denen nur selten ein Soldat ist, gleich als wäre er von Furcht betäubt. Als sie so an den Schanzen hingen, wird den Kohorten das Zeichen gegeben, und die Hörner und Tuben ertönten. Darauf, mit Geschrei und Ungestüm, werden die Rücken der Germanen umschlossen, indem sie ihnen vorhalten, hier keine Wälder noch Sümpfe, sondern auf gleichem Boden gleiche Götter. Dem Feind, der sich leichte Vernichtung und Wenige und Halbbewaffnete erwartete, flößen der Ton der Tuben, der Glanz der Waffen, je unvermuteter, desto größeren Schrecken ein, und sie fielen, wie unter günstigen Umständen raubgierig, so unter ungünstigen unvorsichtig. Arminius verließ unverletzt, Inguiomerus mit schwerer Wunde die Schlacht. Die Masse wurde getötet, solange Zorn und Tag anhielten. In der Nacht endlich wandten sich die Legionen zurück, obwohl mehr Wunden, derselbe Mangel an Nahrung sie ermüdete, (aber) Kraft, Gesundheit, Überfluß hatten sie im Sieg.«

Beim Kampf an den Langen Brücken war zwischen Hermann und seinem Oheim Inguiomer sicher noch kein Streit um den Vorrang. Die Meinungsverschiedenheit lag in den beiden verschiedenen Möglichkeiten, die im Augenblick der Entscheidung beide erfolgreich schienen. Arminius wird sich dem Vorschlag des Inguiomer nicht widersetzt haben. Keiner von ihnen konnte den Umschwung ahnen, den Caecina bei den entmutigten Römern bewirkt hatte.
Man muß den General Caecina bewundern, daß er in solch trostloser Lage nicht den Kopf verlor, sondern kühl blieb und immer die zweckmäßigste Maßnahme traf, so daß es ihm auch gelang, den überlebenden Rest des Heeres glücklich bis nach Köln zu bringen.

Not des Rückmarsches

Im ganzen war dieser Feldzug des Sommers 15 n. Chr. für die Römer ein höchst unglücklicher. Besiegt in der Reiterschlacht, Caecinas 40 Kohorten halb aufgerieben – und es erging den zwei Legionen, welche der General Vitellius an der Küste entlang dem Rhein zuführen sollte, in den Äquinoctialstürmen zeitweise nicht viel besser. Man muß sich wundern, daß Tacitus all dies Unheil so ausgiebig schildert. Hören wir seinen weiteren Bericht!

»Germanicus aber übertrug von den Legionen, die er zu Schiffe befördert hatte, die Führung der 2. und 14. zum Landmarsch dem

P. Vitellius, damit um so leichter die Flotte auf dem Meer mit seinen Untiefen schwämme oder bei Ebbe aufsitze. Vitellius hatte zuerst einen ruhigen Weg bei trockenem Boden oder mäßig steigender Flut. Bald durch die Wirkung des Nord(-Ost)-Winds zugleich unter dem Gestirn der Tag- und Nachtgleiche, bei welchem am meisten der Ozean anschwillt, wird der Heereszug gerissen und getrieben, wurde das Land überschwemmt. Gleiches Aussehen hatte Meer, Ufer und Land, und nicht konnte man das Unsichere vom Sicheren, das Seichte vom Tiefen unterscheiden. Zu Boden geworfen wurden sie von den Fluten, verschlungen von den Strudeln. Zugtiere, Gepäckbündel, leblose Körper trieben dahin oder entgegen. Durcheinander gerieten die Manipeln (Kompanien), bald nur mit der Brust, bald nur mit dem Gesicht herausragend, manchmal, wenn der Boden wich, auseinandergeworfen oder versunken. Es half kein Zuruf, keine wechselseitige Ermunterung gegen den Andrang der Wogen. Kein Unterschied war zwischen Tapferem und Feigem, zwischen Klugem und Törichtem, zwischen Planung und Zufall. Alles wurde von derselben Gewalt verschlungen.

Endlich hatte sich Vitellius auf das höhere Land heraufgearbeitet und führte den Heereszug dorthin. Sie übernachteten ohne Habseligkeiten, ohne Feuer, ein großer Teil nackt oder bös durchwalkt, nicht weniger jammervoll als vom Feind Umlagerte, wobei dort noch ehrenvoller Tod möglich, für sie nur ruhmloser Untergang. Das Licht gab die Erde frei, und man gelangte zum Flusse Visurgis (Unsingis, Vidrus), wohin der Fürst (Germanicus) mit der Flotte den Lauf gerichtet hatte. Darauf wurden die Legionen eingeschifft, während schon das Gerücht verbreitet war, sie seien versunken. Und kein Glaube an Heil, bevor man den Caesar und das Heer zurückgeführt sah.

Verbreitet hatte sich inzwischen das Gerücht, das Heer sei umzingelt und ein feindlicher Heereszug ziele auf Gallien. Und wenn nicht *Agrippina* den Abbruch der über den Rhein geschlagenen Brücke verhindert hätte, so gab es welche, die aus Furchtsamkeit diese Schandtat vollbracht hätten. Aber die Frau, groß an Geist, nahm die Amtspflichten des Feldherrn auf sich und teilte den Soldaten, wenn einer hilfsbedürftig oder verwundet war, Kleidung und Labung aus.«

Schwer angeschlagen und ohne Sieg kehrte so das römische Heer um die Wende September/Oktober (Äquinoktialstürme) aus dem Feldzug des

Jahres 15 n. Chr. in die Winterquartiere zurück. Auch Germanicus leugnete den Mißerfolg nicht. Tacitus sagt von ihm (Annalen I, 7 a):

> »Und um das Gedenken an die Niederlagen auch durch Leutseligkeit zu lindern, ging er bei den Verwundeten herum, hob die Taten Einzelner hervor, besah die Wunden, stärkte den einen mit Hoffnung, den andern mit Anerkennung, alle durch Ansprache und Fürsorge und festigte das Vertrauen zu sich und dem Kampf.«[57]

»Das Gedenken an die *Niederlage*«, sagt der Römer selbst.

In seinem langen, im ganzen unvoreingenommenen Bericht erliegt Tacitus nur manchmal seiner patriotischen Begeisterung – oder sind dies Stellen, die nachträglich in seine Darstellung hineingearbeitet wurden? Als die Römer plötzlich ihren Ausfall machen, um die schon an den Palisaden hochkletternden Germanen zu vertreiben, blitzen plötzlich die römischen Waffen und erschrecken die Germanen. Woher kommt doch das »Blitzen« (fulgor), während eben vorher alles mit Blut und Dreck verschmiert war, selbst die Lebensmittel? Auch die Behauptung, der wir noch öfter begegnen werden, daß die Römer bis in die Nacht hinein morden, kann nur in dem Sinne wahr sein, daß sie noch nach verwundeten Feinden suchen und diesen den Tod geben; denn wie sollten die gepanzerten Römer den leichtfüßigen Germanen bergauf folgen können? Pferde hatten sie auch kaum noch, und auch die hätten es den Bergwald hinauf nicht leicht gehabt. Solche Stellen stehen bei Tacitus im Gegensatz zu seiner sonst genauen und objektiven Darstellung.

Hermann der Cherusker hatte gewußt, daß die Römer wiederkommen würden. Er war darauf gerüstet gewesen. Nun hatte er ihren ersten Ansturm siegreich abgewehrt. Er hatte sie durch schnelle und geschickte Führung seiner Truppe und Reiter in offener Feldschlacht besiegt, er hatte einen Teil ihres Heeres in eine verzweifelte Lage gebracht und halb aufgerieben. Es war nicht ganz seine Schuld, daß die völlige Vernichtung, wie bei der Varus-Niederlage, nicht gelang. Aber der Cherusker wußte auch, daß die Römer nochmals wiederkommen würden, schon im nächsten Jahr, und er bereitete sich darauf vor.

Das Vorbild für Dio Cassius?

Die Schilderung des Tacitus wirft aber noch eine ganz andere Frage auf: Erscheint dies alles nicht sehr bekannt? Woran erinnern diese mehrtägigen Kämpfe in Wald und Morast, dies Ausgleiten und nicht Stand fassen können auf schlüpfrigem Boden, diese Angriffe der siegesübermütigen Germanen mit ihren überlangen Lanzen, die Unfähigkeit der Römer, die durchnäßten Waffen gebrauchen zu können, ihre Ratlosigkeit und Verzweiflung, der Verlust des ganzen Trosses, das gelegentliche Erreichen einer freien Fläche? Ist das nicht alles sehr ähnlich dem phantasievollen Gemälde, das Dio Cassius von der Varusschlacht gemalt hat? Hinzu kommt der erschreckende Ruf des Cheruskers: »Wieder Varus, und vom gleichen Geschick geschlagene Legionen!«, der selbst den Vergleich mit der Varus-Niederlage zieht?
Sollte sich nicht hier, bei der Erzählung vom Zug des Caecina über die »Langen Brücken«, das Vorbild finden für die Darstellung des Dio, nur mit dem Unterschied, daß dort im Teutoburger Wald der Feldherr sich das Leben nahm, und daß dort von den Legionssoldaten (angeblich) keiner mehr lebend davonkam? Dieser Vergleich liegt jedenfalls wesentlich näher als Vergleiche mit Vorgängen, die in Caesars »Gallischem Krieg« geschildert werden.
Man muß sich über die außerordentliche Ähnlichkeit der Schlachtschilderungen bei Dio und Tacitus wundern, wo Dio die Schlacht im Teutoburger Wald schildert, Tacitus den Marsch des Caecina über die »Langen Brücken«.

Bei beiden finden die Kämpfe weitgehend in durchnäßtem Gelände statt, bei beiden
können die Römer kaum stehen noch vorgehen, sondern rutschen aus;
sind sie durch ihre Panzer behindert;
leiden sie unter der entsetzlichen Nässe;
können sie ihre Waffen kaum gebrauchen, nicht einmal die Speere werfen;
marschieren sie ohne Ordnung mit dem Troß durcheinander, angegriffen, ohne sich wehren zu können;
bringen die Germanen ihnen, auch von fern, viele Verwundungen bei, sie müssen also viele Verwundete mitschleppen;

> sind die Germanen beutegierig;
> verlieren die Römer ihren ganzen Troß;
> dringen die Römer zu einem baumfreien Platz vor.

Die Fortsetzung ist bei Tacitus nur angedeutet: wenn sie flöhen, mehr Wälder, mehr Sümpfe. Das wird dann bei Dio ausgemalt. Ich möchte Dios Schilderung für entstanden aus der Tacitus-Schilderung vom Caecinazug (oder dessen Quelle) halten.
Beurteilen wir noch einmal den Zug Caecinas bei den Langen Brücken. Es hat dabei dreitägige Kämpfe gegeben.
Am *1. Tag* brachen die Germanen in den römischen Lageraufbau hinein und brachten den Römern schwere Verluste an Toten und Verwundeten bei, auch der 5. und 21. Legion.
Am *2. Tag*, als diese beiden Legionen sich verdrückt hatten, war es eine vernichtende Niederlage der 1. und 20. Legion, fast ohne Möglichkeit der Gegenwehr, wobei der gesamte Troß verlorenging, und die Truppe stark zusammenschmolz.
Am *3. Tag* wurde mit ausgewogeneren Kräften gekämpft, wobei es den Römern gelang, ihr Lager zu behaupten und einen Teil der Germanen einzuschließen und zu vernichten. Aber auch die Römer hatten hohe Verluste an Toten und Verwundeten.
Caecina wird, wenn er Glück hatte, die Hälfte seines Heeres zurückgebracht haben, wahrscheinlich aber wesentlich weniger.
Die von Germanicus zurückgeführten Truppen und die Reiterei hatten noch höhere Verluste, angeblich durch Einwirkung der Naturgewalten. Vielleicht brachten sie eben noch ein Drittel zurück. Sicher sind im ganzen mehr als abermals 3 Legionen untergegangen.
Der Feldzug des Jahres 15 n. Chr. war für die Römer im ganzen *eine furchtbare Niederlage*. Auch Tacitus sieht es so:

> »Und um *das Gedenken an die Niederlage* durch Leutseligkeit zu lindern, ging er« (Germanicus) »bei den Verwundeten umher ...«

Ungern geht den Römern das Wort »Niederlage« aus dem Munde; hier geschieht es. Der Schlag war zu groß. Es war vor allem die Tatkraft des Arminius gewesen; der mit Umsicht und unermüdlichem Eifer die Seinen anspornend der römischen Macht zusetzte, um ihr das Wiederkommen in das freie Germanien zu verleiden. Tacitus hat eine hohe Meinung von Arminius gehabt. Da er aber eine noch weit höhere Meinung von seinem

römischen Volk hatte, dürfen wir ihm die Hochschätzung seines großen Feindes unbesehen glauben.
Trotzdem schließt der Feldzug dieses Jahres für die Römer doch nicht ohne Trost: Segimer, der Bruder des Segestes, ein Fürst (der Cherusker), geht zu den Römern über und nimmt seinen Sohn Sesithakos, einen Vetter der Thusnelda, zur Colonia Agrippina (nach Köln) mit. Dieser, dem nur zögernd Verzeihung gewährt wird, weil er die Leiche des Varus verspottet haben sollte, und seine Gattin Ramis, mußten zwei Jahre später im Triumphzug des Germanicus zusammen mit den Kindern des Segestes als Schaubeute mitziehen, während ihre Väter vornehm unter den Zuschauern saßen. Und noch ein Trost (Tacitus Annalen I, 71):

> »Übrigens wetteiferten, die Verluste des Heeres zu ersetzen, Gallien, Spanien und Italien, was für jedes geeignet war, Waffen, Pferde und Gold anbietend. Ihren Eifer lobte Germanicus, nahm aber nur Waffen und Pferde für den Krieg und half mit eigenen Mitteln dem Soldaten ...«

Den drei Generälen des Germanicus, Caecina, Apronius und Silius, wurden in diesem Jahr die Triumph-Insignien zuerkannt.[58]
Nun versuchten die Römer den Sprung auf Germanien noch ein letztes Mal.

Neuer Aufbruch

An der Varusschlacht hatten die germanischen Stämme der Cherusker, Brukterer, Marser und Chatten teilgenommen. In ihren Heiligtümern befanden sich oder hatten sich als Kriegsbeute befunden die den Römern so überaus wichtigen goldenen Adler der Legionen. Diese zurückzuholen war ein Hauptanliegen des Germanicus. Zwei von ihnen hatten die Römer – so meldete wenigstens Tacitus Annalen I, 50 und V, 25 – bei den Marsern und Brukterern wiedergefunden, und sie hatten diese sowie die Chatten durch plötzliche Überfälle »bestraft« und nach Möglichkeit vernichtet, um die Schmach jener Niederlage zu tilgen und zu rächen.
Bei den Cheruskern war ihnen das bisher nicht gelungen. Hermann-Arminius hatte sich ihnen auch in offener Feldschlacht überlegen ge-

zeigt, zumal mit seiner Reiterei, und Tacitus nennt die Cherusker denn auch »Sieger«. Diesen Cheruskern gilt jetzt des Germanicus neuer Zug. Riesige Machtmittel zieht er zusammen, ihren Widerstand zu brechen. Aber seine Pläne gehen noch weiter. Ihm schwebt vor, seines Vaters Drusus großes Werk zu vollenden. Drusus hatte damals, als Feldherr des Augustus, die Grundlagen gelegt für eine »provincia Germania«, indem er an ihren geplanten Grenzflüssen, an Maas und Elbe, Kastelle angelegt hatte. Germanicus will jetzt in das Herz des Cheruskerlandes eindringen, zur Elbe durchstoßen, so die Einkreisung Germaniens vollenden und dieses widerspenstige Land endlich bezwingen. Er gibt sich zuversichtlich, als könne er dieses Ziel wirklich erreichen.

Keine gleichhohe Meinung von Germanicus hatte der jetzt als Kaiser herrschende Tiberius. Diesem war es zudem nicht behaglich, daß dem Neffen die ihm unterstellten Legionen so anhingen und ihm damit eine mögliche Macht verschafften. Er hätte ihn gerne schon jetzt vom germanischen Kriegsschauplatz abgezogen und traute seiner draufgängerischen Art wohl auch keine großen Erfolge zu. Germanicus seinerseits überdachte seine Möglichkeiten und gab sich Rechenschaft über das Vergangene und Zukünftige in folgender Art (Tacitus Annalen II, 5):

> »Geschlagen würden die Germanen in der Feldschlacht und auf ordentlichem Gelände, begünstigt würden sie durch Wälder und Sümpfe, kurze Sommer und frühzeitige Winter. Sein Soldat leide weniger durch Wunden, als vielmehr durch die Weite der Wege und den Verlust der Waffen. Müde sei Gallien, Pferde zu beschaffen, der lange Gepäckzug begünstige Hinterhalte, (die) für die Verteidiger nachteilig (seien). Aber wenn er ins Meer einführe, sei für sie das Fußfassen schnell (leicht) und den Feinden unbekannt. Zugleich würde der Krieg zeitiger begonnen und die Legionen und der Proviant gleichzeitig befördert, unversehrt würden Reiter und Rosse durch die Mündungen und Buchten der Flüsse *mitten in Germanien* sein.«

Germanicus prüft hier, welches Gelände seinen Sieg begünstige, welches ihn erschwere. Wir werden später sehen, ob es ihm glückt, seine Schlachten in »ordentlichem« Gelände zu schlagen, oder ob er trotz seiner Einsicht Wälder und Sümpfe in Kauf nehmen muß.

Germanicus will ferner nach Möglichkeit seine Soldaten von weiten Märschen entlasten, lange Trecks und Hinterhalte vermeiden, Pferde sparen und alles schnell in das eigentliche Kampfgebiet bringen. Hierfür scheint ihm das Verladen auf Schiffe die beste Möglichkeit zu bieten. Sollen wir daraus schließen, daß Germanicus nicht nur die Anfahrt über das Meer mit Schiffen machen will, sondern auch so weit als möglich die Flüsse hinauffahren und etwa das Gepäck auch auf Boote und Flöße umladen will?

> »Solches also strebte er an, nachdem zur Schätzung in Gallien P. Vitellius und C. Antio ausgeschickt sind. Silius und Anteius und Caecina werden mit der Herstellung der Flotte beauftragt. Tausend Schiffe schienen auszureichen und wurden schnell beschafft, die einen kurz mit knappem Vorder- und Hinterteil und weitem Bauch, damit sie um so leichter den Wellen standhielten; manche flach an den Kielen, damit sie ohne Schaden aufsäßen, viele mit Steuern an beiden Seiten (Enden?), damit sie durch plötzliche Ruderwendung hierhin oder dorthin anlaufen könnten; viele mit Verdecken, auf welchen die Wurfmaschinen gefahren werden sollten, zugleich geeignet, Pferde oder Proviant zu tragen. Durch Segel gelenkig, geschwind durch Ruder, wurden sie für Anblick und Abschreckung noch gewichtiger durch die Schwungkraft der Soldaten.
>
> Die Insel der Batаver (als der Ort), wohin sie zusammenkommen sollten, wurde bestimmt dank leichter Anlandung und ihrer Eignung, die Truppen zu verladen und den Krieg hinüberzuspielen. Denn der Rhein, der in *einem* Bette hinfließt oder mäßige Inseln umströmt, wird beim Beginn des Bataverlandes gleichsam in zwei Flüsse aufgeteilt und behält den Namen und die heftige Strömung bei, mit der er an Germanien vorbeifließt, bis er sich mit dem Ozean mischt; am gallischen Ufer breiter und sanfter fließend (mit vertauschtem Beinamen sagen die Anwohner ›Vahal‹), ändert er bald auch diese Bezeichnung durch den Maasfluß und ergießt sich durch dessen ungeheure Mündung in den Ozean.«

Diese Vorbereitungen also traf Germanicus für seinen diesjährigen großen Feldzug. Aber statt nun alle Kräfte hierfür zusammenzufassen, ließ er sich wieder wie im Vorjahr auf allerlei Neben-Unternehmungen ein, und auf keine kleinen. Weshalb? Mußte er seine Soldaten immerfort beschäftigen? Oder stand im Hintergrund seines Denkens wieder der kommende Triumphzug, für den es galt, vorzeigbare Beute einzubringen? Oder war es eine gewisse Scheu vor dem endgültigen Absprung? Er läßt jedenfalls wieder germanische Fürstenfrauen rauben, und er zieht mit 6 Legionen (Varus hatte nur 3!) weitab vom Rhein in die Mitte Germaniens zu dem der Lippe anliegenden Kastell, das er schützen will, und dann wieder, fast unverrichteter Sache, den weiten Weg zurück. Tacitus schreibt hierüber Annalen II, 7:

> »Aber der Caesar (Germaniucs), während die Schiffe herangebracht werden, läßt den Legaten (General) Silius mit unbeschwerter Mannschaft Einfall in die Chatten machen. Er selbst führt, auf das Gerücht hin, daß das an der Lippe gelegene Kastell belagert werde, sechs Legionen dorthin. Aber weder wurde von Silius, wegen plötzlicher Regengüsse, anderes ausgerichtet, als daß er mäßige Beute und Frau und Tochter des Chattenfürsten Arps raubte, noch gaben die Belagerer dem Caesar (Germanicus) Gelegenheit zur Schlacht, da sie bei der Kunde von seiner Ankunft auswichen. Doch hatten sie den neulich den Varianischen Legionen errichteten Tumulus und den alten, dem Drusus erbauten Altar auseinandergerissen. Es stellte der Fürst den Altar wieder her und führte selbst zu Ehren des Vaters mit den Legionen den Umlauf aus; den Tumulus wiederherzustellen (ward) nicht ins Auge gefaßt.«

Nach diesen Abschweifungen beginnt Germanicus nun endlich die große Expedition.

Das Entscheidungsjahr 16 n. Chr.

Der Zug ins innerste Cheruskerland

Mit ungeheurem Aufwand unternimmt nun Germanicus seinen Zug in das innerste Germanien auf dem Umweg über die See. Rund 80000 Mann bringt er zusammen und 1000 Schiffe, die sie befördern. Es ist, als wolle Germanicus durch Masse ersetzen, was ihm an Fähigkeit gegenüber dem Cherusker fehlt.
Mit gewaltiger Flotte fährt er unter Voraussendung des Proviants durch den von seinem Vater erbauten »Drususkanal« und die Seen (Ysselmeer) in die Nordsee und der Küste und den Inseln entlang in die weite Emsbucht ein. Er landet die Flotte »am linken Fluss« an.[59] In dieser Gegend haben sich auch Spuren dieses Zuges reichlich gefunden, doch hat man das römische Lager selbst noch nicht entdeckt.

Bei der Abfahrt ruft (nach Tacitus, Annalen II, 8) Germanicus seinen verstorbenen Vater Drusus betend an,

> »er möge ihm, der gleiches Wagnis unternehme, in Plan und Ausführung als Vorbild hilfreich zur Seite stehen«.

Hiermit spricht Germanicus den Wunsch aus, zur Elbe durchzustoßen wie einst sein Vater, ein Ziel, das er später noch einmal in voller Deutlichkeit wiederholt. Und wir werden die kommenden Schlachten daran messen müssen, ob ihm dies gelingt. Bedenkt er nicht, daß die Umstände sich ganz geändert haben?
Zur Zeit des Drusus schlummerte Germanien noch, da kannte es den großen Eroberer Rom noch kaum, da konnte es dessen ausgeklügelter Kriegskunst nichts Wirksames entgegensetzen. Inzwischen ist alles anders geworden. Der Kraft des verstorbenen Feldherrn Drusus stehen nun jene Kräfte Germaniens gegenüber, die Hermann der Cherusker aufrief zum Schutz des »Vaterlandes«, zur Erhaltung der Freiheit, zur Bewahrung der altererbten Sitte. Dem Kampfe dieser zwei Kräfte schauen wir jetzt zu.
Tacitus fährt mit seinem Bericht fort:

> »So durchfährt er von da aus die Seen und den Ozean bis zum Emsfluß in glücklicher Seefahrt. Die Flotte wird in Amisia (Emden?) zurückgelassen im linken Fluß, und darin geirrt, daß er den Soldaten, der in rechtsseitige Gefilde gehen sollte, nicht dahin führte. So gehen mehrere Tage mit den erforderlichen Überbrückungen verloren.
> Und es überwanden zwar der Reiter und die Legionen die ersten Überschwemmungen, da das Wasser noch nicht anstieg, unerschrokken; aber der erste Zug der Hilfstruppen und die Bataver in dieser Abteilung geraten, während sie des Wasser(gott)s spotten und die Kunst des Schwimmens zeigen, in Verwirrung, und manche ertrinken.«

Die Darstellung des meist so gewissenhaften Tacitus setzt nun dadurch in Erstaunen, daß er jetzt, unmittelbar anschließend an diesen Bericht, uns mit einem riesigen Sprung an die Weser versetzt in eine Gegend, wo die Römer die Angrivarier bereits im Rücken haben, durch deren Gebiet sie also inzwischen gezogen sind. Er schreibt da Annalen II, 8:

»Dem Caesar (Germanicus), als er das Lager absteckt, wird der Abfall der Angrivarier im Rücken gemeldet. Hingeschickt wird auf der Stelle Stertinius mit dem Reiter und Leichtbewaffneten und hat mit Feuer und Mord die Treulosigkeit gerächt.«

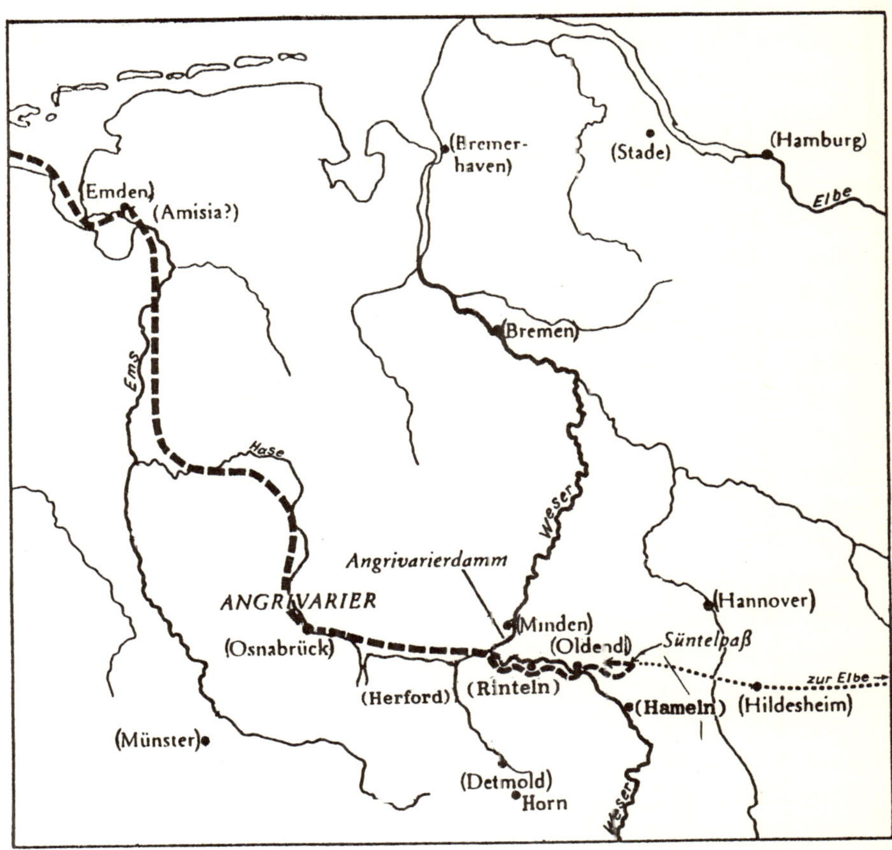

Der ungefähre Verlauf des Römerzuges im Jahre 16 n. Chr. von der Emsbucht längs Ems-Hase-Else-Werre-Weser. Der Rückmarsch folgte wahrscheinlich denselben Wegen.

Unmittelbar darauf beginnt das 9. Kapitel des II. Buches der Annalen:

»Der Strom Weser floß zwischen Römern und Cheruskern ...«

Diese Lücke in der Darstellung hat der Phantasie einen weiten Raum eröffnet, und so finden wir die kommenden Schlachtorte bald in den Weserkessel zwischen Weserscharte (neulateinisch »Porta westfalica«) und Hameln verlegt, bald in den Raum nördlich der Porta zwischen Minden und Nienburg. Zwischen diesen Möglichkeiten werden wir uns hindurchfinden müssen.

Die Lücke im Tacitus-Bericht läßt sich nur ahnungsweise schließen. Wir erfahren nicht und wissen daher nicht, ob das Heer von der Emsbucht aus nun doch wieder marschiert, ob es Gepäck und Nachschub nun doch wieder im Wagentroß mitführt, oder ob Germanicus das marschierende Heer dadurch entlastete, daß er den Nachschub auf kleineren Schiffen, Kähnen und Flößen auf den Flüssen weithin begleiten ließ. Dies wäre nach seinen ausdrücklichen Überlegungen zu vermuten. Hierfür wäre die Unter-Ems und dann die Hase in Betracht gekommen, die zwar mit vielen Windungen einen langen Lauf hat, aber bis Osnabrück oder darüber hinaus schiffbar war oder schiffbar gemacht werden konnte. Es wäre sogar nicht unmöglich gewesen, von der Hase in die Else hinüberzukommen, da die Oberläufe beider Flüsse sich ganz nahe kommen und sogar durch die seltene Erscheinung einer *Bifurkation* verbunden sind, also durch entsprechende Kanalisierungsarbeiten brauchbar verbunden werden konnten. Die Else aber fließt nach Osten in die Werre, und diese bei Oeynhausen in die Weser, und so wäre ein begleitender Kleintransport zu Wasser nicht unmöglich gewesen.[60]

Tacitus ist hier unsere einzige Quelle. Aus der Überprüfung der Tacitusberichte ergibt sich mir, daß der Kessel zwischen der Weserscharte bei Minden und der Gegend von Hameln das erste Ziel des Germanicus war, sein weiteres Ziel dann die Elbe, das er durch den *Süntelpaß,* von dem wir noch eingehend sprechen werden, hätte erreichen können.

Tacitus, der sich auf andere Schriftsteller stützt und sich sehr gut unterrichtet zeigt, wirft dem Germanicus vor, er hätte bei der Anlandung den Fehler gemacht, daß er die Truppen am linken Flusse hätte ausschiffen lassen, während sie doch in das rechtsseitige Gebiet marschieren sollten. Abgesehen davon, daß wir nicht erkennen können, ob Tacitus das »links« vom Fluß her nach Norden oder von der Einfahrt her nach Süden sieht, kann man sich kaum denken, daß der von besten Fachleuten und Planern begleitete Germanicus nicht das Richtige getan haben sollte. Er mußte ja seinen Anlandepunkt mit den Schiffen, den Vorräten und dem Nachschub auf das sorgfältigste sichern, und dazu gehörte gewiß

auch der Brückenbau, unabhängig davon, auf welcher Flußseite das Heer dann marschierte.
Nach dem Sprung, den Tacitus macht, befinden wir uns also jetzt mit Germanicus an der Weser, wie ich meine in der Gegend von Rinteln. Ich werde das im folgenden begründen. Tacitus sagt nun, wie schon erwähnt:

> »Dem Caesar (Germanicus), als er das Lager absteckt, wird der Angrivarier Abfall im Rücken gemeldet.«

Die Angrivarier werden im allgemeinen links und rechts der Unterweser angesetzt. Ich halte das für falsch. Ich vermute vielmehr, daß die Angrivarier, die späteren *Engern*, zwischen dem Osning und dem Wiehengebirge »engern« (mittendrin) saßen im Raum Osnabrück-Melle-Enger. Ich werde auch das später genau begründen. Die Angrivarier hat Germanicus jetzt im Rücken, er ist durch ihr Gebiet hindurchgezogen, hat mit ihnen einen Vertrag gemacht, und diesen haben sie, wie er meint, »treulos« gebrochen. Die Angrivarier neigen also mehr zur Partei des Cheruskers. Das zeigt schon, wie gefährdet der Zug des Germanicus war.

Das Gespräch der Brüder

Es sind mehrere Ereignisse, von denen uns Tacitus nun berichtet: Zunächst von dem Gespräch Hermanns mit seinem Bruder Flavus über die Weser hin; dann von den Vorgefechten beim heiligen Hain des Herakles (Donar); danach von der Schlacht bei Idistaviso, endlich von der Schlacht am Angrivarierdamm und der traurigen Heimfahrt der Römer. Wir haben uns hier mit allerlei Legenden auseinanderzusetzen. Aber das Gespräch der Brüder aus den feindlichen Lagern heraus kann keine Legende sein; denn fast das ganze römische Heer und die hohen und höchsten Offiziere waren seine Zeugen. Es kann durchaus ähnlich verlaufen sein, wie Tacitus es überliefert hat, und es gibt die Gesinnung des Romsöldners wie die des freien Germanen wohl richtig wieder. Tacitus (Annalen II, 9) schreibt:

»Der Strom Weser floß zwischen Römern und Cheruskern. An seinem Ufer stand mit den übrigen Fürsten Arminius, und als nach der Frage, ob der Caesar gekommen sei, er sei da, geantwortet worden, bat er, es möchte erlaubt werden, sich mit dem Bruder zu besprechen. Es war dieser im Heere, beigenannt »Blonder«, ausgezeichnet durch Treue und mit einem durch Verwundung verlorenen Auge vor wenigen Jahren unter der Führung des Tiberius. Dann mit Erlaubnis... (ergänzt: des Feldherrn wird er von Stertinius hingeführt und) als er vortritt, gegrüßt von Arminius. Dieser, nach Entfernung der Umdrängenden, fordert, daß die vor unserm Ufer verteilten Pfeilschützen abzögen, und, nachdem sie weggegangen, fragt er, woher diese Entstellung des Gesichts, den Bruder. Ihn, der Ort und Schlacht berichtet, fragt er aus, welche Belohnung er denn empfangen? Flavus erwähnt erhöhten Sold, Kette und Kranz und andere militärische Auszeichnungen, welche Arminius als feilen Sklavenlohn verlacht. Hierauf, in entgegengesetztem Sinn, beginnen sie, dieser von der römischen Größe, der Macht des Caesars und, daß den Besiegten schwere Strafen, dem sich Ergebenden Milde zuteil werde; auch würden ihm Gattin und Sohn nicht feindselig gehalten; jener vom heiligen Recht des Vaterlandes, von der altererbten Freiheit, von den Göttern des innersten Germaniens, von der Mutter als Fürsprecher seiner Bitten: Er solle nicht seiner Nächsten, Verwandten und Nachbarn, dann seines Volkes Abtrünniger und Verräter sein als viel lieber ihr Führer. Allmählich von da aus in Streit verfallend, hätten sie sich (am liebsten) in einen Kampf eingelassen und wurden nicht einmal durch den dazwischen fließenden Strom gehindert, wenn nicht Stertinius hinzueilend den zornerfüllten und Rüstung und Roß Fordernden festgehalten hätte. Getrennt wurde andrerseits Arminius, dräuend und Schlacht ankündigend; denn das meiste warf er in lateinischer Sprache hinein als einer, der im römischen Lager als Führer des Volksaufgebots gedient hatte.«

In diesem Gespräch handelt es sich um Dinge von höchster Wichtigkeit. Es werden die Ideale genannt, nach denen jeder der beiden sein Leben ausrichtet. Und hier wird von Hermann-Arminius *der* Begriff genannt, der bisher noch kaum gründlich gewürdigt worden ist: *»fas patriae«* = *das heilige Recht (Gesetz) des Vaterlandes;* und ergänzend tritt hinzu: *»penetralis Germaniae dei«* = *des innersten Germanien Gottheiten.* Wir sind gewohnt, die Germanen anzusehen als eine Vielzahl selbständiger Stämme. Hier erfahren wir, daß sie in einer Einheit stehen. Diese Einheit ist sehr umfassend; denn an späterer Stelle nennt Hermann den Marbod, König der Markomannen, der ganz am Ende der germanischen Stämme in Böhmen stand, einen »Verräter des Vaterlandes«, weil er nicht an dem großen Befreiungskampf sich beteiligt hatte. Auch Marbod wurde also dem großen germanischen Vaterland zugerechnet.

Wir wissen, daß die Germanen eine staatliche Einheit nicht hatten, daß jeder Stamm für sich seine Kriege führte und seine Bündnisse schloß; also muß ihre Einheit in etwas anderem bestanden haben, in Dingen, die ihnen sehr wichtig und heilig waren, in Kult und Brauchtum, in Festen und den alten Gesängen ihres Ursprungs.

Wir denken auch daran, daß noch Jahrzehnte später, als der große Aufstand des Civilis im linksrheinischen Germanien sich erhob, die dortigen Germanen ein erbeutetes Römerschiff die Lippe hinauf bis zum Kulthain der Priesterin Veleda zogen, ihr zum Geschenk, ein Zeichen dafür, daß diese Stämme, wieweit auch vom inneren Germanien entfernt, sich zum gemeinsamen Vaterland bekannten.

Wir denken dabei auch daran, was Tacitus in der »Germania« berichtet über *das Opfer im Semnonenhain* und an die Worte, welche die große priesterliche Frau dem Drusus zurief, als er an der Elbe stand und im Begriffe war, sie zu überschreiten:

> »Wohin willst du denn, unersättlicher Drusus? Es ist dir nicht beschieden, alles hier zu sehen!« (Dio 55, I.)

Hier also, wahrscheinlich aber auch in den Heiligtümern der einzelnen Stämme und doch wohl auch an den Externsteinen, wurden jene gemeinsamen Güter bewahrt, welche die Gallier und die anderen von den Römern unterworfenen Völker verloren hatten:

Das heilige Gesetz des Vaterlandes,
die altererbte Freiheit,
die Götter des innersten Germaniens.

Dafür kämpfte Hermann der Cherusker.

Reiter-Vorspiele

Tacitus Annalen II, 11:

> »Am nächsten Tag stand der Germanen Heeresmacht jenseits der Weser. Caesar (= Germanicus) schickte den Reiter auf einer Furt hinüber, da es ihm von der Sicht des Feldherrn her nicht rätlich schien, die Legionen in Gefahr zu bringen, wenn nicht Überbrückungen und Sicherungen geschaffen wären. Den Reiter befehligte Stertinius und aus der Zahl der Ersthauptleute Aemilius. Sie stießen an verschiedenen Stellen vor, um den Feind zu teilen. Wo der Fluß am schnellsten war, brach Chariovalda, Fürst der Bataver, vor. Ihn zogen die Cherusker, Flucht vortäuschend, in eine von Bergwäldern umgebene Ebene. Dann vorpreschend und von allen Seiten heranschäumend, sitzen sie den Weichenden auf den Fersen, treiben sie in einen Kreis zusammen und bekämpfen sie, teils strecken sie sie aus der Entfernung nieder. Chariovalda, der lange der Wut der Feinde standgehalten, mahnt die Seinen, die heranstürmenden Scharen in geballtem Stoß zu durchbrechen, und dringt selbst in die dichtesten ein. Von den vereinten Geschossen getroffen sinkt er von dem untenher durchbohrten Roß herab und viele der Edlen um ihn her. Die übrigen entzog ihre eigene Kraft oder der mit Stertinius und Aemilius zu Hilfe kommende Reiter der Gefahr.«

So schildert Tacitus ein Vorspiel, das die Wendigkeit und planmäßige Führung der germanischen Reiterei deutlich überlegen zeigt, und gibt als Ort das von Bergen umschlossene Tal an, das uns noch beschäftigen wird.

Auch die folgenden Mitteilungen des Tacitus sind höchst wichtig. Germanicus überschreitet die Weser und schlägt nun auf deren rechter Seite, nördlich des Flusses, wie üblich ein befestigtes Lager auf. Da heißt es Annalen II, 12:

> »Als Caesar (Germanicus) die Weser überschritten hatte, erfuhr er durch den Bericht eines Überläufers den von Arminius ausgewählten Schlachtort. Zusammengekommen seien auch andere Völkerschaften in den heiligen Wald des Herakles (Donar), und sie würden einen nächtlichen Angriff auf das Lager wagen. Dem Bericht wurde Glauben geschenkt. Man erblickte (Wacht)feuer. Und Späher, die sich

näher herangemacht, meldeten, man höre das Gewieher von Pferden und das Getöse eines ungeheuren und ungeordneten Heeres.«

In diesem Absatz sind mehrere wichtige Mitteilungen enthalten. Vor allem erfahren wir von dem *heiligen Walde des Herakles* (der mit Donar gleichgesetzt wird), von den verschiedenen germanischen Völkerschaften, die sich hier versammelt haben, und von dem »ungeheuren Heer«, das zu einem guten Teil aus Reitern bestand. Wir werden diese Angaben noch im einzelnen behandeln. An einen Überläufer von den Germanen zu den Römern werden wir nicht glauben, zumal er keine Geheimnisse verrät, eher an einen Späher, der den Römern bestimmte Vorstellungen erwecken soll. Vor allem soll er wohl die Römer durch die Erwartung eines germanischen Angriffs am Schlafen hindern.
In Wirklichkeit machen die Germanen gar keinen Angriff; denn Arminius weiß, daß man ein verteidigtes römisches Lager nicht im Sturm erobern kann. Aber er läßt einen seiner Mannen, der Latein kann, also zu seinen Kampfgenossen aus den Tiberiusfeldzügen gehört, an den Wall heransprengen und mit lauter Stimme jedem Überläufer während der Kriegsdauer einen Tagessold von 100 Sesterzen (etwa 20.– DM) versprechen, dazu Frau und Äcker. Wir können aus diesem Angebot schließen, daß Arminius in den bisherigen Kämpfen reiche Beute gemacht haben muß und das erbeutete Geld offenbar nicht verteilt, sondern für den Krieg und auch zur Bestechung verwendet hat. Wir können daraus aber zugleich entnehmen, daß es eine heikle Sache ist, allein aufgrund von römischen Münzfunden der frühen Kaiserzeit aus dem Fundort irgend etwas erschließen zu wollen. Römische Münzfunde beweisen keineswegs, daß an dieser Stelle *Römer* gewesen sein müssen. Es kann sich immer auch um Germanen gehandelt haben, in deren Besitz römisches Geld auf die eine oder andere Weise gelangt war. Das Angebot für die Überläufer ist sicher für die germanischen Hilfsvölker gedacht. Die Römer müssen also in dieser Nacht auch noch auf diese aufpassen und finden noch weniger Ruhe. Und um 2 Uhr in der Nacht sprengen Germanen an das Lager heran, stören die Römer nochmals, finden aber alles so wohl bewacht, daß sie keinen Überläufern das Geleit geben können. Der Text (Annalen II, 13) lautet:

»Währenddessen sprengt einer der Feinde, lateinischer Sprache kundig, mit dem Pferd an den Wall heran und verspricht mit lauter Stimme im Namen des Arminius Frauen und Äcker und, solange der

> Krieg dauere, einen Tagessold von 100 Sesterzen, wenn einer überlaufe.«
> Die Römer antworten mit großem Zorn: »Käme der Tag, gäbe es Schlacht, nehmen würde sich der Soldat die Äcker der Germanen, ihre Frauen sich holen. Gut heiße er die Bedingung, und Gattinen und Habe der Feinde erkläre er als Beute.«

Aber diesen stolzen Römerworten folgen in den nächsten Tagen keine Taten.

Der Traum des Germanicus

Tacitus schreibt (Annalen II, 14) in seiner verkürzenden Redeweise:

> »Dieselbe Nacht brachte dem Germanicus erfreulichen Schlaf. Er sah sich opfernd und mit heiligem Blut bespritzt sein Festgewand, und wie er ein anderes, schöneres aus den Händen seiner Großmutter Augusta empfing.«

Wir können in diesem Traum gut die innere Einstellung des Germanicus zu dem Krieg, den er führt, und seinen Charakter überhaupt entnehmen. Er sieht diesen Traum als eine glückliche Vordeutung auf die kommende Schlacht an. Aber der Traum besteht aus zwei Teilen: Der erste Teil ist das durch Germanicus vollzogene Opfer, und dieses ist so blutig, daß sein feierliches Gewand bespritzt wird. Dies hätte nicht sein dürfen, auch Germanicus sieht es als einen Mangel, als ein Mißgeschick an. Er ist daher glücklich, anstelle des befleckten nun wieder ein sauberes, unbeflecktes, noch schöneres zu erhalten.
Dieses erwirbt er – im Traum – allerdings nicht durch eigene Tüchtigkeit, sondern durch die Hilfe seiner Großmutter. Diese war keine gewöhnliche Frau. Es war die Gattin des Augustus, Livia Drusilla. Nach dem Tode des Augustus im Jahre 14 n. Chr. war sie Oberpriesterin seines Heiligtums geworden und hatte den Namen »Augusta« erhalten. Sie war in diesen Jahren die einflußreichste Persönlichkeit in Rom. Ihre Söhne aus einer ersten Ehe waren: der inzwischen Kaiser gewordene Tiberius, und der Vater des Germanicus, der schon verstorbene Drusus. Man

sagte der Augusta nach, und man traute ihr zu, daß sie die leiblichen Enkel des Augustus aus dem Wege geräumt hätte, um für ihren Sohn Tiberius den Thron freizumachen. Der Traum verheißt nun ihrem Enkel Germanicus: sie werde auch diesem wieder ein glänzendes Aussehen verschaffen.

Der erste Teil des Traumes hat mit Blut und Opfer zu tun. Germanicus vollzog das Opfer, befleckte dabei aber sein feierliches Gewand; das bedeutet wohl: Sein Aussehen und sein Ansehen nach außen wird befleckt. Der zweite Teil des Traumes verheißt ihm, daß dies wieder gutgemacht werden wird. Die Großmutter Augusta wird ihm wieder ein glänzendes äußeres Ansehen verschaffen. Das durch Germanicus vollzogene Opfer aber wird nicht ungeschehen gemacht werden.

Man muß den Traum wohl so deuten: Das Opfer, dargebracht auf dem heiligen Altar des Vaterlandes, verspritzt sein Blut, und damit dürfte das römische Heer gemeint sein. Germanicus als Feldherr vollzieht dieses Opfer, er führt das Heer in die blutige Schlacht. Das Blut spritzt weit, d. h. die sehr blutige Niederlage wird weithin bemerkt, auch das Ansehen des Germanicus, der sie veranlaßt hat, wird dadurch befleckt, geschädigt. Aber dieser Schaden läßt sich wieder beheben, indem die mächtige Großmutter Augusta hilft. Sie hat in Rom das Sagen, sie lenkt die öffentliche Meinung, das allgemeine Urteil. Germanicus wird in schönem, unbefleckten Gewande dastehen, das heißt: in einem neuen, glänzenden Ansehen.

Den Germanicus berührt der erste Teil des Traumes wenig. Das Hin-Opfern (sinnbildlich hier der Soldaten) erscheint ihm als notwendige, ja heilige Pflicht. Nur daß durch diese Opferung sein eigenes Ansehen geschädigt wird, bekümmert ihn. Das andere nimmt er (im Traum) kaum zur Kenntnis. Erwacht sieht er den Traum als einen glückverheißenden an. Er ist beruhigt: Die kommende Schlacht und die folgenden Ereignisse werden auf die Dauer seinen Ruhm nicht schmälern. Alles wird so dargestellt werden, daß sein Ansehen fleckenlos erscheint. Er wird in Glanz und Stolz in Rom seinen Triumphzug halten über eben die Germanen, mit denen er jetzt den entscheidenden Kampf auszufechten hat.

Das ist der Traum des Germanicus vor der Schlacht bei Idistaviso. Er zeigt uns deutlich das Auseinanderklaffen von Wahrheit und Schein im frühkaiserlichen Rom, einen Feldherrn und Kaiserneffen, dem – in seinem Unterbewußtsein – Ansehen und Triumphzug wichtiger war als das Schicksal seiner Soldaten.

Idistaviso

Im Jahre 1841 wurden in Merseburg auf dem Vorblatt einer Handschrift des 10. Jh.s zwei althochdeutsche Zaubersprüche gefunden, deren einer begann: »Eiris sâzun idisi«. Jacob Grimm, der berühmte Germanist, veröffentlichte und besprach den Fund im Jahre 1842. Er deutete die »Idisen« als weise Frauen. Als er nun in den nächsten beiden Jahren an seiner »Deutschen Mythologie« schrieb, gab er seinem 16. Kapitel die Überschrift: »Weise Frauen« und beschäftigte sich sehr eingehend mit ihnen. In diesem Kapitel findet sich der Absatz:

> »Tacitus meldet uns, ein berühmtes Schlachtfeld an der Weser habe den Cheruskern IDISIAVISO (so bessere ich aus Idistaviso) geheißen, Frauenwiese; einerlei, ob die Stätte schon vor dem Kampf den Namen führte oder ihn erst nachher überkam. Hier war einmal oder zum andernmal unter Leitung dieser hehren Frauen gesiegt worden.«

So entstehen Legenden. Es war eine von mehreren »Schlimmbesserungen«, die sich die römischen Berichte gefallen lassen mußten, die lange nachwirkten und die Gedanken in falsche Richtungen lenkten.
Nicht das Geringste von dem, was Grimm hier sagt, ist richtig. Der Schlachtort ist bei Tacitus mit seinem deutschen Namen I-di-Sta-viso stimmig angegeben, wie wir gleich sehen werden, und die rechte Deutung war schon 5 Jahre früher gefunden. Von Frauen ist bei Tacitus keine Rede, und daß »weise Frauen« die Schlacht gelenkt hätten, ist ein reines Märchen; daß sie gar gesiegt hätten, konnte Grimm aus seinem Tacitus (jedenfalls) nicht entnehmen, denn dort wird nur von einer ungeheuren Niederlage der Cherusker berichtet, wenn das auch sehr aus römischer Sicht geschrieben war.
Der Vorgang ist bemerkenswert. Hier hat ein großer Gelehrter, aller Welt bekannt, sorglos mit Namensähnlichkeiten spielend, einen deutlich überlieferten Namen, weil er sich eben mit den »Idisen« beschäftigte, willkürlich geändert und ihn dadurch mit einer mythologischen Aureole umgeben; und eine ununterbrochene Kette von Forschern jeder Fachrichtung ist ihm darin gefolgt; selbst in die Textausgaben des Tacitus ist dieser Irrtum hineingetragen worden. Damit wurde der Blick verstellt für die ganz einfache Lösung, die damals schon gefunden war.

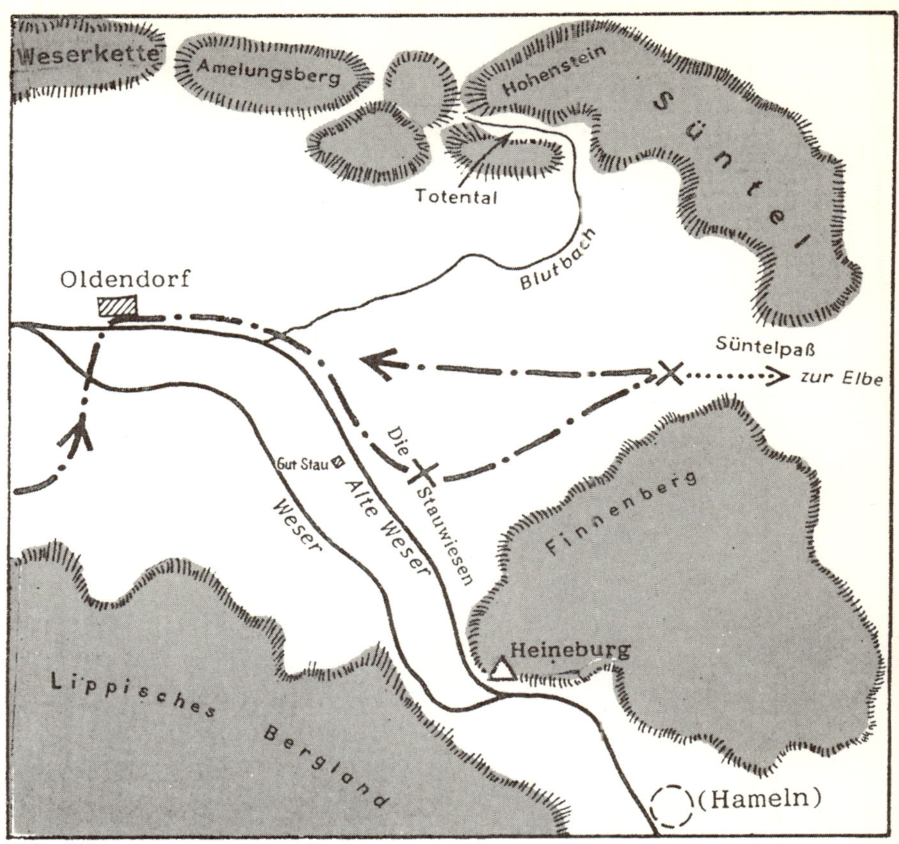

Das Schlachtfeld in den Stauwiesen (Idistaviso) und am Süntelpaß, wo die Römer ihr Ziel, die Elbe, aufgeben mußten und zur Umkehr gezwungen wurden.

Eines Tages schickte ein Berliner Bekannter mir ein Heftchen zu, das er aus einem Antiquariatskasten an der Straße herausgefischt hatte: »Erinnerungen an die Paschenburg« von G. Greverus, Rinteln 1852. Er dachte an mich, weil ich in der Gegend wohne. In diesem Heft findet sich S. 53–63 ein Kapitel mit der Überschrift: »Das Schlachtfeld von Idistavisus«. Dort heißt es S. 53:

»Nun findet sich zwischen den Oertern *Oldendorf* und *Fischbeck*, seitwärts nahe bei dem Dorfe Weibeck noch jetzt ein Gut, *Stau* genannt ... an der Gränze einer Marsch-Ebene, die oft von dem Flusse überschwemmt wird. Diese dient jetzt freilich meist zu Ackerland, wurde aber früher ohne Zweifel zu Wiesen benutzt; denn Wisi heißt

Die Karte der Altstadt von Rinteln an der Weser zeigt den Grundriß eines Römerlagers. Die Weser ist hier im Mittel etwa 60m breit, im Sommer oft schmaler.

Wiese (also Visibeck, jetzt Fischbeck, soviel wie Wiesenbach, von einem Bach, der mitten durch den Ort fließt). Es wurde dieser Marschrand mit dem Namen Stauwiese bezeichnet, weil das Wort Stau einen Ort bezeichnet, wo man Vorkehrungen zur Hemmung und Abdämmung des Wassers getroffen hat.«

So Greverus 1852. Dasselbe sagt aber schon 1838 F.C.H. Piderit in »Geschichtliche Wanderungen durch das Wesertal von Hameln bis Minden« (Rinteln und Leipzig). Ich bestätige diese früheren Untersuchungen und füge Weiteres hinzu.

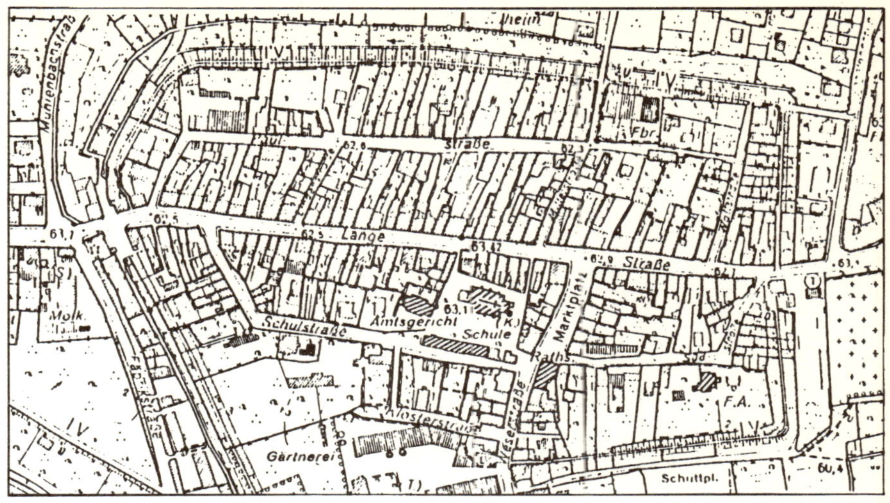

Der Grundriß der Altstadt von Hessisch-Oldendorf zeigt die Form eines Römerlagers. Der Ort lag ursprünglich unmittelbar an der Weser, in der sich hier eine Insel befand.

Zunächst wird uns von Tacitus die Landschaft, in der die Schlacht stattgefunden, recht anschaulich beschrieben. Da heißt es (Annalen II, 16):

> »... eine Ebene, die den Namen Idistaviso hat. Diese liegt zwischen Weser und Hügeln inmitten. Je nachdem die Ufer des Flusses zurückweichen oder die vorspringenden Berge sie begrenzen, zieht sie sich ungleichmäßig gebuchtet hin.«

Eine solche Landschaft gibt es nördlich der Weserscharte (Porta Westfalica) nicht. Dort kann die Schlacht daher nicht gewesen sein. Es gibt sie aber, genau in der angegebenen Art, zwischen der Weserscharte und Hameln, also im eigentlichen Weserkessel, vor allem in der Gegend zwischen Rinteln und Hameln. Hier trifft nun vielerlei zusammen:
Auf dem rechten Weserufer gegenüber (Hessisch) Oldendorf landeinwärts liegt das dichtbewaldete Felsengebiet des *Hohenstein*. Seine Steinsetzungen und Hünengräber, sein »singrüner« (immergrüner) »Altar«, der »Hirschsprung« und seine »Teufelskanzel« weisen es als eine einst geweihte Stätte aus, und noch im vorigen Jahrhundert wurde es nur mit Ehrfurcht betreten.[61] Es entspricht dem von Tacitus genannten heiligen Hain des Herakles. Unmittelbar dabei findet sich ein von Bergen ganz

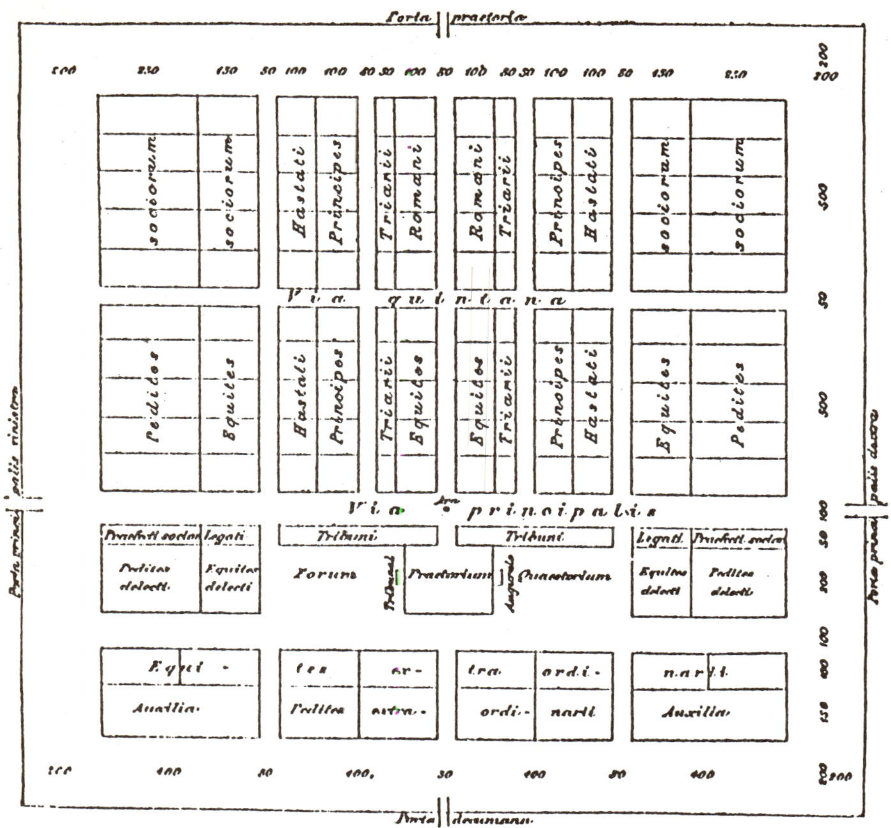

Plan eines römischen Lagers. (Die Maße sind Fuß.)
(Aus Mayers Konversationslexikon, Leipzig und Wien 1908)

umschlossenes Tal mit engem Zugang, und seine Lage, sein Name *Totental* und der durchfließende *Blutbach* stimmen zu Tacitus' Bericht von jenem bergumschlossenen Tal, in das die cheruskische Reiterei den Chariovalda und seine batavischen Reiter hineinlockte und in dem sie sie zusammenhieb.

Hinter Fischbeck zieht sich ein Bergrücken bis an die einstige Weser heran und sperrt hier den Durchgang. Von seiner Höhe gibt er den Blick frei nach allen Seiten mit Sichtverbindung zum Hohenstein, ein idealer Feldherrnhügel, wo man sich, auf dem Joch des Berges, den Standort des Arminius zu Beginn der Schlacht wohl denken kann. Unmittelbar daneben floß unten die *Alte Weser*, in welche sich dann die Cherusker hinunterflüchteten.

Dies alles ist schon früher bedacht worden. Aber der Übereinstimmungen sind noch mehr. An der Weser liegen in diesem Raum die Städtchen *Rinteln* und (Hessisch) *Oldendorf* in der üblichen Entfernung zweier römischer Lager, das eine links, das andere rechts der Weser, und beide haben den Grundriß von Römerlagern.

Wenn wir dies nun zugrunde legen: daß *Rinteln* der Ort war, wo Arminius und sein blonder Bruder über die Weser hinweg ihr Streitgespräch führten, daß *Hessisch-Oldendorf* der Platz war, wo die Römer auf dem rechten Ufer der Weser ihren Brückenkopf schufen und ihr Lager erbauten, wo sie in der Nacht das Stimmengewirr des gewaltigen germanischen Heerhaufens aus dem Gebiet des *Hohenstein* hörten, in dessen *Totental* am Vortag die batavische Reiterei zusammengehauen worden war; wenn hinter Fischbeck auf dem an die Weser anstoßenden Höhenzug die Cherusker unter Arminius standen, von dem sie dann durch die römische Reiterei heruntergeworfen wurden; wonach sie zum Teil im Durchschwimmen des Flusses ihr Heil suchen mußten, so haben wir fast das ganze Gemälde der Schlacht vor uns. Und hier findet sich nun eben auch, genau wie Tacitus es schreibt, der Name *I-Di-Sta-Viso*, den man wahrscheinlich richtig als »I(n) di(e) Sta(u)-Wiesen« deutet, im Dialekt dieser Gegend gesprochen, der das au als a lautet, hier liegt das Rittergut *Stau*, und hier wäre also die Schlacht »in den Stauwiesen« geschlagen worden.

Es kommt hinzu, daß sich seitlich vom Hohenstein auf der *Hochfläche des Amelungsberges* eine große germanische Fluchtburg befindet, schwer zugänglich und gut abgesichert, wo die Cherusker ihre Frauen, Kinder und Viehbestände unterbringen konnten.

Hinter den Stauwiesen war der Weiterweg hier durch den bis zur Alten Weser vorstoßenden *Finnenbergzug* versperrt. Aber etwas weiter nördlich vor dem, die Weserkette fortsetzenden, Süntelgebirge öffnet sich eine flache Senke für den weiteren Zug nach Osten. Dieser »Süntelpaß« gibt den Durchgang frei nach Elze-Hildesheim-Magdeburg, also zur Elbe. Es ist die gradeste Verbindung dorthin. Wenn Germanicus aus dem Weserkessel zur Elbe wollte, mußte er hier durch den Süntelpaß ziehen. Des Arminius Bestreben mußte es dagegen sein, den Römern diesen Weg zu verlegen oder ihm hier eine Falle zu stellen, Teile seines Heeres abzufangen oder zu vernichten. Er wird also seine Hauptmacht hier an beiden Seiten der breiten Senke postiert haben, vielleicht getarnt hinter gestaffelten Verhauen; und ebenso mußte die germanische Reiterei hier bereitstehen, einzugreifen und die Falle zu schließen. Mit seinem äußersten linken Flügel stand er dann vor dem Finnenberg und lehnte an die »Alte Weser« an.

Am Morgen der Schlacht von Idistaviso empfängt Germanicus günstige Vogelschau, nachdem er schon vorher jenen angeblich glückverheißenden Traum gehabt hat; und er hält nun eine Ansprache an seine Soldaten, die für das Verständnis dieses ganzen Feldzuges höchst wichtig ist.

Zunächst gibt er ihnen Regeln, wie sie sich beim Kampf in ungünstigem Gelände, in Wald und Gebirge verhalten sollten. Wir werden dadurch nochmals daran erinnert, daß das Schlachtfeld nicht von dem römischen Feldherrn ausgewählt worden ist, sondern von dem germanischen, von Arminius, und daß die Römer sich auf eben das gefaßt machen müssen, was Germanicus sich beim Beginn des Feldzuges zu vermeiden vorgenommen hatte: Ungünstiges Gelände, Wälder, Sümpfe; jetzt dagegen sagt er (Annalen II, 14):

> »Nicht nur die flachen Felder seien für den römischen Soldaten zur Feldschlacht gut, sondern, wenn Verstand hinzukomme, auch Wälder und Berge. Nicht nämlich dürften sie die ungeheuren Schilde der Barbaren, die gewaltigen Lanzen zwischen Baumstämmen und niederem Strauchwerk gleichhoch einschätzen wie die kurzen Speere und Schwerter und die dem Körper anliegende Rüstung ... Keinen Panzer habe der Germane, keinen Helm, nicht einmal eisen- oder lederbeschlagene Schilde, sondern Weidengeflecht oder dünne, gefärbte Bretter. Die erste Schlachtreihe sei ziemlich mit Lanzen bewaffnet, die übrigen hätten feuergehärtete oder kurze Speere.«

Germanicus sucht seinen Soldaten die Furcht vor den großen Germanen zu nehmen, indem er auf deren schlechte Bewaffnung hinweist. Seine Behauptungen sind aber nicht glaubhaft. In den vergangenen sechs Jahren waren die Germanen, deren Hauptwaffe der lange Speer war, ganz gewiß mit den nötigen Waffen bestens ausgerüstet worden.

Die Römer selbst klären die Frage, ob die Germanen genügend Eisen zur Verfügung hatten. Tacitus sagt nämlich Annalen II, 18, die Germanen hätten Ketten mit sich geführt, um die gefangenen Römer zu fesseln. Welcher Art diese Ketten waren, wird uns auch gesagt. Velleius lobt nämlich beim Bericht über den Varus-Untergang den Jüngling Caldus Caelius und sagt:

> »Er umfaßte die Ketten, mit denen er gefesselt war, und schlug sie mit solcher Gewalt gegen seinen Kopf, daß alsbald Blut und Gehirn hervorquollen, und er den Geist aufgab.«

Das müssen also schon sehr dicke Ketten gewesen sein, um sich damit den Kopf zerschlagen zu können, und sie müssen ihm sehr locker gesessen haben, also lang gewesen sein, damit er überhaupt die Bewegungsfreiheit zu solcher Tat hatte. Wieviel Eisen mag in solcher Kette gesteckt haben? Und es war nur *eine* von Hunderten! Wie viele Lanzenspitzen hätte man aus dieser einen Kette schmieden können, und wie viele erst aus Hunderten von ihnen. So geben uns die Römer selbst an, daß es den Germanen an Eisen nicht fehlte.
Im zweiten Teil seiner Ansprache legt Germanicus das Ziel seines Zuges dar. Was er schon zu Beginn seiner Fahrt betend bekannt hatte, das spricht er hier noch einmal deutlich aus: Er will seinem Vater Drusus nacheifern und wie jener sich bis zur Elbe durchsiegen. Dies sagt Germanicus *vor* der Idistaviso-Schlacht. Nach der Schlacht ist von einem solchen Ziel nicht mehr die Rede, nur noch von Rückkehr. In der jetzt beginnenden Schlacht geht es also darum, ob dem Germanicus der Durchbruch zur Elbe gelingt, oder ob es dem Arminius gelingt, ihn daran zu hindern. An solchem Erfolg oder Mißerfolg müssen wir die Bedeutung der Schlacht messen.
Die Worte des Germanicus an seine Soldaten lauten nach Tacitus (Annalen II, 14):

> »Wenn sie, überdrüssig der Märsche und des Meeres, ein Ende verlangten; durch diese Schlacht werde es bereitet. Näher schon sei die Elbe als der Rhein, und kein Krieg mehr jenseits, wenn sie nur ihn, der in den Spuren des Vaters und Oheims gehe, in diesen Ländern als Sieger einführten.«

Auch am Inhalt dieser Rede brauchen wir nicht zu zweifeln, auch sie hatte viele Zeugen. Germanicus streckt die Hand aus nach einem Triumph, der den seines Vaters noch übertreffen sollte. Aber war ein solcher Triumph damals überhaupt noch möglich?
Schon waren des Germanicus Soldaten der Märsche müde. Sie hatten riesige Strecken durchzogen. Nun sollten sie nochmals bis zur Elbe weitermarschieren. Und dann? Hoffte Germanicus, die Cherusker so zu bezwingen, daß sie dann in den früheren Stand von Bundesgenossen

zurückkehren würden oder sogar zur römischen Provinz gemacht werden könnten? Was mag Germanicus wirklich gedacht und empfunden haben, als er so zu den Soldaten sprach, deren Opferung soeben der Traum ihm verkündet hatte, ohne daß er ihn verstand? Konnte er so ahnungslos sein, daß er glaubte, nach der Schlacht ohne Kampf zur Elbe durchzudringen? Und danach? An der Elbe sollten die Märsche, die Kämpfe, die Meerfahrten zu Ende sein? Germanicus hatte in diesem Feldzug seinen Gegner Hermann den Cherusker, dessen unbeirrbares Ziel es war, die Römer über den Rhein zurückzutreiben, noch kaum geschmeckt. Die Elbe war sein mythisches Traumziel. Aber wenn er es verfehlte, so blieb ihm als Trost der zweite Teil seines Traumes. Tacitus (Annalen II, 15) schreibt weiter:

»Der Rede des Fürsten folgte der Soldaten Kampfglut, und das Zeichen zur Schlacht (ward) gegeben. Aber auch Arminius oder die übrigen Vornehmen der Germanen versäumten nicht, jeder den Seinen zu versichern, dies seien die fluchtfreudigsten Römer des Varus-Heeres, welche, um nicht den Krieg auf sich nehmen zu müssen, Aufstand erregt hätten. Von diesen würde ein Teil die mit Wunden bedeckten Rücken, ein andrer Teil die von Flut und Sturm gebrochenen Glieder aufs Neue den erbitterten Feinden, den abgeneigten Göttern entgegenwerfen – keine Hoffnung auf Gutes. Sie hätten ja die Flotte und den weglosen Ozean gesucht, damit niemand sich ihrem Kommen entgegenstelle, niemand die Geschlagenen bedränge. Aber wo sie ins Handgemenge sich einließen, fehle den Besiegten der Winde und Ruder Hilfe. Sie sollten sich nur der Habsucht, der Grausamkeit, der Überheblichkeit erinnern! Bliebe ihnen anderes übrig, als die Freiheit festzuhalten oder zu sterben, ehe sie Sklaven würden?

Die so Entflammten und die Schlacht Fordernden führen sie in eine Ebene, die den Namen I-di-stá-viso (in die Stauwiesen) hat. Diese, zwischen Weser und Hügeln inmitten, je nachdem die Ufer des Flusses zurückweichen oder die Vorsprünge der Berge sie begrenzen, zieht sich ungleichmäßig gebuchtet hin. Hinter dem Rücken erhob sich der Wald mit hochragenden Ästen und kahlem Boden zwischen den Stämmen. Das Feld und den Waldsaum hielt die Schlachtreihe der Barbaren (Germanen). Nur die Cherusker hatten die Bergjoche besetzt, damit sie sich in die im Kampf stehenden Römer von oben hineinstürzen könnten.

Unser Heer zog so heran: Die gallischen und germanischen Hilfstruppen in der Front, nach diesen die Pfeilschützen zu Fuß; darauf 4 Legionen und, mit 2 Prätorianerkohorten und erlesenem Reiter, Caesar (Germanicus). Hierauf in gleicher Zahl Legionen und die Leichtbewaffneten mit dem reitenden Pfeilschützen, und die übrigen Kohorten der Bundesgenossen. Gespannt und bereit der Soldat, damit die Ordnung des Heereszuges sich in die Schlachtreihe eingliedere.«

Die Schlacht

Die Römer rücken aus ihrem Lager am rechten Weserufer (Hess. Oldendorf) aus und marschieren nach Osten, immer in Fühlung mit der Weser. Um 11 Uhr sind sie in den Stauwiesen, und die Schlacht beginnt. Tacitus (Annalen II, 17–19) schildert sie so:

»Als man der Cherusker Scharen ansichtig geworden, die mit wildem Ungestüm vorgebrochen, befiehlt er, daß die tapfersten der Reiter in ihre Seite stoßen, daß Stertinius mit den übrigen Schwadronen sie umreiten und im Rücken anfallen solle. Er selbst werde zu rechter Zeit kommen.

Indessen ein herrliches Vogelzeichen: Acht Adler sieht man dem Wald zustreben und hineinfliegen, so daß es der Feldherr sieht. Er ruft, sie sollten gehen, sollten den römischen Vögeln folgen, den eigentlichsten Wahrzeichen der Legionen. Zugleich dringt die Schlachtreihe der Fußtruppen vor, und der vorausgeschickte Reiter fiel die letzten an und die Seiten.

Und, wunderlich zu sagen: Zwei Heerhaufen der Feinde, in entgegengesetzter Flucht! Die den Wald besetzt gehalten, stürzten ins Offene, die in der Ebene gestanden, in den Wald. In der Mitte zwischen ihnen wurden die Cherusker von den Hügeln heruntergetrieben, unter welchen herausragend *Arminius* mit Hand, Ruf, Wunde die Schlacht hielt. Und er hatte sich auf die Pfeilschützen geworfen und wäre dort durchgebrochen, hätten nicht der Räter und Vindeliker Kohorten ihre Feldzeichen entgegengestellt. Trotzdem: Mit Krafteinsatz des Körpers und Ansturm des Rosses brach er durch, beschmiert das Gesicht mit seinem Blut, um nicht erkannt zu werden. Einige berichten, er sei

erkannt worden von den unter den römischen Hilfstruppen fechtenden Chauken und durchgelassen. Tüchtigkeit oder dieselbe List ließ den Inguiomarus entkommen.
Die übrigen wurden hier oder dort erschlagen. Die meisten, welche die Weser zu durchschwimmen versuchten, wurden durch nachgesandte Geschosse oder die Gewalt des Flusses erfaßt, zuletzt durch die Masse der Stürzenden und die einbrechenden Ufer. Einige, die in schimpflicher Flucht sich in die Baumwipfel, wenn nicht im Gesträuch verbargen, wurden von herbeigeholten Pfeilschützen zum Vergnügen angeheftet, andere durch herabgerissene Bäume zerschmettert.
Groß war dieser Sieg und nicht blutig für uns. Die von der fünften Stunde des Tages an (11 Uhr) bis zur Nacht getöteten Feinde bedeckten 10000 Schritt (7,5 km) mit Leichen und Waffen, und es fanden sich unter ihrer Beute Ketten, die sie für die Römer, als wäre der Ausgang nicht zweifelhaft, mitgebracht hatten.
Der Soldat grüßte am Ort der Schlacht Tiberius Imperator und errichtete einen Erdhügel, und nach Art eines Siegesmals legte er die Waffen mit den darunter geschriebenen Namen der besiegten Völker darauf.

Nicht Wunden, Trauer, Zerstörung, als vielmehr *dieser* Anblick erfüllten die Germanen mit Schmerz und Zorn. Sie, die schon aus ihren Wohnsitzen über die Elbe hinüber wegzuziehen sich bereit machten, wollen die Schlacht, reißen die Waffen an sich. Volk, Adel, Jugend, Greise fallen plötzlich den römischen Heereszug an, verwirren ihn.«

Das stundenlange »Morden«, von dem Tacitus hier berichtet, kennen wir bereits von den früheren Schilderungen her. Offenbar rühmten sich die römischen Soldaten solcher Tat. Da aber bei den Germanen alles auseinanderstob und sein Heil in der Flucht suchte, viele sich in die Weser retteten, dürfte es sich auch hier mehr um das Umbringen der Verwundeten handeln, die nicht mehr fliehen konnten.
Jedenfalls räumte Germanicus diesen Teil des Schlachtfeldes jetzt aus und errichtete auf dem Kampfplatz sein Siegeszeichen.

Der Umschwung

Tacitus hat den Aufmarsch zur Schlacht geschildert, die Vorzeichen, die Ansprachen, den Zusammenprall der Heere, die Umgehungen, das Auf- und Abwogen der Kämpfe, bald nur noch das Abschießen der Germanen und das stundenlange »Morden« auf der weiten Walstatt, zuletzt die Errichtung des Siegeshügels. Damit brechen seine Kampfschilderungen ab, man meint die Germanen völlig zermalmt.

Gleichsam verwundert meldet Tacitus dann, was jetzt bei den Germanen geschah. Er stellt es so dar, als wäre es eine plötzliche Aufraffung aus Erbitterung über die Errichtung des Siegeshügels gewesen. Aber wie groß die Römer diesen in der Eile auch gebaut haben mögen: Für die Germanen war er aus der Entfernung kaum sichtbar, völlig unsichtbar die hochtrabenden Inschriften darauf.

Tacitus deutet es so, als wäre der nun erfolgende Ansturm der Germanen eine letzte Notwehr gewesen, ein cheruskischer »Volkssturm« gleichsam, eiligst zusammengerafft. Aber solche bewaffneten, kampffähigen Massen lassen sich nicht aus dem Boden stampfen. Wenn jetzt »plötzlich«, eben an dem Ort und zu der Zeit, wo es gebraucht wird, ein so übermächtiges Heer vorhanden ist, das den römischen Heereszug »verwirren« kann, so ist es auch vorher schon dagewesen – und die römischen Späher hatten ja auch in der Nacht vor der Schlacht im Wald des Herakles das Getöse eines ungeheuren, teils berittenen, Heeres vernommen und seine Lagerfeuer gesehen.

Viel wahrscheinlicher ist es, daß die Römer jetzt erst, nachdem sie schon gesiegt zu haben glaubten, auf die bisher zurückgehaltene Hauptmacht der Germanen und die Reiter stießen.

In der Tacitus-Schilderung der Idistaviso-Schlacht wird die *germanische Reiterei* nicht erwähnt. Dies war aber *die* Truppe, die sich den Römern stets überlegen gezeigt, die in den Kämpfen des Jahres 15 n. Chr. die römischen Reiter überrascht und geworfen, das römische Fußvolk in die Sümpfe getrieben und fast vernichtet hatte, die eben erst an der Weser die batavischen Reiter in das Waldtal gelockt und dort zusammengehauen hatte. Wird die germanische Reiterei nicht erwähnt, so kämpfte sie nicht mit in der Stauwiesenschlacht, so wartete sie abseits auf ihren Einsatz. War aber die Reiterei nicht dabei, so war auch ein Großteil des Heeres fern, so hatten die Römer nur den äußersten linken Flügel der Germanen besiegt, so war die Schlacht noch nicht zu Ende. Die Hauptarmee des Cheruskers verhielt. Als die Römer im Siegesjubel den Hügel auftürmen, ihn schmücken mit den erbeuteten Waffen und daran die Namen der Stämme schreiben, die sie glauben, besiegt zu haben, ahnen sie nicht, was ihrer wartet. Ahnt es Germanicus auch nicht?

Machen wir uns die Lage klar! Die Römer stehen im Weserkessel, sie wollen zur Elbe. Vor ihnen verriegeln Berge und Schluchten den Weitermarsch. Der einzige Weiterweg nach Osten führt durch den *Süntelpaß*, jene sanft ansteigende flache Senke zwischen dem Süntelgebirge (350 m) und dem bis zur Alten Weser reichenden Höhenzug des Finnenberges. Hier muß Germanicus hindurch. Wahrscheinlich ist sein Vater Drusus denselben Weg gezogen. Aber damals stand kein Arminius davor.

Aus den kurzen Tacitussätzen läßt sich nicht erkennen, ob der römische Heereszug versucht hat, in den sanft ansteigenden Süntelpaß einzumarschieren, oder ob Germanicus die Gefahr rechtzeitig erkannte und sich der Umklammerung entzog. Das Entscheidende dieser Vorgänge enthüllen erst die nächsten Sätze des Tacitus:

> »Zuletzt wählen sie (die Germanen) einen Ort, von Fluß und Wäldern eingeschlossen, mit einer gebogenen und feuchten Ebene darinnen. Auch die Wälder umgab tiefer Sumpf, nur daß die Angrivarier die eine Seite durch einen breiten Damm herausgehoben hatten, durch den sie sich von den Cheruskern abgrenzen wollten.«

Germanicus hatte vor Beginn der Kämpfe in den Stauwiesen gestanden, kurz vor Hameln, und wollte nach Osten, zur Elbe. Der Platz, den Tacitus nun beschreibt, liegt aber drei Tagesmärsche zurück nach Westen, da, wo die Cherusker an die Angrivarier grenzen, eben da, wo Germanicus hergekommen war. Die Römer haben also umgeschwenkt, sie sind auf dem Rückmarsch, sie haben das Elbe-Ziel aufgegeben und sind jetzt nur noch bestrebt, aus dem Weserkessel herauszukommen.

Was Tacitus verschweigt

Tacitus sagt dies alles nicht, er verschleiert das Geschehen. Und wenn er, nach geglücktem Ausbruch der Römer aus dem Weserkessel, schreibt:

> »Doch da es schon hoher Sommer war, wurden einige Legionen auf dem Landwege in die Winterlager zurückgeschickt; die Mehrzahl schiffte der Caesar ein und führte sie durch die Ems in den Ozean«,

so sind hierin zwei Verlegenheitsmeldungen enthalten; denn erstens ist »hoher Sommer« kein Grund, einen Feldzug abzubrechen; und zweitens war es nicht Germanicus, der den Feldzug abbrach, sondern Hermann der Cherusker hatte ihn zur Aufgabe seines Zieles und zur Umkehr gezwungen, obwohl es *erst* »hoher Sommer« war.

Germanicus hatte außer seinem Elbe-Traum noch ein zweites Ziel gehabt: Er wollte *»die Cherusker bestrafen«* wie vorher die Marser, Chatten und Brukterer. Er war zu diesem Zweck in das innerste Germanien eingedrungen, doch er hatte die »Bestrafung« nicht durchführen können. Nirgends erwähnt Tacitus im Cheruskerland das sonst übliche Verwüsten und Verbrennen der Siedlungen und das »Morden« aller Bevölkerung. Daran hinderte die Römer wohl das »zahllose« germanische Heer am »Hain des Herakles«, dem Hohensteingebiet; und Frauen, Greise, Kinder und Vieh lagerten wahrscheinlich in der hochgelegenen weiten »Amelungsburg« dicht daneben. Den Römern blieb nur das Schlachtfeld, d. h. der Streifen entlang der Weser von Hessisch Oldendorf bis Fischbeck, und hier »mordeten« sie denn angeblich »bis in die Nacht«, d. h. sie brachten die Verwundeten um, ein nicht rühmliches, aber übliches Handwerk, da das in Feindesland marschierende Heer Gefangene nicht brauchen konnte.

Tacitus, der die für die Römer siegreiche Idistaviso-Schlacht so ausführlich beschreibt, mit Einzelheiten wie den »Ketten«, welche die Cherusker für die erhofften Gefangenen mitführten, als wäre der Ausgang der Schlacht nicht zweifelhaft – Tacitus hat für den entscheidenden Zusammenstoß, der das Schicksal des ganzen Feldzuges wendet, nur den kleinen Satz:

> »Alt und Jung, Adel und Volk, fallen plötzlich den römischen Heereszug an, verwirren ihn.«

Und erst fünf Kapitel weiter, als er schildert, wie die furchtbaren Verluste dieses Feldzuges leidlich wieder aufgefüllt werden sollen, meldet er:

> »Viele (Gefangene) gaben die jüngst in Vertrag genommenen Angrivarier zurück, nachdem sie von den mehr innen Wohnenden sie losgekauft.«

Hier erst also gibt Tacitus zu, daß die Cherusker Gefangene gemacht haben, »viele« – und das können, wenn sie der Auffüllung der zerschlagenen Legionen dienen sollten, ja nicht nur Hunderte, es mußten Tausende gewesen sein. Nicht umsonst also hatten die Germanen »Ketten« mitgeführt. Der Spott der Römer darüber kam zu früh. Sie konnten froh sein, daß die Germanen, im Gegensatz zu ihnen, Gefangene überhaupt machten.

Tacitus schildert nicht den Ablauf der Süntelpaßschlacht: ob die Römer versucht haben, mit ihrem Heerwurm in den Paß einzumarschieren, ob sie dort in die Falle gerieten, die von den cheruskischen Reitern dann geschlossen wurde, und ob sie nun von beiden Seiten in die Zange genommen wurden – oder ob der Kampf *vor* dem Einmarsch in den Süntelpaß stattfand, und Germanicus sich rechtzeitig aus der Falle zurückzog. Tacitus sagt nicht, wie die Römer zurückfanden zum westlichen Ausgang des Weserkessels am Angrivarierdamm, ob sie wieder die alten Lager benutzten oder einen anderen Weg wählten. Er vermeidet vorsichtig alles, was die Tatsache der großen römischen Niederlage deutlich sichtbar machen könnte.

Warum hat Tacitus dies Entscheidende nicht berichtet? Wußte er nicht? Wollte er nicht? Oder durfte er nicht – er oder seine Quellen? Die Frage ist wahrscheinlich zu beantworten: Wenn Germanicus trotz seiner furchtbaren Niederlagen, und obwohl er kaum ein Drittel seiner Truppen wieder an den Rhein zurückbrachte, im Jahr darauf in Rom seinen Triumphzug halten durfte über die germanischen Stämme, so war dies die amtliche Bekundung des römischen Staates, daß dieser Feldzug als ein siegreicher anzusehen sei, und es war wohl keinem Schriftsteller jener und der nächstfolgenden Zeit möglich, dieser Erklärung öffentlich zu widersprechen. Es *durfte* eine solche Niederlage nicht gegeben haben. Germanicus war ein Liebling der Nation, er mußte gesiegt haben.

Wir müssen also dem Tacitus danken, daß er uns immerhin viele Einzelheiten übermittelt hat, welche uns einen Blick in die Wirklichkeit erlauben. Daß man sie bisher nicht hinreichend ausgewertet hat, ist unsere, nicht des Tacitus Schuld. Es zeigt zugleich seine Meisterschaft sowohl der Tatsachendarstellung wie der Tatsachentarnung. Er hat den Traum des Germanicus berichtet, und dieser Traum hat sich voll erfüllt, sowohl das römische Blutbad, welches das Ansehen des Germanicus belastete, wie dessen glänzende Rechtfertigung durch den späteren Triumphzug. Aber wir brauchen uns durch das ihm von der Großmutter Augusta geschenkte »schönere Gewand« nicht täuschen zu lassen.

Denn die Niederlage der Römer geht weniger auf das Versagen der römischen Soldaten zurück, obwohl diese sicher den durch den Cherusker begeisterten Germanen auch als Kämpfer nicht überlegen waren. Die Niederlage geht zu Lasten der verfehlten Planung des Germanicus. Er hatte die Germanen und vor allem die Cherusker in ihrem damaligen Zustand unterschätzt, vor allem aber Hermann den Cherusker, der ihm überall, wie Tacitus zugibt, das Gesetz des Handelns aufzwang. Germanicus hatte den Versuch gemacht, mit einer gewaltigen Militärmacht und unter Einsatz der ganzen Technik Roms die Germanen zu bezwingen, ja bis zur Elbe durchzudringen. Es gelang ihm nicht; denn die Germanen waren in diesen Jahren einig, die inneren Gegner hatten sich abgesetzt, und die vereinigte Macht Germaniens unter zielbewußter Führung war für die Römer eine unbesiegbare Macht. So scheiterte Germanicus an seiner Fehlplanung. Was sein Vater Drusus in den Zeiten germanischer Zerrissenheit noch durchführen konnte, ließ sich zur Zeit des Cheruskers nicht wiederholen.

Der Sieg im Süntelpaß

Im Süntelpaß also – so müssen wir Tacitus aus Tacitus ergänzen – entfaltete sich die *eigentliche* Schlacht im Feldzug des Jahres 16 n. Chr., eine Schlacht großen Ausmaßes. Der Ausweg nach Osten, zur Elbe, wurde den Römern verschlossen, sie mußten zurück. Der ganze Feldzug mit seinem riesigen Aufwand, die Mühen und Strapazen der Meerfahrt und der Märsche, sie waren umsonst gewesen. Germanicus mußte sich beeilen, daß er aus dem Kessel überhaupt nur wieder herauskam. Daher wendete er nach Westen zurück. Die vielen tausend Gefangenen, die sich später in den Händen der Germanen befanden, dürften hier gemacht worden sein.

Können wir den Verlauf der Schlacht im einzelnen nicht nachvollziehen, so ist ihr Ergebnis doch klar: Germanicus geht an seinen Ausgangspunkt zurück, er läßt Tausende von Gefangenen in den Händen der Germanen. Die blutigen Verluste der Römer lassen sich nur erahnen. Auch die Verluste der Germanen mögen nicht gering gewesen sein; aber diese waren doch fähig, schon im nächsten Jahr einen Volkskrieg gegen Marbod zu führen, und sie sind da zahlreich genug; denn Tacitus sagt in den Annalen II, 46:

»Nie war man mit größeren Heeresmassen in den Krieg gezogen«;

und die Germanen konnten nicht, wie die Römer, überall in einem riesigen Weltreich Truppen ausheben. Die germanischen Verluste waren also wohl geringer, als man nach Schilderung des Tacitus gewöhnlich annimmt.

Die Römer haben in den Stauwiesen gesiegt, aber sie haben die Hauptschlacht im Süntelpaß verloren. Sie haben ihren Elbeplan aufgeben müssen und haben den Rückmarsch angetreten. Diese Schlacht war die Entscheidung des ganzen Krieges. Sie hat Tacitus nicht überliefert und hat dadurch die Wahrheit verschleiert.

Und doch verschweigt er die Wahrheit nicht ganz; denn er hat auch die Vorgänge überliefert, aus denen das Ergebnis dieser Schlacht zwingend gefolgert werden muß. Er hat deutlich das Ziel genannt, das Germanicus sich gesetzt hatte noch bis unmittelbar vor der Stauwiesenschlacht, und er hat die Tatsache überliefert, daß Germanicus dieses Ziel *nicht* erreichte, daß er *nicht* zur Elbe durchdrang, sondern umkehrte. Daß man aus diesen von Tacitus überlieferten Tatsachen den Schluß so selten zog, ist schwer zu begreifen.

Dies war die Schlacht, die der römischen Herrschaft im rechtsrheinischen Germanien ein Ende setzte. Nicht die Varusschlacht hat das Land befreit; die Römer kamen wieder. Die Kämpfe des Jahres 15 n. Chr. nach dem Besuch des Varusschlachtfeldes gaben ihnen erst einen Vorgeschmack, das Jahr 16 n. Chr. zeigte die völlige Überlegenheit des Cheruskers über »das unerfahrene Jüngelchen« (inperitum adulescentulum), wie er den Germanicus in seiner Zornrede genannt hatte. Hermann der Cherusker wurde durch diese Schlachten der Befreier Germaniens, der die Römer in den Weserkessel hereinließ, der die Schlachtorte bestimmte, der den Kessel dann, erst im Osten und dann im Westen, verrammelte und nur Reste des stolzen Heeres entkommen ließ. Steht hier auch sein Denkmal nicht, so ist doch hier noch der »heilige Hain« des Hohenstein, die Amelungs-Fluchtburg, das Totental mit dem Blutbach, der an diesen Wiesen haftende Name IDISTAVISO bei dem Rittergut »Stau«, ist hier noch der Süntelpaß zwischen Pötzen und Unsen, der den Untergang der römischen Herrlichkeit sah.

Aber auch der Cherusker hatte sich geirrt. Daß er und Inguiomer bei Idistaviso auf dem äußersten linken Flügel standen, begründet sich wohl dadurch, daß hier auf der bis an die Weser sich vorschiebenden Berghöhe (später Heineburg) ein idealer Blickpunkt war (und ist), von dem aus sich das ganze Wesertal westlich bis zur Porta und südöstlich über Hameln hinaus auf Bodenwerder hin übersehen läßt, zugleich mit Sichtverbindung zum Hohenstein.

Der Ablauf dieses Teils der Schlacht muß sich aber gegen den Plan des Arminius entwickelt haben; denn er war von seinem Feldherrnhügel heruntergeworfen worden und mußte sich zu seiner Hauptmacht erst durchschlagen. Seine Scharen waren zersprengt worden. Offenbar hatte er erwartet, daß die Römer gradeswegs auf den Süntelpaß zumarschieren würden, an dessen Seite er sicher seine stärksten Kräfte und die Reiterei aufgestellt hatte. Seinen äußersten linken Flügel hatte er wahrscheinlich schwächer bemannt, weil die Römer wegen der bis an die Weser stoßenden Berge und Schluchten hier nicht weiterkommen konnten.

Vielleicht aber war es auch so, daß von Hermann gar nicht geplant war, seine Cherusker mit den Römern handgemein werden zu lassen, sondern man wollte diese still vorüberziehen lassen, um sie dann von hinten anzugreifen bzw. die Falle zu schließen. Es ist durchaus möglich, daß auch hier Inguiomerus, dem die taktische Schulung Hermanns fehlte, seine Ungeduld nicht zügeln konnte und angriff da, wo er hätte im Verborgenen warten und lauern sollen. Damit wurden die Römer, die ja durch den Süntelpaß mußten, erst an die Weser herangezogen, der ganze Einschließungsplan mißglückte zunächst, und der äußerste linke Germanenflügel wurde nutzlos geopfert. Nachher griff dann die Umschließung doch. Das mag der zweite Zusammenprall zwischen Hermann und Inguiomer gewesen sein, der dann im nächsten Jahr zur feindlichen Trennung führte.

Die Schlacht am Angrivarierdamm

Aber noch waren die Römer nicht am Ende ihrer Schwierigkeiten. Sie waren am Durchbruch zur Elbe gehindert worden. Sie waren umgekehrt, um wieder zu ihren Schiffen zu gelangen. Sie mußten jetzt noch aus dem Talkessel der Weser ihren Ausgang nach Westen freikämpfen. Es kam zu einer letzten Schlacht.
Tacitus Annalen II, 19:

> »Zuletzt wählen sie (die Germanen) einen Ort, von Fluß und Wäldern eingeschlossen, mit einer gebogenen und feuchten Ebene darinnen. Auch die Wälder umgab tiefer Sumpf, nur daß die Angrivarier die eine Seite durch einen breiten Damm herausgehoben hatten, durch den sie sich von den Cheruskern abgrenzen wollten. Hier stand der (germanische) Fußkämpfer. Den (germanischen) Reiter verbargen sie in den (heiligen?) Hainen, damit er den Legionen, wenn sie in den Wald eingedrungen wären, im Rücken sei.«

Aus dem mächtigen Talkessel der Weser gibt es auf der westlichen Seite zwei Ausgänge. Der eine geht nach Norden durch die Porta westfalica, »Das westfälische Tor«, dort, wo sich die Weser in Urzeiten den Weg in die norddeutsche Tiefebene bahnte; der andere Ausgang geht nach Westen (beim heutigen Bad Oeynhausen), dort wo die *Werre*, aus dem Engererland kommend, der Weser zufließt, sich mit ihr zu vereinigen.
Der Durchgang durch die Weserscharte war in früheren Zeiten eng, leicht zu sperren und für ein feindliches Heer kaum passierbar. Der Durchgang bei Bad Oeynhausen ist breit, war aber in früheren Zeiten durch starke Versumpfung weitgehend wieder geschlossen. Hier liegt am südlichen Eckpunkt das alte *Rimi* (Rehme), am nördlichen Eckpunkt der *Hahnenkamp*, in den fränkischen Annalen von 894 *» Hoher Kamp«* genannt. Dies ist ein sehr massiver Steilhang, der sich an den Bergwald anlehnt.
Zwischen der Porta und dem Hohen Kamp zieht sich eine 5 km breite, *gebogene Ebene* hin, in welcher die Weser samt der zugeflossenen Werre im Laufe der Zeiten die verschiedensten Betten gebildet hat, die früheren südlicher, die späteren nördlicher. Im Hintergrund steigt in den östlichen zwei Dritteln der dichte Bergwald des Wiehengebirges auf, im westlichen Drittel bis zum Hohen Kamp ein anschließender bewaldeter Höhenzug,

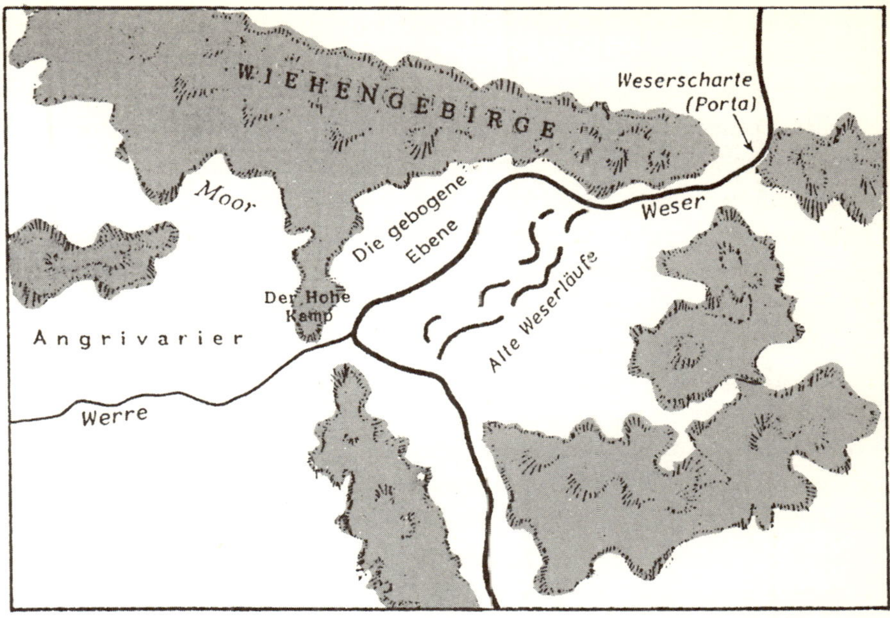

Das Umfeld der Schlacht am Angrivarierdamm: Die gebogene Ebene, Der Hohe Kamp (dort ist der Angrivarierdamm zu vermuten, Grenze der Angrivarier und Cherusker), die Westausgänge aus dem Weserkessel an der Weserscharte und am Werre-Einfluß (Bad Oeynhausen).

hinter dem altes Bruchland liegt. Die gebogene Ebene dürfte früher feucht gewesen sein.

Dies ist die Landschaft, wie Tacitus sie kundig beschreibt. Der Hahnenkamp entspricht etwa dem Angrivarierdamm (auf Einzelheiten kommen wir noch zu sprechen). Hier mußten die Römer hindurch, um sich den Weg nach Westen, zur Ems, zu ihren Schiffen zu öffnen.

Als die Schlacht beginnt, haben die Germanen Damm und Bergwald besetzt, haben ihre Reiterei, wohl an den Flanken, in Hainen versteckt, um den angreifenden Römern in den Rücken zu fallen. Dazu kommt es aber vorerst nicht, weil Germanicus die römische Reiterei in der gebogenen Ebene einsetzt, mit der die germanische Reiterei zunächst fertig werden muß. Tacitus berichtet, nun deutlich zugunsten des Germanicus, weiter folgendes (Annalen II, 20):

»Nichts hiervon (blieb) dem Caesar verborgen. Er hatte die Pläne, die Orte, offenbare und verborgene, erkannt und wendete die Listen der Feinde ihnen selbst zum Verderben. Dem General Scius Tubero

übergibt er den Reiter und das Feld. Die Schlachtreihen des Fußvolks ordnete er so an, daß der eine Teil in ebenem Anmarsch in den Wald eindringen, der andere Teil den entgegenstehenden Damm ersteigen sollte. Dieses Mühsal teilte er sich, die übrigen (Mühsale) den Generälen zu. Denen, die ins Ebene vordrangen, war es leicht einzudringen; die, welche den Wall erkämpfen sollten, wurden, als müßten sie eine Mauer ersteigen, mit Würfen (Hieben) von oben bedrängt. Es empfindet der Fürst, bedroht, den ungleichen Kampf und, indem er die Legionen ein wenig zurückzieht, läßt er die Schleuderer und Wurfschützen Geschosse ausschütten und den Feind in Verwirrung bringen. Abgesendet wurden von den Spannschleudern Lanzen, und je mehr die Verteidiger zu sehen waren, mit desto mehr Wunden wurden sie hinabgeworfen. Als erster machte der Caesar mit den Prätorianer-Kohorten, als der Damm genommen war, den Angriff auf die Wälder. Dort wurde im Angriff beider Heere Schritt für Schritt gekämpft. Den Feind schloß im Rücken der Sumpf, die Römer der Fluß oder der Bergwald ein; und für beide war es Zwang, auf der Stelle (zu bleiben), Hoffnung bestand für die Tapferkeit, das Heil im Sieg.
Und nicht geringer war der Kampfgeist der Germanen; aber durch die Besonderheit der Schlacht und der Waffen wurden sie überwunden, da die ungeheure Menge bei dem engen Raum die überlangen Lanzen weder vorstoßen noch zurückziehen konnte; sie konnte von ihrem Angriffsungestüm und von der Schnelligkeit ihrer Körper keinen Gebrauch machen, fest in den Kampfverband gezwängt. Dagegen der (römische) Soldat, den Schild an die Brust gepreßt und die Hand um den Schwertgriff geschlossen, stieß auf die breiten Glieder der Barbaren und die ungeschützten Gesichter ein und öffnete den Weg durch das Niederwerfen der Feinde, während Arminius schon minder rasch wegen beständiger Gefahren war, vielleicht daß ihn die kürzlich empfangene Wunde hemmte. Ja sogar den Inguiomerus, der die ganze Schlachtlinie entlangflog, verließ mehr das Glück als die Tapferkeit. Germanicus aber, um desto besser kenntlich zu sein, hatte die Haube vom Kopf heruntergezogen und bat, sie sollten mit den Morden fortfahren. Gefangene wären nichts nütze, allein die Vertilgung des Volkes werde dem Krieg ein Ende machen. Und da es schon spät am Tage war, führt er *eine* Legion aus der Schlachtreihe heraus, um das Lager zu machen; die übrigen (Legionen) sättigten bis zur Nacht sich am Blut der Feinde. Die Reiterei kämpfte mit umstrittenem Erfolg.«

Die Römer greifen also in zwei Heeressäulen an: die rechte unmittelbar aus der Ebene den Bergwald, die linke den Angrivarierdamm als den wichtigsten Punkt, ohne dessen Besitz ein Durchbruch nicht gelingen konnte. Diese linke Heeressäule wird von Germanicus selbst angeführt, auch sie dringt aus der Ebene an. Der Angrivarierdamm aber ist erhöht wie eine Mauer, und die heranstürmenden Römer werden mit schweren »ictibus«, Hieben oder Würfen von oben, zurückgetrieben. Sie erleiden eine erste Schlappe. Sie ziehen sich zurück und schießen nun erst einmal mit ihren Lanzenschleudermaschinen (die sie also noch haben) den Damm sturmreif.

Vor diesem Beschuß können sich die Germanen auf dem nackten Damm schlecht bergen. In einem neuen Ansturm wird dann der Damm von den Römern erobert.

Aber die Germanen geben den Römern den Weg noch nicht frei. Ein stundenlanger, ermüdender Waldkampf beginnt, Mann gegen Mann. Die Römer kämpfen mit dem Mut der Verzweiflung, sie *müssen* durch. Aber, sagt Tacitus, »auch die Germanen waren von nicht geringerem Mute beseelt«.

Die Behauptung, der Kampf im Wald sei für die Römer hier günstiger gewesen als für die Germanen, widerspricht der deutlichen früheren Erklärung des Feldherrn Germanicus, der es wissen mußte:

> »Geschlagen würden die Germanen in der Feldschlacht und auf ordentlichem Gelände, begünstigt würden sie durch Wälder und Sümpfe ...«

Hier kämpfen nun die Römer in Wald und Sumpf. Weshalb sollte da des Germanicus Regel nicht gelten? Und wenn nun Tacitus darstellt, wie der Römer mit dem Schwert in der Hand so leicht des ungeschützten Germanen Leib und Gesicht »zerwühlen« könne, so mußte der Römer ja erst einmal in des Germanen »handgreifliche« Nähe kommen. Der Germane aber, größer und dem einzelnen Römer körperlich überlegen, führte als Hauptwaffe die lange Lanze, mit der er von Jugend an gewandt umzugehen wußte. Er konnte sich den Angreifer nicht nur weit vom Leibe halten, sondern ihn schon aus ziemlicher Entfernung verwunden.

Die Richtigkeit dieser Tacitus-Behauptung ist also sehr fraglich. Außerdem drangen die Römer von unten nach oben vor, der Germane aber kämpfte von oben nach unten, war also nochmals im Vorteil.

Kurt Pastenaci, »Die Kriegskunst der Germanen«, Karlsbad und Leipzig 1943, S. 54, bringt ein wichtiges Zeugnis für den Wert der Lanze:

> »Mit diesen beiden Waffen, der Lanze und dem Schild, waren die germanischen Heere zweifellos einheitlich ausgerüstet. Was den Wert der Lanze als Waffe im Nahkampf angeht, so soll hier nur auf den norwegischen Königsspiegel verwiesen werden, der warnt, die Lanze nicht zu schnell loszulassen, denn beim Landgefecht wäre eine Lanze besser als zwei Schwerter! Diese Feststellung aus germanischem Munde zeigt, wie falsch es ist, der Lanze einen geringeren Kampfwert als dem Schwert nachzusagen.«

Auch die ungeheure Menge der Germanen, welche Tacitus hier zugibt und damit seine frühere Behauptung von den riesigen Verlusten bei Idistaviso stark eingrenzt, kann für die Germanen nicht gut ein Nachteil gewesen sein; denn diese waren ja nicht mehr ungeordnete Haufen, sondern gegliederte Einheiten, die von den Feldherrn eingesetzt werden konnten, wie Tacitus beim Kampf gegen Marbod im nächsten Jahr mitteilt (Annalen II, 45):

> »So ordnen sich zur Schlacht die Heere, beiderseits mit guter Hoffnung; und nicht wie einst bei den Germanen in planlosem Zusammenlauf oder in zerstreuten Haufen; denn der lange Krieg mit uns hatte sie daran gewöhnt, den Feldzeichen zu folgen, durch Rückhalt sich zu sichern, auf die Worte des Feldherrn zu achten.«

Der Cherusker wird also seine Verbände sinnvoll eingesetzt haben. Und wenn Inguiomerus »das ganze Treffen durchflog«, so kann der Raum auch im Waldkampf nicht so verstopft gewesen sein.

In der Schlachtschilderung des Tacitus erkennt man nicht, ob den Römern der Ausbruch aus dem Weserkessel schon am ersten Schlachttag gelang. Sie schlagen am Abend ihr Lager auf, und das kann ja nur hinter der Front geschehen sein. Es scheint aber nicht so, daß noch ein zweiter Kampftag folgte.

Ein Sieg war die Schlacht für die Römer nur insofern, als ihnen der Ausbruch schließlich gelang. Aber sie mußten ihn mit schweren Opfern erkaufen. Für die Germanen war der Tag alles andere als eine Niederlage. Sie hatten den günstigen Schlachtort selbst gewählt, die Römer zu verlustreichen Kämpfen gezwungen und sie fühlen lassen, welche

Mühen und Opfer eine Fortsetzung dieser Kämpfe erfordern würde. Weder Germanicus noch der Cheruskerfürst konnten zu diesem Zeitpunkt ahnen, daß diese Schlacht das Ende der Kämpfe im inneren Germanien war. Tiberius, inzwischen Kaiser geworden, der beste Kenner der germanischen Verhältnisse, weiteren Eroberungen ohnehin abhold, sah die Vergeblichkeit dieser Kämpfe ein und rief Germanicus zurück.

Ein zerrüttetes, geschwächtes, entmutigtes Heer tritt den Rückzug an, auf demselben Weg, auf dem es so stolz herangefahren war. Es ist nicht einmal mehr fähig, die Angrivarier zu »bestrafen«, die in ihrem Rücken wieder aufständisch geworden waren. Man gewährt ihnen schnell Verzeihung, da sie Unterwerfung geloben.

Wir können die Kampfverluste des römischen Heeres, selbst ahnungsweise, nicht bestimmen, da Tacitus nun von ungeheuren Stürmen auf wildem Meer berichtet, in welchen die Römer die furchtbarsten Verluste erlitten hätten. Germanicus verzweifelte an seinem ganzen Unternehmen. Tacitus (Annalen II, 24) sagt:

> »Der Dreiruderer des Germanicus trieb allein ans Gestade der Chauken. Ihn, da er alle Tage und Nächte an den Klippen und Ufervorsprüngen sich anklagte, er sei an dem so großen Verderben schuld, konnten kaum seine Freunde daran hindern, in demselben Meere den Tod zu suchen.«

Tatsache ist, daß nur Reste des gewaltigen Heeres und Trümmer seiner Ausrüstung an den Rhein zurückgelangten und man nun mit allen Mitteln versuchte, die Bestände aufzufüllen. Daher der Rückkauf der in germanischer Hand befindlichen Gefangenen, der sich nur lohnte, wenn es Tausende waren.

Dies war die Schlacht am Angrivarierdamm, die letzte Römerschlacht im Inneren Germaniens, ein Nachklang der Schlacht im Süntelpaß. Germanien war gerettet, die Freiheit wiedergewonnen, und bald erklärten die Römer selbst den Rhein zur Grenze und hielten sich aus den rechtsrheinischen Bereichen zurück.

Ein außergewöhnliches Werk hatte der Cherusker vollbracht. Er hatte die streitenden Stämme vereint, ihnen das Bewußtsein der Gemeinsamkeit gegeben, er hatte den Begriff des *Vaterlandes* für die Germanen belebt, einer Einheit, die sie jetzt alle, zumal den Römern gegenüber, empfanden. Sie waren kein Staat, und sie wurden kein

Staat; aber sie hatten Sitten und Bräuche und ihre heiligen Kulte bewahrt. Sie waren ähnlich den klassischen Griechen, welche auch, obwohl ständig zerstritten, beim Angriff von außen sich auf ihre Einheit besannen und zu kämpferischer Abwehr zusammenstanden, zugleich in ihren Kultstätten, vor allem in Delphi, ihre unauflösliche Gemeinsamkeit pflegten.

Der Wall bei Leese

Eine ab-wegige Hypothese

Es ist eigentlich nicht so schwierig herauszufinden, wo die Ereignisse stattfanden, welche Tacitus schildert, wenn man nur den Angaben dieses sorgfältigen Schriftstellers folgt. Germanicus landet in der *Emsbucht* an; er zieht durch das *Land der Angrivarier*; sein Heereszug findet sich dann an der *Weser*; er schlägt ein *Lager links der Weser (Rinteln?)* auf; ein weiteres *Lager rechts der Weser (Hessisch Oldendorf?)* gegenüber dem großen *Waldheiligtum des Hohenstein*, in dessen *Totental* am *Blutbach* am Vortag die Reitergruppe des Chariovalda zusammengehauen worden war; am nächsten Tag marschieren die Römer weiter nach Osten zu den *Stauwiesen (Idistaviso)*, wo eine erste Schlacht stattfindet, versuchen dann vergeblich, den *Süntelpaß* in *Richtung Elbe* zu gewinnen, müssen zurück und kämpfen sich schließlich an der *gebogenen Ebene* und dem anliegenden *Angrivarierdamm (Hoher Kamp)* zwischen Porta und Rehme hinaus und ziehen wieder durch das *Gebiet der Angrivarier* zurück zur *Emsbucht.*
Daß die Römer im Weserkessel standen und nicht außerhalb der Porta, ergibt sich rein aus der Schilderung des Tacitus, welcher Annalen II, 16 sagt:

> »... eine Ebene, die den Namen Idistaviso hat. Diese liegt zwischen Weser und Hügeln inmitten, je nachdem die Ufer des Flusses zurücktreten oder die Vorsprünge der Berge sie begrenzen, zieht sich ungleichmäßig gebuchtet hin ...«

Die Landschaft entspricht hier ganz den Angaben des Tacitus. Die Weser ist bei Rinteln schmal genug, daß man ein Gespräch hinüber führen kann, und von den Flußufern heißt es später noch, daß sie einbrechen unter der Menge der Flüchtenden.

Eine solche Weser-Landschaft gibt es außerhalb der Porta nicht, dort treten keine Berge und Hügel an die Weser heran, wohl aber im Weserkessel. Die Schlacht bei Idistaviso kann daher nur im Weserkessel stattgefunden haben und ebenso die am Angrivarierdamm. Alle Angaben des Tacitus treffen in dieser Gegend zusammen. Die festen Punkte des Germanicus-Zuges im Jahre 16 n. Chr. sind daher: die Emsmündung und der Weserkessel. Zwischen diesen sind westlich außerhalb des Kessels die Angrivarier zu suchen, an ihrer Grenze am Rande des Kessels liegt der Angrivarierdamm. Dies alles liegt *auf einer Linie*. Verlängert hätte diese Linie durch den Süntelpaß über Elze-Hildesheim auf die Elbe bei Magdeburg geführt, dem Ziel des Germanicus.

Wenn aber das gesamte Geschehen sich im Weserkessel so selbstverständlich beisammen findet, ganz wie Tacitus es beschrieben hat: Wie ist es möglich, daß die Forschung dies nicht längst erkannt und verbucht hat? Die Antwort ist merkwürdig, aber nicht ungewöhnlich: Die Forschung hat sich auch hier ein fast unüberwindliches Hindernis selbst aufgebaut.

Es war *Carl Schuchhardt* (1859–1943), der, wenn auch nicht als erster, so doch am eindringlichsten, im Jahre 1926 (Praehistor. Ztg. XVII, S. 100–131) einen bei Leese nahe Stolzenau (25 km nördlich der Porta) damals noch in Resten vorhandenen Wall durch Nachgrabungen untersuchte und zum »Angrivarierwall« erklärte. Dieser Wall zog sich von der Weser ostwärts auf das Hüttener Moor zu in einer Länge von (vermutet) 1800 m, von denen 1200 m nachweisbar waren. Nach dem ebd. veröffentlichten Grabungsbericht (von G. Bersu) war der Wall wenigstens 2½ m hoch und etwa 10 m breit, an seiner Südseite mit einer Pfostenreihe und einer Trockenmauer befestigt, ohne Graben davor. Aus welcher Zeit der Wall stammte, blieb umstritten, welchem Zweck er ursprünglich erbaut war, blieb unbekannt.

Obwohl nun von den bei Tacitus geschilderten Umständen zu Ort und Art des Leeser Walles gar nichts paßte, obwohl hier keine bogenförmige, feuchte Ebene mit Bergwald dahinter vorhanden war, an den sich der Damm hätte anlehnen müssen, galt (und gilt) von da an der Wall bei Leese weithin als der – angeblich nachgewiesene – Angrivarierdamm.

Das hatte weitreichende Folgen; denn es blieb nicht die einzige Spekulation. Einbezogen in die Überlegungen wurde nun auch das »Nammer

Lager«, ein 100 Morgen großer umwallter Bereich, ein riesiges, befestigtes Lager nördlich der Weserkette, östlich der Weserscharte. Dieses Lager wurde im Zusammenhang gesehen mit der Schlacht bei Idistaviso, bei deren Darstellung Tacitus das ungeheure germanische Heer erwähnt, das sich am heiligen Hain des Herakles versammelt hatte. Die hieran sich anschließenden Gedanken faßt der in den Spuren Schuchhardts gehende Wilfried Horstmann (Mitteilungen des Mindener Geschichtsvereins 1921), indem er die Schlacht bei Idistaviso bespricht, so zusammen:

> »Auch die Wahl eines für die germanische Taktik offenbar günstigen Geländes durch Arminius ... zwingt (dazu), Idistaviso vor dem Nammer Lager anzusetzen und zwar nördlich, da das Wesergebirge nur zur Nordflanke passierbar abfällt; von seiner bisher einmaligen Größe (in diesem Raum) her ermöglichte nur dieses Lager ein dem römischen Acht-Legionen-Heer zahlenmäßig annähernd gleichwertiges Kontingent zu sammeln.«

Zu dem Fixpunkt »Wall bei Leese« wird so als weiterer Fixpunkt das »Nammer Lager« hinzugenommen, obwohl Tacitus von einem umwallten germanischen Riesenlager gar nichts meldet. Das Nammer Lager soll hiernach dem heiligen Hain des Herakles entsprechen, und die Schlacht bei Idistaviso demnach dort, außerhalb der Porta, stattgefunden haben. So schaltet Horstmann in der Nachfolge Schuchhardts den inneren Weserkessel für die Geschehnisse des Jahres 16 n. Chr. ganz und gar aus und setzt statt dessen einen neuen Mittelpunkt, indem er sagt:

> »Durch Angrivarierwall« (gemeint ist der Leeser Wall) »und Weser gibt der römische Autor dem um Lokalisation ringenden Historiker wichtige Hinweise; sie erheben, ebenso wie das in diesen Zusammenhang zu rückende Nammer Lager, den Großraum Minden und die Mittelweser zum Zielgebiet des Germanicus-Feldzuges.«

So wird durch den in Leese zufällig gefundenen und vorschnell zum Angrivarierdamm erklärten Wall und durch das (fälschlich) mit dem heiligen Hain des Herakles gleichgesetzte Nammer Lager das ganze Kampfgebiet in einen Raum verschoben, in den es nicht gehört; und man braucht jetzt nur noch den weiteren Schritt zu tun: den für diese Sicht sehr unpassenden und viel zu weit entfernten Anlandeplatz der Germa-

nicusflotte in der Emsbucht näher an den Großraum Minden heranzurücken.
Dieser Versuch wird denn auch wirklich gemacht. Horstmann setzt seine früheren Gedanken fort, indem er sagt:

> »Der Anmarschweg, von der Anlandung bis zur voraussichtlichen Entscheidungsschlacht, mußte, wollte man ›mit frischen Kräften‹ antreten können (vgl. Annalen II, 5, 4), von der unteren Weser aus dieses Vorhaben begünstigen.«

Dieser Satz bedeutet, daß jetzt nicht mehr vom Text des Tacitus her die Geschehnisse und die landschaftlichen Gegebenheiten beurteilt werden sollen, sondern daß vom Leeser Wall und vom Nammer Lager aus die Textangaben des Tacitus »berichtigt« werden. Das ist zwar methodisch nicht möglich, aber es wird versucht, und zwar auf folgende Weise: Tacitus schreibt (Annalen II, 8):

> »lacus inde et Oceanum usque ad Amisiam flumen pervehitur. Classis Amisiae relicta laevo amne...«

Das heißt:

> »Die Seen von dort und den Ocean bis zum Emsfluß durchschifft er in glückhafter Seefahrt. Nachdem die Flotte zu Amisia am linken Ufer zurückgelassen ist...«

Die Bedeutung von »Amisiae« ist unklar. Die einen lassen es aus, die andern ergänzen es mit »ore (Amisiae)« (am Gestade der Ems), die dritten nehmen einen Ort »Amisia« an. Diese Mehrdeutigkeit wird benutzt, »Amisia« als Ort aufzufassen und mit *Embsen* gleichzusetzen (erste Nennung 1294: Hemese). Dieses aber liegt bereits rechts der Weser. So kann Horstmann nun sagen (S. 27):

> »Nach dem heutigen Bild des rechtsrheinischen Germanien scheint ... die Weser-Einfahrt am ehesten der ursprünglichen Planung des Feldherrn zu entsprechen. Es ist unschwer nachzurechnen, daß ein Marsch von der unteren Ems aus mehr als die doppelte Strecke als vom Bremer Raum aus in Anspruch nimmt...«

So ist denn auch dieses Hindernis für die Leese-Wall-Forscher beseitigt. Der »um die Lokalisation ringende Historiker« muß nur, um den Tacitus recht zu verstehn, den Tacitus ausschalten und seine Spekulationen um den Leeser Damm dafür einsetzen.
Es hat sich so weitgehend das Bild festgesetzt, daß Germanicus nicht in der Emsmündung angelandet sei, wie Tacitus schreibt, sondern in der Wesermündung bei Bremerhaven; daß er von dort aus in die Gegend von Minden gezogen sei; daß dort irgendwo – nachdem Arminius im Nammer Lager das riesige Germanenheer versammelt gehabt hätte – etwa bei Lerbeck – die Idistaviso-Schlacht geschlagen worden wäre; daß Germanicus, der angeblich auf dem Helweg vor dem Sandforde zur Elbe hätte ziehen wollen, durch das Abschwenken der Germanen zum Damm bei Leese dorthin abzuziehen veranlaßt worden sei – warum eigentlich, da der Weg zur Elbe ihm doch nun frei hätte sein müssen – und dort gegen die Germanen seine letzte Schlacht geschlagen habe.
So hat der Wall von Leese, fälschlich zum »Angrivarierdamm« erklärt, die ganze Betrachtung dieses Feldzuges in eine verkehrte Richtung gezogen, in die Gegend nördlich der Weserscharte; so hat er mit Hilfe des Nammer Lagers auch die Idistaviso-Schlacht hier herübergelenkt; hat schließlich sogar den Tacitus »berichtigt« und den Anlandeplatz des Germanicus von der Ems zur Weser verlegt. Nach der Auffassung des »berichtigten« Tacitus wäre Germanicus überhaupt nicht in den Weserkessel gelangt, obwohl doch hier das Kerngebiet der Cherusker war, und obwohl es dem Germanicus so sehr am Herzen lag, die Haupttäter an der Varusschlacht zu »bestrafen«.
Diese ganze Betrachtungsweise darf und muß *deshalb* außer Betracht bleiben, weil sie nicht vom Tacitus-Bericht ausgeht, unsrer einzigen Quelle, sondern von einem zufällig gefundenen Wall; weil sie von diesem aus das ganze Geschehen beurteilen und selbst Tacitus »berichtigen« will.

Die Angrivarier

Noch ist einiges zum *Angrivarierdamm* zu sagen. Tacitus Annalen II, 19 hatte berichtet:

> »postremo diligunt locum flumine et silvis clausum, arta intus planitie et umida: silvas quoque profunda palus ambibat, nisi quod latus unum Angrivarii lato aggere extulerant, quo a Cheruscis dirimerentur.«

Zu deutsch:

> »Zuletzt wählen sie einen Platz von Fluß und Wäldern umschlossen, innen mit einer gekrümmten und feuchten Ebene. Die Wälder auch umgab tiefer Sumpf, nur daß die Angrivarier die eine Seite durch einen breiten Erddamm herausgehoben hatten, durch den sie sich von den Cheruskern abgrenzen wollten.«

Diese Stelle hat man immer so aufgefaßt, als handelte es sich um eine Grenzbefestigung, welche die Angrivarier zum Schutz gegen die Cherusker angelegt hätten. Das ist hier aber nicht gesagt. Es handelt sich vielmehr um einen Erddamm, den die Angrivarier aus dem unsicheren Boden (Moor, Sumpf) herausgearbeitet hatten, um einen festen Punkt zu haben, an dem sie die Grenze zu den Cheruskern kenntlich machen konnten, nicht aber um einen Verteidigungswall; es ist auch kein Graben davor. Als Schutz gegen die Cherusker wäre der Sumpf, der vorher bestand, viel vorteilhafter gewesen. Von einer Feindschaft zwischen Angrivariern und Cheruskern wird auch nirgends gesprochen, im Gegenteil: Die Angrivarier helfen den Cheruskern bei deren Kämpfen durch ihre wiederholten Aufstände gegen die Römer, und sie vermitteln später den Loskauf der gefangenen Römer von den Cheruskern.
Daß der Damm kein Verteidigungswall war, ergibt sich auch daraus, daß die Germanen *auf* dem Damm kämpfen, nicht hinter ihm, und daß sie sich nachher vor den Lanzenschüssen der Römer nicht bergen können. Es scheint auch, daß der Damm nicht quer zur Wegrichtung zwischen den beiden Stämmen zu denken ist, sondern längs, daß es ein fester Weg war, der die Angrivarier mit den Cheruskern *verband*. Die Germanen kämpfen ja auch in der Schlacht auf diesem Dammweg, ohne die Grenze zu beachten. Nur für die Römer sah sich die Sache anders an,

da sie zu diesem festen und erhöhten Damm erst hinaufklimmen mußten. Tacitus sagt:

> »Sie wurden, als sollten sie eine Mauer erklimmen, mit schweren Hieben (Würfen) von oben zusammengeschlagen.«

Aber die Römer mußten hinauf auf diesen Dammweg, um weiterzukommen. Dies war der entscheidende Punkt. Der ganze übrige Kampf diente nur dazu, sich Rücken und rechte Seite frei zu halten. Die linke Seite war durch das Moor geschützt.

Wo saßen eigentlich die *Angrivarier*? Welche Nachrichten haben wir über sie? Die römischen Schriftsteller geben uns darüber keine klare Auskunft. Die deutlichste ist eben der Bericht des Tacitus über die Ereignisse des Jahres 16 n. Chr. Danach saßen sie zwischen Emsmündung und Weserkessel. Als man aber den Wall bei Leese fand und zum »Angrivarierwall« erklärte, die ganzen Kämpfe in die Mindener Gegend verlegte und schließlich den Anlandeplatz des Germanicus an der Unterweser festsetzte, mußte man nun auch die Angrivarier zwischen Wesermündung und Mindener Raum ansetzen. So heißt es nun in den meisten Nachschlagewerken, daß die Angrivarier rechts und links der Mittelweser gesessen hätten.

Das ist eine willkürliche Annahme, unterstützt durch den Wall bei Leese. Sie ist wahrscheinlich falsch; und daß die Nachschlagewerke es so melden, macht die Sache nicht richtiger. Es findet sich keine Stelle bei den römischen Schriftstellern, die uns zwänge, die Angrivarier dort angesiedelt zu denken; und der Wall bei Leese ist eben nicht der Angrivarierdamm.

Vielleicht hilft uns der Name weiter. Die Angrivarier sind die späteren *Engern*. Das Wort »engern« bedeutet »dazwischen, inmitten, zwischendrin«. Entsprechend heißt ein Dorf zwischen den alten Kirchorten Rinteln und Deckbergen an der Weser: »Engern«. So gibt es auch eine Landschaft, auf welche der Name »Engern« besonders gut paßt. Das ist das Gebiet zwischen den Bergzügen Osning und Wiehengebirge. Hier ist ein weites, fruchtbares Land, das »engern« diesen Gebirgen liegt, deren bewaldete Ketten zu beiden Seiten man hier immer im Blick hat. Hier liegt auch der alte Mittelpunktsort dieser Gegend, *Enger*, später der Sitz Wittekinds. Wenn hier die Angrivarier wohnten, so saßen sie wirklich den Römern, die im Weserkessel operierten, unmittelbar im Rücken und konnten ihnen die Verbindung zur Flotte, die in der Emsbucht lag,

gefährlich abschneiden. Die Unterdrückung des Angrivarier-Aufstandes war für die Römer lebenswichtig, sie versuchten es mit Feuer und Schwert wie mit vorsichtigem Verhandeln.
Noch ist ein Wort des Germanicus zu besprechen, das Tacitus Annalen II, 21 bringt. Germanicus, um besser kenntlich zu sein, hatte die Kopfbedeckung abgenommen

> »orabatque insisterent caedibus: nil opus captivis, solam internicionem gentis finem belli fore.«
> »und bat, sie möchten nur fort und fort morden: Nichts frommten Gefangene, allein die Vertilgung des Volkes werde das Ende des Krieges bringen.«

Es ist gleichgültig, ob dieser Satz so von Germanicus gesprochen worden ist. Es war die allgemeine Haltung Roms denen gegenüber, die sich nicht unterwerfen wollten. So wie Caesar die Eburonen vernichtet hat und viele weitere Stämme in Gallien, so will Rom – wenn es kann – jedes Volk austilgen, das sich nicht fügt. In diesem Fall hat es das nicht gekonnt.

Der Schiffbruch

Führen wir uns noch vor Augen, was Tacitus über das Ende der Feldzüge des Germanicus zu sagen hat und über den furchtbaren Schiffbruch, den sein Heer auf der Rückfahrt erlitt – wobei man den Argwohn nicht ganz unterdrücken kann, daß die angeblichen Verluste auf See, welche die Götter zu verantworten haben, die Verluste im Kampf verschleiern sollen, die der Feldherr zu verantworten hat; denn diese sind dadurch nicht mehr bezifferbar. Daß die Rückfahrt auf dem Meer eine zusätzliche Katastrophe war, läßt sich aber bei den vielen Zeugen nicht bezweifeln.
Zunächst feiert Germanicus den geglückten Ausbruch aus dem Kessel und errichtet einen Waffenhaufen mit der Aufschrift: »Debellatis inter Rhenum Albimque nationibus.« Die Rückfahrt geht wieder durch die *Ems*. Tacitus schreibt Annalen II, 22ff.:

22. »Nachdem der Caesar (Germanicus) vor der Heeresversammlung die Sieger gelobt, errichtete er einen Waffenhaufen mit der stolzen Aufschrift: ›Nach (glücklicher) Beendigung des Krieges gegen die Völker zwischen Rhein und Elbe habe das Heer des Tiberius Caesar diese Denkmale dem Mars, Jupiter und Augustus geweiht.‹ Von sich fügte er nichts hinzu, aus Furcht vor Neid oder aus der Erwägung, das Bewußtsein der Tat sei genug.
Danach beauftragte er Stertinius mit Krieg gegen die Angrivarier für den Fall, daß sie nicht schleunigst sich unterworfen hätten. Und jene, mit gebeugten Knien nichts verweigernd, erhielten volle Verzeihung.
23. Aber da der Sommer schon vorgeschritten, wurden einige Legionen auf dem Landweg in die Winterquartiere geschickt. Die meisten führte Caesar (Germanicus), nachdem sie eingeschifft, durch den Emsfluß in den Ozean. Und zuerst ruhige Meeresfläche, tausend Schiffe rauschten mit den Rudern oder wurden von Segeln angetrieben. Bald aber aus schwarzen Wolkenmassen prasselte Hagel, zugleich mit wechselnden Sturmböen von überall her nahmen die wogenden Wellen den Umblick, behinderten die Steuerung; und der Soldat, voll Angst und der Wechselfälle auf dem Meere unkundig, machte, indem er die Seeleute stört oder zur Unzeit hilft, die Anstrengungen der Kundigungen zunichte. Von nun an geriet der ganze Himmel und das Meer ganz und gar in die Gewalt des Südwinds, der bei dem feuchten Boden Germaniens, den tiefen Flüssen, dem riesigen Wolkenzug mächtig ist, und bei der Kälte des nahen Nordens fürchterlich. Er packte die Schiffe und riß sie auseinander in die Weite des Ozeans oder auf Inseln mit, die durch steile Klippen oder durch verborgene Untiefen gefährlich waren. Als man diese mühselig einigermaßen vermieden, konnte man, da die Strömung wechselte und in gleiche Richtung mit dem Wind trieb, sich nicht mit Ankern festlegen, nicht die hereingeschlagenen Wasser ausschöpfen. Pferde, Gepäck, Tornister, selbst Waffen wurden über Bord gestürzt, um dadurch die Schiffe zu erleichtern, in welche es von den Seiten und durch Brecher hereinfloß.
24. So wie heftiger als das übrige Meer der Ozean ist, und wie an Rauheit des Himmels (Klimas) Germanien herausragt, so ragte jene Niederlage an Neuheit und Größe (über alles Bisherige) heraus: mit feindlichen Küsten ringum oder mit solcher Öde und Unergründlichkeit, daß man glauben mochte, es sei dieses Meer ganz unbe-

kannt und uferlos. Teilweise waren die Schiffe versunken, viele an ferne gelegene Inseln geworfen; und der Soldat, da es dort keinen menschlichen Anbau gab, vom Hunger überwältigt, außer denen, die durch die Leiber dort verendeter Pferde am Leben erhalten worden waren.

Der Dreiruderer allein des Germanicus trieb ans Gestade der Chauken. Ihn, da er alle diese Tage und Nächte an den Klippen und Ufervorsprüngen sich anklagte, er sei an dem so großen Verderben schuld, konnten kaum die Freunde daran hindern, in demselben Meere in den Tod zu gehen. Endlich mit wieder sinkender Flut und mit günstigem Wind kamen zerschlagene Schiffe zurück mit kümmerlichem Ruderwerk oder aufgespannten Kleidern, einige durch stärkere gezogen. Diese schickte er, schleunigst instand gesetzt, aus, die Inseln abzusuchen. Zusammengebracht wurde durch diese Bemühung der größte Teil. Viele (Soldaten?) wurden durch die kürzlich in Pflicht genommenen Angrivarier von den mehr im Inneren (wohnenden Germanen) losgekauft und zurückgegeben, manche auch, nach Britannien verschlagen, von den Kleinkönigen zurückgeschickt. Je weiterher einer zurückgekommen war, desto mehr Wunderdinge erzählten sie (sic!): von der Gewalt der Wirbelstürme und unerhörtem Gevögel, Ungeheuern des Meeres, von Zwittergestalten zwischen Menschen und Tieren, seis gesehen oder aus Furcht geglaubt.

25. Aber das Gerücht von der verlorenen Flotte ermutigte, wie die Germanen zur Hoffnung auf Krieg, so den Caesar (Germanicus), dem zu wehren. Dem C. Silius befiehlt er, mit 30000 Mann Fußtruppen, 3000 Reitern in die Chatten zu gehen. Er selbst bricht mit mehr Truppen in die Marser ein, deren Führer Mallovendus, neulich übergegangen und in Pflicht genommen, anzeigt, im nahen heiligen Hain werde ein eingegrabener Adler der Varianischen Legion mit geringer Bewachung verwahrt. Augenblicks (wurde) eine Schar ausgeschickt, um den Feind von vorne herauszulocken, andere, die ihn im Rücken umgingen und die Erde aufgruben. Und beiden war das Glück günstig. Um so schneller dringt Caesar (Germanicus) ins Innere vor, wüstet, zerschlägt den Feind, der nicht zu kämpfen wagt, oder, wenn er irgendwo widerstand, sogleich geworfen ward und, wie man von Gefangenen erfuhr, nie in größerer Furcht war. Denn sie bekannten, unbesiegt und durch keine Schläge des Zufalls zu überwinden seien die Römer, die, nach Verlust der Flotte, verlorenen Waffen, die

Gestade mit Leichen der Pferde und Mannen bedeckt, mit gleicher Tüchtigkeit, gleicher Angriffswut und an Zahl fast vermehrt hereingebrochen seien.

26. Zurückgeführt ward hierauf in die Winterquartiere der Soldat, frohen Mutes, die Feindlichkeiten des Meeres durch ein geglücktes Unternehmen ausgeglichen zu haben. Freigebigkeit fügte Caesar (Germanicus) hinzu, indem er vergütete, was einer an Schaden angegeben hatte. Und nicht hielt man für zweifelhaft, daß die Feinde schwankten und erwögen, um Frieden zu bitten, und, wenn der nächste Sommer herankäme, der Krieg beendigt werden könne.

Aber in wiederholten Briefen ermahnte Tiberius, er sollte zurückkommen zum beschlossenen Triumph. Genug schon der Erfolge, genug der Rückschläge. Glückliche habe er und große Schlachten (geschlagen). All dessen möge er (aber) auch gedenken, was Stürme und Fluten – ohne Schuld des Feldherrn – dennoch an großen und furchtbaren Verlusten eingebracht hätten. Er selbst, neunmal vom göttlichen August nach Germanien geschickt, habe mehr durch kluge Planung als durch Gewalt erreicht. So seien die Sugambrer in Botmäßigkeit genommen, so die Sueben und der König Marbod durch Friedensvertrag gefesselt worden. Es könnten auch die Cherusker und die übrigen Völkerstämme der Rebellen, da ja der römischen Rache genug getan sei, ihren inneren Streitigkeiten überlassen werden. Als Germanicus ein Jahr erbat, um das Begonnene zu vollenden, greift er heftiger dessen Bescheidenheit an, ein zweites Konsulamt anbietend, dessen Verwaltung er in Anwesenheit wahrnehmen müsse. Zugleich fügte er hinzu: Wenn es noch nötig wäre, Krieg zu führen, so sollte er noch Möglichkeiten zum Ruhm für seinen Bruder Drusus übrig lassen, der, da es zur Zeit keinen anderen Feind gebe, nur in Germanien den Titel eines Imperators erwerben könne und den Lorbeer davontragen. Nicht zögerte länger Germanicus, obwohl er einsah, daß diese Gründe vorgeschoben seien und er aus Neid von der schon gewonnenen Ehre abgezogen werde.«

Der Triumphzug des Germanicus

Für Germanicus erfüllte sich der zweite Teil seines Traumes, wie sich der blutige erste Teil erfüllt hatte. Er hielt in Rom am 26. Mai des Jahres 17 n. Chr. seinen Triumphzug über die von ihm angeblich besiegten Völker Germaniens zwischen Rhein und Elbe, und sicher war ihm zu diesem Ruhm seine Großmutter Augusta, Oberpriesterin am Tempel des Augustus, behilflich. Hierdurch wurden die verlustreichen Feldzüge des Germanicus öffentlich als Siege erklärt, und es war nun wohl keinem römischen Schriftsteller mehr erlaubt, sie anders darzustellen.
Der Triumphzug war bemerkenswert.[62] In ihm wurden mitgeführt die Gattin des Arminius mit ihrem zweijährigen[63] Sohn Thumelicus und ihr Bruder Segimund, während der Vater Segestes als Ehrengast dem Zuge zusah, zusammen mit seinem Bruder Segimer, dessen Sohn Sesithacus samt seiner Gattin Ramis gleichfalls im Triumphzug vorgezeigt wurden, dazu andere Angehörige germanischer Fürsten und die angeblich zurückgewonnenen Legionsadler, die in der Varusschlacht verloren gegangen waren.
Der Bericht des Zeitgenossen Strabo (VII, 1, 4) darüber lautet:

> »Alle aber an diesem Verrat Schuldigen haben dafür büßen müssen und dem jüngeren Germanicus die Möglichkeit zum herrlichsten Triumph geboten, indem ihre vornehmsten Männer und Frauen in Person einhergeführt wurden: Segimund, der Sohn des Segestes, ein Fürst der Cherusker, und seine Schwester, die Gattin des Arminius, der den Krieg der Cherusker (?) bei dem Treubruch gegen Quintilius Varus geleitet hat und noch jetzt den Kampf fortsetzt, mit Namen Thusnelda und ihren dreijährigen Sohn Thumelicus, ferner Sesithakos, der Sohn des Cheruskerfürsten Segimer, und dessen Gattin Ramis, die Tochter des Ukromeros, eines Fürsten der Chatten, und Dendorix, der Sohn von Melons Bruder Baitorix, ein Sugambrer. Segestes aber, der Schwiegervater des Arminius, war von Anfang an wegen seines anderen Standpunktes in Zwiespalt mit diesem, und wie es die Gelegenheit bot, ging er zu den Römern über und wohnte dem Triumphzug über seine nächsten Angehörigen bei, während er selbst in Ehren mit einherzog. Im Triumph wurde auch Liber, der Priester der Chatten, mitgeführt und andere Personen aus den unterworfenen Völkern, aus den Kauchen, Campsianern, Brukterern, Usipetern, Jussen (?), Chatten, Kattuariern, Landern und Tubanten.«

Tacitus berichtet über die gleichen Ereignisse folgendes:

> »Am Ende des Jahres (16 n. Chr.) wurde beim Tempel des Saturn wegen der Wiedererlangung der unter Varus verlorenen Feldzeichen, die unter dem Oberbefehl des Germanicus, unter der Regierung des Tiberius erfolgt war, ein Triumphbogen ... geweiht. Unter dem Konsulat des C. Caelius und L. Pomponius (17 n. Chr.) triumphierte der Caesar Germanicus am 26. Mai über die Cherusker, Chatten und Angrivarier und die anderen Völker, die bis zur Elbe wohnen. Erbeutete Waffen, Gefangene, bildliche Darstellungen der Berge, Flüsse und Schlachten (in Germanien) wurden im Zuge einhergeführt, und der Krieg, weil man ihn verhindert hatte, zu Ende zu führen, als beendet angenommen. Es erhöhte die Lust der Zuschauer seine eigene herrliche Erscheinung und der Wagen mit seinen fünf Kindern.«

Auch dieser Bericht zeigt, daß die Römer Stämme, mit denen sie Verträge geschlossen hatten, als Unterworfene betrachteten. Nichts wird über die mitgeführten germanischen Gefangenen gesagt, unter denen Thusnelda war. Für Tacitus, der den Zwiespalt zwischen Wirklichkeit und Theater durchschaute, wird dieser Teil nicht behaglich gewesen sein.
Der Umstand aber, daß, *unter Umkehrung der Tatsachen*, Germanicus zu Rom triumphieren durfte über *die* germanischen Völker, die ihn eben hinausgeworfen und Germanien endgültig befreit hatten, verpflichtet uns, die römischen Berichte um so sorgfältiger zu überprüfen und die Schleier vorsichtig wegzuziehen, die sie über die Ereignisse der Jahre 9–16 n. Chr. gelegt haben.
Tacitus aber müssen wir noch einmal dafür loben, daß er nicht nur anschaulich und klar vieles Geschehene beschrieben hat, sondern daß er auch Anmerkungen gemacht hat, aus denen wir *das* erkennen oder erschließen können, was er verschweigt.

Der letzte Schlag

Konnte Hermann der Cherusker wissen, daß mit der Schlacht am Angrivarierdamm und der verlustreichen Heimfahrt der Römer der ganze Eroberungsversuch Roms gegen das rechtsrheinische Germanien erloschen sei und sich nicht wiederholen würde? Er muß es wohl dank

seinem vorzüglichen Nachrichtendienst sehr bald erfahren haben; denn wie hätte er sonst gleich im nächsten Jahr (17 n. Chr.) einen neuen Zug beginnen können mit noch gewaltigerem Aufgebot, an dem auch die ostelbischen Stämme teilnahmen, gegen jenen Germanenfürsten Marbod in Böhmen, der dem gemeinsamen Kampf der Germanen gegen die Römer trotz dringender Aufforderung dazu sich entzogen hatte?
Der Cherusker hatte alles erreicht, was er sich vorgenommen hatte. Er hatte mit einem ersten Schlag die Römer insgesamt aus dem rechtsrheinischen Germanien vertrieben, er hatte dann ihre, mit den ungeheuren Mitteln ihres Weltreiches unternommenen Versuche, dies rückgängig zu machen, in zwei Jahresfeldzügen und in fünf offenen Feldschlachten vereitelt. Er hatte Germanien die Freiheit bewahrt, ihm den eigenen Gang in die Zukunft der Geschichte eröffnet, ihm sein eigenes Recht gesichert (das später über das Städterecht bis ins fernste Rußland übergriff), und er hatte ihm die Sprache gerettet, die so eineinhalb Jahrtausende später über das Holländische, Englische und Deutsche ihren Zug in die Welt antreten konnte und sich neben den lateinischen Sprachen des Italienischen, Spanischen, Portugiesischen, Französischen ihren Einflußraum suchte.
In dem 32jährigen Krieg hatten die Germanen gesiegt. Der Kampf hatte viel Blut gekostet. Aber das waren die Stämme gewohnt. Sie wuchsen schnell nach. Und 400 Jahre später fluteten sie über den Rhein, durchbrachen den Limeswall und lösten das weströmische Reich auf.
Was war der Grund dafür, daß der Cherusker nach seinem Sieg über die Römer gegen Marbod aufbrach? War dies der gefährliche Nebenbuhler? Oder waren es ganz andere Gründe, die zu diesem Kampf führten?
Marbod hatte mehr als 10 Jahre lang in seiner böhmischen Festung sicher gesessen, geschützt von einem stehenden Heer von 70 000 bis 80 000 bestens geschulten Soldaten. Er war schon den Römern als so gefährlich erschienen, daß sie im Jahre 7 n. Chr. mit riesigen Heeren von mehreren Seiten heranmarschierten, um seine Macht zu zerschlagen. Damals hatte ihn der pannonische Aufstand gerettet, der den Römern jede andere Unternehmung unmöglich machte. Damals waren die Römer seine Feinde. Aber er einigte sich mit ihnen.
Als Hermann der Cherusker den Schlag im Teutoburger Wald geführt hatte und dem Marbod den Kopf des Varus als Siegeszeichen zusandte, da durfte er wohl vermuten, daß dieser die Gunst der Stunde erkennen und sich dem Aufstand gegen die Römer anschließen würde, der auch ihm den Rückhalt am übrigen Germanien sicherte. Man darf annehmen,

daß Hermann auch schon *vor* der Varusschlacht Verbindungen mit Marbod gesucht hat. Kann es sein, daß Marbod damals, weil es ihm unmöglich schien, ablehnend gesagt hat: »Schick mir den Kopf des Varus, dann mache ich mit!« Warum machte er nicht mit? Fürchtete er die Römer? Scheute er jedes Abenteuer?
Dachte er nur an eigene Sicherheit und glaubte diese größer, wenn er sich an keine Seite band? – Er irrte sich. Marbod schickte den Kopf des Varus dem Kaiser Augustus. Es muß dem Cherusker schwer eingegangen sein, daß Marbod seinem Angebot nicht folgte, daß er sich der gemeinsamen Sache verschloß. Welche Erleichterung wäre es für die germanischen Verbündeten gewesen, wenn sie auch nur die Erklärung seines Beistandes bekommen hätten! Denn der Ausgang des großen Kampfes war damals noch völlig ungewiß. Vielleicht wäre es zu vielen Verheerungen durch die Römer gar nicht gekommen. Tacitus bringt uns in seiner Schilderung die Begründung seines Feldzuges aus dem Munde Hermanns. Und wenn auch überlieferte Reden keine Urkunden sind, so mögen die Begründungen darin doch stimmen. Tacitus (Annalen II, 45) schreibt (ich nehme hier teils die Übersetzung von Capelle):

> »Und dann Arminius, zu Pferde alles durchmusternd... nannte den Marbod einen Ausweicher, einen in Kämpfen Unerprobten, im Dunkel des Hercynischen Waldes sich Bergenden, der durch Geschenke und Gesandte [bei den Römern] um Bündnis gebettelt, einen Verräter des Vaterlandes, einen ›Satelliten‹ des Kaisers, der mit nicht geringerer Erbitterung hinausgetrieben werden müsse, als sie den Varus Quintilius vernichtet hätten.«

Es spricht aus Hermanns Worten eine so tiefe Erbitterung, als hätte Marbod ihm persönlich das Wort gebrochen.
Über den Verlauf dieser großen und letzten Auseinandersetzung schreibt Tacitus Annalen II, 44f.:

> »Die Kraft der Völker, die Tüchtigkeit der Feldherrn, war gleich; aber den Marbod machte der Königsname bei den Volksscharen verhaßt, während Arminius, der für die Freiheit kämpfte, in Gunst stand.
> Also begannen nicht nur die Cherusker und ihre Bundesgenossen, Hermanns alter Soldat, den Krieg, sondern es traten sogar aus dem Reich des Marbod suebische Völker, die Semnonen und Langobarden, zu ihm über. Durch deren Hinzukommen wäre er stärker

geworden, wenn nicht Inguiomer mit der Schar seiner Anhänger zu Marbod übergegangen wäre, aus keinem anderen Grund, als weil der greise Oheim es für unter seiner Würde hielt, dem Sohn seines Bruders zu gehorchen. Die Heere marschierten auf, beide mit gleicher Hoffnung (auf Sieg); und nicht wie einst bei den Germanen, mit planlosen Angriffen oder in zerstreuten Haufen; denn der lange Kriegsdienst gegen uns hatte sie daran gewöhnt, den Feldzeichen zu folgen. Reserven sicherzustellen, den Befehlen der Feldherrn zu folgen.
Und dann Arminius, zu Pferde alles durchmusternd, bei denen, an die er herangeritten war, wies hin auf die wiedergewonnene Freiheit, auf die erschlagenen Legionen, auf die Beutestücke und den Römern entrissenen Waffen, die noch jetzt in vieler Händen seien.«

Dann folgt die Scheltrede auf Marbod.

> »Sie sollten nur so vieler Schlachten eingedenk sein, aus deren Ausgang und zuletzt aus dem Hinauswurf der Römer genug erwiesen sei, bei wem der Erfolg des Krieges sei.
> Auch Marbod hielt mit Prahlerei über sich und mit Schimpf gegen den Feind nicht zurück, sondern den Inguiomer (bei der Hand?) nehmend bescheinigte er ihm, auf dessen Person beruhe der ganze Glanz der Cherusker, seinen Ratschlägen seien die Erfolge (über die Römer) zu verdanken. Wahnsinnig sei Arminius und ahnungslos und schmücke sich mit fremden Federn, da er drei dienstfreie Legionen und einen Feldherrn, der von Trug nichts wußte, in die Falle gelockt habe, zum schweren Schaden Germaniens und zu seiner eigenen Schande, da noch jetzt seine Gattin und sein Sohn das Joch der Knechtschaft trügen. Er dagegen, den Tiberius an der Spitze von zwölf Legionen angegriffen hätte, habe den Ruhm der Germanen ungeschmälert behauptet. Dann sei man unter gleichen Bedingungen auseinandergegangen, und er bereue es nicht, daß es in ihrer eigenen Hand stehe, einen neuen Krieg gegen die Römer oder einen Frieden ohne Blutopfer zu wählen.
> Die Heere, die durch diese Ansprache angefeuert waren, wurden noch durch besondere Gründe angestachelt. Denn die Cherusker und Langobarden kämpften für ihren alten Ruhm oder die jüngst errungene Freiheit, die Gegenpartei für die Erweiterung ihrer Zwingherrschaft. Niemals standen größere Streitmassen gegeneinander, niemals war der Ausgang zweifelhafter. Denn von beiden Heeren wurden die

> rechten Flügel geschlagen, und eine neue Schlacht wurde erwartet – wenn nicht Marbod heimlich sein Lager auf die Berge verlegt hätte. Dies bewies, daß er seine Sache aufgab, und wie er allmählich durch Übergehen seiner Truppen zum Gegner geschwächt war, zog er sich in das Gebiet der Markomannen zurück. Dann schickt er Gesandte zu Tiberius mit der Bitte um Hilfstruppen. Er erhielt die Antwort, daß derjenige mit Unrecht die römischen Waffen gegen die Cherusker anrufe, der die Römer, als sie gegen denselben Feind kämpften, auf keine Weise unterstützt hätte.«

Bemerkenswert ist, daß bei dieser Schlacht, obwohl sie auch von Tacitus berichtet wird, keine Rede ist von stundenlangem »Morden«, durch das sonst bei Tacitus die römischen Soldaten sich auszeichneten. Hier ist zunächst unentschiedene Schlacht, aber Marbod zieht sein Heer zurück, erkennt sich damit als Besiegten an, seine Truppen gehen großenteils zu den verwandten Gegnern über, und Hermann der Cherusker versucht nicht, den geschlagenen Gegner ganz zu vernichten. Das versuchen alsbald die Römer (Drusus II). Dieses andersartige Verhalten in und nach der Schlacht wollen wir uns merken. Marbod wurde bald durch andere Ereignisse ganz aus Böhmen vertrieben und suchte und fand Zuflucht bei den Römern.

Hermann der Cherusker ist nun auf der Höhe seiner Erfolge. Auch der letzte Gegner ist geschlagen. Aber als sei er nur gekommen, um *das* zu ermöglichen, was sonst kein anderer vollbringen konnte, ist seine Laufbahn jetzt plötzlich zu Ende.

Tacitus schreibt in den Annalen II, 88:

> »Ich finde bei den Geschichtsschreibern jener Zeit, die dem Senat angehörten, daß ein Brief des Chattenhäuptlings Adgandestrius im Senat verlesen sei, in dem dieser die Ermordung des Arminius versprach, falls man ihm zur Ausführung der Tat Gift schicken wollte. Darauf sei ihm geantwortet worden, daß das römische Volk nicht durch Heimtücke oder auf Schleichwegen, sondern offen vor aller Welt durch die Gewalt der Waffen an seinen Feinden Rache nähme. Durch dies rühmliche Verhalten trat Tiberius in eine Reihe mit den altrömischen Feldherren, die die Anwendung von Gift gegen König Pyrrhus verboten und ihm den Anschlag verraten hatten.
>
> Übrigens hatte Arminius, der nach Abzug der Römer und Vertreibung des Marbod nach der Königsherrschaft trachtete, an dem freiheit-

lichen Sinn seiner Landsleute ein Hindernis, und als er, mit Waffengewalt angegriffen, mit wechselndem Erfolge kämpfte, fiel er durch die Tücke seiner Verwandten.«

Es wird Arminius hier vorgeworfen, er habe nach der Königsherrschaft gestrebt. Aber ist ein Streben nach der Spitzenstellung schon Streben nach unbedingter Herrschaft? Läßt sich dieses Streben nicht gut erklären mit den Notwendigkeiten der Kriegsführung gegen die Römer?

Bei dem Streit des Arminius mit Inguiomer heißt es, dieser habe sich nicht von seinem jugendlichen Neffen befehligen lassen wollen, er wollte ihm nicht »parieren« (parere). Das würde bedeuten, daß Hermann ihm befehlen wollte und verlangte, daß er sich fügte. Verlangte der Cherusker das nicht mit Recht? Hatte Inguimer durch seine Übereiltheit nicht Nachteil und teils Verderben bewirkt?

Wenn es heißt, daß der Chattenfürst Adgendastrius ihn vergiften wollte, so scheint auch hier starke Eifersucht im Spiel gewesen zu sein. Hermann verlangte offenbar auch von den Verbündeten, daß sie sich ihm unterordneten.

War es aber Herrschsucht, was den Cherusker antrieb, oder war es ganz etwas anderes? Wir hören von ihm vielmals das Wort, das uns sonst bei den Germanen ganz unbekannt ist: *Vaterland.* »patria« heißt es im Latein, und sein Sinn kann kaum ein anderer sein als der übliche: die Gemeinschaft des *Volkes*, welche Vergangenheit, Gegenwart und Zukunft zusammengefaßt. Gab es das bei den Germanen, die doch in so viele Stämme zerteilt waren? Oder war es ein Traumziel des Cheruskers, das zu seiner Zeit noch gar nicht Wirklichkeit werden konnte? Und war es seine Tragik, daß er es unzeitig verwirklichen wollte?

Die Aufgabe, die seine Zeit, sein Volk, seine Sippe ihm anvertraut hatten, hat er erfüllt. Er hat die Freiheit eigenen Wesens und Werdens, die zu seiner Zeit für die Germanen aufs höchste bedroht war, gerettet. Dazu mußte er sich eine herausragende Stellung schaffen.

So schließt denn unser Buch – wie die meisten Bücher über den Cherusker, mit den Worten, die Tacitus, der heimliche Bewunderer des Römergegners, an bevorzugter Stelle bringt:

> »Er war ohne Zweifel Befreier Germaniens,
> der nicht wie andere Fürsten und Feldherrn
> das römische Volk in dessen Anfängen anging,
> sondern die Weltmacht auf der Höhe ihrer Macht.

In Schlachten von wechselndem Glück,
im Kriege unbesiegt.
Siebenunddreißig Jahre des Lebens,
zwölf der Macht erlebte er.
Er wird besungen bis heut
bei den germanischen Völkern.«

Ich füge hinzu:

Auf der Höhe seiner Erfolge, auf der Höhe des Ruhms geht Hermann davon, wie Caesar, erschlagen von Verwandten wie jener von Freunden.
Als der führende Germane seiner Zeit steht er in unserm Bewußtsein, kühn, unbeirrt, den heimischen Mächten verbunden, den Blick auf nichts als auf die Freiheit gerichtet.

Es schaut vom Gipfel des Felsens 4 der Externsteine nach Südwesten hin der kühne Kopf des »Rufenden«, von dem man meint, so könnte der Cherusker den Menschen erschienen sein, merkbares Zeichen an besonderer Stelle.
Müßig die Frage, ob Natur oder Menschenhand dieses Bildnis schuf, oder ob beide an ihm wirkten.

Anhang

Die Hufeisen von Horn

G. August B. Schierenberg sagt in seinem »Ariadnefaden für das Labyrinth der Edda« oder »Die Edda eine Tochter des Teutoburger Waldes«, mitten in seinen uferlosen Mythologisierungen, ganz nüchtern S. 68/69:

»Dafür, daß die Varusschlacht in nächster Nähe der Externsteine vorgefallen ist, haben sich, ebenfalls in den letzten Jahren« – er schreibt 1889 Frankfurt – »neue unverwerfliche Zeugnisse angefunden. Dies sind römische Hufeisen, die durch ihre geringe Größe zeigen, daß sie Maultieren angehört haben. Die Frage, ob die Römer Hufeisen für ihre Pferde und Maultiere benutzten, wurde früher von den Forschern meistenteils verneint, indes haben die in den letzten Jahren, in dem Römercastell auf der Saalburg bei Homburg vorgenommenen Ausgrabungen gezeigt, daß sie bejaht werden muß, da man dort römische Hufeisen in großen Mengen aufgefunden hat, welche den bei Horn und den Externsteinen gefundenen völlig gleichen. Die bei Horn zu hunderten gefundenen haben meist eine Breite von nur 9,5 cm und 10,5 cm Länge und ... darin noch festsitzende Nägel... Schon vor 20 Jahren erregten sie meine Aufmerksamkeit durch die große Anzahl, in welcher sie sich fanden, aber erst durch die Funde auf der Saalburg ist festgestellt, daß sie wirklich römischen Ursprungs sind.«

Schierenberg wiederholt und ergänzt diesen Bericht nochmals an anderer Stelle so:

»... Bei dieser Gelegenheit [der Anlage von Entwässerungskanälen in Horn 1868] fanden sich in der Tiefe von 5 und mehr Fuß kleine Hufeisen in großer Menge ... Die Arbeiter erzählten mir, daß die Hufeisen sich in so großer Menge gefunden haben, daß sie sie in

Schiebkarren zum Trödler gefahren und für Alteisen verkauft haben. ... Indes war die letzte Strecke der Kanäle noch offen, so daß der ausgeworfene Boden noch daneben lag und ich Nachlese halten konnte, da vereinzelte Hufeisen, die wieder mit Erde bedeckt waren, noch zu Tage kamen. Von diesen habe ich noch eine Anzahl aufgesammelt, von denen etwa noch 8 Stück vorhanden sein mögen, und einige mögen bei meinem Umzuge nach Frankfurt wohl verloren gegangen sein, aber alle, die noch vorhanden sind in Münster, Detmold usw. sind, soviel ich weiß, durch mich gesammelt. Es fanden sich auch andere Eisensachen, die meist verschleppt waren ... Die Hufeisen habe ich schon s. Zt. auf der Hauptversammlung der Altertumsvereine vorgezeigt, wo sie freilich von süddeutschen Mitgliedern für römische erkannt wurden; indes da damals noch die Ansicht herrschte, daß die Römer keine Hufeisen für ihre Pferde verwandt haben, berücksichtigte man die Sache nicht weiter. In den letzten Jahren hat aber dieses Vorkommen jener Hufeisen Bedeutung gewonnen, seit durch die Ausgrabungen auf der Saalburg bei Homburg die Hufeisenfrage bejahend entschieden ist, indem dort mehr als hundert unzweifelhaft römische Hufeisen zum Vorschein gekommen sind. Als nun im Jahre 1883 in Horn noch einmal ein Seitenkanal angelegt wurde, wurde abermals eine Anzahl Hufeisen gefunden, nach Angabe 15–20, von denen eins durch Herrn Pastor Wolf, ein zweites durch Herrn Cameriarius Geise aufgehoben und mir übergeben sind, nebst Pferdezähnen und einem Radnagel. Als ich nun vor einigen Wochen wieder nach Horn kam, hatte man dort eben damit begonnen, eine Wasserleitung zu legen, wobei gleich auf der ersten Strecke abermals drei Hufeisen der nämlichen Art wie die des früheren Fundes zum Vorschein kamen, die nun ebenfalls in meinem Besitz sind. Wie man mir meldet, sind seitdem noch weitere 8–10 Stück gefunden, und es ist Aussicht vorhanden, daß noch weitere interessante Funde gemacht werden ... Die in meinen Händen befindlichen 5 Hufeisen habe ich wiederholt mit den auf der Saalburg gefundenen verglichen, habe sie auch Herrn Baumeister Jakoby gezeigt, der die Ausgrabungen auf der Saalburg leitet. Er hat wiederholt erklärt, daß sie seiner Überzeugung nach ohne Zweifel römischen Ursprungs seien.«

Diese Mitteilungen sind von großer Wichtigkeit. Sie bestätigen aus dem Jahre 1889 die um das Jahr 1868/69 gefundenen Hufeisen, geben ihre Zahl an mit mehreren »hunderten«, was also wenigstens 250 meinen

dürfte, geben die Größe dieser Hufeisen an mit meist 9,5 × 10,5 cm, weisen auf die noch in den Hufeisen sitzenden Nägel hin.
Nun hat Schierenberg allerdings die Menge der in Schiebkarren fortgefahrenen Hufeisen nicht selbst gesehen, aber die Tiefenschicht, in der sie gefunden wurden, ist ihm gemeldet worden, und er hat an anderen Stellen gefundene in der Hand gehabt, hat eine Anzahl selbst aufgesammelt und aufgehoben, hat später gefundene gesehen, und man kann davon ausgehen, daß seine Angaben stimmen und daß jene Hufeisen in Form und Größe im ganzen übereinstimmten.
Daß aber diese kleinen Hufeisen *römische* seien, das wurde lange Zeit nicht nur bezweifelt, sondern aufs heftigste bestritten und bekämpft. Zu Fritz Schäfers Zeiten war es vor allem *Wilhelm Müller*, der sich dafür einsetzte, daß diese Hufeisen als römische anzusehen seien. Ich verweise vor allem auf seinen Aufsatz »Römische Hufeisen und die Varusschlacht« in »Forschungen und Fortschritte«, 36. Jhrg., Heft 12 sowie auf einen Aufsatz von A. K. Lawson im Jahrbuch des Römisch-Germanischen Zentralmuseums Mainz 25, 1978. Dort führt er 111 Stellen auf, an denen solche Hufeisen als sicher römische gefunden sind – und da an vielen Stellen viele gefunden wurden, ohne daß die Horner Eisen dabei berücksichtigt waren, kann man von etwa 200 gefundenen ausgehen. Lawson schreibt S. 117:

> »Das Hufeisen wurde bis vor kurzem allgemein als eine Erscheinung der nachrömischen Zeit betrachtet, so daß möglicherweise auch aus römischem Zusammenhang stammende Stücke in ihrer Zuweisung angezweifelt wurden. Die Folge war eine verdächtig hohe Anzahl an Funden, die als aus ›Oberflächenerde‹ und ›gestörten Schichten‹ stammend erklärt wurden.
> Inzwischen aber sind die Schwierigkeiten überwunden, und das Vorkommen von Hufeisen in römischem Kulturzusammenhang ist vielfach erwiesen, allein Verf. sind über 100 Fundstellen bekannt, worunter sich eine Anzahl gut datierbarer Stücke befindet. Die vom Mandera (Saalburg-Jb. 15, 1916, 29 ff.) zusammengestellten Beispiele wie Virunum, Maiden Castle, Venizy u. a. lassen sich durch neue Funde aus Portchester, Fishbourne, Drays Ditches, Usk, Coygan Camp, Slonk Hill, Chichester, Castle Dykes, Linz und Le Rondet in der Schweiz vermehren (alle aus römischer Zeit).«

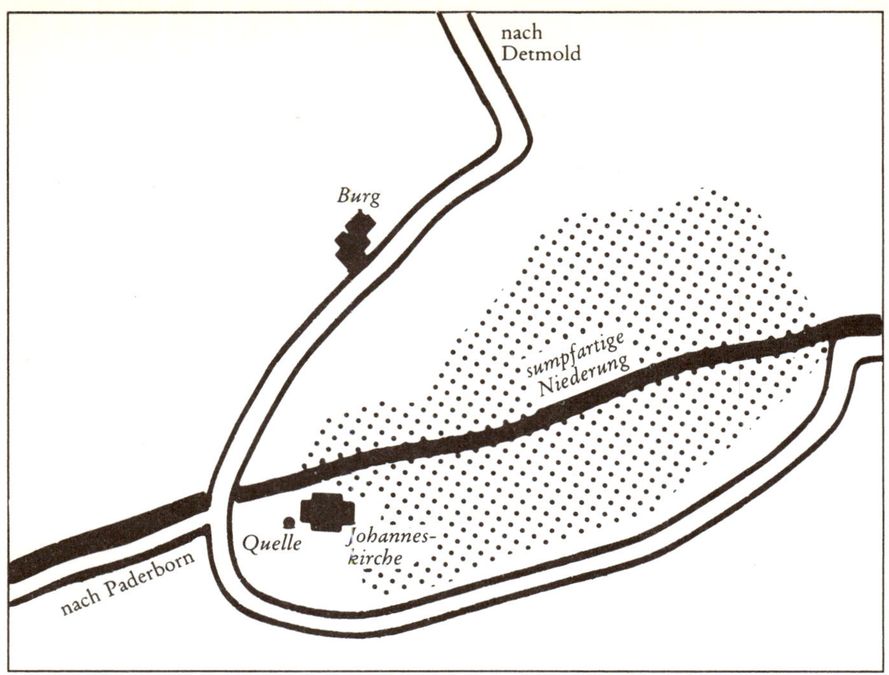

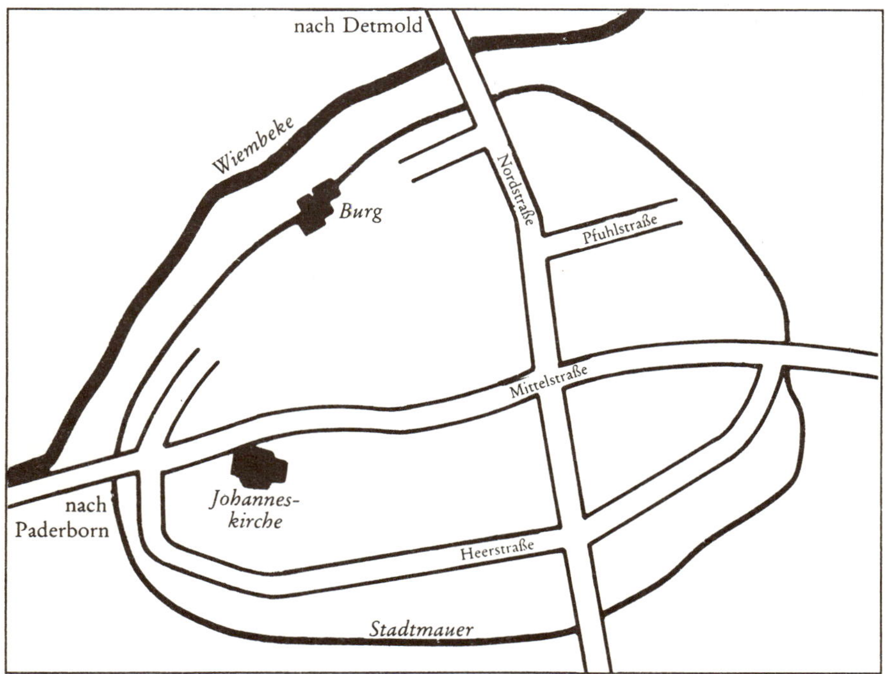

Oben: *Der Raum von Horn vor der Bebauung.*
Unten: *Plan von Horn nach der Stadtgründung. Die Johanneskirche steht auf einem Felssockel.*

Der Untergrund von Horn

Mit der Feststellung, daß es römische Hufeisen gab, treten nun die Hufeisenfunde in Horn in ein neues Licht. Die vielen hundert kleinen Hufeisen sind ja tief unter der Schotterung der – schon 1248 erwähnten – Altstadt von Horn gefunden worden. Es ist daher wichtig zu wissen, was *vor* der Gründung der Stadt auf diesem Gelände gewesen ist. Hierüber hat nun (Prof. Dr.) Walther Matthes in seinem Buch »Corvey und die Externsteine« (Stuttgart 1982) ausführliche Betrachtungen und Untersuchungen angestellt, aus denen wir den für uns wichtigen Absatz wiedergeben.

»Der Grundriß der mittelalterlichen Stadt Horn läßt erkennen, daß diese Ortschaft nicht etwa in einem allmählichen Wachstum entstanden ist, sondern auf einmal und nach einem bestimmten Plan angelegt wurde. Dabei hat man sich nach einem festen Schema gerichtet, das auch bei anderen Stadtgründungen der Stauferzeit üblich war. Kennzeichnend ist dafür, daß die ovale Grundfläche durch das große Achsenkreuz der zwei Hauptstraßen in vier Quadranten geteilt wird. Die beiden Straßen schneiden sich im rechten Winkel. Die eine verläuft ungefähr ostwestlich, die andere etwa nordsüdlich. Einige Nebenstraßen kreuzen sich in der gleichen Weise, so daß es wiederholt zur Bildung von rechten Winkeln kommt. An der Regelmäßigkeit des Ganzen ist der Wille des Stadtgründers, des Edelherrn zu Lippe, zu spüren. Zweifellos handelt es sich um eine Neuschöpfung, bei der auch ältere Anlagen, die, wie es scheint, bei der Gründung der Stadt schon vorhanden waren, berücksichtigt und in die Planung einbezogen wurden.«

Friedrich Schäfer

Aus den Forschungen und Untersuchungen von Prof. Matthes ergibt sich, daß im Bereich der Altstadt von Horn vor der Gründung der Stadt im 13. Jahrhundert das Gelände nicht bebaut war, sondern wüst und ungenutzt lag. Aber in einer ganz frühen Zeit, welche die Römerzeit sein könnte, fanden sich mehr als 2 m unter der Oberfläche jene vielen

Hufeisen, Radnägel, Wagenlünsen (= Achsnägel) und allerlei Knochen, aber auch hier keine Bebauung.

Der Untergrund der Altstadt von Horn wurde zu Schierenbergs Zeit (1868) aufgebrochen, um die Kanalisation zu legen, sonst nur bei seltenen Gelegenheiten an einzelnen Stellen bei der Anlage von Kellern oder Neubauten. Die Möglichkeit des Einblicks in den Untergrund ergab sich dann noch einmal 1954 und in den folgenden Jahren, als diese Kanalisation erneuert und zugleich 60–70 cm tiefer gelegt wurde. Leider ist diese Möglichkeit damals vom Lippischen Landesmuseum nicht genutzt worden, um eine Bestandsaufnahme des Horner Untergrunds zu machen.

Es war daher ein besonderer Glücksfall, daß zu dieser Zeit in Horn ein Mann lebte und wirkte, dem die Aufhellung der Vorgeschichte seiner Stadt ein Herzensanliegen war, und der dazu auch viele nötige Voraussetzungen mitbrachte: Friedrich Schäfer, geboren 1901 in Bentheim.

Er hat sich der Frage der Horner Hufeisenfunde besonders angenommen und jede Gelegenheit genutzt, *den Untergrund der alten Stadt kennenzulernen*. Er betrachtete es als ein Vermächtnis und als eine ihm zukommende Aufgabe, die Richtigkeit der Schierenbergschen Berichte über die Massen dort gefundener alter Hufeisen unter Beweis zu stellen. Damals 1954/55 besuchte er täglich die Ausschachtungsstellen und schrieb genaue Berichte über alles, was er tat und fand. Fritz Schäfer ist 1969 in Horn gestorben. Sein schriftlicher Nachlaß wurde mir freundlicherweise von seinen Erben zur Verfügung gestellt. Schäfer kommt zu dem Ergebnis, daß die Horner Hufeisen, der Fundschicht nach, aus der Zeit vor dem 5. Jahrhundert stammen müssen.

Aus Fritz Schäfers Beobachtungen ergibt sich, daß *im Untergrund der Altstadt von Horn keinerlei Spuren früherer Besiedelung sich finden*. Schäfer bestätigt, was Matthes vermutet, oder Matthes deutet aus, was Schäfer gefunden hat, daß an der Stelle der Altstadt von Horn unbebautes, feuchtes, teils mooriges Unland war; ein Teich oder See ist nicht auszuschließen. Darunter aber war fester Boden, auf ihm oder dicht darüber lagen die kleinen Hufeisen. Diese Schicht entspricht sehr früher Zeit, der Vermutung nach Römerzeit.

Warum nun diese Eisen sich gerade im Gebiet von Horn so gehäuft haben, das ist eben die Frage. Man hat zunächst an den Bericht des Velleius gedacht, daß die römische Reiterei unter Vala Numonius auf eigene Faust ihr Heil in der Flucht suchte, aber nicht durchkam, sondern irgendwo unterging, und man hat geschlossen, also müßten die Eisen vom Untergang dieser Reiterei stammen. Aber warum sollten die Germanen die wertvollen Tiere gemetzelt haben, alle auf einem Haufen? Das ist sehr unwahrscheinlich.

Vermutlich stammen die Eisen auch gar nicht von Reitpferden, sondern waren den Zugtieren vorbehalten. Dann könnten die Eisen also noch vom römischen Troß stammen, falls hier der Troß gelagert hätte. Aber auch da wäre wieder zu fragen, warum die Germanen die auch für sie wertvollen Tiere alle geschlachtet hätten. Es gibt eine viel einfachere Erklärung.

An Fritz Schäfers Funden sehen wir, daß das alles keine guten und brauchbaren Hufeisen waren, sondern verschlissene, zerbrochene, abgenutzte. Es dürfte sich hier also nicht um Hufeisen handeln, die noch am Tier gesessen hatten, sondern um abgerissene und weggeworfene Stücke. Daher können wir mit Begründung sagen:

Wenn hier auf dem Gelände der späteren Stadt Horn das Sommerlager des Varus stand, so mußte es, außer einer Waffenschmiede, auch eine Beschlagschmiede haben, an der die Zugtiere laufend beschlagen wurden, wo ihnen von den Schmiedeburschen die alten Eisen abgerissen und neue aufgeschlagen wurden. Horn liegt an der alten Fernstraße, die vom Rheinland und von der Senne her, von Paderborn und von Neuhaus aus an die Weser nach Hameln – und mit Abzweigen nach Höxter und Minden – führte. Es ist die heutige Bundesstraße 1. Horn liegt auf der Wasserscheide, d. h. diese Fernstraße hatte den Vorzug, daß sie außer der Weser keinen Fluß überqueren mußte, wie es sonst bei allen anderen Übergängen über den Teutoburger Wald erforderlich ist. Und gerade bei Horn wird es notwendig gewesen sein, Zugtiere mit Hufeisen zu verwenden; denn der Aufstieg von der Senne ins Lippische Land hinauf ist und war steil, so daß den Wagen, wie noch im Mittelalter, viele Pferde vorgespannt werden mußten, und die anderen Wagen hatten solange zu warten, bis die ersten hinauf und die Pferde wieder zurück waren. Zugtiere ohne Eisen hätten bei diesem schweren Dienst ihre Hufe geschädigt.

Aber auch die beschlagenen Tiere, wenn sie so auch gut ziehen konnten, nutzten doch ihre Eisen an dieser Stelle schneller ab, und es mußte hier also eine Gelegenheit sein, neue Eisen aufzuschlagen. Deshalb war eine Lagerschmiede gerade hier unbedingt nötig. Da die Zahl der zu beschlagenden Pferde (und wohl auch Maultiere) groß war, mag man sich denken, daß sie der Lagerstraße entlang angebunden standen und ihnen dort schon die alten Eisen abgerissen wurden, bis sie zum Beschlagen an

Kreis: Detmold

Fundort (Stadt- oder Dorfgemeinde): Horn Mittelstr. 35

Fundgegenstand: Hufeisen

Bürgersteigkante Metzgerei Bohlmann 2,30 m. tiefe

Beschreibung: (möglichst auch einfache Zeichnung – Umriß – ev. Photo) Maße:

I

I

I

I

I

Gewicht 275 Gramm

Länge 130 mm
Breite 105 "
" bei I 18 "
" " II 19 "
" " III 27 "
" " IV 32 "
" " V 19 "
Dicke " I 5 "
" " II 5 "
" " III 8 "
" " IV 7 "
" " V 5 "
Stollenhöhe 10
" 10

Berichterstatter: Horn 2. Januar 1956 (Ort und Datum) Schäfer (Name)

Fundbelohnung 2 DM bezahlt 2. 1. 1956 Schäfer

Eingeliefert am 2. Jan. 1956 von als

Kat. Nr.
Akt. Nr. H IV 1956
Orig. Nr.

...icht ausfülle

Eines der von Fritz Schäfer sorgfältig geführten und gezeichneten Hufeisen-Fundblätter aus dem Jahre 1956.

Fundstelle, und zwar

Nr. des Meßtischblattes:

Flurname: Horn i.L.

Nr. der Parzelle:

Art des Geländes (Wald, Weide, Wiese, Acker): Mittelstr.

Lage des Fundplatzes (in Metern oder Schritten von einem — besser zwei — festen Punkte aus, wie Grenzstein, Wegekreuzung oder dgl., am besten an Hand einer einfachen Geländeskizze):

Kanal Bohlmann Abwässer

Siehe Profil Vialon. liegt hier 50 cm tiefer.

2,30 Fundtiefe

Bürgersteigkannte

Schutt

Bausteine

Braunttonige Schotter

Blaue z.Teil schlammige Sand m. Steine

Blaue Tone mit Flammenmergel und Keuper

* Fundstelle

Flursage (z. B. spukt es dort?):

Literatur über den vorliegenden Fund:

Standort:

Fundumstände, und zwar

Name und Wohnung des Grundbesitzers: Abwässer kanal Bohlmann Mittelstr. 35

Wann und von wem gefunden und bei welcher Gelegenheit?

In der Tiefe von 2.30 m beim Hausanschluß der Kanalisation im blauen Ton (Modderschicht).

Die Hufeisenfunde mehren sich wieder, es scheint als ob, vom Rathaus anfangend, sich andere Verhältnisse in der stratigraphischen alten Siedlung ergeben. Die dunkle, bisweilen tonige Schicht ist altes Oberflächengebiet, wahrscheinlich Sumpfgelände. Bis heute habe ich noch keine weiteren Einschlüsse gefunden. Die Steingerölle sind ausnahmslos alluviale Keuper und Flammenmergel.

Schichtenverlauf bleibt der gleiche wie in der vorletzten Fundstelle des halben Hufeisenstückes Scheune Vialon.

Wo befindet sich das Fundstück?

Sammlung Schäfer Horn i.L.

Literatur über ähnliche Funde: Nebelsiek: Frühgeschichtlicher Fund in Horn; Handmappe Horn. Schäfer.
Carl Blümlein Kartei Bl. Hufeisen
G.A.B Schierenberg " Sch. "
U v. Motz " M. "

Kultur- und Zeitstellung:

Bemerkungen:

Nicht ausfüllen!

der Reihe waren. Es würde sich bei den in Horn gefundenen Hufeisen also um die von den Schmiedeburschen weggeworfenen alten Eisen handeln. Sie hätten sich dann vor der Schmiede besonders gehäuft.
Schäfers Hufeisenfunde sind ungleichmäßig verteilt, sie zeigen eine auffallende Häufung zwischen der Nordstraße und dem unteren Tor, wo fünf Funde dicht beisammenliegen. In dieser Gegend könnte man sich die Schmiede denken. Nur sind Schäfers Fundstücke viel zu wenige, als daß man daraus gültige Schlüsse ziehen könnte.
Wie es dann möglich wurde, daß im 13. Jahrhundert die neuerbaute Stadt sich nach den Formen des Römerlagers richten konnte, jenes Lagers, das Germanicus mit seinen Offizieren von der Paßhöhe aus als erstes Lager des Varus mit Staunen und Schauer betrachtete; ob von Wällen, Gräben und Wegen noch etwas erkennbar war, das können wir nur vermuten. In jedem Fall war es wohl auch der in der Landschaft ausgesparte, unbebaute Platz, der sich in keines Einzeleigentümers Besitz befand, war es das Land, über das nur der Landesherr verfügen konnte, waren es die diesen Platz umgebenden Wege und Straßen, die sich nun endlich wieder zu ihrem ursprünglichen Kreuz verbinden konnten.
Ich gebe im folgenden eine Zeichnung Fritz Schäfers wieder. Er hat die von ihm gefundenen Hufeisen der Reihe nach sorgsam in Originalgröße gezeichnet mit allen Größenangaben, Fundumständen und der Tiefenlage, dazu in gleicher Weise und ebenso sorgfältig die von ihm bereits vorgefundenen, wahrscheinlich aus der Schierenbergschen Sammlung stammenden, bei denen Fundorte und Fundumstände nicht überliefert waren. Es sind viele zerbrochene bei den Schäferschen, und dies eben, wie auch der Zustand der ganzen Eisen, machen wahrscheinlich, daß es sich um verbrauchte und weggeworfene Stücke handelt. Das weist nicht auf eine Katastrophe hin, sondern eher auf einen Schmiedebetrieb.
Schäfers Zeichnungen sind bisher unveröffentlicht.

Anmerkungen

1 Ernst von Bandel, 1800–1876, war geboren in Ansbach, bildete sich in Nürnberg, München, Rom als Bildhauer. 1835–38 in Hannover, siedelte dann nach *Detmold* über, wo er den Plan des Hermannsdenkmals faßte und die Arbeit daran begann. Er vollendete es 1875, seit 1871 endlich mit Reichsmitteln unterstützt. Die feierliche Einweihung fand am 16. August 1875 in Gegenwart Kaiser Wilhelms I. statt. Die Figur Hermanns ist aus Kupfer getrieben, 28 m groß auf einem fast 30 m hohen Unterbau.

2 Der »pannonische Aufstand« (7–9 n. Chr.), in dem die erst kürzlich eroberten Gebiete zwischen Adria und Donau sich gegen die Römer erhoben, war ein für Rom äußerst gefährlicher, blutiger Krieg, den die Römer unter Tiberius nur nach äußersten Mühen niederschlagen konnten.

3 Den Ausspruch des Kaisers Augustus: »Vare, Vare, redde legiones« berichtet Sueton, Augustus 23.

4 Tacitus Germania 2: »Sie feiern in alten Gesängen, was bei ihnen die einzige Art der Erinnerung und Geschichte ist, den *Tuisto*, einen Gott, der Erde entsprossen. Ihm weisen sie als Ursprung und Gründer ihres Volkes drei Söhne zu, nach deren Namen die dem Meere Nächsten *Ingaevonen*, die in der Mitte *Herminonen*, die übrigen *Istaevonen* genannt werden.«
Der Name des Mittleren ist also *Hermino*, und dieser Name könnte durchaus dem des Arminius zugrunde liegen als einer der ältesten germanischen Namen.
Ferner ist auf folgendes hinzuweisen: »Bei den Verwandtenkämpfen der letzten Karolinger wies Erzbischof Fulco von Reims in einem Schreiben an König Arnulf († 899), den er um Milde gegen Karl den Einfältigen bat, warnend auf Ermanarich hin, der sein ganzes Geschlecht dem Tode geweiht habe.« Otto L. Jiriczek, Die deutsche Heldensage, Berlin u. Leipzig 1916, S. 41. Beim Geschichtsschreiber Flodoard heißt die Stelle:
»Adnectit etiam, quod in omnibus pene gentibus notum fuerit, gentem Francorum reges ex successione habere consuevisse, proferens super hoc testimonium benedicti Gregorii papae; subicit etiam ex libris Teutonicis de rege quodam *Hermenrico* nomine, qui omnem progeniem suam morti destinaverit impiis consiliis cuiusdam consiliarii sui.«
Es ist der in der Thidrekssaga, die im 6. Jh. n. Chr. fußt, in vielen Erzählungen dargestellte König Ermenrik, der hier im lateinischen in der Form »Hermenrik« um 950 bei Flodoard erwähnt wird. Der Name »Hermen-« ist hier also in früher Zeit vorhanden und entspricht der Form, die aus dem Stammesnamen der »Herminonen« sich ergibt: »Hermino«.
Der Name »Hermen« kommt auch in der Thidrekssage mehrfach vor (Sv Kap. 149 ff., Kap. 219 f.).

5 Über das Lied »Hermen sla lermen ...« finde ich bei Onno Klopp eine Stelle in »Aus der Zeit der Völkerwanderung. Geschichten, charakteristische Züge und Sagen der deutschen Volksstämme«, Freiburg 1907 Bd. I S. 160. Er schreibt:
Ein Reim »der noch unter dem Volke Westfalens in jener Gegend« (des Teutoburger Waldes) »lebt, wo einst die Irminsul stand, und der doch schwerlich auf Armin den Cheruskerfürsten bezogen werden kann. Dieser Reim heißt:

Hermen, sla dermen,
sla pipen, sla trummen;
de kaiser is kummen
mit hamer un stangen
wil Hermen uphangen.

Diese Verse können deshalb nicht auf den Cherusker Armin bezogen werden, weil sie gereimt sind, die alten Sachsen aber den Reim nicht kannten, dessen Erfindung erst aus dem neunten Jahrhundert ist.« Ist diese Behauptung richtig? Schon das »Wessobrunner Gebet«, das ganz der Stabreim-Zeit angehört, hat den echten Reim: »enteo ni wenteo«, der als Redensart schon viel älter sein kann. Der alte Vers hat zugleich eine Anzahl von Stabreimen: »de Kaiser is kummen«, mit »spießen und stangen«, »wil Hermen uphangen«.
Diese Verse lassen sonst unmittelbar an Hermann den Cherusker denken, und unter dem Kaiser kann man sich kaum einen der christlichen vorstellen.

6 »Im Jahre 1837 hat Adolf Giesebrecht als erster die Vermutung ausgesprochen, daß in der Gestalt des Arminius die ›Grundlage der Siegfriedsage‹ zu suchen sei.« (Über den Ursprung der Siegfriedsage, in v. d. Hagens, ›Germania‹ II S. 203 ff. bes. 222 ff. und 229 ff.)
So beginnt Otto Höfler sein Buch »Siegfried Arminius und die Symbolik« Heidelberg 1961, und stimmt dieser These zu.
Ernst Bickel, »Arminiusbiographie und Sagensigfrid«, Bonn 1949. Ulrich von Motz, »Sigfrid-Armin«, Pähl, Obb. 1956. Motz setzt Hagen mit Inguiomer gleich.
Th. Reismann-Grone, »Siegfried«, Dortmund 1938, setzt Thusnelda mit Grimhild gleich (S. 62), Flavus mit Hagen (S. 64).
Hermann Kesting-Detmold: »Der Befreier Arminius«. Detmold 1953. Bejaht S. 53 f. die Gleichsetzung Arminius-Sigfrid.

7 Heinz Ritter-Schaumburg, »Die Nibelungen zogen nordwärts«, München 1981, behandelt und erläutert die Darstellung der *Thidrekssaga*, in welcher Sigurd-Sigfrid eine wichtige Rolle spielt. Das Buch zeigt zugleich die Ursprünglichkeit der Thidrekssaga auf, welche als unsere älteste literarische Überlieferung angesehen werden muß und eine viel ursprünglichere Darstellung bringt als das Nibelungenlied, das Waltharilied und selbst das Hildebrandslied.In der Thidrekssaga wird von Liebe zwischen Sigfrid und Grimhild nichts berichtet, wohl aber von Sigfrids naher Beziehung zu Brünhild.
»Die Nibelungen zogen nordwärts« ist auch als Taschenbuch erschienen (Goldmann München 1983, Otto Reichl Verlag St. Goar 1987).
Ergänzend hierzu behandelt ein zweites Werk desselben Verfassers »Dietrich von Bern – König zu Bonn« (München 1982) den Hauptinhalt der Thidrekssaga, nämlich das Leben des niederrheinischen Königs Dietrich von Bern (Bonn).
Seit die Thidrekssaga als eine Überlieferung der späten Völkerwanderungszeit erkannt ist, liegt Sigfrids Leben ziemlich deutlich vor uns. Gewiß waren der »Drachenkampf« und die Art seines Todes wesentliche Bestandteile seines Lebens. Aber der Großteil seines Daseins war vor allem durch zwei Ereignisse bestimmt: Das eine war der Kampf darum, wer der stärkste Held seiner Zeit wäre, und diesen verlor Sigfrid gegen Dietrich von Bern, wenn auch durch dessen Trug; das andre war sein Stehen zwischen zwei Frauen: der einen, Brünhild, die er liebte und der er verlobt war, die er aber aufgeben mußte, da er Gefolgsmann Dietrichs geworden war, der anderen, Grimhild, die er heiratete, offenbar ohne sie zu lieben, und dieser Zwiespalt und seine Handlungen darin kosteten ihn später das Leben. Wo findet sich dies bei Arminius?
Gewiß ist es merkwürdig, daß in beiden Lebensläufen eine nahe und doch feindliche Person vorkommt, die nur ein Auge hat: Hagen – Flavus – (im Hindergrund Wotan); aber Flavus war blond und wird sogar »Blonder« genannt, und Hagen war schwarzhaarig und sicher ganz anders gesinnt, auch lebte Flavus von seinem Bruder völlig getrennt und hat ihn bestimmt nicht erschlagen. Und worin sollen sich Thusnelda und Grimhild gleichen? Thusnelda liebte den Cherusker, ließ sich von ihm entführen und wurde etwas später von ihrem erbosten Vater den Römern ausgeliefert – Kriemhild-Grimhild wurde mit Sigfrid, wahrscheinlich ohne dessen Wunsch, verehelicht – und beim Cherusker ist von einer zweiten Frau, die sein Leben mitbestimmt hätte, nichts bekannt. Gewissen Ähnlichkeiten stehen also deutliche Unterschiede gegenüber.
Andrerseits halte ich nicht für unmöglich, daß über den Cherusker nicht nur Lieder gesungen worden sind, sondern daß, vielleicht alle paar Jahre, bei den Festen im heiligen Hain nahe dem Varus-Schlachtfeld ein Spiel aufgeführt wurde, in welchem ein jugendlicher, siegreicher Held einen (römischen) »Drachen« bekämpfte zur Erinnerung an die Hermannsschlacht. An ein solches Spiel könnte die Sage angeknüpft haben. Nahe den Externsteinen findet sich im Wald eine Art natürliches Amphitheater mit erstaunlicher Akustik. Dieses könnte der Ort solcher Spiele gewesen sein. Aber die Cherusker gingen bald unter in den Wirren jener Zeit.

8 Velleius CXIX.
Florus, Epitom. Lib. IV Kap. 12, 34.
Tacitus, Annalen I, 58.

9 Tacitus, Annalen I, 60: »Von hier (inde) wurde der Heereszug zu den äußersten Brukterern geführt und alles zwischen den Flüssen Ems und Lippe verwüstet, nicht weit vom Teutoburger Wald (Teutoburginiensis saltus), wo des Varus und der Legionen Überreste noch unbestattet liegen sollten.«

10 Walther John: »P. Quinctilius Varus und die Schlacht im Teutoburger Wald« S. 936, 1 schreibt: »... schon H. Neubourg, ›Die Örtlichkeit der Varusschlacht‹ (1887) 9. 14 ... hat richtig gesehen, daß bei Tactius diese Worte zur Bezeichnung einer Ortsentfernung eine Entfernung von nicht mehr als 3–4 Stunden Weg zu Fuß oder zu Schiff bezeichnen ...«, das wären also 15 bis 20 km., ja, John sagt in der nächsten Spalte seine Ansicht noch genauer aufgrund eines weiteren Beispiels: »Der Teutoburginiensis saltus kann also allerhöchstens 6–8 km von der Marschroute des Germanicus entfernt gewesen sein«, und führt dafür auch Sicherheitsgründe an.

11 Theodor Mommsen hat die Gegend des Ortes Barenau (am Wiehengebirge in der Nähe von Osnabrück) als Ort der Varusschlacht angenommen, weil dort ein Fund römischer Münzen der Zeit bis 6 n. Chr. gemacht worden war. Auf Mommsen werden wir noch einmal zurückkommen.
Über die Auffassungen zur Hildesheimer Gegend berichtet eingehend Kurt Lindemann, »Der Hildesheimer Silberfund«, Hildesheim 1967, und vertritt selbst die Ansicht, daß der Schatz ein Beweis dafür sei, daß die Verusschlacht in der Hildesheimer Gegend stattgefunden habe.

12 Im Arnsberger Wald sucht Wilhelm Leise die Spuren des Untergangsmarsches der Varianischen Legionen in seinem (zu) viel beachteten Buch: »Wo Arminius die Römer schlug« (Münster 1986). Wir werden seiner These nochmals begegnen.

13 Die Vermutung, daß die Varusschlacht in den Beckumer Bergen stattgefunden habe, hat Georg Schuhmacher in einem umfangreichen Buch »Varusschlacht in den Beckumer Bergen« (Beckum 1987) zu begründen versucht. Vielleicht ist er hierbei eher der Schlacht an den Langen Brücken auf der Spur.

14 Die usprüngliche Bedeutung von »saltus« (von »saltare« = springen) ist »der *Sprung*«, von dieser Grundbedeutung leiten sich die übertragenen Bedeutungen ab.

15 In der Thidrekssaga, deren Inhalte meist auf das 6. Jh. zurückgehen (s. Anm. 7!) wird (Kap. 96) der Ritt Dietrichs von Bern von Bern-Bonn zum Teutoburger Wald beschrieben, der darin »Osning« genannt ist.

16 Der erste Teil des Wortes »Teutoburg« dürfte mit dem ersten Teil des Namens von Detmold zusammenstimmen (Thiotmalli).

17 Walter John: »Die Örtlichkeit der Varusschlacht bei Tacitus« (Göttingen 1950). In dieser sehr sorgfältigen philologischen Arbeit deutet John wohl zum ersten Mal die Angaben des Tacitus so, daß er die zweite Verschanzung mit zerstörtem Wall und Graben innerhalb des großen Dreilegionenlagers sieht. Darin hat er sicher recht. John hat sich aber von Dios Erzählung vom mehrtägigen Marsch im weglosen Wald noch nicht gelöst, und so sieht er das »erste Lager« nicht als das Sommerlager des Varus, sondern als ein erstes Marschlager des Varus an. Dadurch entwertet er seine Entdeckung wieder; denn die halbzerstörte Verschanzung zeigt (nach Tacitus) offensichtlich den Endkampf; und von einem Endkampf in einem Lager oder einer Verschanzung ist nicht einmal bei Dio die Rede. Und wie sollte der letzte Kampf (nach Dio) in das erste große, unversehrte »Marschlager« kommen, von dem kein römischer Schriftsteller etwas weiß und von dem selbst bei Dio nichts berichtet wird?

18 »In den benachbarten Waldlichtungen« übersetzt Wilhelm Capelle in: »Das alte Germanien« (Leipzig 1937), S. 119. »Unter den nahen Baumgruppen« hat Th. Reismann-Grone (s. Anm. 6!).

19 Thidrekssaga Mb Kap. 10, Sv Kap. 7.

20 Verunsichert wurde ich eine Zeitlang durch eine Angabe des Velleius II 105, 1, in der angeblich vom Flusse Weser gesagt sein sollte: »nostra clade nobilis« (durch unsere Niederlage berühmt). Aber die Aufregung erwies sich als unbegründet.
Der Satz heißt bei Velleius im Murbachschen Codex:
»redepti Cherusci gentes et inamminus mox, nostra clade nobilis, transitus Visurgis.«
Das Wort »inamminus« ist unübersetzbar und offenbar verderbt. Der Rahmen des Satzes heißt: »Aufgenommen wurden die Cherusker, überschritten wurde die Weser.« Las man den Zwischenteil mit der Veränderung: »et amnis mox nostra clade nobelis«, so hätte es geheißen: »... und der Fluß, bald durch unsre Niederlage berühmt, die Weser, wurde überschritten.« Döderlein verbesserte: »recepti Cherusci / gentis eius Arminius, mox ...« (Aufgenommen wurden die Cherusker / aus welchem Volk bald Arminius durch unsere Niederlage berühmt wurde ...« (Döderlein, »Reden und Aufsätze« II, 311). Paul Höfer (Die Varusschlacht, 1888) ergänzt daher, indem er nur ein n ausläßt:

»recepti Cherusci, gentes etiam minus mox nostra clade nobiles, transgressus Visurgis.« (Ins Bündnis aufgenommen wurden die Cherusker, auch Völker, welche in der Folgezeit nicht so berühmt geworden sind durch unsere Niederlage, überschritten wurde die Weser).
Jedenfalls wird in dieser Stelle nicht gesagt, daß die Weser durch die Varus-Niederlage berühmt geworden sei.

21 Cassii Dionis Cocceiani Historiam Romanorum quae supersunt edidit Ursulus Philippus Boissevain (Berlin 1955), liber 56, Kap. 18.
Dio Cassius LVI 18 schreibt über die damaligen Zustände in Germanien:
»Es hatten die Römer einiges von ihm besetzt, nicht zusammenhängend, sondern wie sie es zufällig da und dort in Besitz genommen hatten; und ihre Soldaten überwinterten dort und wohnten mit in Städten, und zu ihrer Art Ordnung wurden die Barbaren umerzogen und eröffneten Märkte und hatten friedliche Zusammenkünfte.«
Hier bleibt alles sehr unbestimmt, wie bei Dio üblich. Man weiß nicht, wo das stattgefunden haben soll, was er beschreibt. Für eine Überwinterung der römischen Truppen kam nur Aliso in Betracht, das im Umkreis von Anreppen-Paderborn zu denken ist.
Aber schon die Behauptung im nächsten Satz: »sie bewohnten Städte mit« (πόλεις συνοικίζοντο) kann nicht stimmen. Nach der deutlichen Aussage des Tacitus kannten die Germanen keine städtischen Siedlungen. Tacitus schreibt »Germania« 16:
»Es ist hinreichend bekannt, daß die Germanenstämme nicht in Städten leben, ja überhaupt nichts von untereinander verbundenen Wohnsitzen (geschlossener Siedlung) wissen wollen: Sie siedeln in einzelnen, voneinander weit abliegenden Gehöften, je nachdem wie ihnen ein Quell, ein Feld oder ein Hain gefällt. Ihre Dörfer legen sie nicht in unserer Art so an, daß die Häuser eng nebeneinanderstehen und eine Straße bilden: jeder umgibt seinen Hof mit einem freien Raum.«
»pólis« aber heißt zweifellos ›Stadt‹, zumal, wenn ein Römer dieses Wort ausspricht. Selbst wenn wir »pólis« mit ›Ortschaft‹ übersetzen wollten, so gab es nach Tacitus in Germanien solche (geschlossenen) Ortschaften nicht. Kein anderer Schriftsteller berichtet auch Ähnliches.
Dio fährt dann mit seinem Überblick fort:
»Nicht aber hatten sie auch das Brauchtum der Väter vergessen noch die eigene Art noch die selbständige Lebensweise noch die auf den Waffen beruhende Kraft. Und deshalb, solange sie allmählich und auf behutsame Weise umlernten, fühlten sie sich durch die Veränderung des Lebens nicht beschwert und merkten nicht, daß sie anders wurden ...«

22 Ich hatte in meinem Buch »Die Nibelungen zogen nordwärts« wiederholt auf die Bedeutung der Höhenwege in frühen Zeiten hingewiesen, auf denen man abseits aller Siedlungen weite Gebiete durchziehen konnte, auf festem Boden, ohne Hinterhalte, mit vielen Quellen. Leise kannte mein Buch. Es ist aber fraglich, ob diese Verhältnisse, die für die Zeit des 5./6. Jahrhunderts n. Chr. galten, auf römische Märsche mit großen Heeren angewandt werden können.
Leise fußt – ohne Überprüfung – auf Dio. Nach Dios Darstellung war Varus aber sehr bald im weglosen Wald und hatte gar keine Möglichkeit, sich Wege auszusuchen, denn er hatte überhaupt keine. Mit Dios Darstellung stimmt also Leise auch nicht überein. Da Dios Darstellung aber keinen Bezug zur Wirklichkeit der Varus-Niederlage hat, wie sich zeigen wird, und es solchen Marsch der Varus-Legionen gar nicht gegeben hat, hängen auch Leises Vorstellungen in der Luft. Es kommt hinzu, daß auch die von ihm ins Auge gefaßte Örtlichkeit der Varusschlacht nicht mit dem in Einklang gebracht werden kann, was Tacitus berichtet, der deutlich sagt, daß das Schlachtfeld nicht weit von dem Gebiet zwischen den Flüssen Ems und Lippe lag. Der Arnsberger Wald ist notfalls mit der Lippe, unmöglich aber mit der Ems in Einklang zu bringen. Und so bringt Leise eine Darstellung, die zwar in sich stimmig scheint, aber auf keiner der Quellen beruht, die doch unsre einzigen Nachrichten über die Schlacht sind. Seine Vorstellungen stehen vielmehr im Widerspruch zu den Quellen, und so irren sie nicht nur, sondern haben auch Verwirrrung gestiftet.

23 »Auch Kinder nicht wenige«. Das Wort παῖς bedeutet zunächst »Kind«, es ist dann auch für die jungen Sklaven verwendet worden (»Junge«). Dio kann hier aber kaum Sklaven meinen, die das römische Heer begleitet hätten, zumal auch gleich dahinter folgt »die andere Dienerschaft« (ἡ ἄλλη θεραπεία).

24 An keiner Stelle sagt Dio, daß die Römer ein übliches Lager aufgebaut oder geschanzt hätten. Man hat eher den Eindruck, daß er meint, sie hätten ihre vielen Wagen zu einer Art Schutz zusammengebaut. Es wird bei Dio aber auch nirgends von einem Kampf um solchen Lagerplatz

gesprochen. Vor allem bei der Darstellung des Endkampfes ist von einem Lager bei ihm nicht die Rede.

Das *erste* bei Tacitus beschriebene *Lager* gleichzusetzen mit einem der angeblichen »Marschlager« des Varuszuges (nach Dio) ist auch nicht möglich, weil 1. die drei Legionen nicht mehr vollständig gewesen wären, weil 2. bei Dio vom Aufschlagen eines richtigen Marschlagers nirgends die Rede ist, weil 3. sich im Inneren des von Dio geschilderten Lagers die zurückgelassenen Wagen finden müßten, aber keine Kampfspuren. Vom Aufschlagen eines weiteren Lagers ist bei Dio keine Rede mehr.

25 Zonaras (Capelle, »Das alte Germanien« S. 104) meldet:

»Es wurden in der Folgezeit auch einige Gefangene wieder eingebracht, die von ihren Angehörigen losgekauft waren: es war diesen nämlich gestattet worden, dies zu tun, jedoch unter der Bedingung, daß die Losgekauften den Boden Italiens nicht wieder beträten. Dies geschah freilich erst später.«

Gegen die Glaubwürdigkeit Dios führt August Schierenberg in seinem Buch »Die Römer im Cheruskerlande« (Frankfurt/M 1862) S. 107f., das Urteil Friedrich Christoph Schlossers an (»Weltgeschichte für das deutsche Volk«, Frankfurt 1844–56), der Bd. 4, S. 457 über Dio Cassius sage:

»Sein historisches Urteil ist so beschaffen, wie man es von seinem Charakter allein erwarten kann; die sklavische Furcht und niedrige Denkart, welche er bei der Beschreibung seiner eigenen Zeit verrät, hatten Einfluß auf seine Erzählung. Von Segestes' Verrat schweigt er ganz, und sein summarischer und ganz falscher Bericht über die dreijährigen großen Feldzüge, welche Germanicus in Deutschland machte, spricht wenig für seine Glaubwürdigkeit.«

26 Ich halte diese Angaben Dios über seine Quellen und die Art, wie er sie beurteilte und benutzte, für so wichtig, daß ich glaube, sie ganz anführen zu müssen. Ich übernehme die Übersetzung diesmal einfach aus dem Buch von Paul Höfer: »Die Varusschlacht, ihr Verlauf und ihr Schauplatz«, Leipzig 1888 v. S. 147f. Die Stelle bei Höfer zu D. C. LIII 19 lautet:

»Es ist ferner sehr zu beachten, was Dio selbst über sein Material sagt, nämlich dort, wo er sich beklagt, daß seit der Begründung der Monarchie (durch Augustus) dasselbe nicht mehr die Beschaffenheit habe, wie das aus der republikanischen Zeit, wo [Zitatbeginn] ›alles, was auch in den entlegensten Provinzen vorfiel, an Senat und Volk berichtet wurde; alle erfuhren es, und viele schrieben es nieder. Und wenn auch wirklich einmal etwas aus Furcht oder Gunst, aus Freundschaft oder Haß gesagt wurde, so konnte man mit Hilfe anderer Schriftsteller oder öffentlicher Urkunden der Wahrheit doch immer auf irgendeine Weise auf den Grund kommen. Aber von jenem Zeitpunkte an (als die Monarchie aufkam) ward das Meiste als Staatsgeheimnis verschwiegen gehalten; und wenn ja etwas veröffentlicht worden ist, so kann man es nicht prüfen und sich nicht darauf verlassen, weil man vermuten muß, daß alles so gesprochen und gethan wird, wie es die jedesmaligen Machthaber und ihre Minister wollen. Daher kommt es, daß Dinge erzählt werden, die nie geschehen sind, vieles aber, was allerdings geschehen ist, nie bekannt wird und sozusagen *alles anders, als es wirklich vorgegangen*, verbreitet wird... In Rom selbst, in den Provinzen geschieht vieles, und in Kriegen fällt immer und fast jeden Tag etwas vor, wovon nicht leicht ein Mensch die reine Wahrheit erfährt, außer denjenigen, welche selbst die Dinge ausführen; die meisten erfahren nicht einmal, was vorgefallen ist. Daher werde auch ich *alle folgenden Ereignisse*, die ich nicht übergehen darf, *so erzählen, wie sie öffentlich bekannt gegeben sind,* mögen sie nun wirklich so, mögen sie auch anders sich zugetragen haben. Wo sich's thun läßt, will ich allerdings meine Meinung beifügen, nämlich da, wo ich einen anderen Hergang als den erzählten aus dem, was ich gelesen oder auch gehört oder auch selbst gesehen habe, mit Sicherheit erschließen konnte.‹ (Dio Cass. LIII 19.)«

Dies sind hochwichtige Mitteilungen des Dio Cassius. Sie zeigen zunächst, daß Dio den öffentlichen Quellen der Kaiserzeit nicht traut. Er ist völlig ungewiß, was wirklich geschehen sei, und man muß daraus schließen, daß es ihm dann auch nicht mehr so wichtig war, was er vorbrachte, da sich die Wahrheit doch nicht feststellen ließe.

Das ist allerdings wieder nur ein Teil des Tatsächlichen. Unsere Untersuchung wird zeigen, daß Dio nicht nur aus Quellen schöpft, mögen die nun so gefälscht und geändert sein, wie sie wollen, sondern daß er auch selbst fabuliert. Es sei hier vorausgewiesen auf die Ausführungen auf S. 192, wo wir die Quelle für Dios Darstellung finden werden.

27 Plutarch: »Große Griechen und Römer«. Numa (4).

28 Vgl. Oscar Jäger: »Geschichte der Römer«, S. 12.
Ein weiteres Beispiel für einen heiligen Hain bei den Griechen bringt Tacitus in den Annalen III, 61: »Als erste von allen gingen herzu« (vor den Senat in Rom) »die Epheser und erinnerten daran, daß nicht, wie die Menge glaube, Diana und Apoll in Delos geboren seien. Bei ihnen sei der Fluß Cenchreus, der Hain Ortygia, wo Latona, hochschwanger und auf den Ölbaum, der dort noch stehen geblieben, gestützt, diese Gottheiten geboren, und auf Geheiß der Götter sei dieser Hain geheiligt worden.«
Vermutet werden müssen heilige Haine der Germanen noch an manchen anderen Stellen, besonders auf Bergen; so auf dem *Hohen Meißner*, wo drei Stammesgrenzen zusammenstoßen. So werden auf den etwa 400 m hohen Gipfeln des Siebengebirges, dem *Auelberg* (Ölberg) und dem Nonnenstromberg (Petersberg) Heilige Haine des Auelgaues vermutet, so auf dem *Wilzenberg* im Sauerland und im »Wichen (= geweihten) Hain« bei Bergisch Gladbach.

29 Tacitus, Annalen I, 59.

30 Thidrekssaga Mb 84 und 86, Sv 83 ff.

31 Ludwig Hölzermann, Hauptmann und Compagnie-Chef im 3. niederschlesischen Infanterie-Regimente Nr. 50, 1830–1870 (gefallen bei Wörth), machte an Ort und Stelle sorgfältige Untersuchungen der Spuren der römischen Militärstraßen und Standlager an beiden Ufern der Lippe und arbeitete sie mit vorzüglichen Zeichnungen aus, kam aber durch seinen frühen Tod nicht mehr zu einer Überarbeitung. Seine »Localuntersuchungen, die Kriege der Römer und Franken, sowie die Befestigungsmanieren der Germanen, Sachsen und des späteren Mittelalters betreffend« wurden 1878 in Münster herausgegeben.
Für unser Buch sind von Bedeutung: »2. Das römische Lager auf dem Heikenberge bei Lünen« S. 53 ff. mit Tafel III und: »9. Die Lager-Umwallungen bei Boke« S. 73 ff. mit Tafel XI und XII. Wenn auch manches heute anders zugeordnet und eingeschätzt wird, als die damalige Zeit es vermochte, so behält Hölzermanns Arbeit doch ihren hohen Wert durch die sorgfältige Aufzeichnung des damaligen Zustandes vieler historischen Denkmäler.
Ich halte für möglich, ja wahrscheinlich, daß die Insel künstlich geschaffen wurde, indem man der Lippe ein neues Bett grub. Es ist sonst schwer vorzustellen, warum der Fluß, der in der breiten Talaue seinen Lauf hatte, sich ein neues Bett in rechteckiger Form in die Uferböschung hätte graben sollen. Die Gebietsgrenze verläuft hier nicht, wie sonst, auf dem Lippe*fluß*, sondern auf der Alten Lippe, und das ganze Gebiet dieser »Insel« gehört zum südlichen Brechtener Gebiet statt zum nördlichen Lünen. So ist es offenbar schon zur Zeit der Entstehung der Thidrekssaga-Erzählung gewesen, also in der Zeit vor Karl dem Großen. Die Lage dieses Lippe-Übergangs würde gut zu dem Zug des Drusus im Jahre 11 v. Chr. passen, bei dem er dann Oberaden anlegte, und der nördlich der Alten Lippe verlaufende »Römerweg« könnte ein Hinweis auf die Tätigkeit der Römer an dieser Stelle sein.
Die besondere Anlage bei Haus Buddenburg – so hieß das spätere Schloß auf der »Insel« – könnte den Sinn gehabt haben, einen Übergang über die Lippe zu schaffen, der die Schiffahrt nicht behinderte. Wenn es mit dem römischen »Kastell« auf der Nordseite der Alten Lippe und mit der dort gefundenen »Rampe« seine Richtigkeit hat, und wenn wir vermuten, daß die ganze Anlage von Drusus geschaffen wurde, dann müßten wir zugleich annehmen, daß er sein Unternehmen von Schiffen begleiten ließ. Damit bekäme die römische Strategie ein etwas anderes Gesicht. Es wäre ja sonst auch etwas rätselhaft, warum die Römer den glatten Weg der heutigen Bundesstraße 1 über Soest, den alten Helweg, nicht benutzten, sondern sich an der Lippe entlangquälten mit deren breiten, feuchten Uferauen; daß sie auch nicht den bequemen Haarstrangweg bevorzugten. Wenn sie sich aber von Schiffen begleiten lassen wollten, dann war die Lippe als Fluß die Leitlinie, und die Marschwege mußten sich ihr anpassen.
Das aber würde wieder bedeuten, daß die Römer schon zu Drusus' Zeiten eine Flotte mäßiger Größe immer zu ihrer Verfügung hatten, daß die späteren großen Expeditionen des Germanicus keine neue Art der Kriegführung waren, sondern die alte, bewährte, nur in Zahl und Masse vergrößerte, und daß die Römer in der Flußschiffahrt sehr erfahren waren.

32 Prof. Dr. Werner Rutz, Geographisches Institut der Ruhr-Universität Bochum, schreibt am 28. 3. 1988:
»Ihrem Vorschlag gemäß habe ich mir vor einigen Tagen zusammen mit einem Kollegen von der physischen Geographie die Lippe-Aue bei Haus Buddenburg unterhalb von Lünen angesehen.

Sie finden beiliegend eine Ablichtung der Karte 1:25 000, auf der ich die rezente und zugleich auch römerzeitliche Überschwemmungsaue eingetragen habe. Etwa 700 m oberhalb von Haus Buddenburg reichen von beiden Seiten hochwasserfreie Terrassen an den Lippelauf heran. Hier wäre eine Stelle, die einen einfachen Brückenschlag ermöglicht. Von einer künstlichen Verlegung der Lippe in diese hochwasserfreie Terrasse hinein konnten wir nichts beobachten.«

33 Der Name »Arbalo« wird nur von Plinius XI 55 (Capelle S. 410) in einer kurzen Nachricht überliefert, die lautet: »Ein Bienenschwarm ließ sich im Lager des Feldherrn Drusus nieder, damals, als sehr glücklich bei *Arbalo* gekämpft wurde.«

34 Tacitus Germania Kap. 39.

35 Strabo 290 ff. (Capelle S. 397) schreibt bei seiner Beschreibung Germaniens und seiner Flüsse: »Es gibt auch einen Fluß Sala: Zwischen ihm und dem Rhein starb Drusus Germanicus, wie er erfolreich Krieg führte.« Zunächst wird hierbei an die bekannte Saale gedacht. Es ist aber nicht unmöglich, daß hier der kleine Fluß »Saale« gemeint ist, der bei Elze unweit Hildesheim in die Leine fließt. Er liegt dicht bei dem großen West-Ostweg, der heutigen Bundesstraße 1 und also wahrscheinlich genau auf Drusus' Heimweg.

36 Sueton (2) spricht vom »Sommerlager« des Drusus in Germanien, das nachher »das Lager des Unheils« genannt wurde. Über seine Lage sagt Sueton nichts. Da es dasselbe Sterbelager des Drusus ist, von dem (3) Dio Cassius berichet, so ergibt sich aus der Aussage, daß Drusus, als er von seinem Zuge zu Elbe und Weser zurückkam, es eben noch erreichte, aber nicht mehr bis zum Rhein gelangen konnte, daß es zwischen Weser und Rhein lag und anscheindend näher zu diesem. Dieses Lager kann durchaus mit dem Kastell an der Lippe zusammenstimmen, das wir in Oberaden annahmen.

Sueton spricht dann noch von dem »Hügel«, den »das Heer ihm (Drusus) zu Ehren« errichtete. Aber dieser Hügel ist nicht im rechtsrheinischen Germanien zu suchen, da an ihm »die Stämme der gallischen Provinzen feierliche Gebete verrichteten«. Dieser Hügel ist also *nicht* gleichzusetzen mit dem Hügel, den Germanicus im Jahre 15 *n.* Chr. zu Ehren der Toten der Varus-Niederlage errichtete mit dem Altar des Drusus dabei. Aber die Art der Anlage sowohl wie die Formen militärischer Feierlichkeit (der »Waffenlauf«) werden bei beiden gleich oder ähnlich gewesen sein.

37 Tacitus, Annalen IV, 44: »L. Domitius Ahenobarbus ⟨Konsul 16 v. Chr., gestorben 25 n. Chr.⟩ überschritt mit einem Heere den Elbstrom, indem er tiefer in Germanien eindrang als irgendeiner vor ihm, und erlangte deswegen die Abzeichen des Triumphs« ⟨etwa 3 v. Chr.⟩.

Vgl. Dio 55, 10 a, 2 f.: »Domitius hatte früher, als er noch die Gebiete an der Donau verwaltete, die Hermunduren, die ihr Land aus einem mir unbekannten Grunde verlassen hatten und auf der Suche nach einer neuen Heimat umherirrten, unter seinen Schutz genommen und in einem Teile des Markomannenlandes angesiedelt. Darauf hatte er die Elbe, ohne daß ihm jemand entgegentrat, überschritten, Freundschaftsverträge mit den dortigen Barbaren geschlossen, und an dem Strom einen Altar für Augustus errichtet. Dann aber ⟨1 v. Chr.⟩ war er an den Rhein marschiert und hatte einige vertriebene *Cherusker* durch Vermittlung anderer in ihre Heimat zurückführen wollen, dabei aber keinen Erfolg gehabt und ⟨so⟩ bewirkt, daß auch die anderen Barbaren die Römer verachteten.«

38 Strabo 290 ff., Capelle S. 397: »Es begannen mit dem Krieg die Sugambrer, die in der Nähe des Rheins wohnen, unter Führung des *Melon*, und dann folgten ihm bald diese, bald jene nach, die fürstliche Macht hatten und Frieden schlossen, dann aber wieder abfielen, indem sie *die Geiseln* preisgaben und die Verträge brachen.«

Aus dieser Mitteilung ergibt sich, daß auch damals die Verträge durch die Stellung von Geiseln seitens der Germanen besiegelt wurden; und wir müssen folgern, daß auch der Vertrag mit den Cheruskern unter Stellung von cheruskischen Geiseln geschlossen wurde. Als solche kamen als erste die Söhne der Cheruskerfürsten in Betracht.

39 Das lateinisch-deutsche Lexikon (E. Karcher, Leipzig 1826) nennt folgende 10 Bedeutungen von »caput«:

1. der Kopf (manchmal = ein Mensch) ...;
2. ein Stück Vieh;
3. jeder obere Teil irgendeiner Sache (eines Balkens etc.);
4. der äußere Teil irgendeiner Sache; *caput amnis*, die Mündung eines Flusses;
5. das physische Leben ...;

6. das bürgerliche Leben...;
7. Ursprung (einer Quelle);
8. die Hauptperson, das Haupt (einer Verschwörung);
9. das Hauptsächlichste von irgend etwas (daher auch: das Capital, der Stock);
10. eine Stelle, Materie (einer Schrift etc.).

In 7. wird mit »caput« nicht die Quelle eines Flußes bezeichnet, sondern der Hauptstrudel einer Quelle. In *keinem* Falle kann »caput« beim Fluß die Quelle meinen, deren es ja stets viele gibt, sondern die volle Macht des Flusses an seiner Mündung. Goethe nimmt in seinem Gedicht »Mahomets Gesang«, in welchem er den großen Fluß mit dem Wirken einer großen Persönlichkeit vergleicht, das Bild auf; kurz vor dessen Mündung heißt es:

> »Zedernhäuser trägt der Atlas
> auf den Riesenschultern. Sausend
> wehen über seinem Haupte
> tausend Flaggen durch die Lüfte
> Zeugen seiner Herrlichkeit.«

Die größte Macht des Stromes, seine »Herrlichkeit«, vergleicht Goethe also mit den Schultern und dem Haupt. Genau so haben es die Römer empfunden und ausgedrückt.
Auch Tacitus Annalen II, 6 sagt:
»Nam Rhenus... in duos amnes dividitur... ad Galliam ripam latior et placidior adfluens (verso cognomento Vahalem accolae dicunt), mox idque vocabulum mutat Mosa flumine eiusque immenso ore eundem in Oceanum effunditur.«
»und ergießt ihn durch dessen ungeheuren Mund in den Ocean«.
Hier ist das Wort »der Mund«, unsere »Mündung«, und der Mund gehört zum Kopf. Es ist also immer dasselbe Bild.

40 Hierzu sagt der Herausgeber des Velleius, Robertus Rigues (Paris 1675):
»Consensus omnium, et res ipsa jam pridem evicit legendum esse: »LUPIAE«. Die übereinstimmende Meinung aller, und die Sache selbst haben schon längst klargelegt, daß gelesen werden muß: »des Lippeflusses«.
Diese kecke Änderung ist also schon seit 300 Jahren üblich samt der Fehl-Übersetzung »Quelle«, statt »Mündung« für das Wort »caput fluminis«.

41 Herr Dr. Gunter Müller (Kommission für Mundart- und Namenforschung Westfalens) schreibt mir am 10. 11. 87:
»Ältere Belege für die Gunne sind nicht dokumentiert. In unserem Namenarchiv haben wir keine und auch im Korpus der Hydronymia Germaniae sind keine verzeichnet. Die entsprechende Seite aus der zuständigen Lieferung, Dagmar Schmidt, Die rechten Nebenflüsse... Wiesbaden 1968, lege ich bei.*
*Die rechten Nebenflüsse des Rheins von der Wupper bis zur Lippe, bearbeitet von Dagmar Schmidt, Wiesbaden 1968, S. 27:
»Gunne l. z. Lippe. Mbl. 4218, 4217 – Jellinghaus, Westf. ON.[2] 153/[3] 72: Witt 201; A. Bach, BzN. 8 (1955) 210«
Der Flußnamentypus ist indessen gut bezeugt (vergleiche Dagmar Schmidt, Die Namen der rechtsrheinischen Zuflüsse zwischen Wupper und Lippe unter besonderer Berücksichtigung der älteren Bildungen, Diss. Göttingen 1970, S. 42ff.), so daß man ziemlich sicher von einem germ. *Gunjo (so etwa würde z. Z. um Christi Geburt der Name gelautet haben) auszugehen hat. Es spricht einiges dafür, daß der Name auch tatsächlich so alt ist.

42 In dem »Führer zu vor- und frühgeschichtlichen Denkmälern« Bd. 20, S. 192, 196ff. werden auch Ringboke und Kirchboke besprochen. Die in Kirchboke von Hölzermann als germanische Lager angesprochenen Wälle sollen nach C. Schuchardt Dünenzüge sein. Mit Schuchardts Thesen werden wir uns noch an späterer Stelle auseinandersetzen. Die sogenannte »Hünenburg« wird ebd. S. 189ff. nach Hölzermann besprochen.
Hölzermann scheint die merkwürdige Anlage von vornherein als »Burg« angesehen zu haben und hat andere Möglichkeiten gar nicht ins Auge gefaßt. Daher sein Versuch, aus den Gegebenheiten Wälle, eine Einfahrt, ein Tor herauszulesen. Man kann davon aber nichts finden. Auch gibt es keine schriftliche Überlieferung darüber, daß hier eine Burg gestanden hätte, und es ist nicht einzusehen, was sie an dieser Stelle für einen Sinn hätte haben sollen. Vor

allem, was Hölzermann als »Warte« ansieht, muß sicher anders erklärt werden. Als »Warte« in einer »Burg« müßte man eher einen Turm erwarten, nicht aber eine steile Aufschüttung.
Die ganze Anlage erscheint sehr merkwürdig und schwer einzuordnen. In der Umgebung finden sich auf den Luftbildern auffallende Spuren. Bei der Nähe des Römerlagers Anreppen und der Wahrscheinlichkeit, die Gunne mit der sonst nicht gefundenen »Julia« gleichsetzen zu müssen, an deren Mündung in die Lippe *Aliso* gelegen haben soll, wäre es angemessen, den ganzen Bereich zwischen Ringboke und dem Lager Anreppen als römerverdächtig anzusehen und planmäßig zu untersuchen.
Das beigefügte Luftbild wurde mir freundlicherweise von Herrn Dr. Kühnholz/Münster zur Verfügung gestellt, dem ich auch sonst für manche Auskünfte danke.
Über die Ausgrabungen im Römerlager bei Anreppen heißt es im »Handbuch der historischen Stätten Deutschlands, Nordrhein-Westfalen (III)« Stuttgart 1970, S. 25 zusammengefaßt: »Nach Ausgrabungen der Jahre 1968 und 1969 erstreckt sich das Lager von W nach O über 729 m ... Das Lager war von einer Holz-Erde-Mauer mit Türmen, einem vorgelegten großen, und einem noch weiter auswärts dazu parallel verlaufenden kleineren Spitzgraben umwehrt.«
Weitere Mitteilungen über das Römerlager bei Anreppen finden sich in dem jährlich vom Landesmuseum Münster verschickten »Neujahrsgruß« der Jahre seit 1969.

43 Vom Staatlichen Amt für Wasser- und Abfallwirtschaft Lippstadt, zu dessen Bereich der größte Teil des Lippe-Flußgebietes gehört, wurde mir freundlicherweise Anfang 1985 eine Ausarbeitung des Dipl. Ing. Rudolf Schröther über »Die Lippe als Wasserstraße« vom März 1972 zur Verfügung gestellt, die ich im Auszug hier wiedergebe. Mir wurde dazu geschrieben:
»Älteres Kartenmaterial existiert leider nicht mehr. Die ältesten Karten (1 : 25 000) sind aus der Zeit Ende des 19./Anfang des 20. Jahrhunderts. Kollegen haben mir zwar bestätigt, daß Lippekarten aus dem Raum Boke aus dem 18. oder 19. Jahrhundert hier im Hause vorgelegen haben, sie sind jedoch nicht mehr auffindbar. Es ist zu vermuten, daß sie, wie noch viele andere Unterlagen, bei dem Hochwasser 1965 verloren gegangen sind.«
Die Ausarbeitung Schröthers lautet (im Auszug) folgendermaßen:

Die Lippe als Wasserstraße

»... Im Jahre 1939 wurde eine Broschüre »Die Lippe« von Maria Krackhecken als Arbeit der geographischen Kommission im Provinzialinstitut für westfälische Landes- und Volkskunde, Universitätsverlag Coppenrath Münster, veröffentlicht. Die Verfasserin hat anscheinend das gesamte Material über die Lippe studiert. Die Fragen der Lippeschiffahrt nehmen einen größeren Raum ein. Danach ließe sich mit einiger Sicherheit der Schluß ziehen, daß *die Lippe zur Römerzeit mit Schiffen befahren* wurde ...
Östlich der Lippe ist aus der Römerzeit bisher nur das Lager in Anreppen bekannt. Hier lagen 2 Legionen = 20 000 Soldaten, woraus zu schließen ist, daß deren Versorgung wenigstens zum Teil über die Lippe erfolgte. In diesem Zusammenhang möchte ich noch auf die *längs der Lippe mehrfach vorhandene Wegbezeichnung »Römerstraße oder Römerweg«* hinweisen, mit der *östlich von Lippstadt im Raum Boke und westlich Hamm* Wege bezeichnet werden. Alle diese Unterlagen lassen darauf schließen, daß längs und wahrscheinlich auch auf der Lippe ein römischer Verkehrsweg lief. Urkunden o. ä. belegte Tatsachen sind mir aber nicht bekannt ...
Diesen Verhältnissen wurde *spätestens im Mittelalter* ein Ende bereitet, als *stehende Mühlen* (keine Schiffsmühlen) längs der Lippe besonders im Abschnitt Lippstadt-Lünen errichtet wurden. *Dadurch ist anscheinend der Verkehr auf der mittleren Lippe zum Erliegen gekommen.* So berichtet Seeger (Westfalens Handel, 1928), daß die leeren Weinfässer der Klöster Herford und Corvey erst in Stockum (unterhalb von Hamm) auf Schiffe verladen wurden. So passierten nach Illgen (»War die Lippe im Mittelalter ein Schiffahrtsweg von erheblicher Bedeutung?«, 1901) im Jahre 1526 im ganzen 225 Flöße die Zollstelle in Dorsten. ...
Erst als 1815 alle Gebiete längs der Lippe an Preußen fielen, setzte hinsichtlich der Schiffahrt eine neue Epoche ein. Am 2. 10. 1817 erschien eine Strom- und Uferordnung für die Lippe. Um die gleiche Zeit hat der 1. Oberpräsident von Westfalen, Freiherr von Vincke, eine Stationsfahrt von Lünen (1818) und von Lippstadt (1819) nach Forck (ca. 4 km östlich von Datteln) an der Lippe bei der jetzigen Stauanlage umgeschlagen. Zur gleichen Zeit wurde die Lippe ausgebaut. Die 12 Schleusen, die in Verbindung mit Stauanlagen errichtet wurden, waren bis 1830 fertig. *Oberhalb von Lippstadt bestanden keine Mühlen.* Hier wurde wohl nur die Lippe ausgebaut. *Endpunkt war m. E. Boke* (halbwegs zwischen Lippstadt und Neuhaus). *Denn die Eisenhütte in*

Beckinghausen (bei Lünen) bezog das Raseneisenerz aus Boke. Nach einem Bericht, den von Vincke abgefaßt hat, hatten in 3 Jahren 168 Schiffe die Schleuse in Lippstadt auf- und abwärts passiert. Es bestand also damals ein erheblicher Güterverkehr oberhalb von Lippstadt. Aber es liegt mir auch ein Auszug aus einem Lippstädter Reisebericht von 1822 (Lippstädter Zeitung v. 9. 1. 1935) vor, wonach »die neueröffnete Schiffahrt im besten Gang ist und daß mit dem Frühjahr (1823) ein neuerbautes Schiff die Fahrt von der Ostseite der Stadt (Oberwasser der Schleuse) bis nach Boke beginnt«. Demnach kann aus dem Wort »neueröffnet« geschlossen werden, daß möglicherweise auch vor 1822 Schiffsverkehr auf der oberen Lippe bestand.
Wie es nun oberhalb von Boke (Anreppen liegt wenige km oberhalb von Boke) mit der Schiffahrt bestellt war, ist mir nicht näher bekannt. Es liegen hier noch Profile des Lippeabschnittes Boke-Neuhaus von 1830 vor, aus denen ich schließe, daß sie mit der Schiffbarmachung der Lippe in Zusammenhang zu bringen sind. So untersucht u. a. Oberbaurat Berring vom Ministerium für landwirtschaftliche Angelegenheiten v. 8. 10. 1849 die Frage, welche Wasserstände in Sande (ca. 6 km westlich Neuhaus) für die Schiffahrt erforderlich sein müssen. Dabei schreibt er, daß die Schiffe nur bis Rebbecke, 1 Meile oberhalb von Lippstadt, führen, während Flöße ab Boke kämen. Anschließend gab Wasserbaumeister von Aleman, von dem auch die Lippeprofile von 1830 stammen, 1849 ein Gutachten über die Lippeschiffahrt ab. Danach fuhren zu dieser Zeit die Schiffe von Boke nach Beckinghausen. Die Schiffsabmessungen betrugen:
Länge 75′ (23,5 m)
Breite 14′ (4,4 m).
Daß Boke weitgehend Endpunkt der Flußschiffahrt war, geht auch aus dem Protokoll einer Lippebereinigung vom 10. 7. 1838 hervor, die im Auftrage des Ministeriums (wahrscheinlich für landwirtschaftliche Angelegenheiten) durch Delios und Wendland unter Führung von Ökonomie-Kommissar Meyring durchgeführt wurde. Unter Punkt 2 heißt es, daß »die Schiffahrt zwischen Neuhaus und Boke fast gar nicht mehr betrieben werde«. Schließlich verweise ich noch auf ein Gutachten von Wasserbaumeister Bovet vom 25. 2. 1840, wonach vom 17. bis 19. 2. 1840 ein großes mit 3 Pferden bespanntes Lippefahrzeug auf der Bergfahrt zwischen Lippstadt und Bentfeld (= Anreppen, 4 km oberhalb Boke) begriffen war, um dort Flößgeräte hinzubringen. Hieraus ergibt sich eine Reisegeschwindigkeit von höchstens 10 Fluß-km je Tag. Bei Bergfahrten wurden demnach die Schiffe von Pferden vom Treidelpfad aus geschleppt.
Schließlich möchte ich noch kurz auf die Fahrwassertiefe eingehen. Da früher die Lippe nicht begradigt war, hatte sie besonders im Ober- und Mittellauf eine größere Wassertiefe. Meine eigenen Auswertungen zeigen ein Absinken des Grundwassers am Untersuchungspunkt Benninghausen zwischen 1871 und 1951 von 250 cm auf 160 cm. Hierzu schreibt der zuvor schon erwähnte v. Aleman, daß die Tauchtiefe der Schiffe nicht 3 Fuß (ca 0.90 cm) übersteigen darf. Die Schiffe würden aber allgemein auf 27 bis 30 Zoll (0.70–0.80 m) geeicht. Als sehr kleiner Wasserstand werden 17 Zoll = 0.44 m angegeben. Dann laden die Schiffe noch 450 Zentner.
Im Unterlauf der Lippe kann der kleinste Wasserstand auf 15–16 Zoll (ca 0.40 m) absinken, während er auf den oberen Strecken bedeutend besser sei. Übrigens dauerte eine Bergfahrt von Wesel bis Lipppstadt damals 6 Tage und die Talfahrt 5 Tage.
Herr R. Schröther (* ca 1910) gibt noch fernmündlich an: »Oberhalb Lippstadt ist das Gefälle so stark, daß nicht mehr gestakt, höchstens noch getreidelt werden kann.«

44 Philipp Rupert Hömberg: »Untersuchungen an frühgeschichtlichen Wallanlagen Westfalens«. Hünenburg, S. 124 f. Inaugural-Dissertation der philos. Fakultät der Universität Münster, 1972. Darin die Angaben Hölzermanns und einige Befunde, u. a. Kugeltopfscherben des 9./10. Jahrhunderts.

45 Siegmar von Schnurbein: »Untersuchungen zur Geschichte der römischen Militärlager an der Lippe.« Mainz. Sonderdruck aus Bericht der Römisch-Germanischen Kommission 62, 1981, 5–101. »Bei aller Spärlichkeit der Befunde wie der Funde haben wir mit Holsterhausen aber wohl einen für die Feldzüge in Germanien sehr charakteristischen Platz vor uns. Schon Winkelmann und Stieren hatten darauf hingewiesen, daß es *von Vetera nach Holsterhausen rund 36 km, von dort nach Haltern 18 km seien*[105]*. Man habe in den 18 km etwa die Tages-Marschleistung des Heeres gewonnen.«*

46 Beim Gespräch der Brüder über die Weser hinüber heißt es bei Tacitus (Annalen II, 10): Arminius kündet die Schlacht an; »denn das meiste warf er in lateinischer Redeweise hinein, als

einer, der im römischen Lager als Anführer seiner landsmannschaftlichen Einheit gedient hatte«.

Im römischen Lager also hatte er sein Latein gelernt, nicht am Hofe in Rom.

47 »El silbo, zu deutsch der Pfiff, eine Pfeifsprache, diente und dient noch heute in den Bergdörfern der Kanaren-Insel Gomera als Verständigungsmittel über die tief eingeschnittenen Barrancos hinweg. Man pfeift sich eine Bestellung einfach zu. Auch über familiäre Angelegenheiten – etwa Geburt, Hochzeit, Krankheit, Tod – werden die benachbarten Sippen per Pfiff verständigt. Ein Sprichwort sagt: ›Je besser du pfeifen kannst, desto weniger mußt du laufen.‹

Die auf Gomera angewandte Pfeifsprache ist einzigartig. Es kann mit ihr jedes beiden Seiten bekannte Wort übermittelt werden. Sie beruht nicht auf einer Verständigung durch verabredete Pfiffe, sondern auf dem Umsetzen der (spanischen) Umgangssprache in Pfeiflaute. Ein Wort wird erst einmal geflüstert und dann in einer Mischung aus Flüstern, Lispeln, Pfeifen umgesetzt. Die pfeifende Unterhaltung klingt wie Vogelstimmen. Herrschen günstige Windverhältnisse, sind die gepfiffenen Worte noch in einer Entfernung von etwa 6 Kilometern hörbar.«

Aus Bernhard Wagner, »Auf Gomera können Pfiffe das Telefon ersetzen.« Schaumburger Zeitungsartikel vom 22. 2. 1986.

Von einer ähnlichen Pfeifsprache der Goten berichtet Gérard de Sède in »Le mystère gothique«, Paris 1976 (deutsch: »Das Geheimnis der Goten. Von den Runen zu den Kathedralen«, Herrsching 1986).

Das Buch enthält S. 246–264 das Kapitel »Die ›Gavots‹ und die Sprache der Vögel«. Darin sind ähnliche Angaben wie bei »El silbo«, hauptsächlich über die »Vogelsprache silurs«, einer Pfeifsprache, die von Abkömmlingen der Goten in Südfrankreich als Geheimsprache noch bis ins 20. Jahrhundert weitergegeben wurde und den Sonogrammen der Delphinsprache ähnlich ist.

Hiernach wäre es also möglich, daß die Germanen sich einer ähnlichen Pfeif- oder Vogelsprache bedient hätten, um Nachrichten schnell, unauffällig und weithin zu übertragen.

48 Flavius Josephus, »Der jüdische Krieg«. s. auch Anm. 58.

49 e) Die Zeitbestimmung der cl(ades) V(ariana)

a) Das Monatsdatum

Die Frage nach dem Zeitpunkt der cl(ades) V(ariana) (vgl. Bd. II S. 1194) erledigt sich eigentlich durch die Mitteilung von Cass. Dio LVI 17/18, 1, daß, nachdem Germanicus die Botschaft von der Capitulation des Bato, die praktisch das Ende des pannon.-dalmatischen Krieges bedeutete, dem Augustus überbracht hatte und nachdem daraufhin neben einer Reihe anderer Ehrungen ein Triumph für Tiberius vom Senat bewilligt war – Tiberius selbst war noch in Dalmatien zurückgeblieben –, die furchtbare Nachricht von der cl. V. in Rom eintraf, auf die hin der Triumph wieder, und zwar von Tiberius selbst (Suet. Tib. 17, 2), abgesagt bzw. verschoben wurde. Ungenauer, wenn auch mit einer bestimmten Zahlangabe versehen, gibt den Zeitpunkt des Eintreffens der Unglücksbotschaft Vell. II 117, 1 an: *Tantum quod ultimam imposuerat Pannonico ac Delmatico bello Caesar manum, cum intra quinque consummati tanti operis dies funestae ex Germania epistulae ⟨nuntium attulere⟩ caesi Vari.* Da nun, wie E. Koestermann in dem jetzt grundlegenden Aufsatz über den pannon.-dalmatischen Krieg Herm. LXXXI (1953) 376 Anm. erschlossen hat, die Übergabe Batos etwa Mitte bis Ende Sept. 9 n. Chr. anzusetzen ist und da für die Reise des Germanicus nach Rom und das Zustandekommen des Senatsbeschlusses eine Frist von etwa 14 Tagen hinzukommt, kann man folgern, wenn man mit Vell. noch 5 Tage hinzurechnet, daß die Unglücksbotschaft frühestens um den 5. Oktober in Rom eingetroffen sein kann. Und wenn man weiter annehmen darf, daß der Untergang der Legionen durch überlebende Flüchtlinge nicht früher als 2–3 Tage später in Vetera bekannt wurde und von dort die Nachricht in etwa 8–10 Tagen nach Rom gelangen konnte, dann fällt das Datum der Schlacht in das letzte Drittel des Monats September. Eine Frist von nur 6–7 Tagen für die Übermittlung der Nachricht von der Unglücksstätte nach Rom wollte K. Zangemeister Westd. Zeitschr. VI (1887) 242 ansetzen, während er allerdings 239f. meines Erachtens irrig annimmt, daß Vell. II 117, 1. 120, 1 die Übermittlung der Nachricht nicht nach Rom, sondern in das Hauptquartier des Tiberius – ›wahrscheinlich in Salonae‹ – gemeint habe. Vgl. noch o. Bd. XVI S. 1539f. W. Riepl Das Nachrichten wesen im Altertum (1913) 223f. Dazu paßt gut die Bemerkung Vell. II 147, 4, daß V. seiner Gewohnheit gemäß *iurisdictionibus agendoque pro tribunali ordine trahebat aestiva*, und wahrscheinlich hatte das *supremum convivium* im

Sommerlager, *post quod in arma itum* (Tac. ann. I 55, 2), als Kaisergeburtstagsfeier am 23. September stattgefunden (vgl. Hohl Siegesf. 13. 15), auch Tiberius kehrte von seinem Sommerfeldzug in Germanien im J. 11 n. Chr. erst nach diesem Zeitpunkt zurück (Cass. Dio LVI 25, 3).

50 Marcus Junkelmann, »Die Legionen des Augustus. Der römische Soldat im archäologischen Experiment«, Mainz 1986.
Markus Junkelmann hatte die fruchtbare Idee, einen mehrwöchigen Marsch römischer Soldaten nachzuvolllziehen, beladen mit allem üblichen Gepäck, mit dem Schanzen am Abend, der damals üblichen Ernährung, die täglich selbst gemahlen wurde. Erste Erfahrungen wurden gemacht, aber zu früh wurde die Presse verständigt, und so gab es fast jeden Abend, statt der Mühen des Lageraufbaus, große Empfänge mit Speisen und Wein, und es konnte auf diese Weise die Stimmung römischer Soldaten am Abend eines schweren Marschtages und ihr körperliches Befinden bei der entsprechenden Ernährung nicht getestet werden. So verfiel dieser interessante Versuch.
Das glänzend ausgestattete Buch bringt viele interessante Einzelheiten zu den verschiedensten Gebieten der Augustuszeit.

51 Wir dürfen den Cherusker nicht für so unklug halten, daß er nicht bedacht hätte, was bei dem Gastmahl des Varus geschehen könnte; daß nämlich sein haßerfüllter Schwiegervater seine Pläne verraten würde und dadurch einerseits ihn selbst in Lebensgefahr, andrerseits den ganzen Plan zum Scheitern bringen. Hermann wird also auch für diese Fälle Vorsorge getroffen haben. Verlassen konnte er sich einerseits auf seine Geistesgegenwart, sein gutes Verhältnis zu Varus, seinen Stand eines römischen Ritters, seine spottende Beredsamkeit. Aber auch für den Fall, daß Varus ihn in Eisen legen wollte, mochte er Vorkehrungen getroffen haben.
Das Gastmahl fand im Lager statt, das eine Tor mindestens war offen oder nur schwach besetzt, die cheruskischen Verbände in dieser Vollmondnacht ganz in der Nähe und weitestens an den Externsteinen versammelt. Es mußte notfalls schnell gelingen, durch Einbruch ins Lager und ungeheure Verwirrung sich des Varus und seiner hohen Offiziere zu bemächtigen und das Heer führerlos zu machen. Man mag sich das ausdenken, wie man will: jedenfalls wird Arminius Möglichkeiten gegen Folgen des Segestes-Verrats, der zu vermuten war, wohl bedacht und vorbereitet haben, und es ist nicht gesagt, daß der Erfolg durch Segestes tatsächlich auf des Messers Schneide gestanden hätte.

52 »Vorzurücken und zu kämpfen war verwehrt«
Diese Mitteilung des Velleius (119) ist wohl so zu deuten, daß Varus an den Aufstand und den Angriff der Cherusker noch nicht glaubte, als diese das Lagertor für sich öffneten, für die Römer sperrten. Varus glaubte offenbar an ein Mißverständnis und untersagte unter Strafe, sich in einen Kampf mit den verbündeten Cheruskern einzulassen. Es muß einen Tumult vor allem mit den Juristen gegeben haben, der den Aufstand einleitete. Dieser Zwischenzustand kann allerdings nur kurz gedauert haben, bis Varus Klarheit über das Geschehen gewann. Ihn gleich wegzufangen glückte den Germanen nicht, wohl weil seine Leibwache ihn schützte. Jedenfalls ist für die Römer die Empörung Armins *völlig überraschend* gekommen – und selbst Segests Warnung muß Varus in seinem Vertrauen zu Armin nicht irre gemacht haben. Armin muß ein Meister der Verstellung gewesen sein, zugleich ein genialer Gesprächsführer.

53 Ulrich Niedhorn schreibt zu der Adler-Hohlform am 3.4. 1987: »Die Ausarbeitung dieser Hohlform ist ausschließlich mit einer Picke erfolgt, mit der teilweise sehr sorgfältig modelliert worden ist. Die Spuren lassen eindeutig auf ein Metallwerkzeug schließen. (Es ist gelegentlich behauptet worden, an den Externsteinen seien Arbeitsspuren von Flintwerkzeugen zu finden. Ich bin da noch skeptisch, denn ich habe am Knickenhagen Flintstein und Bronzewerkzeug ausprobiert.)« Fernmündlich sagt Niedhorn dazu, Bronze- und Eisenwerkzeuge könne man an den Spuren nicht unterscheiden.

54 Flavius Josephus, »Der jüdische Krieg«, Kapitel 33, 2:
»... Es lebten damals in der Stadt« (Jerusalem) »zwei gelehrte Männer, von denen es hieß, es seien ausgezeichnete Kenner der altüberkommenen Gesetze; deshalb wurden sie vom Volk außerordentlich hochgeschätzt. Es waren Judas, der Sohn des Seppheraios, und Matthias, der Sohn des Margalos. Wenn sie das Gesetz interpretierten, kamen die jungen Menschen in Scharen herbei, und so hatten sie Tag für Tag ein regelrechtes Heerlager von Jugendlichen um sich versammelt. Wie sie nun davon hörten, daß Kummer und Krankheit den König aufzehrten,

bemerkten sie ihren Anhängern gegenüber, der gegenwärtige Augenblick sei in besonderem Maße dafür günstig, um für die Sache Gottes etwas zu tun, d. h. alle Bildwerke zu vernichten, die den altväterlichen Gesetzen nicht entsprächen. Es verstoße nämlich wider Gottes Gesetz, wenn etwa am Tempel Bilder oder Tiergesichter oder sonstiger figürlicher Schmuck angebracht sei, der einen Tiernamen trage. Der König hatte nämlich über dem großen Tor einen goldenen Adler befestigen lassen, und nun forderten sie, diesen wieder abzunehmen; und sie bedeuteten auch, wenn dies irgendwie gefährlich sei, dann sei es eben doch ehrenvoll, sich für das Vätergesetz zu opfern. Denn wer auf diese Weise ende, dessen Seele werde unsterblich sein und werde sich für ewige Zeiten in Glück und Seligkeit fühlen. Nur der Pöbel und solche, die des Wissens ermangelten und deshalb auch zu keiner Erkenntnis gelangten, seien auf ihr Leben erpicht und wollten lieber an einer Krankheit sterben als einen Tod in Ehren finden.
3. Und während sie noch solche Reden verbreiteten, verdichtete sich das Gerücht, mit dem König gehe es schon zu Ende. Die Folge war, daß die jungen Leute um so energischer zur Tat schritten. Um Mittag, als sich zahlreiche Menschen beim Heiligtum befanden, ließen sie sich an dicken Seilen vom Dach herab und zerschlugen den goldenen Adler mit Beilen. Auf der Stelle wurde der Adjutant des Königs davon unterrichtet; dieser begab sich raschestens mit einer ziemlich großen Anzahl von Soldaten an den Platz des Geschehens, ließ etwa 40 junge Leute festnehmen und dem König vorführen. Dessen erste Frage lautete, ob sie sich wirklich erkühnt hätten, den goldenen Adler zu zerschmettern, was sie ohne weiteres zugaben. Als der König anschließend wissen wollte, wer ihnen dazu den Befehl erteilt hätte, antworteten sie: »Das Gesetz der Väter.« Und auf die weitere Frage, weshalb sie so fröhlich gestimmt seien, wo doch der Tod auf sie warte, erwiderten sie, nach dem Tod kämen sie nur in den Genuß eines noch größeren Glücks.
4. Das Übermaß an Zorn, das den König daraufhin überkam, gab ihm die Kraft, die Krankheit niederzuzwingen, so daß er sich sogar in die Volksversammlung begeben konnte. Dort erging er sich in umfänglicher Rede gegen die angeblichen Tempelschänder, die unter dem Vorwand, das Gesetz zu erfüllen, noch größere Verbrechen beabsichtigt hätten, und er erhob die Forderung, sie als Gottesfrevler zu bestrafen. Da das Volk fürchtete, daß zahlreiche Menschen in die Sache verwickelt würden, bat es, vor allem die Rädelsführer zu bestrafen und dazu noch jene, die unmittelbar bei der Tat überrascht worden seien, während des Königs Zorn die übrigen verschonen möge. Nur gegen seinen Willen fügte sich der König. Jene, die sich vom Dach heruntergelassen hatten, ließ er zusammen mit den Gelehrten bei lebendigem Leibe verbrennen. Die übrigen Festgenommenen übergab er den Henkersknechten zur Exekution.«

55 Mit »Passus« wird gewöhnlich der Doppelschritt bezeichnet, das ist im römischen Maß ungefähr 1.50 m. Das ergäbe aber für die Angaben des Tacitus viel zu große, ja unmögliche Entfernungen. Entweder also meint Tacitus mit »Passus« nur den Einzelschritt = 0.75 m, oder Tacitus übertreibt sehr stark; denn daß die Soldaten nach der Schlacht bei Idistaviso noch über eine Strecke von 15 km hin gemordet haben sollten, d.h., daß sie, ermüdet wie sie waren und durch ihre Bewaffnung beschwert, noch einen ganzen Tagesmarsch gemacht haben sollten, ist nicht möglich. Auch die Hälfte wäre schon sehr reichlich.
Eine ähnliche Übertreibung oder irreführende Maßangabe findet sich bei dem Überfall des Germanicus gegen die Marser im Jahre 14 n. Chr. bei Tacitus (Annalen I, 51). Da heißt es:
»50000 Schritt umher verwüstet er mit Schwert und Feuer.«
Das wären nach der üblichen Messung 75 km. Ein solches Unternehmen war weder zeitlich noch räumlich möglich. Selbst wenn man mit Einzelschritten zu 0.75 m rechnete, wären es noch immer 37–38 km, wenn man nur in *einer* Richtung denkt und das »umher« nicht beachtet...
Die normale Tagesleistung eines Reiters war etwa 50 km, die eines Fußsoldaten etwa 20 km.
Diese Frage müßte noch einmal gründlich durchgearbeitet werden.

56 Man wird sich unter den »Langen Brücken« wahrscheinlich einen Knüppeldamm vorstellen müssen, aber keinen allzu langen. Es wird sich vor allem um den Übergang über die Ems handeln, die wahrscheinlich vor allem an ihrem Westufer breite Moorflächen hatte, hinter denen dann aber ein gut gangbarer Weg in Richtung auf Haltern-Castra Vetera führte. Der zu überbrückende Streifen von 5–10 km war es nun, den die Römer unbedingt passieren mußten, an dessen Überwindung die Germanen die Römer unbedingt hindern wollten.

57 Tiberius kritisiert den Germanicus häufig, so häufig, daß Tacitus meint, alles, was dieser tue, werde von Tiberius in schlechtes Licht gerückt. Tiberius rügt vor allem das Feldherrn-

Verhalten, Germanicus zeige sich nicht würdig und erhoben genug über seine Soldaten, nicht energisch genug einerseits und nicht vorsichtig genug andrerseits und sympathisiere mit seinen Soldaten. Und Tatsache ist, daß Germanicus fast nur bei plötzlichen Überfällen Erfolg hat, wenn er nichtsahnende Germanenstämme überfällt und hier seinen Völkermord durchführt, sonst aber von Niederlage zu Niederlage schreitet. Tiberius rügt auch, daß Germanicus sich mit Hilfe von Frau und Sohn Liebkind bei den Soldaten mache, und seiner Frau Einmischung in soldatische Angelegnheiten erlaube.

»Dies ging dem Tiberius stark zu Gemüt. Das seien keine harmlosen Fürsorglichkeiten, und nicht gegen äußere (Feinde) ziehe sie die Soldaten an sich heran. Nichts bliebe den Befehlshabern übrig, wo eine Frau die Manipeln (Kompanien) besuche, die Feldzeichen ergreife, reiche Zuwendungen versuche, als ob sie noch zu wenig um Gunst buhle, indem sie den Sohn des Feldherrn in der Kleidung eines gemeinen Soldaten herumtrage, und den Prinzen ›Caligula‹ (Stiefelchen) genannt haben möchte. Mächtiger sei beim Heer schon Agrippina als die Unterfeldherrn, als die Feldherrn! Unterdrückt sei durch eine Frau der Aufstand, den des Kaisers Name zu dämpfen nicht vermocht hätte! – Solches Mißtrauen entflammte und verschärfte Seianus, in Kenntnis der Sinnesart des Tiberius Haß säend, den er in sich verbergen und, vermehrt, auswirken solle.«

58 »Triumph-Insignien« scheint eine etwas seltsame Auszeichnung für einen Feldherrn wie Caecina, der eine vollständige Niederlage zu verantworten hat. Wir müssen diesen römischen Sprachgebrauch zur Kenntnis nehmen. Immerhin verdiente Caecina eine besondere Belobigung für die Art, wie er sich aus der Klemme, in der er saß, schließlich doch noch befreite.

59 Der Ausdruck: »er ließ die Flotte im linken Flusse« ist nicht eindeutig. Zunächst vermutet man, daß die westliche Seite gemeint sei, indem der Fluß von Süden nach Norden fließend gesehen wird. Aber Germanicus kam in die Emsmündung von Norden nach Süden, und da wäre die linke Seite die östliche. Man muß sich also nach sichereren Anhaltspunkten umsehen.

60 Die Verbindung *zwischen Ems und Weser*

Die Ems und die Weser haben getrennte Flußgebiete; genau aber an *einer* Stelle hängen sie zusammen. Bei Gesmold befindet sich eine sogenannte *»Bifurkation«* (Gabelung, Zwille). Hier teilen Hase und Else das anfließende Wasser. Die Else bringt ihren Teil zur Weser, die Hase zur Ems.

Wir brauchen nicht anzunehmen, daß diese Bifurkation aus der Zeit der römischen Kriegszüge stammt. Aber das Vorhandensein der Bifurkation zeigt, daß in dieser Gegend die beiden Flüsse in derselben Ebene und auf gleicher Höhe ohne Wasserscheide dicht nebeneinander fließen und daher jederzeit leicht verbunden werden können.

Eine solche Verbindung konnte sogar an einer noch etwas günstigeren Stelle geschaffen werden als an der jetzigen, nämlich 2 km weiter nördlich, wo die »alte Else« der alten Hase noch näher fließt und beide mehr Wasser führen.

Eine solche Wasser-Verbindung herzustellen konnte für die Römer keine Schwierigkeit sein. Sie waren große Schanzarbeiten gewohnt, umzogen sie doch nach jedem Marschtag ihr neu abgestecktes Lager mit einem kilometerlangen, tiefen und breiten Graben und entsprechend hohem und mächtigen Wall. Und Caesar schildert in seinem »Gallischen Krieg«, wie er bei dem Kampf um Alesia die Stadt mit einem ungeheuren Graben- und Wallsystem umzog und ein entsprechendes Wall-Grabensystem nach außen gegen den ihn umschließenden Feind anlegte. Darin waren die römischen Soldaten geübt.

Wir dürfen daher annehmen, daß die Römer auf ihrem Zug ins Cheruskergebiet auch Flüsse miteinander verbanden, wo ihnen das nützlich und sinnvoll erschien.

Heute zieht der Mittellandkanal aus der Gegend von Rheine zur Hase nördlich Osnabrück und zeigt an, daß hier ein nur geringes Gefälle zu überwinden ist. Und helfende Nebenflüsse und -bäche gibt es hier überall. Es kann für die Römer also keine allzu große Schwierigkeit gewesen sein, sich den nötigen Wasserweg neben ihrem Marschweg her zu schaffen, und wenn Zwischenverbindungen herzustellen waren, so war auch das leicht möglich. [Ihre Schiffe konnten sicher bis Rheine fahren. Mit kleineren Schiffen und Booten oder auch Flößen, die sie von den eingeborenen Angrivariern requirieren konnten, mochten sie dann diese Verbindungen nutzen.] 5–6 m Breite und 0.60 m Tiefe mußten schon einen gewissen Verkehr ermöglichen. Und wenn wir rechnen, daß der einzelne Mann 1 m dieses Grabens doch wohl in wenigen Stunden fertig brachte, also doch sicher 3 m am Tag, so konnten 1000 Mann am Tag 4 km

schaffen, 4500 Mann ganz gut die 18 km, welche das Heer an einem Tag marschierte. Bei den Strecken, wo es bereits Flüsse oder Flüßchen gab, war nur eine Bereinigung oder Verbreiterung vorzunehmen, und dem entsprechend ging es viel schneller.
Das römische Heer war ja überhaupt gewohnt, sich seine Marschwege vorher herzurichten, Hindernisse zu beseitigen, sumpfige Stellen durch Knüppeldämme zu überwinden, und so pirschte es sich vorwärts, immer bauend und sichernd, 18–20 km am Tag, in 10 Tagen also fast 200 km, und kam so, nicht überschnell, aber stetig und ungefährdet an seine Ziele. Der Weg von Emden bis zum Weserkessel bei Bad Oeynhausen ist etwa 250 km lang, brauchte also etwa 14 Tage.
So erscheint der Marsch vom linken Emsufer bis in den Weserkessel bei Bad Oeynhausen und dann Rinteln nicht mehr als ein so unmögliches Unternehmen. Sehr wohl konnte das römische Heer mit seinen 6–8 Legionen und den Hilfstruppen vollständig und wohlversorgt im Weserkessel ankommen.
Es kommt dabei nicht darauf an, den genauen Weg auszufinden. Es kommt nur darauf an, ob es einer zielbewußten Führung und geschulten Truppe möglich war, Entfernung und Geländeschwierigkeiten in angemessener Zeit zu überwinden. Das war sicher der Fall.

61 Das *Hohenstein-Gebiet* liegt eingeklemmt zwischen der Weserkette, die von der westfälischen Pforte her nach Osten zieht, und dem Süntelgebirge, das diesen Zug fortsetzt. Der Hohenstein selbst ist ein Felsmassiv, das mit senkrechten Mauern aus der Tiefe aufsteigt, auf seiner Höhe alte Steinkreise und Hünengräber, hier die Funde der Weserrunen, an seiner westlichen Seite die »Teufelskanzel«, an seiner östlichen der »singrüne Altar«. Von dieser Höhe aus hat man den umfassendsten Blick über das Wesertal. An der westlichen Seite des Hohenstein hebt sich der *Amelungsberg* heraus, fast ebenso hoch, eine alte Fluchtburg mit steilen Abstürzen nach Norden und Süden, mit Wällen und Gräben an der West- und Ostseite. Zwei Vorberge im Süden geben dem Gebiet eine große Tiefe. Das Ganze ist noch heute ein mächtiges Waldgebiet um das Totental mit dem Blutbach herum, kein Auto fährt hindurch, es ist Natur- und Wandergebiet. Daß es einst ein kultischer Mittelpunkt war, ist wohl zu glauben, und viele Anzeichen deuten darauf hin.
Dies dürfte das Gebiet sein, das Tacitus als den heiligen Hain der Herakles bezeichnet, wohl dem Naturgott Donar geweiht, hier der Versammlungsort des gewaltigen germanischen Heeres, das sich zum Kampf gegen die Römer unter Führung Hermanns des Cheruskers versammelt hatte. Mittelpunkt des Gebietes zwischen Rinteln und Hameln ist heute die vielbesungene *Schaumburg*.

62 *Werner Keller: »Denn sie entzündeten das Licht.«* Geschichte der Etrusker, München/Zürich 1974. Er schildert die Entstehung des Triumphes.
»Als Neuheit führte der Herrscher aus Etrurien Servius Tullius auch die kultische Prozession ein, die Rom bis zur Kaiserzeit beibehält. Ein Jahrtausend lang wird sie zu den prunkvollsten und feierlichsten Schaustellungen in der ewigen Stadt zählen: Es ist der *berühmte ›Triumph‹*.
Nach siegreichem Feldzug galt er dem Dank an die oberste Gottheit für ihren Schutz und zählte im religiösen Ritual Etruriens zu den Höhepunkten. Der Triumphator selbst trug dabei den Ornat des Gottes, eine purpurne, goldbestickte Tunika, die »tunica palmata«, eine gleichfalls purpurne, mit Gold verzierte Toga, die ›toga picta‹, vergoldete Schuhe, das elfenbeinerne Szepter mit einem Adler und einem Lorbeerkranz. Sein Gesicht und seine Arme wurden mit Mennige rot geschminkt, wie es etruskische Statuen zeigen.
Liktoren in purpurnen Tuniken schritten an der Spitze des Zuges. Hinter ihnen trug eine Gruppe von Männern die im Feldzug eroberten Beutestücke, Waffen, Feldzeichen und Kostbarkeiten. Geführt von Tempeldienern folgten, festlich geschmückt, die Opfertiere – ungefleckte weiße Stiere, die Hörner vergoldet, rituelle Bänder um den Hals gewunden. Sodann die vornehmsten Gefangenen. Dann kam der triumphierende Feldherr, stehend auf einem von vier weißen Rossen gezogenen zweirädrigen Prunkwagen. Priestergehilfen, die Räuchergefäße schwenkten, schritten ihm voran. Ein Chor von Kitharisten und Tityristen mit Leibgurten und goldenen Kopfbinden, Ludier genannt, bewegte sich neben dem Gefährt. Unter ihnen einer im langen Purpurkleid, behängt mit goldenen Armringen und Halsgeschmeide, der ›wie zum Hohn der Feinde mancherlei lächerliche Gebärden machte‹. Krieger des siegreichen Feldzuges, die abwechselnd Loblieder und Spottverse auf den Feldherrn sangen, bildeten den Schluß.«

63 Strabo nennt den Sohn Hermanns und Thusneldas »dreijährig«. Das kann aber nicht stimmen, weil er erst bald nach der Auslieferung der Mutter an die Römer (im Jahre 15 n. Chr.) geboren wurde. Er war beim Triumph im Jahre 17 n. Chr. also kaum 2 Jahre alt.
Der Grund dieses Zwiespalts wird einfach der sein, daß der zweijährige Germanenknabe so viel größer war als seine römischen Altersgenossen, daß er nach deren Maß als Dreijähriger eingestuft werden mußte, und Strabo nicht hoffen konnte, bei denen, die ihn gesehen hatten, Glauben zu finden, wenn er ihn »zweijährig« nannte.

Weitere Sonderausgaben des VMA Verlags:

Reinhard Merkelbach: Mithras
Ein persisch-römischer Mysterienkult

Die mit einer Fülle von Bildmaterial aus archäologischen Sammlungen der ganzen Welt illustrierte Gesamtdarstellung der faszinierenden und geheimnisumwitterten Mithrasmysterien, gilt bis heute als das unübertroffene Standardwerk über die Sternenreligion. Aus dem Inhalt: Stieropfer / Mithrakulte hellenischer Zeit / Die römischen Mithrasmysterien / Weihegrade und Planetengötter / Kultstätten und Kultzeremonien / Die kosmische Religion der Spätantike u.v.a.
ISBN: 978-3-928127-61-5

Der Alexanderroman
Ein Ritterroman über Alexander den Großen
Handschrift 78.C.1 des Kupferstichkabinetts Preußischer Kulturbesitz Berlin
Vollständige Ausgabe, Texte von Angelica Rieger

Die vorliegende Bilderhandschrift, die in Frankreich im 13. Jahrhunder entstand, erzählt in 100 prachtvollen Miniaturen das Leben und die Heldentaten des Makedonierkönigs Alexander d. Gr., der wie keine andere geschichtliche Persönlichkeit die Literatur von der Antike bis in die Neuzeit anregte. Jede einzelne Abbildung wird von einer renommierten Expertin für romanische Philologie ausführlich geschichtlich und kulturhistorisch beschrieben.
ISBN: 978-3-928127-97-4

Jörg-Dieter Brandes: Die Mameluken
Aufstieg und Fall einer Sklavendespotie

250 Jahre lang wurde der östliche Mittelmeerraum durch das Mamelukenreich beherrscht, dessen Sultane sich durch Gewalt, List, Intrige, aber auch als Meister einer durchorganisierten Verwaltung und als glänzende Feldherren behaupteten. Obwohl das Mamelukenheer um 1500 geschlagen wurde, behielten Mameluken-Beys auch im Osmanischen Reich bis 1811 großen Einfluss. „Spannend und plastisch erzählt, historisch korrekt, aber keineswegs trocken, lässt der Autor die historische Kulisse von 1001 Nacht wiedererstehen." Mainpresse
ISBN: 978-3-928127-98-1

Marco Polo – Das Buch der Wunder
Vollständige Ausgabe
Aus „Le Livre des Merveilles du Monde"
Ms. fr. 2810 der Bibliothèque Nationale de France, Paris

„Das Buch der Wunder", das der venezianische Kaufmann Marco Polo (1254-1324) nach seinem 24 Jahre dauernden Aufenthalt in Asien – er hielt sich zeitweilig auch am Hofe Kublai Khans auf – verfasste, wurde 1410 im Auftrag von Johann Ohnefurcht, Herzog von Burgund, als kostbare Handschrift angefertigt. Es gehört zu den prächtigsten französischen Manuskripten des Mittelalters und wird hier in der Übersetzung des **gesamten Originaltextes** und aller herrlichen 84 Miniaturen – bereichert durch viele großformatige Detailausschnitte – in vollenderter Farbqualität vorgelegt.
ISBN: 978-3-928127-92-9